斋堂镇志

北京市门头沟区地方志编纂委员会
北京市门头沟区档案史志馆
编

方志出版社
Publishing House of Local Records

图书在版编目（CIP）数据

斋堂镇志 / 北京市门头沟区地方志编纂委员会，北京市门头沟区档案史志馆编 .-- 北京：方志出版社，2023.12
ISBN 978-7-5144-6123-7

Ⅰ．①斋… Ⅱ．①北… ②北… Ⅲ．乡镇—地方志—门头沟区 Ⅳ．①K291.5

中国国家版本馆 CIP 数据核字（2024）第 017250 号

责任编辑：丛　珺
责任校对：张玉霞
责任印制：梅中英
出 版 者：方志出版社
地　　址：北京市朝阳区潘家园东里 9 号（国家方志馆 4 层）
邮　　编：100021
网　　址：http://www.zgfzcb.cn
发　　行：方志出版社图书营销中心（010-67110500）
印　　刷：廊坊市国彩印刷有限公司
开　　本：889 毫米 ×1194 毫米　1/16
印　　张：26.5
字　　数：597 千字
版　　次：2023 年 12 月第 1 版
印　　次：2023 年 12 月第 1 次印刷
定　　价：265.00 元

·版权所有　侵权必究·
（如有印装质量问题，请与我社图书营销中心联系）

北京市门头沟区地方志编纂委员会

顾　问：喻华锋

主　任：吕晨飞

副主任：王建华　庆兆珅　张翠萍　王　涛　曹子扬　陈军胜

委　员：（以姓氏笔画为序）

于　彤　王　杨　王　赢　王九中　王国彪　王培训
亓建军　仇燕军　占永谦　左　梁　叶荣德　史伟崇
宁伯东　朱　凡　朱　利　朱　盛　乔　韬　刘　东
刘　学　刘甫通　刘素芬　齐建农　孙东宇　孙建新
孙隆盛　苏燕平　杜　军　李　栋　李　超　李文凯
李世春　李红忠　杨　宏　杨少培　杨进生　杨经博
辛永全　沈若萌　张　冉　张　伟　张　磊　张立新
张庆祥　张进香　张晓明　张峰杰　张慧军　张慧琦
陈立栋　陈志明　苑芳洁　金　涛　周　杨　周玉勤
周博华　郑华军　郑良源　宗文利　赵明文　赵金亮
胡新宇　娄相峰　聂淑芳　贾　骥　贾莉莉　夏名君
顾慈阳　柴京凤　晏　强　黄　锋　曹　伟　曹彦彦
笪　艳　阎丽春　梁增霞　董国红　韩小胜　韩瑞昌
焦海峰　舒伯文　谢晓东　蔡丽君　薛凤敏

《斋堂镇志》编纂委员会

主　任：晋卫华　韩小胜

副主任：阎　烨　刘利强　滕　峰　张　金　高金利　王庆鹏
李笑晨　谭中九　周菲菲　师婕婕　高　杨　刘德明

委　员：杨　琨　李　闯　刘婷玮　张　鑫　刘树磊　韩　萌
齐治岩　贺　伟　吕建菲　李明灿　赵文学　岳春国

《斋堂镇志》编辑部

主　　编：张慧军

副 主 编：王丙华

执行主编：石建山

编　　辑：杨德林　付向东

编　　务：冯智逵　马春雨

《斋堂镇志》评审专家

（以姓氏笔画排序）

王　鹏　艾永贵　朱　磊　任全礼　安全山
张广来　罗保平　郝若婷　徐贺成　董志魁
韩春鸣　谭烈飞　潘会楼

凡 例

一、本志以马克思列宁主义、毛泽东思想、邓小平理论、“三个代表”重要思想、科学发展观、习近平新时代中国特色社会主义思想为指导，坚持辩证唯物主义和历史唯物主义的立场、观点和方法，全面客观记述北京市门头沟区斋堂镇自然、社会等方面的历史和现状。

二、本志记述内容贯通古今，详今略古，重点记述中华人民共和国成立后，尤其是中共十一届三中全会后的内容。上限一般追溯事物发端，下限断于 2020 年 12 月底。

三、本志记述的范围，以下限时斋堂镇辖域为主，部分内容涉及斋堂川，即清水河流域的范围。

四、本志采用章节体结合条目体结构，按事物横排门类，依时序纵述史实，述而不论。运用述、记、志、传、图、表、录 7 种体裁，以志为主，志前设彩插图照片，志中设随文图表。

五、本志纪年，中华民国成立前的纪年使用朝代年号纪年，用汉字书写，括注公元纪年。中华民国成立后使用公元纪年，用阿拉伯数字书写。

六、本志数字用法、标点符号用法分别采用国家标准《出版物上数字用法》（GB/T 15835—2011）、《标点符号用法》（GB/T 15834—2011），计量单位采用国家技术监督局 1993 年 12 月发布的《量和单位》系列国家标准。历史上使用的计量单位，如斗、石、里、尺、磅、华氏度等，在引文时可照录。考虑到社会使用习惯，全书中亩不做统一换算。

七、本志人物传记，坚持生不立传的原则，立传人物均为本籍人物，计 57 位，以生年排序。由于资料所限，不能立传的本籍人物列入人物名录。烈士名录，收录经北京市人民政府和有关部队正式认定的烈士，资料来自《北京市门头沟区志》《古今斋堂》及相关村落正式出版的村志。全国、省市级模范、代表、先进工作者名录，资料来自《北京市门头沟区志》及斋堂镇提供的资料。

八、本志采用的各类数字尽量以统计部门的数字为准，个别采用专业部门及有关史料提供的数字。

九、本志记述的政区及机构名称均系当时的名称。地名一般使用现行标准地名，必要时使用历史名称。文中使用的“全镇”“镇内”“镇域”均指下限时的斋堂镇行政区域，“斋堂地区”“沿河地区”“军响地区”均指原斋堂乡（公社）、沿河城乡（公社）、军响乡（公社）范围。

十、本志简要记述镇域内各公社、各乡党代会、人民代表大会情况；按届（次）分别记述斋堂镇党代会、人民代表大会情况。党、政领导任职表，按任职时间收录各小区、乡、公社党、政领导正职；按届收录斋堂镇党、政领导正、副职。

十一、大事记中的“△”，即表明在同年同月同日发生两件或两件以上的大事时，自第二件起则用“△”代替时间。

十二、记载、引用的古代碑文、诗文中，出现缺字、残字，每个字以“□”代替；出现丢字，以“【 】”形式补充，补字在“【 】”内标出；出现错字、异字，在保留原字的同时，以“（ ）”形式注出，注字在“（ ）”内标出。

十三、本志资料来源于历史档案和文献、公开发表的专著，以及镇内外有关部门提供的资料。

黄草梁和东灵山（2012 年摄）

斋堂川北部群山（2010 年摄）

斋堂镇与河北省界山孤山（2012 年摄）

斋堂川北部黄草梁（2008 年摄）

斋堂川南部大寒岭（2002 年摄）

标准地层马兰黄土（2008 年摄）

斋堂岩溶侵蚀地貌（2007 年摄）

龙门沟一线天（2012 年摄）

爨柏沟一线天（2004 年摄）

黄草梁象鼻山（2004 年摄）

沿河城断裂带（2007 年摄）

永定河沿河城段（2012 年摄）

清水河（2002 年摄）

爨境瀑布（2008 年摄）

双龙峡（2008 年摄）

珠窝水库（2004 年摄）

斋堂水库（2013 年摄）

中国历史文化名村——川底下村（2020 年摄）

中国历史文化名村—— 灵水村（2010 年摄）

中国传统村落——马栏村（2020 年摄）

中国传统村落——西胡林村（2010 年摄）

中国传统村落——黄岭西村（2020 年摄）

中国传统村落——沿河城村（2020 年摄）

古村落——杨家峪村（2008 年摄）

古村落——白虎头村（2007 年摄）

古村落——柏峪村（2020 年摄）

古村落——桑峪村（2007 年摄）

搬迁村落——大三里村（2008 年摄）

搬迁村落——灵岳寺村（2007 年摄）

美丽乡村——向阳口村（2013 年摄）

灵岳寺（2005 年摄）

大悲岩观音寺（2013 年摄）

斋堂天仙庙（2007 年摄）

灵水村火龙王庙（2008 年摄）

桑峪村天主教堂（2008 年摄）

明代沿河城（2011 年摄）

明代天津关二道城子（2012 年摄）

明代沿字 4 号敌台（2014 年摄）

明代大寒岭关城（2009 年摄）

1938 年八路军挺进斋堂

1938 年八路军在斋堂村召开整军大会

1938 年八路军邓华支队司令部西斋堂村旧址
（2006 年摄）

1938 年宛平县抗日民主政府旧址（现无存）

1939 年冀热察挺进军司令部马栏村旧址
（2004 年摄）

1939 年冀热察区党委大三里村驻地旧址
（2003 年摄）

斋堂镇党委、政府办公楼（2020 年摄）

斋堂派出所（2020 年摄）

斋堂人民法庭（2020 年摄）

斋堂市场监督管理所（2020 年摄）

斋堂税务所（2020 年摄）

斋堂公路养护所（2020 年摄）

斋堂镇政务服务中心（2020 年摄）

斋堂镇综合文化中心（2020 年摄）

斋堂镇供暖中心（2020 年摄）

斋堂镇社区卫生服务中心（2020 年摄）

斋堂镇体育中心（2020 年摄）

斋堂镇污水处理中心（2020 年摄）

斋堂镇供电站（2020 年摄）

斋堂镇液化气站（2020 年摄）

门头沟联通斋堂分公司（2020 年摄）

斋堂镇公交客运中心（2020 年摄）

斋堂文化公园（2020 年摄）

斋堂中学（2020 年摄）

斋堂中心小学幼儿园（2020 年摄）

斋堂居民生活中心（2020 年摄）

斋堂中心小学（2020 年摄）

斋堂镇村村通公路（2004 年摄）

斋堂至幽州公路（2020 年摄）

东斋堂至高铺路（2020 年摄）

白虎头公路检查站（2020 年摄）

东斋堂大街（2020 年摄）

斋堂大街（2020 年摄）

2016 年 9 月 22 日，中国共产党斋堂镇第八次党员代表大会召开

2016 年 11 月 24 日，斋堂镇第九次人民代表大会会场

2017 年 11 月 9 日，斋堂镇召开学习贯彻党的十九大精神部署会

2017 年 4 月 7 日，斋堂镇召开第一书记谈心谈话会

2017 年 5 月 5 日，斋堂镇召开党风廉政建设和反腐败重点工作部署会

2018 年，北京 ET 保税斋堂店开业仪式举行

2017 年，斋堂大街开展规范整治工作

2017 年，斋堂镇召开大气污染防治
“百日行动”动员部署会

2019 年，斋堂镇召开扫黑除恶专项斗争动员
部署会

柏峪险村改造（2016 年摄）

2008 年，矿山关闭修复生态

小流域治理（2008 年摄）

水土保持工程（2008 年摄）

污水处理工程（2008 年摄）

旱厕改造（2020 年摄）

环境美化工程（2020 年摄）

林子台村红提基地的红提（2008 年摄）

千亩杏扁基地（2008 年摄）

火村、杨家峪村千亩红杏基地（2008 年摄）

集体林场苹果基地的苹果（2020 年摄）

白虎头村小枣基地的小枣（2008 年摄）

蜜蜂养殖基地（2008 年摄）

2017 年 9 月，斋堂镇开展“山乡戏韵”
戏曲演出周活动

柏峪社团赴马栏村星火工程演出
（2017 年摄）

斋堂镇庆“七一”迎“十八大”系列文化活动
（2013 年摄）

黄岭西村红歌表演
（2008 年摄）

斋堂镇迎新春文艺演出
（2006 年摄）

山乡戏曲大舞台——门头沟地方戏展演
（2008 年摄）

双龙峡景区旅游小火车（2012 年摄）

灵水村秋粥节（2014 年摄）

传统民俗活动（2014 年摄）

北京现代杯首届北京国际山地徒步大会
（2010 年摄）

红色斋堂 · 薪火相传——2020 红色斋堂文化旅游节（2020 年摄）

斋堂镇中心全景（2013 年摄）

目 录

概 述

斋堂镇位于北京西部，地处北京西山之中，属北京市门头沟区辖域，为纯山区。东距北京天安门 80 余公里，距门头沟区政府所在地新桥大街 60 余公里。镇域整体略呈矩形，地理坐标为北纬 39° 54′ 02″ ~ 40° 08′ 00″ 、东经 115° 32′ 40″ ~ 115° 50′ 07″ ，总面积 392.4 平方公里。西邻清水镇，东接雁翅镇、大台街道，南与北京市房山区相连，北与河北省怀来县接壤。截至 2020 年 12 月，镇辖 29 个建制村、1 个社区居委会。镇内户籍人口 8119 户、13832 人；农村（不包括居委会）人口 3031 户、5721 人，均为汉族，其中男 2847 人、女 2874 人；从业人员 3047 人，其中男 1643 人、女 1404 人。镇内有市、区常驻单位 30 余家，有中学 1 所、中心小学 1 所，有医院 1 所、敬老院 1 所。

镇域交通发达，有京西锁钥之称。中华人民共和国成立前，陆路交通以京西古道为主，是京西古道通往关内、关外的咽喉、枢纽。军道、商道、香道等各种功能的道路在镇域纵横交错，编织如网。中华人民共和国成立后，国道 109 线纵穿镇域东西，东接北京市区，西通河北、山西、内蒙古、西藏，是镇域内外联络的主要交通设施。21 世纪初，镇内实现村村通公路的目标。截至 2020 年 12 月底，镇内有国道（G109 线）1 条、县区道 2 条、村级道路 15 条。

镇内铁路交通主要是镇域北部的丰沙铁路，东起北京丰台站，北至河北省怀来县沙城，在沙城站并入京包铁路。丰沙线铁路在镇内分上下线，沿永定河两岸并行，设沿河城车站。

2020 年，全镇实现集体经济总收入 3696.1 万元；农民所得总额为 25651.7 万元，同比增长 13.6%；人均所得实现 19811 元，同比增长 5.3%。实现农村家庭经营性收入 5251.4 万元。其中，第一产业实现收入 152.7 万元，主要来源于林业和农业；第二产业实现收入 103.1 万元，全部来自建筑业收入；第三产业实现收入 4995.6 万元，主要来源于服务业收入。报酬性收入 12977.3 万元，同 2019 年比有所增长，家庭成员在主业以外靠付出体力或脑力劳动获取的收入纳入到此项。财产性收入 2490.6 万元，主要是林权补偿款等财产性收入增加。转移性收入 5363.4 万元，同 2019 年比有所增长，主要由于政府的各项补贴增加，如城乡居民养老保险、无保障老人生活补贴等。全镇共有劳动力 6585 人，其中已就业劳动力6109人，待业476人，常年外出务工劳动力3080人。从事家庭经营性的劳动力：第一产业344人，第二产业70人，第三产业370人；本地务工劳动力：第一产业428人，第二产业44人，第三产业1773人；外出务工劳动力：第一产业40人，第二产业25人，第三产业3015人。

一

夏商周时，镇域先后属冀州、幽州、燕国。燕昭王二十九年（前283）设上谷郡，镇域隶属上谷郡。自秦后，镇域先后隶属沮阳县、怀戎县、广平县、玉河县、宛平县，其中北部沿河城地区曾一度隶属矾山县。

中华人民共和国成立后，1952年宛平县撤销，镇域先后隶属京西矿区和门头沟区。

镇内的人类活动足迹源远流长。旧石器时代“前桑峪人”开始在镇域内活动；3万年前旧石器时代人类活动遗址留在西胡林村；新石器时代的“东胡林人”可能在此修建原始聚落。从天仙背洞更新世晚期古人类生活的化石，到大东宫新石器时代古人类生活用的石斧；从狮子沟遍布战国的夹砂红陶片，到白羊石虎村的汉代器物；从斋堂中学出土的元代缸胎罐，到柏峪明代古窑中发现的残城砖……大量考古发现说明，从旧石器时代开始，人类在镇域内的迁徙从来没有停止过，人类在镇域内的生活生产没有间断过。

辽圣宗统和十年（992），双林寺《佛顶尊胜陀罗尼》石经幢上记载有“斋堂”之名，是镇域内村落最早的文字记载，迄今已1000多年。随着宗教的传播、煤炭业的发展和明代“南兵北戍，军眷随防”政策的实施，镇内人口聚集，村落发展，形成大村坐落于河谷台地、中村坐落于沟谷坡地、小村坐落于高山半坡的村落分布格局。截至2020年12月底，镇内村落多是千百年以上古村，是北京市现存唯一的古村落群，其中有2个中国历史文化名村、6个国家级传统村落、2个北京市传统村落。古村落文化是镇内文化瑰宝，为北京市首屈一指。

二

斋堂镇坐落在北京大西山的群山峻岭之中，左揽灵山主脉，右拥百花群峰，南面西山之祖髽鬏山，北靠亚高山草甸黄草梁；南有大寒岭、老龙窝蜿蜒起伏，北有灰金坨、棋盘山一脉相承；双龙峡、通州峪沟谷纵横；石羊沟、龙门谷断裂高耸。火山口、大断裂、马兰黄土、青白口穹窿等丰富的地质奇观，使斋堂镇成为一座天然的地质博物馆。

镇域内埋藏着地下宝藏，金、银、铜、铁、锡、煤炭等诸多矿产资源，种类多样，储量丰富。暖温带半湿润半干旱季风型气候，使镇内春季干旱多风，夏季炎热多雨，秋季凉爽晴朗，冬季寒冷少雪，四季分明。气温随地形高度而变化，其等温线与北东向山谷走势大体吻合。镇内山场广阔，草深林密。棕壤和褐土覆盖下的土壤上，生长着温生灌丛、草甸亚带、温生红桦林亚带等丰富植被。多种国家濒危保护动物在此生存。较高的植被覆盖，为土壤涵水、净化空气、防止水土流失起了重要作用。

北京的母亲河——永定河环绕镇北，斋堂镇的生命泉——清水河纵穿镇域中心，两河支流形成大大小小的沟谷，呈羽扇状网布在镇内，大小村庄坐落于两河形成的阶地、台地和大小沟谷之中。水美地肥，草木丰盛，松柏杨柳争相竞绿，黄栌、线菊、山丹花吐艳芬芳，满眼春色收不住，遍地鸟语送花香。斋堂镇是仁者、智者、贤者、能者及所有人向往的大花园，是亟待开发的处女地。

三

斋堂镇与涿鹿山水相连，近在咫尺，自古为兵家必争之地。自战国时，燕在镇域北部设军事防御性上谷郡，将斋堂镇域辖制其中。此后，历朝历代都把镇域视为军事防御的重点。

镇域地处华北平原向内蒙古高原过渡地区，是农耕民族与游牧民族交融交汇的地方。汉代，匈奴在蔚县建立了“单于之庭”，一度侵入镇域内，威胁幽州西北边陲。时至北齐，为防柔然、突厥、契丹等游牧民族南下，统治者在镇域内的险要隘口，按照“斩山为城”“断谷起障”的建筑形制，大规模修建长城。凡有险要，或堑山筑城，或断谷起障。唐末五代，社会动荡，契丹族兴起，深入镇内袭扰。幽州卢龙节度使刘仁恭常选将练兵，乘秋深入，出大寒岭，越黄草梁，深入契丹领域，焚烧辽军草场。宋、辽对峙时期，后晋石敬瑭为一己私欲，割燕云十六州贿契丹，镇域隶属契丹及所建辽国。

元朝末年，社会动乱，风雨飘摇的朝廷为保元大都的安全，在镇域各隘口、寨、村、岭设置垒塞，指派万夫长、千夫长、百夫长。明代以长城设防，“固边自守、相机外延”，镇域为防线边陲。为防备北方蒙古部族袭扰，明代利用镇域内山险水险，建立次边边防、防御信道，即内长城。在黄草梁至三叉沿河水口一线修筑次边、关隘，设置戍兵。三岔村设守御千户所守御戒备，修建了沿河城、斋堂城 2 座戍守城池，10 余座敌台和依山就势、蜿蜒起伏的内长城，成为京师右辅、神京右臂。时至大清一统，硝烟散尽，仅留下关山要隘的长城敌台。现如今，明代的沿河城依然耸立在永定河畔，斋堂城东城门屹立，大寒岭关城在寒风中把守着关隘，长城文化古韵悠悠，成为北京长城文化带上的奇葩。

四

斋堂镇是革命老区，有着光荣的革命传统和历史。20世纪30年代，中共组织开始在镇内发展。九一八事变后，中共组织为武装抗日在镇内组建了京郊第一支武装游击队。全面抗战爆发后，中共中央和毛泽东多次指出要在冀热边区创建抗日根据地，开展敌后抗日游击战争。镇内优越的自然条件和特殊的地理位置，成为党领导的八路军创建敌后抗日根据地的首选之地。1938年，八路军主力部队进入斋堂镇，在东斋堂村成立京郊第一个抗日民主政府——宛平县政府；创建京郊第一块抗日根据地——平西抗日根据地。1939年，冀热察挺进军和区党委在斋堂川创建，进一步巩固和加强了以斋堂川为中心的平西根据地，使之成为整个冀热察根据地的政治、军事、文化中心，以及沟通沦陷区和各个抗日根据地的交通枢纽。

平西根据地建立后，受到侵华日军的疯狂围剿和扫荡。为了巩固、壮大和发展平西抗日根据地，镇内民众做出了重大贡献和牺牲。在极其困难的环境中，党组织发动并带领全镇人民，奔赴抗战最前线。为完成八路军主力第6支队、第4纵队和冀热察挺进军的扩军、整编，成百上千的斋堂儿女参军参战，有370余位革命烈士牺牲在抗战的最前线。母亲送儿打东洋，妻子送郎上战场的景象遍及斋堂镇的村村寨寨。国难当头之际，镇内各区村纷纷成立农民、青年、妇女抗日救国会；组织民兵自卫队、青年抗日先锋队、游击小组、区小队，配合主力作战。村村都建起儿童团组织，站岗放哨，送“鸡毛信”。尚在饥寒交迫中的百姓，把一把米一两棉节省下来，支援抗战部队。在侵华日军疯狂围剿和“扫荡”、泯灭人性的镇压下，镇内民众不甘外侮，扛起抗战大旗，与侵华日军进行殊死拼搏，多次粉碎侵华日军的野蛮进攻，用热血和生命在侵华日军面前筑起铜墙铁壁。1945年4月，军民携手，在王家河滩给入侵斋堂川的日军予以歼灭性打击，将侵华日军彻底赶出斋堂川。斋堂镇人民翻身得解放。

3年解放战争，斋堂镇人民发扬老区革命传统，翻身不忘共产党，积极参军参战，努力生产支前。为解放全中国和中华人民共和国成立后的发展建设，一大批优秀儿女随军北上南下。据《北京市门头沟区志》不完全统计，1949年10月前，斋堂镇北上南下的地师级干部就有上百人。

在抗日战争和解放战争中，斋堂镇人民书写了名垂青史的一页，战争中留下的遗址、遗迹已成为人们回顾历史、不忘国耻的爱国主义教育基地。

五

镇域经济起源于传统农业，1 万年前的“东胡林人”墓葬遗址中就有“粟”出土，揭示了北方旱作农业之肇始。千百年来，镇域传统农业生产受到诸多客观因素制约，发展缓慢。中华人民共和国成立后，尽管农、林、牧、副、渔得到全面发展，但粮食生产不足，一直没有改变镇内长期吃返销粮的局面。到改革开放初期，镇域内沿河城乡、军响乡依然被列为北京市贫困乡，人均年收入三四百元。

随着改革开放的深入，镇内工商业快速发展，传统农业在镇内经济比重逐渐降低。20 世纪 80 年代后，随着农村联产承包责任制的落实和国家对地方煤矿开采实行鼓励政策，镇内小煤矿迅速发展。乡镇企业异军突起，一度成为经济发展的支柱产业；国有、集体、私营等多种经济成分促进了镇内商业繁荣。镇内贫困乡脱贫，经济发展进入快车道。

进入 21 世纪，落实首都功能定位，镇内煤矿全部关闭，不适于生态发展的业态相继退出，支撑经济发展的传统产业链一度中断。镇党委、镇政府按照镇域功能定位，结合实际，调整产业结构，修复矿山，恢复自然生态，发展沟域经济，利用古老久远的史前文化、底蕴深厚的古城古道古村落文化、繁荣一时的商旅文化、古今闻名的军事文化、独具特色的地质文化、闻名遐迩的科举文化、光辉灿烂的民俗文化和风光秀美的生态文化等，全力培育以旅游业为主导、多点支撑的生态产业体系，将旅游文化休闲产业确立为主导产业，推动乡村旅游业不断发展。2005 年，斋堂镇获北京市旅游局“最佳旅游目的地”称号。2007 年，获“国际户外运动中心”称号。2008 年，被北京市旅游局、北京电视台评为“京郊特色旅游观光镇”。2010 年，被北京市确定为“古村落古道文化旅游产业集聚区”，入选首批“全国特色景观旅游名镇”。截至 2020 年 12 月底，全镇有 5 个国家 AAA 级旅游景区，各景区共接待游客 150 万余人次，旅游综合收入达 9800 余万元。镇域经济发展持续向好。

六

镇内民风淳朴，直言快语，崇尚节俭，重视教育，文化底蕴厚重。明代镇内设立社学后，私塾、义学、讲学堂、家馆等遍及较大的村庄，民众受教程度远远高于周边乡镇。灵水村出举人，声名远播。革命战争年代，大批干部走向全国各地，成为当地革命建设的中坚力量。各村传统的戏班子，传承着民间戏曲千年不衰，活跃了群众的文化生活。戏中表现的急危救困，先国后家，邻里相帮，尊老爱幼的内容，感染着千万民众，成为民间传承的优良传统。斋堂镇由此获得“戏曲之乡”的美誉，山梆子戏、秧歌戏和蹦蹦戏被列为非物质文化遗产。

唐代镇内就有僧医，民众在生产生活实践中，摸索、发现、积累出许多防治病伤的方法和经验。针灸、拔罐、推拿、采集中草药治病防病，在民间广为流传。

中华人民共和国成立后，人民当家做了主人，在党的领导下，人民生活发生了翻天覆地的变化，教育制度逐渐完善，学前教育、普通教育、职业教育、成人教育等体系完备，教育设施齐全；文化活动深入广泛，各种文化活动不断翻新，图书、影视作品的繁荣提高了人民的文化生活水平；医院、卫生院、医务室（站），医疗体系完备，合作医疗制度健全完善。

随着市场经济发展和产业结构调整，村民生活条件巨变，生活环境巨变，社会环境巨变，镇内经济、政治、社会、文化、生态五大文明相互促进，社会和谐发展。

七

斋堂镇是首都西部的绿色生态屏障。作为光荣的革命老区，长期以来，为国家的发展做出了巨大贡献和牺牲。在革命战争年代，这里是平西抗日根据地，近 500 名优秀儿女为中国革命的胜利献出了宝贵的生命；中华人民共和国成立后，作为以煤炭开采为主导产业的资源型乡镇，多年来用优质的煤炭资源为首都的生产建设和市民生活奉献了光和热。在全面贯彻习近平新时代中国特色社会主义思想、加快生态屏障建设的今天，自觉服从服务于首都生态环境建设，关闭了赖以生存的煤矿，镇内经济面临转型的艰巨重任。

根据北京市 2017 年发布的《北京市城市总体规划（2016 年—2035 年）》提出的“一核一主一副、两轴多点一区”的城市空间结构，门头沟区编制了《北京市门头沟区分区规划（2017 年—2035 年）》。为落实市、区规划的各项要求，镇政府组织编制了《门头沟区斋堂镇国土空间规划（2020 年—2035 年）》。按照规划，斋堂镇定位为“京西古村落文旅休闲名镇”，要发挥引领带动深山区发展的辐射型小城镇的作用，建设生态文明示范镇、京西古村落传承地、京西文旅目的地、山区民生共享服务芯四大发展目标。

斋堂镇在历史上就是北京西部山区的发展中心，现在是北京最西端唯一的市级小城镇，是首都西部天然生态屏障和自然保护区，也是西部生态带与周边省份相联系的重镇。规划要求，按照镇内各自不同的自然社会条件安排适宜的产业，布局村镇体系；合理配置各类资源，兼顾社会、经济、环境协调发展，促进城乡全面进步；突出文化产业，培育核心竞争力。按照规划，将镇域分为四区二带：以东西斋堂为镇中心区，作为旅游服务中心和集散地，恢复古城风貌，兴建服务设施，加强旅游接待功能，增加并完善文化娱乐设施，改造整治并美化休闲环境，建成京西地区观光、休闲、度假及节庆活动中心和全镇文化娱乐休闲中心；以镇内古道古村古刹为中心，建立古道古村古刹文化区；以镇域南北自然生态为中心，建立京西山水保护区；以马栏红色革命遗址为中心，建立红色革命文化体验区；以 109 国道为线，建立 109 国道区域协同发展带；以连接古道古村文化为线，建立古道古村文化发展带。通过规划的落实，将斋堂镇建设为“京西古村落文旅休闲名镇”。

从远古走来的斋堂古镇，文明伊始便一直与辉煌相伴。创新辉煌成为斋堂镇与时俱进的生命所在。东胡林人传承祖脉，在人类发展史上承上启下，创造了人类生存繁衍的辉煌。天南地北，远离家乡，扎根斋堂，戍守长城的军户，用保家卫国，用艰苦创业记载斋堂镇雄关如铁的辉煌。抗日战争，斋堂镇千百万民众共赴国难，驱逐强虏，用热血和生命续写历史辉煌。中华人民共和国成立，斋堂镇把地下宝藏奉献给国家建设，获得了“乌金之乡”的辉煌。如今，国家需要绿水青山，斋堂镇关闭了赖以生存的矿山，在转型发展中经历了挫折阵痛期，但斋堂镇人民定会经过转型发展再创历史辉煌。

大 事 记

古代

旧石器时代

黄草梁天仙背洞有古人类生活遗迹。

有人类在斋堂地区前桑峪一带活动，考古学界将其定名为“前桑峪人”。

新石器时代

东胡林人在镇内生活、繁衍。

沿河城地区原大东宫村、西大台村一带有古人类活动。

燕昭王二十九年（前 283）

设上谷郡，镇域属上谷郡。

秦

设沮阳县，镇域属上谷郡沮阳县。

汉

据明《宛署杂记》载，灵水村灵泉禅寺“起自汉时”。

北齐

天保三年至天统年间（552—569）

为防柔然、突厥、契丹等游牧民族南下，北齐在镇域北部修建长城防御设施。

天保七年（556）

十一月，置北燕州怀戎县，镇域隶属怀戎县。

隋

大业三年（607）

镇域属涿郡怀戎县，斋堂川始称灵桂川。

唐

贞观年间（627—649）

在白铁山建灵岳寺，辽代称白铁山院。山下为香客斋所，后来聚集成村，取名“斋堂村”。

天宝元年（742）

设广平县，镇域大部分属广平县，只北部沿河城地区属怀戎县。至德元载（756）后复置广平县。据《北京市门头沟区志》载：“广平县治当在斋堂”，此为镇域内有行政建置。

光启年间（885—888）

怀戎分为矾山县和永兴县，沿河城地区隶属矾山县。

天祐三年（906）

刘仁恭析幽都县设玉河县，镇域属玉河县。

后晋

天福元年（936）

十一月，石敬瑭称大晋皇帝，割燕云十六州归契丹，玉河县随属契丹。镇域属契丹。

辽统和十年（992）

上清水村双林寺建石经幢，上有“斋堂村”名，“斋堂”首次见于文字记载。

北宋

宣和四年（1122）

十一月，金军分三路从奉圣州（今河北省涿鹿县）出发攻辽，其中一路经川底下村南暗口，抵达燕京城。辽灭，镇域属金。

宣和五年（1123）

北宋从金朝赎回燕京地区，镇域属宋。三年后，宋失燕京地区，镇域重归金朝。

金

天眷元年(1138)

玉河县并入宛平县，镇域属宛平县。

元

大德七年（1303）

镇内有煤窑生产“水和炭”（煤），并产“画眉石”。

元统二年（1334）

桑峪村兴建天主教堂。

至正年间（1341—1368）

熊梦祥隐居斋堂村，著《析津志》，为北京最早的地方志书之一。

至正十八年（1358）

二月，朝廷派中书右丞塔失贴木尔、左丞乌古孙良祯两位副丞相级官员总行提调，在镇内设万夫长、千夫长、百夫长，牌立牌甲，分守要害，互相策应。

五月，一批朝廷和地方官员到东斋堂村，验地里，审形势，分四至，通路道，在天津关、沿河口等隘口修建道路和军防设施。

元末

宛平县下设巡检司，镇域沿河城地区属石港口巡检司，其他地域属齐家庄巡检司。石港口巡检司驻镇内。

明

洪武三年（1370）

朝廷在黄草梁至沿河口一线设卫所戍守。

洪武六年（1373）

四月，沿河口设守御千户所守。

洪武八年（1375）

桑峪社设立社学。

洪武十五年（1382）

设北平都司，边防设所。镇内石港口、沿河口、天津关口等隘口在其辖制之下。

永乐四年（1406）

沿河口设卫所官员守备驻防。

永乐十一年（1413）

十二月，朝廷重设齐家庄、石港口、王平口巡检司，隶属宛平县衙节制，以加强宛平县治安防务。镇内除沿河城地区属石港口司外，其余属齐家庄司。

景泰二年（1451）

在三岔村设沿河口关隘，沿河口建守备公署，设守备官，驻守要塞，辖17处隘口。镇内石港口、小龙门口、天津关口等隘口在其辖制之下。

修建东小龙门口（崖门），正城2道，东西过门2座，南山墩1座。

景泰三年（1452）

朝廷在斋堂村设“斋堂仓”，储粮屯草。天顺五年（1461）斋堂仓取消。

正德四年（1509）

东斋堂村北山坡上建天仙娘娘庙。

正德十年（1515）

建爨里口，修正城一道，为天津关所辖。

千户李宫率守口官兵在爨里口、柏峪及黄草梁修筑道路。

嘉靖二十三年至二十八年（1544—1549）

宣大总督翁万达主持修长城防线，设立沿河口、乌龙潭口两道防线。

嘉靖二十九年（1550）

八月，蒙古俺答兵进攻北京，一部攻入斋堂一带。

隆庆五年至万历二年（1571—1574）

兵部右侍郎汪道昆携杨兆、刘应节等主持增建居庸关过沿河口以西空心敌台200余个，其中在镇内节次建有沿字1号至11号空心敌台，1座没有统一排号的空心敌台，另有烽火台6座。每座敌台驻军兵50人。防线纵长40余公里。

万历四年（1576）

沿河口设守备1员，领中军1员、把总1员、巡捕员1员，额兵1201名；沿河口下忠顺营官员3员，军807名，备御班军58名，额兵865名。盔甲1221副，兵器7870件，火器5415件，战马50匹。

万历六年（1578）

副都御史张卤在宛平县青白口社三岔村建城（即沿河城）戍边。

万历二十五年（1597）

沿河城守备李化龙建斋堂城垣。万历四十五年（1617）易州兵备道山西按察使解经邦题写斋堂东西城门门额“廓清”“辑宁”。

崇祯三年（1630）

孟春，后金兵进攻斋堂、洪水口、小龙门口地区，沿河口守备毛立芳率兵抗击被掳，自刎殉国。

清

康熙七年（1668）

斋堂川洪灾。

康熙十七年（1678）

沿河口守备府改都阃府，由四品都司镇守，其下有把总2员、外委1员、额外外委2员。

乾隆四十五年（1780）

七月十八日，沿河口山水暴发，将大校场将台、照壁及平罗汛把总衙署冲失，堡墙亦冲塌70余丈。

嘉庆二年（1797）

七月，清水河洪峰冲毁斋堂城南门及城南街。

道光年间（1821—1850）

沿河城大规模营建民居。

西斋堂史姓兄弟创建“六合班”，排演戏剧。

同治元年（1862）

大旱，终年无雨，庙檐锡制兽头被晒化。

同治二年（1863）

美国驻华大使蒲安臣向清政府推荐美籍矿师庞百里到镇内调查煤田地质寻煤。

同治七年（1868）

英国公使阿利国向清政府正式提出开采宛平、斋堂煤炭。

光绪八年（1882）

东北山村举人王金度所撰《齐家司志》，介绍包括镇内的山川地貌、风土民情。

光绪九年（1883）

清政府在三家店村开设神机营机器制造局，使用斋堂煤炭制造西式枪炮。

光绪二十六年（1900）

五月，斋堂川兴起义和团，总坛设在斋堂村。

七月，斋堂川58个村的义和团民2000余人集中攻打桑峪天主教堂。不克，转攻张家铺村天主教堂，双方死伤120余人，张家铺天主教堂被烧毁。

光绪二十七年（1901）

四月初一，八国联军一部突袭沿河营都司衙门，劫掠军装、书箱、衣服。都司朱其辰及把总冯殿一被打死。衙署火药楼、上下角楼、大满仓、营房、演武厅及左右民房均被焚毁，并失去都司关防、把总钤记。村民百余人遇难。

宣统二年（1910）

后桑峪村天主教会废除私塾，开设讲学堂，后改名为桑峪村小学。

中华民国

1914年

9月5日至16日，安特生与新常富、张景澄到镇内调查煤田地质。随后，安氏完成《斋堂煤产调查报告书》。

是年，杨家村创建“喜顺和”戏班。

1914年至1916年

宛平县七区、八区乡绅士商派王培之（字树仁）、陈国元（字士真）、杨文波（字海春）到北京梁家园小学观摩考察学习私塾改良办学，返回后办起改良学堂，斋堂川58村纷纷效法。

1917年

王旭先后开办师范传习所，1932年停办。

官商合办的斋堂煤矿公司成立。

1919 年

8 月，北洋政府交通部批准修门头沟至斋堂铁路，并成立门斋铁路公司，主要出资人为天津商人李仲豫（李善人）家族。

1921 年

东斋堂谭斌、贾宏庭、刘井文、贾宏楼等 40 余人组成“同合班”，排演戏剧。

1922 年

镇内开始试种棉花和养蚕。

1924 年

4 月，门斋铁路公司正式领照、开工。

1925 年

斋堂川发生山洪灾害。

1926 年

田维勤部与国民军冯玉祥部在镇内对峙激战。

1927 年

10 月，门斋铁路门头沟至板桥段建成。

1928 年

国民党在斋堂小学院内成立临时党部，在教员中发展国民党党员。

门斋运煤铁路清水涧至傅家台段修筑轻便铁路 15 公里，运出斋堂一带所产烟煤 1000 余吨。

晋军由间道进入斋堂川，与奉军激战半月余，最终未能突破大寒岭。

1929 年

门斋运煤铁路清水涧至傅家台段修筑轻便铁路被洪水冲毁。

1931 年

门斋铁路傅家台至斋堂段修通，至此，门斋铁路全线贯通。

1932 年

沿河城师永林加入中国共产党，成为镇内最早一批中共党员。

中共宛平县临时县委在沿河城建立基层党支部，是镇内第一个中共支部。

1933 年

春，中共宛平县委正式成立，在王龙沟建立枪支修械所。

6 月，中共宛平县委利用枪支修械所修造枪支，在沿河城一带组建一支由 13 人组成的武装游击队，活动在宛平县七、八两区。

9 月，东斋堂村贾兰波在沿河城加入中共组织。

是年，中共宛平县委在沿河城开“宝立成”首饰铺，开展革命活动，加强与枪支修械所的联系。

1934 年

春，国民党吉鸿昌部旅长蒋润吾与沿河城党组织宋文明取得联系后到斋堂开展工作。在贾兰波协助下，以“在家礼”方式团结贫苦农民，建立秘密组织，准备暴动。

是年，门斋运煤铁路清水涧至斋堂的轻便铁路因无法使用，全部拆除。

1935 年

年底，中共组织在镇内以“迎接红军北上抗日”为由，策动“西进暴动”，也称“斋堂暴动”，宋文明、贾兰波及沿河城一带王学华、师广庚、师广学等二三十人参与暴动。

1936 年

元旦，国民党军 29 军袭击“西进暴动”部队，西进部队撤出斋堂镇。

腊月，宛平县县长朱铭轼同国民党军 29 军 1 个团进剿沿河城，将村民过节年货扫荡一空，抓走 28 人。

1937 年

8 月中下旬至 9 月 15 日，卫立煌率国民党军 14 军驰援南口战役，在镇域东南髽鬏山、庄户一线与前来阻截的侵华日军激战 20 余日，史称“髽鬏山战斗”，或“庄户会战”。

10 月，国民抗日军（红蓝箍）进入镇内展开抗日救亡运动，在中共党员史进前帮助下，镇内正式建立“抗日民族解放先锋队”。

11 月底，中共宛平县中心县委在青白口村成立，杜存训、史梦兰、宋恩庆等加入中共组织，成为全面抗战后境内第一批党员。

1938 年

3 月，邓华率八路军部队挺进斋堂川，开辟平西根据地，司令部驻西斋堂村聂家大院。

3 月下旬，宛平县抗日民主政府在东斋堂成立，魏国元任县长。同时，宛平县抗日救国会筹备会成立，杜存训任主任。

4 月，中共平西地方工作委员会成立，李金亭任书记。

△ 八路军、游击队平息“大村事变”。

5 月，八路军 120 师宋时轮支队由雁北进入斋堂川与邓华支队会合，组建八路军晋察冀第 4 纵队，总兵力扩充至 5000 余人，其中地方武装及镇内大批青年编入第 4 纵队。

6 月 8 日，第 4 纵队从斋堂川出发，分 2 路挺进冀东，参加冀东暴动。境域由晋察冀军区第 5 支队接防。

9 月，侵华日军进攻晋察冀根据地，第 5 支队从镇内离开，参加反“扫荡”。镇内党政干部随第 5 支队一同撤到山西省灵丘。侵华日军第一次侵入镇内“扫荡”，烧毁大量房屋。镇内反动势力在侵华日军扶植下，建立伪政权维持会。

10 月 26 日，第 4 纵队由冀东返回平西，重新恢复斋堂川根据地。

12 月，镇内中共党政干部从灵丘根据地返回。

是年，镇内学校改为公办。

1939 年

1 月，中共冀热察区党委、冀热察挺进军、挺进军军政委员会在斋堂川宣布成立。

春，抗日政府组建西斋堂合作社。

2 月 1 日至 7 日，2000 余名日伪军分 5 路对斋堂川抗日根据地进行合围“扫荡”。抗日军民经 1 周连续作战，毙伤日伪军 200 余名，打退敌人进攻。

3 月，宛平县改称昌（平）宛（平）联合县，第一次实施划分小区的工作，各小区建立区委员会。全县划分为 5 个小区，镇域分别隶属于一区、二区、五区 3 个小区，大、小村庄建立党组织或发展党员。

△ 镇内开始实行减租减息、合理负担、村民选举等工作。

4 月 24 日至 5 月 1 日，2000 余敌人从察南、平绥线、房涞涿分 3 路合击斋堂川。游击队、模范队配合挺进军主力作战，将敌击溃。

6 月 19 日，2500 余敌人分 5 路“扫荡”斋堂川根据地。抗日军民在反“扫荡”中作战 50 余次，毙伤敌人 300 余人，取得江水河之战、军响伏击战、沿河城歼灭战的胜利，粉碎敌人 5 路进攻。

10 月，冀热察挺进军司令部移驻马栏村，冀热察区党委驻大三里村。

△华北抗日联军第三大队在镇域东塔岭沟阻击由青白口方向进犯之敌时，用步枪击落侵华日军飞机 1 架，创造步枪打飞机战绩。

1940 年

3 月 9 日至 22 日，日伪军万余人分 10 路对以斋堂川为中心的平西抗日根据地实施春季“扫荡”。抗日军民历时 14 天，大小战斗 30 余次，彻底粉碎敌人的 10 路进攻。

10 月中旬，日伪军万余人再次兵分 10 路向平西根据地进攻，其中有 5 路敌人对斋堂川进攻。抗日军民战斗半月之久，因敌众我寡，斋堂川沦陷。侵华日军在煤窝、军响、东斋堂、向阳口、沿河城等地建立据点。镇域抗战进入严重困难时期。

10 月至 12 月，县委、县政府成立“子弟兵团”，镇内青年踊跃报名参军。其中，马栏村建立“马栏排”，黄岭西村建立“黄岭西排”。

是年，17 名去延安的大学生和 2 名护送的八路军战士在水湖子遭遇敌伏击，除 1 名战士脱身外，其余全部被捕，下落不明，史称“水湖子事件”。

1941 年

3 月 5 日，侵华日军放狼狗，将抓捕后拒不投降的五区粮秣助理员刘恭残害。

3 月 30 日至 1942 年 12 月，侵华日军对斋堂川根据地连续开展 5 次“强化治安”运动，给镇内民众带来沉重灾难。

3 月，一区组织委员安玉阁牺牲。

12月27日，镇内民兵参加全县大破击行动。

1942年

6月，日伪“新民指导班”在东斋堂成立。

10月中旬，日伪在斋堂据点周围强行并村。

12月12日，侵华日军制造了震惊整个平西的“王家山惨案”。

12月，昌宛联合县调整为昌（平）宛（平）房（山）联合县，镇域隶属昌宛房联合县。

冬，县委以东斋堂村贾希光、贾增瑞等人为主，成立除奸特武装工作队，即“手枪队”。

1943年

4月13日，平西武装部爆破训练班学员在斋堂日伪据点周围埋设地雷，炸死侵华日军船木大队副大队长饭田、汉奸曹福云。

7月，斋堂皇城峪煤田着火，煤田一直燃烧至1952年10月。

1944年

9月30日，昌宛房联合县撤销，恢复宛平县单独建制，镇域隶属宛平县。

11月17日，抗日军民开始对斋堂川日伪据点和碉堡进行长达135天的进攻和围困。

1945年

4月2日，抗日军民在斋堂城东门外王家河滩追歼日伪军，战斗历时2小时，共毙伤敌伪70余人，斋堂川解放。

1946年

年初，燕家台高小、灵水高小合并，在西斋堂村正式建立“宛平县立高级小学”。

1月15日，宛平县1500人在斋堂召开大会，公审汉奸王定、贾玉存。

是月，镇内召开翻身解放大会。

7月7日，宛平县政府在东斋堂村建“宛平县人民八年抗战为国牺牲烈士纪念碑”。

8月，镇内进行土地制度改革，实行“耕者有其田”。

是年，宛平县抗日民主政府设立斋堂邮政中心局。

1947年

5月，镇内开展土改复查运动。

是年，宛平县政府在皇城峪举办物资交流大会。

1948年

2月，中共宛平县委在白虎头村召开土改工作干部会议，批判和纠正“左”倾冒险和尾巴主义的错误。

春，宛平县在西斋堂成立生产推进社。1949年6月，生产推进社机关由西斋堂迁至大台南涧。

11月26日，镇内掀起参军热潮。

1949 年 10 月 1 日前

4 月，宛平县统一调整区划，镇域分别隶属于二区、三区。

8 月 3 日夜，暴雨，镇内山洪暴发。

中华人民共和国

1949 年 10 月 1 日起

是年，沿河城地区建立桑榆小区，隶属宛平县二区。

1950 年

1 月，河北省邮政管理局在斋堂设立斋堂支局。

5 月 1 日，新《中华人民共和国婚姻法》公布设施，镇内开展宣传新《中华人民共和国婚姻法》活动。

是月，宛平县区划调整，全县共划为 4 个区，镇域隶属一区、二区。至 1952 年宛平县撤销，镇域隶属不变。

8 月 1 日至 4 日，清水河流域连续降雨 321.6 毫米。4 日晨，暴雨骤至，4 小时降雨 166 毫米 ~ 287 毫米，引发泥石流，靠山村庄瞬间被吞没。沿河城地区有 5 人遇难。东北山、西北山小学受灾。两村可耕地全部被毁坏，毁坏房屋 75 间、碾子 3 盘，死亡 21 人、70 只羊、4 头牛、5 头驴。东北山村支部书记王金官，为帮助群众脱险而牺牲。

10 月，中央慰问团到镇内慰问，带来复制的毛主席“发扬革命传统，争取更大光荣”的题词和纪念章。文工团、杂技团、电影队随团为老区人民进行慰问演出。

11 月，镇域内开展抗美援朝宣传。

是年，镇域内成立第一批农业生产互助组。

1951 年

2 月，镇域内开展镇压反革命运动。

12 月，镇域内开展“三反”运动。

是年，年降水量仅 536.8 毫米。从 5 月中旬至秋后，镇域未下透雨，遭遇 1931 年以来，20 年间从未有过的旱灾。

△ 宛平县政府在东斋堂天仙庙创建宛平前期师范学校。

1952 年

1 月 30 日至 2 月 3 日，宛平县政府在镇内开办集市 5 天，到集群众 3 万余人次，交易额达 12505 万元（旧币）。

9 月，宛平县建制撤销，镇域隶属京西矿区。京西矿区下设清水区、斋堂区等 7 区 1 镇。

10月，镇域内开始进行粮食统购统销工作。

1953年

春，桑榆小区撤销，设立沿河城、刘家峪、石羊沟3个小乡。1956年，3个小乡合并为沿河城乡。

7月，京西矿区成立太子墓小区，斋堂区调整后下设14个乡43个自然村，辖域与现镇域基本相同。

是年，因核桃黑病致镇域内核桃大规模减产，马栏村核桃减产七成。

△ 宛平前期师范学校归属北京市教育局，学校更名为北京市初级师范学校，简称斋堂师范。

1954年

年初，北京市初级师范学校改为北京市第六十八中学。

5月21日至8月15日，镇域遭遇86天涝灾。

7月，镇域内成立初级农业生产合作社。

是年，镇域内举办中华人民共和国成立后的首届物资交流大会。

1955年

11月20日至24日，镇内举办物资交流大会，参与人员达6万人次。

是年，镇内初级社转高级社。

1956年

2月至5月19日，斋堂镇向甘肃移民30户100余人。

3月，京西矿区由108个小乡合并为41个乡，镇域分别隶属13个乡。

1957年

秋，西斋堂建成涡轮式水力发电站。1958年10月1日竣工发电，安装电灯及粮食加工设备。1963年停止发电。

1958年

3月，斋堂公路开工建设，全长33.6公里，是镇域内修建的第一条现代公路。1959年5月20日竣工通车。

4月15日，京西矿区广播站成立，镇域内各村大喇叭开播。

4月，镇域内开展消灭苍蝇、蚊子、老鼠、麻雀的“除四害”运动。

5月29日　撤销京西矿区建制，成立门头沟区。镇域隶属门头沟区。门头沟区共设18个乡，镇域分别隶属煤窝、军响、斋堂、沿河城4个乡。

7月10日至11日，清水河流域连降大雨，平均降雨量为190毫米，山洪暴发，发生泥石流194处，斋堂附近8个乡被冲毁滩地3012亩、良田900亩，沙压水泡地2241亩，造成粮食绝收或减产。塌房117间，斋堂公路路基被冲毁6200余米，冲毁涵洞19座、大桥1座，死亡男孩、女孩各2名。

8月31日，斋堂公社成立，镇域除沿河城地区属大台公社外，均隶属于斋堂公社。

9月2日，镇域内建活性炭厂。

是年，修建珠窝水库，1961年建成。

△ 根据北京市委要求，北京动员机关、院校、企事业单位到山区植树造林。北京市二商局系统到斋堂南大山造林，基地建在西胡林通州峪。

1959年

5月，雁翅至斋堂的客运路线开通，是镇内第一条汽车客运线。

6月29日，农业部组织北方核桃产区9个省、市代表团在斋堂召开核桃黑防治现场会，马栏村演示烟雾剂熏治法。

是年，北京市第六十八中学更名为斋堂中学。

△ 在斋堂卫生站基础上建斋堂医院。

1960年

4月30日，镇域内在农村中开展反贪污、反浪费、反官僚主义的“三反”运动。

是年，解散大食堂，进入低标准、副食代替主食时期。

1961年

6月，门头沟区3个公社调整为14个公社。镇域分别隶属斋堂、军响、沿河城3个公社。

1962年

2月，成立煤窝公社，辖煤窝4个村。1966年4月撤销，并入军响公社。

是年，镇域内各公社相继召开第一次党代会。

1963年

6月，镇域内开展“四清”（清政治、清仓库、清财物、清工分）运动。

是年，斋堂至清水的高压输电线路安装工程完工，西斋堂水力发电站停止发电。

1965年

8月，镇域内再次开展“四清”（清账目、清经济、清组织、清思想）运动。

1966年

1月1日，中共门头沟区委、区人委驻地迁至斋堂。8月，迁回大峪村北原址。

4月，在东胡林西侧发现1万年前“东胡林人”化石。

1967年

11月，京兰（北京—兰州）公路通车，斋堂公路并入京兰公路。

1968年

3月7日，镇域内各公社革命委员会成立。

是年，沿斋（沿河城—斋堂）公路开工，1969年停工。

△ 部分知识青年陆续到镇域内各村插队下乡。

1969 年

10 月，王大台村因节约粮食成绩突出，村民索广恩出席中华人民共和国成立 20 周年大庆国宴，并登上观礼台。

是年，镇域内各村实行合作医疗制度，半农半医的医护人员改称“赤脚医生”。

△ 响应“深挖洞、广积粮”的号召，各村开挖防空工程。

△ 军响、沿河城公社分别建立公社卫生院。

1970 年

1 月，军响公社成立向阳煤矿，是镇域内第一个公社办煤矿。

4 月 16 日，斋堂水库工程开工，各区县施工队 1500 余人参加工程建设。1974 年 10 月建成，历时 4 年半。

7 月 4 日，发生雹灾，镇域内 800 亩农田被砸。

是年，镇域内核桃毛虫肆虐，核桃树受灾严重。

1971 年

10 月，北京矿务局成立斋堂煤窑，下辖黑土港、青龙涧煤矿。

△ 镇域内开展“农业学大寨”运动，整滩垫地，修整“大寨田”。

1972 年

是年，因修斋堂水库，高铺村搬迁至王家河滩北坡边，建制保留，称新高铺。

1973 年

是年，镇域内开挖沟田，林粮间作。

1974 年

春，沿河城至东岭简易公路开工，全长 7 公里。1978 年 2 月，竣工。

9 月，镇域内中小学“开门办学”，实行厂校挂钩、队校挂钩，建立校办工厂、农场。

1975 年

7 月 30 日，沿河口大队手扶拖拉机因违章超载（乘坐 20 人），途经小青崖木桥处，坠入 17 米深的河沟内，造成摔死 11 人、重伤 5 人的重大交通事故。

是年，斋军（斋堂—军响）渠开工，全长 15.723 公里。1982 年，全部停工放弃。

1976 年

7 月 28 日，唐山大地震后，公社动员镇域内村民搭建防震棚。

11 月，北京矿务局黑土港煤矿正式动工兴建。

是年，周恩来总理、朱德委员长、毛泽东主席先后逝世，镇域内民众举行悼念活动。

1977 年

6 月 5 日，斋堂火村煤窑发生瓦斯爆炸，死亡 30 人。

是年，镇域内建化肥厂，利用煤熏制作颗粒氮（氨）肥。

1978 年

3 月 21 日，斋堂公社进行粮食“三定”（定产、定购、定销）和果树队果品定产试点，一定三年，落实到队，每年底进行结算。

3 月，沿斋公路二期工程开工。1980 年 7 月 1 日，正式通公共汽车。

9 月，斋堂中学被评定为北京市重点中学。

是年，柏峪村干部刘景春被选为全国第五届人民代表大会代表。

1979 年

8 月 17 日，在镇域内发现一座砖砌单室元代壁画墓。

是年，镇域内实行包产到组的生产责任制、建立联产承包责任制。

1980 年

2 月，修复“文化大革命”期间遭破坏的“宛平县人民八年抗战为国牺牲烈士纪念碑”，并加装护栏。

6 月，沿河城公社东五里坡大队实行产量到人（劳动力）责任制。

10 月，镇域内 12 座长城敌台被定为区级文物保护单位并挂牌。

是年，沿河城高中转至斋堂中学。

1981 年

4 月 26 日，火村大队南山因熏肥引起火灾，烧毁山林 2800 余亩，经济损失 110 万元。

10 月 8 日，区革委会发布关于保护沿河城现存敌台、城墙、城门、碑刻及附属建筑的布告。

是年，镇域内开始划分自留山。

1982 年

冬，沿河城公社实行联产承包责任制，人均收入 202 元，居全区第三。

是年，镇域内推行以“大包干”为主要形式的“联产到劳”生产责任制。

△ 在西斋堂村开展为期 3 天的地方戏比赛。

1983 年

8 月，人民公社名称废止，镇域内斋堂公社、沿河城公社、军响公社分别改为乡建制，设乡党委、乡政府、乡农工商联合总公司（经济委员会）。

11 月 24 日，黄岭西村民、共青团员曹殿忠，为抢救在煤窑中遇险的村民光荣牺牲。市政府和团市委分别授予他革命烈士和优秀共青团员称号。区武装部为曹殿忠追记二等功。区政府号召全区人民向曹殿忠学习。

是年，镇域内落实荒山下放到户，合同一般一定 30 年。

△ 军响鳌鱼沟 6 万余株油松被松毛虫食，山呈焦黄色。

△ 黄草梁和梨园岭峡谷发现2座未编号长城敌台。

△ 修建军吕（军响—吕家村）公路。

1984 年

1月，根据煤炭部“有水快流”政策，鼓励群众开办煤窑精神，镇域内大力发展小煤窑生产。

3月，军响乡成立第一个建筑队。

△ 区委决定将狮子沟（碾台、檀木沟、泥皮、老虎港、上达水）、东西五里坡、大安、王九等村，核算单位由28个减至19个。

10月8日，全国政协40余名委员视察沿河城乡。

是年，沿河城乡大旱，基本绝收。

△ 按照“乡管教育”方针，30余个单位集资，为西斋堂中心小学建2座教学楼。

1985 年

6月4日　区委常委会第十七次会议通过《关于门头沟区建国前根据地、解放区的乡或相当乡一级的建制村和根据地、解放区与国民党统治区划分的意见》，对辖区内的根据地、解放区、国民党统治区及乡一级的建制村进行认定。镇域被认定为根据地、解放区。

12月，杨家村建村民住宅楼，共6栋，建筑面积860平方米，是军响乡第一批村民住宅楼。

是年，在东斋堂角楼出土箭镞125根，箭镞为汉代兵器。

1986 年

7月，沿河城水电站重建工程开工，1993年正式发电。

9月，军响乡成立救灾扶贫基金会。年内，被评为全国双扶先进集体。

1987 年

10月，镇域内马栏村建卫星电视地面接收站，是北京市郊区第一座村级卫星电视地面接收站。

1988 年

12月，军响乡党委制定“利用优势，发展绿色；联营集资，开发工业；狠抓安全，巩固煤炭；积极扶持，圈养畜牧”的工作方针。

是年至1993年，灵岳寺4个自然村搬迁。

1989 年

6月4日，镇域内降雨47.6毫米，冲毁高沿（高铺—沿河城）公路4000米，冲毁刘家峪村农田400亩。

12月20日，皇城峪煤矿发生瓦斯爆炸事故，死2人，重伤1人。

1990 年

2 月 28 日，斋堂乡撤销，在原乡域设立斋堂镇建制。

6 月 8 日，斋堂中学内发现元代窖藏遗址。

7 月 12 日，军响乡新明电源电器厂与新明灯具厂合并。

是年，区政府拨款重建后桑峪天主教堂。

1991 年

11 月 10 日，“军响乡前进汽车队”成立，50 余辆汽车沿公路列队展示。

12 月，军响乡集资 31 万元，开通东胡林、西胡林、军响、桑峪、灵水 5 个村联网闭路电视。

是年，斋堂镇被北京市政府确定为北京市郊区 22 个村镇建设试点之一。

△ 沿黄（沿河城—黄草梁）公路开工。1993 年竣工。

1992 年

7 月，沿河城中学撤销，并入斋堂中学。

11 月，军灵（军响—灵水）公路开工，全长 3.75 公里。

是年，沿河城乡开采大理石。

1993 年

12 月，沿河城供销社并入斋堂供销社。

是年，前桑峪发现 11 万年前人骨化石。

1994 年

8 月，沿河城乡并入斋堂镇，镇下设沿河城办事处。并镇前，中共沿河城乡委员会和沿河城乡政府同立沿河城革命烈士纪念碑，焦若愚题额。

12 月，镇域内全面实施“四四”奔小康攻坚计划。

是年，斋堂镇被定为全市 10 个小城镇建设试点之一。《斋堂镇小城镇镇域规划》获首都规划委员会批准，开始小城镇建设。

△ 张家村被评为京郊边远山区经济十强村。

△ 镇域内开展土地承包、山林承包工作，并发放林权证。

△ 斋堂九龙头建千亩果园林场。

1995 年

6 月 26 日，军响乡遭受百年罕见雹灾，16 分钟降雨 44.1 毫米，冰雹密集如雪，平均厚度 15 ~ 20 厘米，最大直径 6 ~ 7 厘米。农作物、果树及其他损失约 665 万元。

10 月 1 日，完成《在门头沟的版图上——沿河城》一书的编印工作。

是年，斋堂镇完成首批小区供暖工程。

△ 斋堂镇政府入驻新楼办公。

1996 年

2 月，斋堂程控电话局开通，军响地区开通程控电话。

8 月 2 日，由萧克题名的马栏挺进军司令部旧址揭牌，旧址被定为北京市级文物保护单位。1997 年，挺进军司令部旧址陈列馆开馆，是北京市第一家村级博物馆。

是年，东、西斋堂村建成环形路，路边建成商业街，建立农贸市场，搬迁 20 余户。

△ 灵水沟小流域治理被列入国家级重点工程，总面积 15 平方公里。

1997 年

7 月 7 日，“宛平县人民八年抗战为国牺牲烈士纪念碑”迁碑奠基仪式在斋堂九龙头举行，萧克、李德仲等 20 余位老革命参加奠基仪式。

12 月，张家村被列入全区首批小康村。

是年，北京市政府公布王家山惨案发生地为“国耻纪念地”，并立汉白玉纪念碑。

1998 年

7 月，军响中学撤销，并入斋堂中学。

是年，斋堂中学撤销高中部，仅留下初中部，完全中学改为独立中学。

1999 年

1 月，完成土地延长承包期工作。

8 月 16 日，灵水村向阳煤矿发生瓦斯爆炸，造成 7 人死亡。

是年，军响乡建成新业吉、兴合和张家村 3 个养殖小区并通过验收，兴合养羊小区被列为市级养羊示范区。

2000 年

冬，火村村民集资近百万元，开发双龙峡景区。

是年，镇域内实施退耕还林工作。

△ 镇域内爨底下风景区被评为首都文明旅游景区。

2001 年

5 月，镇域内开展大规模整顿煤炭生产和经济秩序，建立综合执法大队。

6 月 13 日，沿向（沿河城—向阳口）公路开工，全长 5.2 公里，8 月 13 日竣工。

8 月 7 日，灵水村举办第一届秋粥节。

10 月，中共门头沟区委员会、门头沟区人民政府在东斋堂村九龙头举行宛平抗日革命烈士纪念园碑记揭幕仪式。

11 月 13 日，军响乡并入斋堂镇。

11 月 21 日，北京天正泽制砖有限公司投产。

12 月，《在门头沟的版图上——军响乡》一书出版。

是年，镇域内调整产业结构，制定以旅游为龙头，建设七色斋堂规划。

△ 镇内移动电话网络开通。

△ 川底下村被公布为北京市文物保护单位。

2002 年

8 月 8 日，首届京西灵水举人村金榜节活动开幕。

11 月 17 日，桑峪路竣工，全长 1.9 公里，其中柏油路 1.3 公里，水泥路 0.6 公里。

11 月 26 日，灵水村总体开发正式启动。

12 月 31 日，军响服务中心改造一期工程竣工，建筑面积 800 平方米，为军响服务中心餐饮部分。

12 月，《古今斋堂》一书出版发行。

2003 年

1 月 8 日，北京华电新明电器有限公司与斋堂镇就租赁军响新明灯具厂签订合同，租赁期 30 年，年租赁费 50 万元。

2 月 21 日，灵水路拓宽铺油工程动工，4 月 28 日竣工。

3 月 3 日，镇内污水处理厂工程动工，10 月竣工。

6 月，镇内供暖洗浴中心开始施工，10 月竣工。

7 月 29 日，首届“京西法城蜜蜂节”在法城村举办。

8 月，西胡林路、青龙涧路施工，爨柏路铺柏油。

10 月 13 日，镇内 10 项基建工程竣工，包括污水处理厂、供暖洗浴中心、新明华电有限公司、东斋堂大街、沿向路、爨柏路、法城路、青龙涧路、黄草梁石板路、西胡林路。

11 月 27 日，川底下村被建设部和国家文物局评定为第一批中国历史文化名村，也是北京市第一个获此殊荣的历史文化名村。

2004 年

1 月，镇内启动新型农村合作医疗制度。

3 月 2 日，镇内 7 条村村通油路工程动工，7 月底竣工。

3 月，镇文化广场建设工程动工，10 月底竣工。

4 月，镇集中供水厂一期工程动工，10 月底竣工。

△ 镇污水处理厂建设二期工程动工，10 月底竣工。

2005 年

9 月，区政府确定川底下村为镇级产权制度改革试点村。

11 月 12 日，灵水村被建设部、国家文物局评定为中国历史文化名村。

2006 年

6 月，《皇都古镇斋堂》出版。

2007 年

4 月，西斋堂梆子戏被列入北京市非物质文化遗产名录。

12 月，《门头沟区文化遗产精粹——柏峪燕歌戏》出版。

是年，斋堂镇制定了第二部镇域总体规划，同时完成镇中心地区控制性详细规划、镇区路网改造建设规划、斋堂沟峪生态治理建设规划、生态修复规划、中国历史文化名村保护规划，以及柏峪、川底下、灵水村等 15 个村的建设规划。

△ 灵水村秋粥节习俗、斋堂转灯场习俗入选门头沟区非物质文化遗产名录。

2008 年

7 月，《北京门头沟村落文化志·斋堂镇卷》出版。

2009 年

6 月，《川底下村志》出版，是北京市第一部公开出版的村志。

2010 年

3 月 26 日，斋堂镇入选首批全国特色景观旅游名镇。

9 月，首届北京国际山地徒步大会在斋堂镇举办。

10 月，《北京古镇图志·斋堂》出版。

11 月 27 日，镇内建长途客运换乘中心，为客运枢纽二级站。

是年，门头沟区申报北京市古村落古道文化创意产业集聚区获批，集聚区落户斋堂镇。

△ 斋堂镇获全国环境优美乡镇称号。

2011 年

8 月，“斋堂文化丛书”完成编印，由《史料辑录》《古道商贸》《地质文化》《生态游览》《军事文化》《山村民居》《民俗风情》《教育宗教》分册组成。

2012 年

9 月，川底下村、黄岭西村、灵水村入选首批中国传统村落名录。

2013 年

4 月，灵岳寺被公布为第七批全国重点文物保护单位。

△ 启动对沿河城修缮工程。2014 年 1 月 8 日竣工。

8 月 28 日，马栏村入选第二批中国传统村落名录。

是年，京西斋堂话入选门头沟区非物质文化遗产名录。

△ 斋堂镇被评选为北京小城镇建设先进乡镇。

2014 年

8 月 20 日，由斋堂镇政府、中坤灵川旅游开发有限公司和灵水村三方组成的灵水景区管委会成立。

11 月 17 日，沿河城村入选第三批中国传统村落名录。

是年，镇内进行改水工程。

△ 斋堂镇创建国家卫生镇通过市级验收。

2015 年

8 月，川底下村被评为中国乡村旅游模范村。

2016 年

3 月 22 日，川底下村古村落群保护修缮工程开工，工程涉及 62 个院落和 1 个护坡墙。

10 月 3 日，沿河城发现明代巡抚保定都察院右佥都御史贾三近手书诗碑。

10 月 8 日，灵水村获 2015 年至 2016 年“北京最美乡村”荣誉称号。

11 月 8 日至 10 日，斋堂镇举办民俗文化演出周活动，上演《大保国》《四郎探母》《算粮登殿》《烧骨记》等剧目。

11 月，西胡林村入选第四批中国传统村落名录。

是年，发现明代沿河守府题名碑断裂遗失碑首。

△ 发现元代宋氏孝行之碣。

△ 门头沟区共认定低收入村 45 个，其中斋堂镇 10 个。

2017 年

6 月 18 日，沿河口村发生泥石流等灾害，24 户居民受灾，临时转移安置人口 50 户 80 人。

6 月 23 日，斋堂镇被全国爱国卫生运动委员会命名为国家卫生镇。

8 月 6 日，镇内遭受风雹灾害，农作物受灾总面积约 176 亩，受灾人口 137 人，直接经济损失 34 万元。

8 月 28 日，ET 保税北京斋堂店开业。

8 月 29 日，启动中草药 + 产业精准扶贫战略合作工程，与京西中医药健康产业发展商会签订《精准扶贫合作协议》，涉及镇内 3 个低收入村。

12 月 5 日，斋堂镇传统村落农村综合改革项目完工，涉及川底下村上水改造、黄岭西村旅游步道修建、马栏村生态停车场和生态污水处理池修建、灵水村旅游公厕改造和新建工程。

2018 年

3 月 31 日，斋堂镇与河北官厅镇孙庄子乡签订联防联控协议。

5 月 28 日，斋堂镇政务服务中心挂牌。

6 月，马栏村被中央文明委授予第五届全国文明村镇称号。

2019 年

9 月 11 日，斋堂镇举行第一届“斋堂尚品”电商采摘节暨村委会农产品电商销售签约仪式，开展农产品网上销售试运营。试运营 48 小时累计成交 452 单，金额 5 万元。

11 月 15 日，斋堂镇举行企业商会成立大会，32 家企业代表通过投票选举出商会会长、副会长、秘书长。

2020 年

8 月 21 日，完成全年招商引资、财政收入任务指标。通过招商引资平台企业落户率达到 100%。全镇企业纳税率达到 100%。

9 月 2 日，斋堂镇与内蒙古武川县上秃亥乡、内蒙古察右后旗白音察干镇、河北省涿鹿县大堡镇签订 2020 年结对帮扶协议，设立经济、就业等 4 项帮扶板块。

9 月 29 日，镇内举办“红色斋堂，薪火相传”2020 年文化旅游节。

第一章　建置沿革

斋堂镇隶属北京市门头沟区，位于门头沟区中西部，为纯山区。镇域面积392.4平方公里。镇内人类活动历史久远，辽代始见村名，金代有斋堂乡建制。1990年斋堂镇建制前，镇域隶属不同朝代的不同行政建制。1990年斋堂镇建制后，镇辖域时有变化。2001年，现镇域形成。

辽代，镇域内已有较多村落。明代，镇域内村落分布奠定当代村落格局。从中华人民共和国成立后至1983年，镇内有村落67个。1983年后，随着自然环境变化、人口流动和社会经济发展需要，自然村逐渐减少。截至2020年12月底，镇内辖建制村29个，其中6个村落分别入选中国历史文化名村、中国传统村落、北京市传统村落名录。

第一节　建　置

据考古发现，11万年前，镇内已有人类活动。唐代，在白铁山上修建灵岳寺，在清水河左岸（北岸）台地上建供游僧、香客斋戒用的斋堂。此后，在台地上的人群聚落成村，用“斋堂”冠以村名。镇内凡以斋堂命名的各级建制，其名称均源于此。辽统和十年（992）双

图1-1　灵岳寺全貌（2008年摄）

林寺经幢所记“斋堂”村名，是“斋堂”最早见于文字的记载，迄今已1000余年。

唐天宝元年（742）设广平县，据《北京市门头沟区志》载，“广平县治当在斋堂”，此为镇内有行政建置之始。

金代县下设乡、堡，镇内有斋堂乡。

元延祐元年（1314）之后，县有乡、社之制，镇内有斋堂乡、桑峪社。斋堂乡治所在东斋堂村，桑峪社治所在桑峪村，隶属于斋堂乡。时斋堂乡辖域除包括现斋堂镇外，还包括现大台、王平、北岭地区。

元末，镇域北部石羊沟内设石港口巡检司。

清光绪年间（1875—1908），改乡为镇，镇内设斋堂镇（此斋堂镇与本志所记斋堂镇不是同一个概念，其辖域及建制不详），镇所驻东斋堂村。宛平县齐家庄巡检司移驻斋堂城内。

中华民国时期，县下设区，区下设乡、镇，乡、镇下设保、甲，三保以上为联保，镇域隶属宛平县。据1917年京兆二十县图载，宛平县设为8个区，镇域内设第八区公所，治所驻东斋堂村。

1938年，镇域内建立县抗日民主政权，县下设小区，小区辖村。镇域隶属宛平县抗日民主政府，设有小区。小区建制延续至中华人民共和国成立后的1953年。1953年小区改乡，镇域内设有14个乡。

1958年，实行人民公社建制。至1984年7月，镇域内设有斋堂、沿河城、军响3个公社。1962年2月至1966年4月，镇域内曾设煤窝公社。

1984年7月，撤销公社建立乡，镇域内设有斋堂、沿河城、军响3个乡。

斋堂乡，原斋堂公社，也称斋堂地区，位于镇域中南部。东与军响乡、青白口乡相连，北与沿河城乡接壤，西与清水乡为邻，南与房山区交界。乡政府驻东斋堂村。乡域地处永定河支流清水河两岸，南北为大山，中间为川地，俗称斋堂川。

沿河城乡，原沿河城公社，也称沿河城地区，位于镇域东北部，四面与一县五乡相连。北与河北省怀来县相接，南与军响乡、斋堂乡相连，西与清水乡相邻，东邻青白口乡、大村乡。乡域地处永定河山峡两侧，乡政府驻沿河城村。

军响乡，原军响公社，也称军响地区，位于镇域东南部。西北邻斋堂乡，并与沿河城乡相接，东北接青白口乡，东南与大台街道办事处相接，南与房山区接壤。乡域处在清水河流域下段，南北为中山，中间为“十”字形谷地。乡政府驻军响村。

20世纪90年代，撤乡建镇。1990年2月28日，经北京市政府批准，斋堂乡建制撤销，在原乡区域范围设镇，斋堂镇建制由此始。斋堂乡撤销建制前，据1988年统计，乡域面积121平方公里，辖19个建制村，24个自然村，2590户8494人，耕地9867亩。

撤乡建镇后，镇域内有一镇二乡建制，即斋堂镇、沿河城乡、军响乡建制。1994年7月，

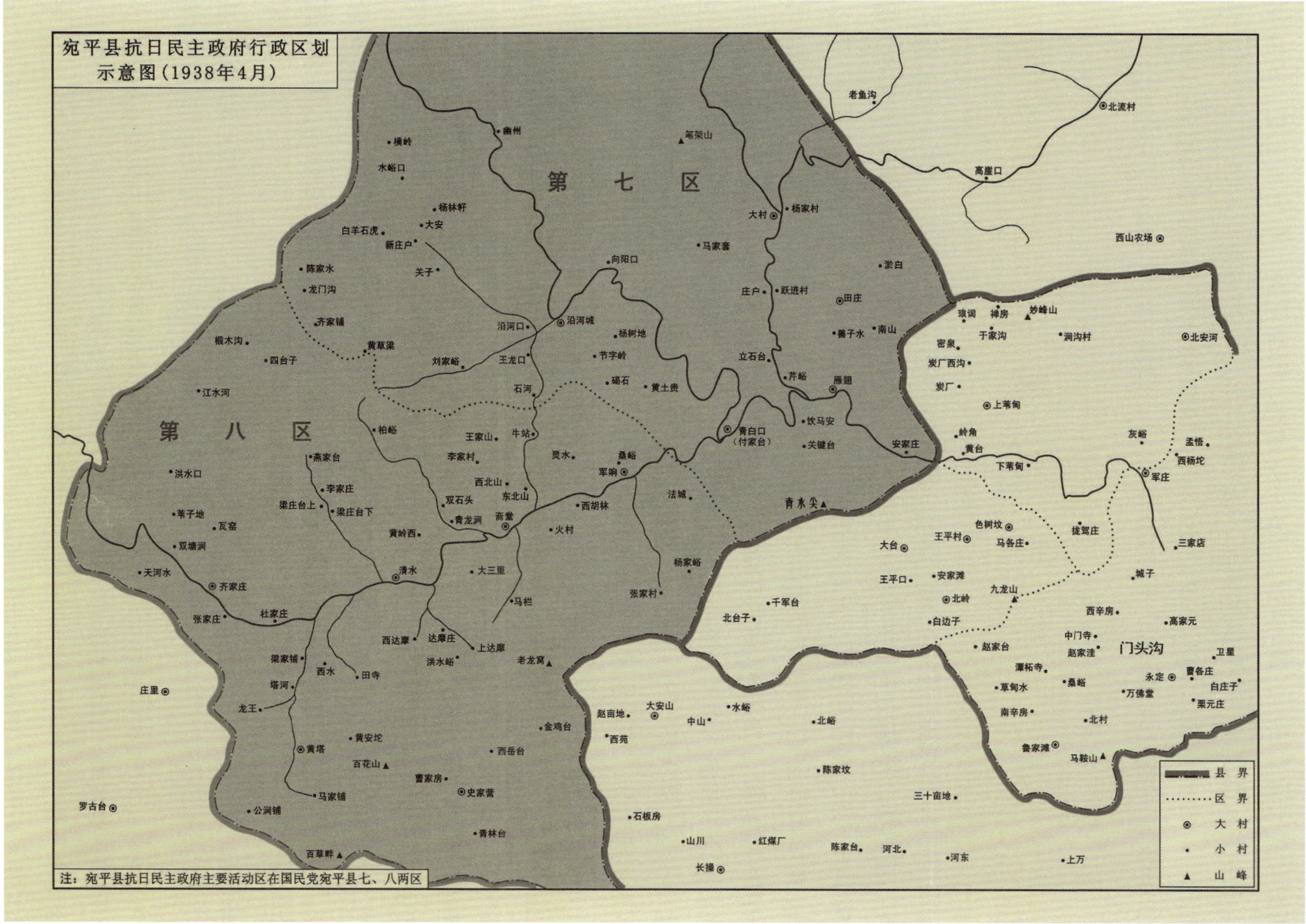

图 1-2　1938 年宛平县抗日民主政府行政区划示意图

（资料来源：《中共门头沟区组织史料》）

沿河城乡撤销，并入斋堂镇。沿河城乡撤销前，据 1993 年统计，乡域面积 186 平方公里，辖 17 个建制村，21 个自然村，995 户 2721 人，耕地 4864 亩。

沿河城乡并入斋堂镇后，镇域内有一镇一乡建制，即斋堂镇、军响乡建制。2001 年 11 月，军响乡并入斋堂镇。军响乡撤销前，据 1999 年统计，乡域面积 84.4 平方公里，辖 10 个建制村，11 个自然村。人口 2119 户 5078 人，耕地 8861 亩，其中水浇地 2431 亩。

自 2001 年 11 月斋堂镇域形成，至 2020 年 12 月，镇域总面积 392.4 平方公里。

第二节　隶　属

夏、商、周时，镇域先后隶属冀州、幽州、燕国。燕昭王二十九年（前 283）设上谷郡，秦设上谷郡沮阳县。经秦汉至北齐天保七年（556），镇域隶属上谷郡沮阳县。北齐天保七年（556）十一月，废除上谷郡，置北燕州怀戎县，镇域隶属怀戎县。唐天宝元年（742）设广平县，镇域大部分属广平县，只北部沿河城地区属怀戎县。至德后复置广平县。据《北京市门头沟区志》载："广平县治当在斋堂"，此为镇内有行政建置之始。

唐光启年间（885—888），怀戎分为矾山县和永兴县，沿河城地区隶属矾山县，其他区仍隶属广平县。唐天祐三年（906），军阀刘仁恭设立玉河县，广平县并入玉河县，沿河城地区隶属矾山县，其余地区隶属幽州玉河县。

后晋天福元年（936），石敬瑭将燕云十六州割让给契丹，镇域隶属契丹。辽开泰元年（1012）设置宛平县，玉河县与宛平县并存。金天眷元年 (1138)，玉河县建制撤销，县域并入宛平县。宛平县下设乡、堡，镇域隶属宛平县斋堂乡。

元延祐元年（1314）之后，县有乡、社之制，镇域隶属宛平县斋堂乡。

明代中期，青白口社辖域扩大，沿河城地区隶属青白口社。

清代，沿袭里社建制，同时，县下设巡检司与里社并行。巡检司负责缉捕盘诘，维持地方治安之事；里社负责清厘籍贯，催要钱粮。镇内沿河城地区隶属石港口司，其余地区隶属齐家庄司。

中华民国时期，宛平县下设区，沿河城地区隶属宛平县第七区，其他地区隶属宛平县第八区。

1938 年 3 月，宛平县抗日民主政府建立，镇域隶属宛平县抗日民主政府。县政府下设小区。随着形势发展，镇域隶属的小区发生变化。

1938 年 3 月至 1939 年 3 月，沿河城地区隶属第七区，其余地区隶属第八区。1939 年 3 月，县下设 5 个小区，镇域分别隶属一区、二区、五区 3 个小区。不久，从一区、二区调区部分村落，成立第六区，镇域分别隶属于 4 个小区。一区包括沿河城、军响地区以外的其他地区；二区包括沿河城地区和煤窝 4 村以外的军响地区；五区包括煤窝 4 村；六区包括牛战、白虎头、灵岳寺、蔡家岭、王家山及灵水、桑峪等村。

1940 年春，五区和二区部分村合并成立新五区，六区并入一区，成立新六区和七区。镇域隶属于一区、二区、五区、六区。一区范围不变；二区包括军响地区；五区包括沿河城地区 (除向阳口村)。向阳口村隶属六区。

1941 年 7 月，区划调整，镇域除向阳口隶属永定河北的七区外，其他地区分别隶属于永定河南的一区、二区、三区、五区。一区包括清水河以北的青龙涧沟、白虎头沟、北山各村及东、西斋堂村、东岭村和军响地区各村 (除煤窝 4 个村及西胡林)；二区包括火村、西胡林村及煤窝 4 个村；三区包括大三里村、马栏村；五区包括沿河城地区 (除东岭村、向阳口村)。

1942 年 12 月，昌宛联合县改建为昌宛房联合县，重新进行区划：从一区划出部分村新建六区。六区主要包括桑峪、灵水 、牛战、白虎头、王家山、灵岳寺、蔡家岭、柏峪

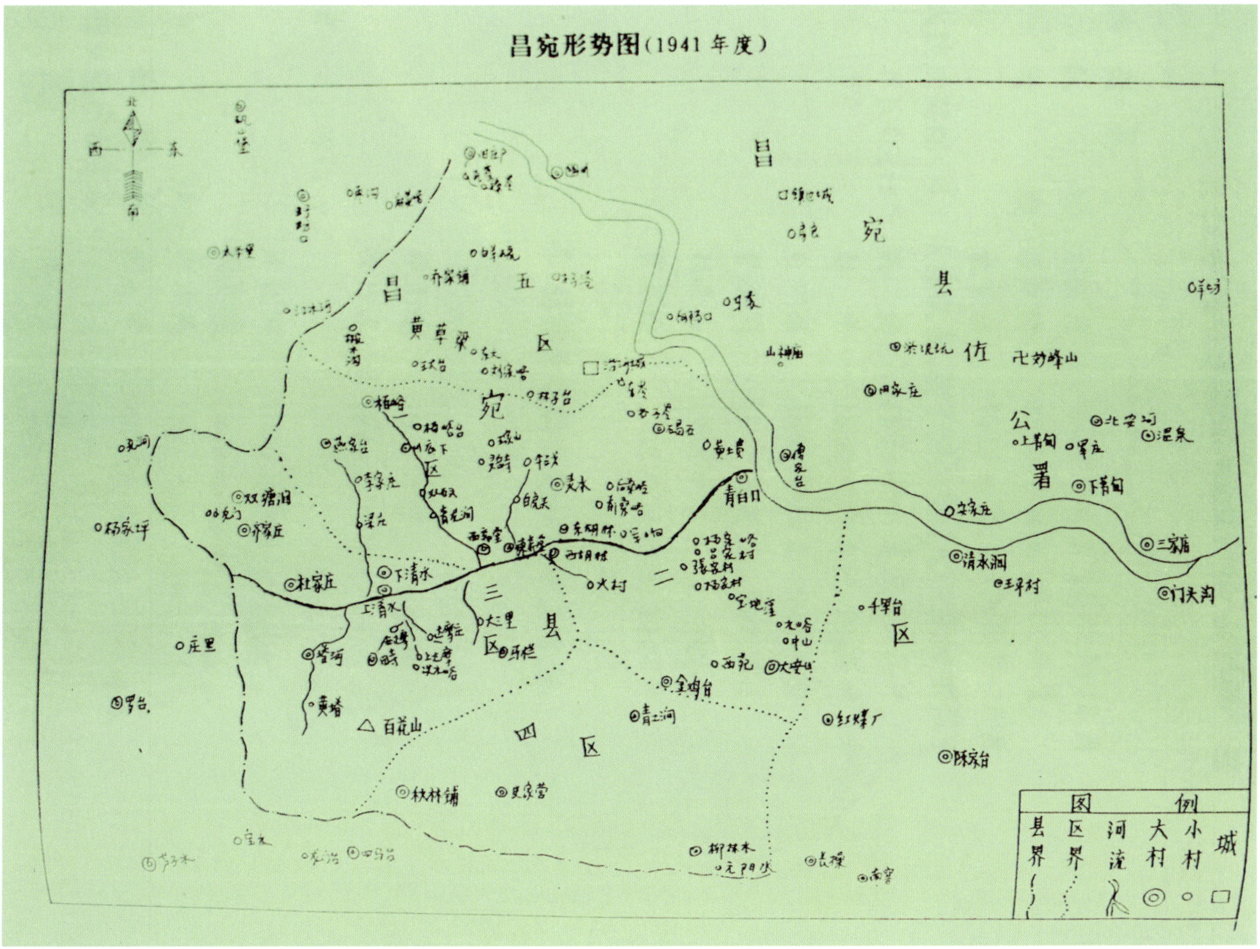

图 1–3　1941 年度昌宛形势图示意图

（资料来源：《中共门头沟区组织史料》）

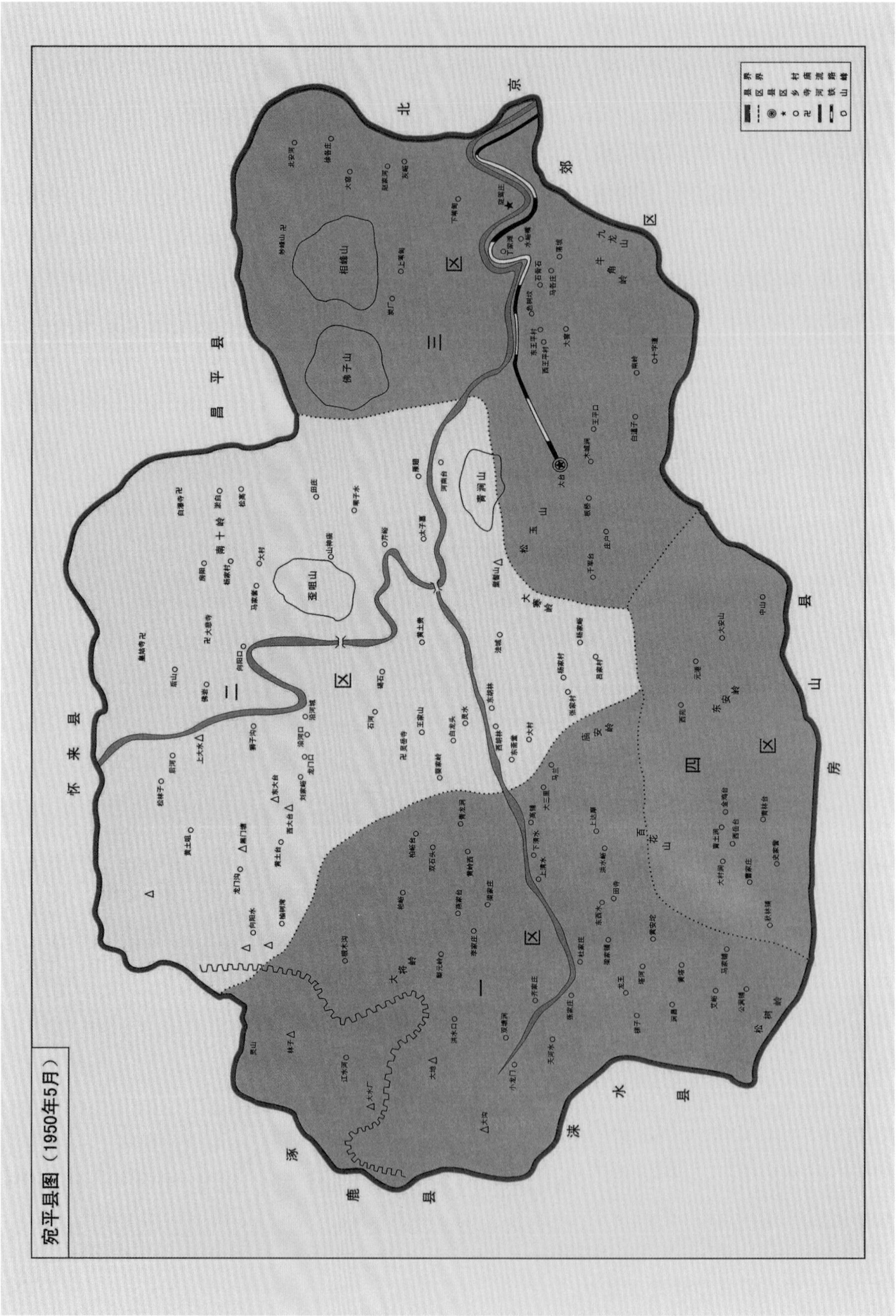

图 1-4 1950 年宛平县辖域示意图

（资料来源：北京市门头沟区档案史志馆存资料）

等村及东岭村、碣石村一带。

1943 年 7 月间，撤销五区，将沿河城部分地区划归六区，龙门沟、石羊沟、椴木沟一带划归一区。

1944 年 4 月，成立怀涿联合县，龙门沟、石羊沟、椴木沟一带隶属怀涿县。

同年秋，宛平县恢复独立建制，区划重新调整。镇域分别隶属一区、二区。一区包括清水河以北各村。二区包括大三里、马栏、火村、西胡林及煤窝 4 村。

图 1–5 1952 年北京市京西矿区示意图

（资料来源：北京市门头沟区档案史志馆存资料）

1945年4月，斋堂川解放，县政府区划调整后，镇域分别隶属一区、二区。一区包括二区所辖以外的村庄；二区包括牛战、白虎头及沿河城地区（除向阳口村）、军响地区各村。

1946年4月，将一区、二区、三区合并为一区。后因一区范围太大，进行调整。至9月，镇域分别隶属二区、三区。二区包括沿河城地区（除向阳口村）各村，其他地区隶属三区。

1949年4月，县区划调整为7个区，镇域分别隶属二区、三区。二区包括牛战、石河、林子台、沿河城、沿河口、西大台、龙门口、刘家峪、东岭、灵水、前桑峪、后桑峪各村。三区包括东斋堂、西斋堂、东北山、西北山、蔡家岭、灵岳寺、王家山、白虎头、火村、马栏、大三里、青龙涧、双石头、川底下、柏峪台、柏峪、黄岭西、高铺（原高铺）、东胡林、西胡林、杨家村、吕家村、张家村、杨家峪、军响各村。

1950年5月至1952年9月，全县共划为4个区，镇域分别隶属一区、二区。一区包括青龙涧、柏峪沟内的村庄和马栏、大三里、高铺（老高铺）各村；二区包括除一区所辖以外的所有村庄。

1952年9月，宛平县建制撤销，镇域隶属京西矿区。京西矿区下设7个小区，小区下设乡，乡领村。镇域分别隶属斋堂区的斋堂乡、胡林乡、黄土嘴乡、灵岳寺乡、刘家峪乡、沿河城乡、白虎头乡、煤窝乡、桑峪乡、灵水乡；清水区的柏峪乡、马栏乡、高窝铺乡、双石头乡。

1953年5月后，矿区政府进行区划调整，将镇域隶属清水区的柏峪乡、马栏乡、高窝铺乡、双石头乡，划归斋堂区。斋堂区下辖计14个乡43个村，辖域面积与镇域同。

1958年5月，京西矿区撤销，改门头沟区建制，镇域隶属门头沟区。门头沟区下设乡，乡领村。镇域分别隶属于煤窝、军响、斋堂、沿河城4个乡。其中，斋堂乡包括原斋堂、白虎头、灵岳寺、双石头、高铺、马栏6个乡，煤窝乡与原煤窝乡同，军响乡包括原胡林、桑峪、灵水3个乡，沿河城乡包括原沿河城、刘家峪、黄土嘴3个乡。

1958年，实行人民公社建制，门头沟区成立斋堂、大台、门头沟3个大公社，公社下设生产大队，生产大队下设生产队。沿河城地区隶属大台公社，其他地区隶属于斋堂公社。

1961年6月，门头沟区将3个公社调整为14个公社，镇域分别隶属斋堂、军响、沿河城3个公社。1962年2月，煤窝4村从军响公社分出，单独成立煤窝公社。1966年4月，撤销煤窝公社，并入军响公社。到1984年公社改制前，镇域分别隶属斋堂、沿河城、军响3个公社。

1984年7月，镇域内公社撤销，分别设立斋堂、沿河城、军响3个乡。

1990年2月，斋堂乡建制撤销，在原乡的区域范围建镇，斋堂镇建制由此始。

1994年和2001年，沿河城乡、军响乡建制先后撤销，辖域并入斋堂镇，斋堂镇域划定。至2020年12月，斋堂镇域不变，隶属北京市门头沟区。

第三节　辖　村

村落形成

辽圣宗统和十年（992）《佛顶尊胜陀罗尼》石经幢上记有斋堂村、胡家林村名，是镇内村落最早的文字记载。

辽金以后，镇内村落增多，元代出现灵水、柏峪、东斋堂、西斋堂、马栏口、高铺等村落名称。明代有很多记录镇内村落的文献和碑刻，其中明《宛署杂记》记载的村落有沿河口、杏叶口、大汉岭、泥窝、军下、桑峪、冷水、东胡家林、西胡家林、火钻、东斋堂、西斋堂、马兰、白虎头、刘站、北山、刁窝铺、柏峪等村名。这些村落分别隶属宛平县桑峪社、青白社。清代文献和碑刻中，又新出现川底下、黄岭西、王家山、柏峪台、张家村、吕家村、杨家村、杨家峪、梨树台、后桑峪等村落。明清时期形成的村落大多延续至今，构成镇内村落的主体。

民国年间，镇内自然村有 59 个，其中主村 38 个、附属村 21 个。新出现的主、附村有：上蔡家岭村 (原蔡家岭分为上、下二村)、白虎头村（附宋家村、王家村、郝家村、庄头）、龙门口村、刘家峪村、黄土台村、齐家铺村、黑石塘村、杨树、黄土嘴村、新庄户村、西大台村 (附东大台、王大台)、向阳水村 (附陈家水、仙人洞、榆树湾子、北保峪、碾子穴各村)、关子村 (附偏台村)、大东宫村 (附小东宫港村、上大水村)、张家石虎村 (附泥皮村、松林子村)、林子台村（附石河村、王龙沟村）和法城村。

中华人民共和国成立后，1966 年突发泥石流，大槽村迁入马栏村。20 世纪 70 年代，因修建斋堂水库，大三里村、高铺村转迁他村。大三里村建制撤销；高铺村选新址建村，保留建制。至 1983 年，镇域内有村落 70 个。其中，建制村 (生产大队)39 个：东斋堂村、西斋堂村、火村、马栏村、牛战村、高铺村、柏峪村、黄岭西村、青龙涧村、双石头村、川底下村、白虎头村、下蔡家村岭、大三里村、王家山村、柏峪台村、刘家村村、徐家村、李家村、沿河口村、沿河城村、向阳口村、林子台村、东岭村、五里坡村、刘家峪村、龙门沟村、新庄户村、狮子沟村、东胡林村、西胡林村、军响村、灵水村、桑峪村、吕家村、杨家峪村、杨家村、张家村、法城村；附村 31 个：宋家村、郝家村、王家村、庄头村 4 个村属白虎头村；陈家水村、榆树湾子村、齐家铺村 3 个村属龙门沟村 (大队设向阳水)；大安村、王门子村、白羊石虎村、黄土嘴村、关子村、偏台村、大东官村、小东官村、木子港村等村属新庄户村；檀木沟村、老虎港村、对子港村、泥皮村、上大水村 5 个村属狮子沟村；西大台村、东大台村、王大台村、龙门口村、北台村 5 个村属刘家峪村；石河村、王龙口村 2 个村属林子台村；东五坡村属五里坡村；梨树台村属杨家峪村；后桑峪村属桑峪村。

1983 年后，镇域内部分村落因饮水、泥石流、交通、经济发展、地区采空及孩子上学等不同原因进行搬迁或并村，村落建制大多无存。沿河城地区原五沟四台近 40 个村落，几经搬迁合并，仅存 6 个村；北山沟原 10 个村落，全部转迁或合并，原沟村落建制只存王家山村，且迁并到白虎头村，其他村落多并入新建制村新兴村；爨柏沟内青龙涧村、柏峪台村，因处于煤窑采空区和无水而撤并，柏峪台村建制不存；青龙涧村选新址建村，保留建制。

截至 2020 年 12 月底，镇内有东斋堂村、西斋堂村、火村、马栏村、高铺、柏峪村、川底下村、双石头村、青龙涧村、黄岭西村、牛战村、白虎头村、新兴村、沿河城村、沿河口村、龙门口村、王龙口村、向阳口村、林子台村、桑峪村、灵水村、军响村、东胡林村、西胡林村、张家村、杨家村、吕家村、杨家峪村、法城村 29 个建制村。

村落分布

截至 1983 年，镇域内村落基本按照大村坐落于河谷台地，中村坐落于沟谷坡地，小村坐落于高山半坡的格局分布。

镇域北部是永定河流域上游，峡谷窄，水流急，主河谷两侧台地、阶地发育不丰富，聚落成村难度大。主河谷上只有 2 个村落，一个坐落于永定河右岸沿河城村（原三岔口）；一个坐落于永定河左岸的向阳口村（杏叶口）。历史上镇域北部是京畿边陲，历代在此设关置隘，镇域北部村落多与军防相关，除主河谷上的 2 个村落外，石羊沟过去是重要的交通要道，沟内有沿河口村、关子村、大东宫村、小东宫村、木子港村、新庄户村、大安村、王门子村、黄土嘴村、白羊石虎村等村落。龙门沟历史上也是重要的交通要道，沟内坐落着龙门沟村、陈家水村、向阳水村、榆树湾子村、齐家铺子村等村。刘家峪沟是西奚古道主通道，沟内坐落着西大台村、东大台村、王大台村、龙门口村、北台村、刘家峪村等村落。林子台沟是斋堂城、楼岭与沿河城的连接通道，沟内坐落着石河村、林子台村、王龙口村等村落。狮子沟内有狮子沟村、檀木沟村、老虎港村、对子港村、泥皮村、上大水村等村落。沿河城东岭台上坐落着东岭村、旺家水村、瓦窑坑村、刘家洼村、东五里坡村、西五里坡村等村落。

镇域中南部是清水河流域中下游，河谷宽阔，台地、阶地发育丰富，环境适于人类生存，域内最早形成的村落基本坐落于清水河两侧的台地、阶地上。主河谷两侧自西向东排列的村落有西斋堂村、东斋堂村、新高铺村、东胡林村、西胡林村、军响村等村。

清水河主谷南北两侧支谷分布着京西古道网络，古道旁分布村落。大三里沟是镇域南通房山地区的通道之一，沟内坐落着大三里村；马栏沟是通往百花山寺庙的香道之一，沟内坐落着马栏村、大槽村；火村沟是镇域南通房山地区的主要交通道路，沟内坐落着火村村；七里沟，也称煤窝沟，是西山大路进入镇域的主要通道，沟内盛产煤炭，旧时商业发达，沟内坐落着梨树台、吕家村、杨家峪村、杨家村、张家村；法城沟内有法城村。爨柏沟是古代重要的商旅、军旅道路，沟内坐落着柏峪村、川底下村及受益于商旅的双石头村、黄岭西村、青龙涧村及柏峪台村。北山沟是进香灵岳寺的通道，沟内坐落着灵岳寺村、徐家村、刘家村、李家村、宋家村、北山村、西北山村、王家山村、上蔡树岭村、下蔡树岭村。白虎头沟村是斋堂城与沿河城沟通的重要道路，沟内坐落着牛站村、白虎头村、宋家村、郝家村、王家村、庄头村。桑峪沟是西山大路重要通道之一，沟内坐落着灵水村、后桑峪村、前桑峪村。

村落简介

川底下村　位于镇域西北爨柏沟内，距镇政府驻地6.3公里，辽代前成村，村域面积8.2平方公里，聚落依地势起伏散列分布，面积1万平方米。全村韩姓，先祖韩仕宁是明朝弘治年间的世袭武官，驻守沿河口的百户。村北二三里有个地方叫“爨头”，爨头下方是一处天然关隘，元、明以来在此设有关防隘口——爨里口，派兵将驻防。守口兵将家属在爨里口之下建村，故名爨底下村。后以“爨”“川”谐音，去繁从简，称川底下村。

图1–6　川底下村（2018年摄）

整个聚落依山势而建，高低错落，建造古朴别致。现存的70余套、500余间传统民居多为明清建筑，保存完整。2003年11月27日，获中国历史文化名村称号。2012年9月，获评中国传统村落。

灵水村　位于镇域东北部桑峪沟内，距镇政府驻地12公里，辽代前成村。村域面积13.5平方公里，聚落略呈长方形。村中建筑以明清传统民居为多。村民以刘、谭两姓为主，还有田姓等姓氏。村中多山泉，泉水冷冽，旧时称“冷水”“凌水”村，后谐音称灵水村。民居宅院分为官宅院、商宅院和农宅院3种类型。历史上，灵水村读书人多，做官的也多，所建宅院具有一种士大夫风范，是京城四合院建筑与山区四合院完美融合的典范。

灵水村建起北京最早的寺庙之一——灵泉禅寺。此后佛教、道教、儒教相继发展，村内共有17座寺庙。自明清科举制度盛行以来，村中先后多人考取功名，当地人冠以“举人村”之名。灵水村为纪念刘举人赈灾，共喝秋粥之事渐成村俗。2007 年，灵水村秋粥节习俗入选北京市非物质文化遗产名录。2005 年 11 月，灵水村获评中国历史文化名村，2012 年 9 月获评中国传统村落。

图 1-7　灵水村（2018 年摄）

马栏村　位于镇域西南马栏沟内，距镇政府驻地 6 公里，明代建村，整体保存完整。村域面积 16.3 平方公里，聚落略呈长方形。旧时，村子为圈放马匹之地，故名。全村姓氏较杂，有“七户于，八户艾，大户张家”之说。

抗日战争时期，马栏村为抗日模范村，参军参战的民众百余人，为抗战牺牲的烈士有 20 人。1939 年 10 月，冀热察挺进军司令部入驻马栏村。1940 年昌宛子弟兵团成立，马

图 1-8　马栏山（2012 年摄）

栏村全村二三十名青壮年集体参军，子弟兵团专门设置“马栏排”。1996 年，马栏村党支部倡议全村村民集资捐款、捐物，筹建“冀热察挺进军司令部旧址陈列馆”，是北京市唯一一家由农民集资创办、在北京市文物局注册的博物馆。2013 年 8 月 28 日，该村获评中国传统村落。

黄岭西村　位于镇域西北爨柏沟内，距镇政府驻地 4.9 公里，明末清初建村。村域面积 9.2 平方公里，聚落呈“人”字形，分布在上涧、下涧、西涧，面积 6 万平方米。主要姓氏为曹、王二姓。

图 1-9　黄岭西村（2013 年摄）

村内现存清代传统民居 108 处，以山地四合院为主，沿沟涧两侧修建。村中的自然和人文组成了山村民居、九龙一凤、北庵石雕、山字梯田、漫山古柏、花椒飘香、清泉洗目、“画眉石”窑——“黄岭西村八景”。

抗日战争时期，黄岭西村是著名的抗战模范村。1940 年 10 月，组建昌宛县子弟兵团，黄岭西村一次参军 30 余人，子弟兵团专门设置“黄岭西排”。2007 年，黄岭西村开始发展旅游，红色旅游为黄岭西村特色品牌。2012 年 9 月，该村获评中国传统村落。

西胡林村　位于镇域东南南涧沟沟口，距镇政府驻地 5 公里。村域面积 11.38 平方公里，聚落面积 4 万平方米。村聚落依山势略呈三角形，历史上曾称“西护驾林”。辽代胡家林村建村，明代分东、西二村。该村居西，故名西胡林。全村共有 22 个姓氏，以石、潭、王姓氏居多。

西胡林村是镇内最古老村庄之一，曾出土旧石器时代晚期人类使用的石器。村聚落呈金字塔形排列，村落民居层层错落。现存 50 余处四合院，完美精致，古朴典雅。村中规模较大院落，大部分都是相通的，留有暗门通道。2016 年 11 月，该村获评中国传统村落。

图 1-10　西胡林村（2010 年摄）

沿河城村　位于镇域东北部，距镇政府驻地 15.9 公里，金代建村，村域面积 77.9 平方公里。聚落坐落在永定河南岸台地上，依山傍水，整体略呈半圆形，由城内、城外两部分组成，面积 18 万平方米。

沿河城村历史久远，自新石器时代即有人居住，成村时，因地处几条山沟流水汇聚处，初名为“三岔（汊）村”。明万历六年（1578）在此修建守御关城，沿河城名称逐渐取代旧有村名。沿河城村自古为军事要塞，城内居民多为军户。清朝中后期，沿河城村军事防御功能逐渐演变为村落居住功能。

图 1-11　沿河城村（2013 年摄）

沿河城村民聚落集中在沿河城内，四周有城垣围绕，城内住户居住紧凑，深宅大院不多，建筑讲究，规模不大，整个村落显现着古色古香，端庄典雅。村内现存守备府、上衙门、下衙门、大校场、小校场、营房、火药楼等地名地物。2014 年 11 月 17 日，沿河城村获评中国传统村落。

桑峪村　位于镇域东部桑峪沟内，距镇政府驻地 8.6 公里，建村不晚于元代。村域总面积 12.4 平方公里，聚落居山谷东侧，略呈方形，北高南低，面积 3.2 万平方米。桑峪村历史久远，11 万年前就有人类在此活动，明代前曾称“三遇村”。明代称桑峪社，因村周围多桑树而得名。元统二年（1334），村内设天主教堂，因村民信仰不同，聚落发展为前、后两部分。靠近清水河的聚落称桑峪，或前桑峪，反之称后桑峪。信教村民居后桑峪村。1979 年，两村合为一村，称桑峪村。村中姓氏以张、杨二姓为主。

图 1-12　桑峪村（2006 年摄）

村中清代建筑居多，但大部分已成残垣断壁。村内有广济寺、团山禅寺、鱼临寺、天主教堂、过街楼、古戏台、古民居等众多文物古迹遗存，有传承百年的“三月三祭祖”民俗活动。

东胡林村　位于镇域东南，清水河左岸，距镇政府驻地 7 公里。辽代胡家林村建村，明代分东、西二村。该村居东，故名东胡林村。村域面积约 10 平方公里，村聚落坐北朝南，依清水河流向呈条状分布，面积 8.9 平方公里。20 世纪 60 年代，村域内发现新石器时期的古人类墓葬，命名为“东胡林人遗址”。民居以三合院、四合院为主，也有少量前后院和东西院。

柏峪村　位于镇域西北部爨柏沟内，东南距镇政府驻地 12 公里，明代成村。村域面积 22.8 平方公里，聚落沿山谷呈矩形分布，面积 20 万平方米，村中主要姓氏有谭、刘、陈、王四大姓，也是四大户，分片居住。明代在柏峪村北 1 公里处设有天津关隘口，并派军把守，守关军士屯扎，眷属陆续迁至，军户繁衍成村，因村柏树、榆树繁茂，称“柏榆村”。后谐音改称今名。

图 1-13　东胡林村（2010 年摄）

村子依山而建，层层升高，整体坐北朝南。京西古道穿村而过，将村落分割为两部分。整个村落的房屋错落有致，民居以四合院、三合院为主。村周围有天津关、长城砖窑、古道摩崖刻石等众多古军事文化遗存。柏峪燕歌戏在村中传承数百年，已被列入非物质文化遗产名录。

图 1-14　柏峪村（2021 年摄）

双石头村　位于镇域西北部爨柏沟内，东距镇政府驻地5公里，明代建村，村域面积5.5平方公里。聚落坐落在东、西两山狭沟偏坡之上，地势北高南低，占地4.5万平方米。村中有许多大小近似、位置相对的、成双配对的石头，故村名为“双石头村”。村内居民主要姓氏以宋、王二姓为主。村落建筑大多保持着原貌，王姓多住在河沟东侧，宋姓多住在河沟西侧。村中保存着数座清代四合院，石砌高墙，石铺街巷，石头上的民宅，石筑的村庄，石房、石碾、石灶、拴马石，是有名的石头村。

图1-15　双石头村（2012年摄）

牛战村　位于镇域中部，距镇政府驻地5.8公里，明代成村。村落地处低山沟谷坡地上，村域面积9.8平方公里。村聚落倚山呈方形沿公路分布，面积6.5万平方米，村子曾为驿站，称牛站，又因村中刘姓居多，亦称刘站村，后改现名。村内有500余间民宅，石灰墙体。村落中大部分房屋屋顶被重新翻新，但院落格局、房屋整体结构依然如故。

白虎头村　位于镇域中部，距镇政府驻地5公里，明代成村，村落以明清建筑为主。村落地处浅沟谷中，村域面积6.1平方公里。村聚落由郝家村、王家村、宋家村3个自然村合成，面积共40万平方米。村中姓氏由王、宋、郝、师、李五姓构成。1978年，王家山村合并到白虎头村。

图1-16　白虎头村（2021年摄）

火村　位于镇域中南部火村沟内，西距镇政府驻地2.5公里，明代成村，村域面积16.3平方公里。聚落呈矩形，分布于沟谷底部，面积16万平方米。明代时为放马口柴处，是旧时向北京运送烧柴的渡口。灵岳寺香火兴盛时，火村村为过往香客歇脚用斋饭之地，称“火爨村”“火钻村”，因干旱缺水，改称火村。村民主要姓氏有李、梁、白，有“李家占山，梁家占道，白家占碾子”之说。村中有圣泉寺、华严寺、过街楼、石塔等文物古迹遗存。有红杏园、双龙峡景区等。

杨家村　位于镇域东南七里沟内，距镇政府驻地 15 公里，明代成村，村域面积 9.2 平方公里，以姓氏命名。聚落处在沟谷之间的一条山梁台地上，面积 2 万平方米，民居依山势呈带状分布，村民以杨、王二姓为主。

图 1-17　杨家村（2014 年摄）

村西有万亩人工落叶松树林，村东有明代大寒岭关城，村南梁头上地势较平坦，野草丰茂，村北有金牛山。杨家村戏传承久远，1917 年成立喜顺和戏班，有 40 余个剧目，至 2020 年仍有演出。

张家村　位于镇域东南七里沟内，距镇政府驻地 16 公里，元代已成村，村域面积 4.4 平方公里，以姓氏命名。村聚落呈长方形，沿山坡分布，面积 3.25 万平方米。村民以张姓为主。诗人张志民出生在张家村。

张家村地下煤炭储量丰富，曾经有煤窑 8 座，煤年产量 30 万吨，成为村中主要产业，是镇内最早的小康村。村中山梆子戏，创建于清朝光绪年间，至 2020 年已传承至第三代。

吕家村　位于镇域东南七里沟内，距镇政府驻地 15 公里，明代成村，村域面积 4.7 平方公里。聚落分南北两片，面积 2 万平方米。明代与杨家村、杨家峪、张家村 4 村统称“泥窝”村，后各因姓氏得名。村民以吕姓为主。

吕家村原有煤矿 8 座，年产煤 3 万吨左右，产值可达 450 万元。村中四合院 21 座，三合院 7 座，其他为不规则院落。

杨家峪村　位于镇域东南七里沟内，距镇政府驻地 17 公里，元代成村，村域面积 8.78 平方公里。聚落呈长方形，面积 1.2 万平方米，因姓氏得名。村民以杨姓为主。

村中民居布局尊卑有序，贫富有别。村中长辈多居村北，并以北房为正。其建筑多为砖瓦结构，四梁八柱，有的还配以山柱、柁方和嵌等。村南台上的四合院布局，以西为主，大门朝东北面开，建筑精良考究，保存完整。平常民居多以砖砌四角，顶为石板，古朴典雅。

图 1-18　杨家峪村（2007 年摄）

21 世纪初，中坤集团对杨家峪村整体收购进行整村改造。现存杨家峪的古民居有 20 余座院落，包括元代民宅、明清民宅、中等四合院、官宦家族住宅和普通民居。杨家峪红杏鼎盛时期约有 300 亩，年产约五六万公斤，曾作为贡品送抵京师皇廷。

法城村　位于镇域东部法城沟内，距镇政府驻地 15 公里，明代成村，初为驻军放马场，后成村名放场，谐音改今名。村域面积 5.4 平方公里。聚落略呈长方形，沿山沟分布，面积 1.1 万平方米。居民主要姓氏为杨、魏、李。

图 1-19　法城村（2021 年摄）

法城村四面倚山，周围 4 公里内无村落。聚落周围植被繁茂。村内盛产蜂蜜。

军响村　位于镇域东南、清水河左岸台地上，距镇政府驻地 12.5 公里，明代前成村。昔为驻军之地，明清称“军下”，后谐音改今名。村域面积 9.4 平方公里，村聚落三面环绕低山，地势平坦开阔，面积 8 万平方米。聚落分台上、台下两部分，历史上曾分为军下、台上 2 个村。居民有李、刘、杨三大姓氏。

沿河口村　位于镇域北部石羊沟口，距镇政府驻地 15 公里，金代已成村，因近永定河而得名。村域面积 17 平方公里，村聚落坐落在石羊沟和刘家峪沟会合处，面积 2.1 万平方米。村民主要姓氏有王姓、唐姓。

图 1-20　沿河口村（2022 年摄）

沿河口村坐落于京城通往河北张家口和内蒙古的交通要道，村内有沿字 3 号至 5 号 3 座明代敌台遗存。

西斋堂村　位于镇域中南部，清水河左岸台地上，距镇政府驻地 0.6 公里，辽代已成村。村域面积 14.9 平方公里，聚落沿阶地呈带状分布，面积 12.5 万平方米，村子因灵岳寺斋堂而得名。村落发展后，分为东、西两部分，村子位于西部，故名西斋堂。村内主要姓氏有赵、周、乔、谭、聂、郝、马、杜、安、常、张、杨、郑、李、史、宋、任、曹、刘、王。村域内有宝峰寺、宛平县告示碑、元代壁画墓、狼窝沟密檐塔、八路军邓华支队司令部旧址等文物遗存。

图 1-21　西斋堂村（2009 年摄）

东斋堂村　位于镇域中南部，清水河左岸台地，是镇政府驻地，辽代已成村。村域面积 3.8 平方公里，聚落呈长方形，村子因灵岳寺斋堂而名。村落发展后，分为东、西两部分，村子位于东部，故名东斋堂。村内主要姓氏有“四大家族”之说，即贾、王、韩、刘四姓，素有“刘半街，贾一片，韩王两家也不善”的说法。村北有灵岳寺，村中有天仙娘娘庙、明斋堂城垣、古戏台、元代窖藏遗址、宛平县抗日民主政府旧址、宛平县抗日烈士纪念碑等文物古迹遗存。

林子台村　位于镇域东北林子台沟内，距镇政府驻地12.5公里，清代成村，原村落因位于缓坡台地林中而得名，村域面积4.6平方公里，村聚落处于沟谷，村内主要姓氏有林、索、宋、王、刘、韩、申、李、杨等。村周围地质构造丰富，1亿年前白垩纪火山岩和侵入岩在北京地区地质岩浆作用中很有典型意义；分布的石英斑岩体被地质学家命名为林子台石英斑岩体；林子台沟西面主要出露四五亿年前奥陶系的白云质灰岩和7亿年前寒武系的灰岩夹泥岩、页岩和砂岩。沟东面主要出露8000万年至1亿年前白垩纪的流纹岩、安山岩和流纹质熔结凝灰岩。出露地层岩石从新到老。

图1-22　林子台村（2021年摄）

王龙口村　位于镇域东北林子台沟内，距镇政府驻地15.5公里，明代已成村，因地处王龙沟口，故名。村域面积4.7平方公里，村聚落呈带状分布于山沟两侧，面积5600平方米。村内主要姓氏为王、索等。

向阳口村　位于镇域东北部，永定河左岸台地上。距镇政府驻地20.1公里，明代成村，原名“兴业口”，后谐音称“杏叶口”，因村落坐北朝南，1949年后称为向阳口村。村域面积31.8平方公里，聚落沿沟谷散落在平缓斜坡上，面积为12万平方米。村民以韩、蔡两姓为主。村东南有珠窝水库，村东北有大悲岩观音寺（俗称“盖不严”），村民依靠自然环境资源开发旅游观光，收入较高。

图1-23　向阳口村（2013年摄）

龙门口村　位于镇域北部龙门沟口，距斋堂镇政府驻地 19 公里，明代已成村，因坐落在龙门沟口，故名。村域面积 28 平方公里，村聚落分布于山坡平台之上，坐北朝南，略呈方形。村民姓氏主要有师、韩、索、贾、刘、林、王等。村内有京西大裂谷“一线天”等自然景观，是国内多部电影的外景地。

高铺村　高铺村分新、旧两部分，上、下间隔 12 公里。旧村属搬迁村，位于镇域西南，清水河左岸，距镇政府驻地 2 公里，村聚落四面环山。1972 年修建斋堂水库，旧村除少数（8户）不受影响的村民留在原址外，其余全部搬迁到新址。新址位于镇域中南，清水河左岸王家河滩，距斋堂镇政府所在地 2 公里，村域面积 4.9 平方公里。村聚落略呈三角形。村民姓氏主要有刘、杜二姓。

图 1-24　高铺村（2021 年摄）

旧村前是斋堂水库，水面面积 960 余亩。常年是野鸭、天鹅等候鸟经常嬉戏的地方。民居坐落在青山绿水之间，植被茂盛，水源充足，物产丰富，被称为“鱼米之乡”。新高铺村前是一处街心公园，园内有各种树木、多种花草，是村民休闲健身的好去处。

青龙涧村　属搬迁村。原村位于镇域西南部爨柏沟内，距镇政府驻地 4 公里，因村内煤炭资源丰富，多处露出地表，

图 1-25　青龙涧村（2021 年摄）

遇雨流淌出黑水，像条条青龙，故名。村域面积 0.8 平方公里，聚落呈矩形，面积 1 万平方米。村内主要姓氏为吕、赵。1996 年，青龙涧村因地下属于采空区，举村迁至镇政府对面凤凰山下，属于镇中心区域，村域面积 1.3 平方公里。

新兴村　属合并新建村落。位于斋堂镇中部，距镇政府约 1000 米，村西是九龙头千亩苹果园，村东邻近灵桂川古道、古河道，村北 3000 米即灵岳寺。1990 年由原蔡家岭、徐村、东北山和西北山 4 村搬迁合并建村，取名新兴村，村域面积 9 平方公里。

图 1–26　新兴村（2021 年摄）

2020 年斋堂镇辖村情况一览表

表 1–1

序号	村名	村域面积（平方公里）	户数（户）（户籍/常住）	人口（人）（户籍/常住）	主要姓氏	建村时间
1	火村	16.3	317/152	530/328	李、梁、白	明代
2	马栏村	16.3	379/103	631/188	于、艾、张、宁、北、王、刘	明代
3	高铺村	4.9	292/88	517/182	刘、杜	现代
4	青龙涧村	1.3	97/69	159/115	吕、赵	现代
5	黄岭西村	9.2	205/50	364/110	曹、王	明代
6	双石头村	5.5	50/18	72/35	宋、王、刘、付、陈、贾	明代

续表 1-1

序号	村名	村域面积（平方公里）	户数（户）（户籍/常住）	人口（人）（户籍/常住）	主要姓氏	建村时间
7	川底下村	8.2	58/41	103/81	韩	辽代前
8	柏峪村	22.8	253/69	409/134	谭、刘、陈、王	明代
9	牛战村	9.8	145/58	222/119	刘	明代
10	白虎头村	6.1	129/55	203/86	王、宋、郝、师、李	明代
11	新兴村	9	246/75	490/170		现代
12	东斋堂村	3.81	669/360	1273/690	贾、王、韩、刘	辽代
13	西斋堂村	14.9	467/450	1000/971	赵、周、乔、谭、聂、郝、马、杜、安、常、张、杨、郑、李、史、宋、任、曹、刘、王	辽代
14	沿河城村	77.9	495/202	795/315	索、王、李、魏、师	金代
15	沿河口村	17	113/34	196/84	王、唐	金代
16	龙门口村	28	150/55	255/87	师、韩、索、贾、刘、林、王	明代
17	王龙口村	4.7	40/21	64/43	王、索等	明代
18	林子台村	4.6	86/21	124/39	林、索、宋、王、刘、韩、申、李、杨	清代
19	向阳口村	31.8	293/91	477/143	韩、蔡、白、师、王、高	明代
20	西胡林村	12.5	347/152	554/265	石、谭、王、刘	辽代前
21	东胡林村	8.9	332/145	543/254	谭、刘、范、张、李、吕	辽代前
22	军响村	9.4	473/209	740/446	李、刘、杨	明代
23	桑峪村	12.4	533/213	865/335	张、杨	元代
24	灵水村	13.5	348/213	570/130	刘、谭、田	辽代前

续表 1-1

序号	村名	村域面积（平方公里）	户数（户）（户籍/常住）	人口（人）（户籍/常住）	主要姓氏	建村时间
25	法城村	5.4	59/22	97/49	杨、魏、李	明代
26	杨家村	9.2	358/78	565/116	杨、王	明代
27	张家村	4.4	292/55	453/81	张	元代
28	吕家村	4.7	293/53	481/82	吕、杨	明代
29	杨家峪村	9.5	103/26	174/43	杨	元代
总　计		382	7622/3031	12926/5721		

第二章　自然环境

斋堂镇处于华北平原向蒙古高原过渡地带、北京西山腹部。镇内崇山峻岭、沟谷纵横，地质地貌类型多样。地形总体西北高东南低，有“地质摇篮”之誉。镇内气候属暖温带半湿润半干旱季风型，四季分明。镇内地表水均属永定河水系，褐土为镇域主要土壤。植被属暖温带落叶阔叶林型，植被总覆盖率为 74.08%。广阔的山场，草深林密，野生动植物种类繁多。镇域地下矿产丰富，煤炭为最。镇内自然灾害多发，以气象灾害、地质灾害、地震灾害和生物灾害为主。

第一节　地质地貌

地质

镇内地层由海相沉积地层和陆相地层组成，4.3 亿年奥陶纪以前的古老地层基本属于海相沉积地层。陆相地层包括陆相沉积地层和火山岩地层。

图 2-1　位于梨树台村的侏罗系地层（2009 年摄）

中元古界岩层是镇内出露的最古老的地层，出现在镇域北部碾台村以北；上元古界岩层出露在柏峪一带，下古生界寒武系岩层出露于川底下—柏峪—林子台、塔岭沟地带，奥陶系岩层出露于清水河北沟—双石头—牛战北的弧形地带和书字岭西南—塔岭沟法城口的条形地带。中生界岩层出露广泛，其中白垩系岩层零星出露于沿河城、林子台和书字岭之间和黄土嘴附近；侏罗系岩层大面积出露于百花山—髽鬏山—妙峰山复向斜，以北东向贯穿镇域。新生界岩层，镇域内全有出露。

图 2-2　位于向阳口村西的中晚元古代岩浆侵入岩（2013 年摄）

马兰黄土是第四纪最负盛名的沉积地层，是中国第四纪黄土分期名称之一。标准剖面地点在斋堂川北山坡上，因附近清水河右岸有马兰阶地而命名。马兰黄土距今 3 万年至 1 万年，黄土中埋藏有大量动植物化石，记录了历史气候的变迁。

镇内岩浆侵入岩体距今 18.5 亿年至 1.3 亿年间，散布于军响—斋堂以北。形成于燕山中期 (1.6 亿年至 1.37 亿年) 侵入体，分布于清水河谷北侧，其中斋堂北山坡下较集中。燕山晚期 (1.37 亿年至 1.3 亿年) 侵入体，以中心式侵入，多处分布。

镇内地质构造主要有褶皱构造、火山构造和断裂构造。沿河城断裂带是镇内最大断裂。

燕山旋回期褶皱是早期华夏系构造，以北 60° ~ 65° 东斜列式展布，规模较大，晚期受沿河城大断裂切割破坏，局部褶皱形态较复杂；次级褶皱主要有北翼自西向东为酒篓坨向斜、老龙尖背斜、黄草梁向斜。黑土港—七里沟背斜，地跨黑土港—七里沟—法城一带，北翼为两组北北东向和近南北向 (七里沟) 断裂切割，岩层错乱。煤窝短轴背斜，中心部位在张家村—梨树台一带。

在燕山中期 (华夏系) 褶皱中，马栏断背斜，由百花山南入境至东斋堂狼虎山，两侧为洪水峪和马栏逆断裂。青白口穹窿，位于林子台 (东)—法城口—雁翅 (北)—淤白 (西)

和沿河城—棋盘山（南）之间，呈倒鼻形状。

镇内华夏系（北东向）断裂，基本定型于燕山早期，其中沿河城大断裂，为沿河城—奇峰茶—琉璃庙大断裂的西段，西起于涞水县岭南台，过境长38公里。从涞水入境，跨双塘涧、燕家台、沿河城，自大村西北出境。斋堂—军响断裂束，主要由2个逆断裂组成。一为狼虎山断裂，另一为麻将岭断裂。马栏背斜断裂束，为百花山向斜盆地和庙安岭向斜中间地带。由狼虎山起至百花山约12公里长。

新华夏系（北北东向）断裂，形成于燕山运动中晚期，仍具较大活动性。其中，主要有榆树湾子—白羊石虎断裂，为东灵山—齐家铺断裂（北东向）继承性延续。王大台北断裂，切交沿河城断裂。

图2-3　沿河城断裂（2005年摄）

镇内Ⅰ级火山喷发带，在侏罗南大岭期，沿清水河北东向裂隙式火山喷溢带。晚侏罗髽鬏山期，百花山一带为裂隙式火山喷溢，其余为中心式喷发，形成百花山—髽鬏山复向斜的髽鬏山组火山岩带。Ⅱ级火山盆地主要有东岭台火山盆地，出露于沿河城断裂东南，面积约15平方公里，呈菱形，总体为上叠式火山堆积盆地。原沿河城乡卫生院内有古火山口尚可辨认。百花山火山盆地，东起斋堂、马栏，西至张家庄、芦子水（房山区），均为髽鬏山组火山岩类构成。

地貌

镇内山系属北太行山北端首脉——北京西山，总体地势西北高东南低，东灵山、百花山两列平行排列的、北东向山脉将镇域裹挟其中。永定河自东灵山山脉北麓由西北向东南，纵切镇域东北角，形成17公里的高山峡谷；清水河自东灵山山脉南麓、百花山山脉北麓，自西向东将镇域中南部横断两节，冲出20余公里的宽阔河床。两河交汇在镇域东界青白口。两河大小支流穿插于东灵山、百花山2条山脉之间。清水河、永定河两侧为阶梯状台地（分三级），第一阶地高出河床不超过 10 米。

图 2–4　斋堂川北部群山（2010 年摄）

永定河大峡谷是北京西山规模最大的风景谷，镇内是大峡谷首起段落，长 17 公里。峡谷两岸山势雄伟，山坡陡峭，谷深岸窄，河水在峡谷中迂回前进。峡谷起时西北东南走向，至沿河城急向左转，为西南向东北，其间有刘家峪、龙门沟、石羊沟、林子台沟 4 条峡谷与永定河大峡谷交汇。

清水河形成的河谷由西向东贯穿镇域，主谷全长 28 公里，因斋堂村是河谷的中心村落，故人们把清水河流域的河谷统称为“斋堂川”。因北支发源于灵山，也称“灵源川”；又因川内有古刹灵岳寺，所以也称为灵桂川。斋堂镇为斋堂川的中下段，长约 20 公里，平

图 2–5　永定河峡谷（2003 年摄）

均宽 200 米，是川内最大的一块盆地。

镇内地形复杂，除北部永定河谷地和中部清水河谷地及一些沟峪谷地地势较低外，其他部分为山地。北部为中山地带，海拔 1000 米以上，多系地壳剧烈上升和强烈腐蚀深切所成。峰高谷深，层峦叠嶂。按形态差异分：一类是以燧石条带灰岩、白云质灰岩为主组成的碳酸盐石质山，分布于斋堂镇（牛战—双石头）以北，海拔多在 1000 米 ~ 1900 米之间。脊谷密集，蜿蜒迂回。脊呈刀背或齿状，谷坡陡峭，多在 16° ~ 35° 之间。溶洞发育，地表水贫乏，土薄林疏。另一类为中生代火山岩系石质山，横亘于镇域中部至西南部，海拔为 1000 米 ~ 2300 米地带。山梁为向斜核部，多由髫髹山组构成，形成峰梁，较平缓。山坡较陡，沟谷较舒缓。地下水较丰富。

图 2-6　斋堂盆地（2010 年摄）

低山处于镇内永定河及其支流谷地以及其他谷地、山前低地，海拔在 1000 米 ~ 500 米之间，系地壳缓上升、强剥蚀、平稳侵蚀所成。山顶平缓，或梁、或陇岗状。谷坡较缓，多在 15° ~ 25° 之间，陡坡少。矿业开发早，林木采伐殆尽，加速地下水渗漏和水土流失。局部地带泥石流多发。

盆地位于西斋堂—军响周边。西北有白铁山，西南有达摩岭，东南有庙安梁，东北有草皮岭，为京西古道要冲。地形高差在 300 米 ~ 600 米之间。

丘陵主要在山前及斋堂盆地河谷两侧分布，海拔 500 米以下，相对高度小于 200 米。斜坡为小于 15° 的缓坡，多为黄土覆盖。

夷平面为北台期准平原面残余部分，位于海拔 1600 米 ~ 1400 米，有黄草梁、老龙窝等山顶部；海拔 1200 米 ~ 800 米，有柏峪大梁顶部。各层均属风蚀残、坡积土堆积。宽谷面大体在 1100 米 ~ 2000 米之间。镇中心附近为 700 米 ~ 500 米，相对于河床高度为

300 米～100 米。

图 2-7　黄草梁夷平面（2008 年摄）

阶地断续分布于永定河、清水河两侧，分三级。最高为第三级阶地，高出现代河床 60 米～70 米，上复冲积物 20 米～30 米。第二级阶地高出现代河床 30 米～45 米，上复冲积物最厚近 60 米，马栏台等最为典型。第一级阶地高出河床不超过 10 米。

夷平面、阶地均为第三纪以来地壳节奏性上升、强风化剥蚀而形成的剥蚀堆积、冲洪积地貌。

斋堂镇主要山峰一览表

表 2-1

名　称	海　拔（米）	走　向	位　置
黄草梁	1775	北西西	镇域西北部
灰金坨	1685	北西	镇域北部
老龙窝	1645	北东东	镇域南部与房山区交界
髽鬏山	1524	北东	镇域东南部与大台地区交界
棋盘山	1434	北西	镇域北东部与雁翅镇交界
柏峪梁	1250	北北西	镇域西部与清水镇交界
书字岭	1101	北东	镇域东北部与雁翅镇交界
达摩岭	1090	北西	镇域西南部与清水镇交界
白铁山	987	北东	镇域中部
大寒岭	965	北北东	镇域东南部与大台地区交界
独山	915	北东	镇域中部

第二节　气候水文

气候

镇内气候属暖温带半湿润半干旱季风型，冬季受西伯利亚、蒙古冷高压控制，夏季受太平洋副热高气压影响，四季分明。春季干旱多风，夏季炎热多雨，秋季凉爽晴朗，冬季寒冷少雪。年平均气温 10.0℃，极端最高气温 40.0℃，极端最低气温 -21.0℃。

年平均地面温度为 11.6℃。最高出现于 7 月，为 27.3℃；最低出现于 1 月，为 -7.5℃。地面极端最高温度出现于 1983 年 6 月 14 日，为 66.6℃；地面极端最低温度出现于 1978 年 2 月 15 日和 1984 年 1 月 28 日，均为 -26.1℃。

无霜期 190 天，一般保证日为 150 天。随海拔高度每增加 100 米，无霜期缩短三四天。初霜日为 10 月 9 日，终霜日为 3 月 31 日。

镇内河谷四季时间分配表

表 2–2

季节	春	夏	秋	冬
项目	10℃ ~ 22℃	> 22℃	22℃ ~ 10℃	< 10℃
起止期	4 月 6 日— 6 月 10 日	6 月 11 日— 8 月 25 日	8 月 26 日— 10 月 20 日	10 月 21 日— 4 月 5 日
天数	66 天	76 天	56 天	167 天

镇内降雨量年平均为 472.9 毫米，西南部为 400 毫米 ~ 500 毫米，北部小于 400 毫米。降水季节性变化大，74.8% 集中于夏季。

平均初雪日在 11 月 25 日前，最早初雪日，随海拔高度增加而提前。年平均降雪日数为 9 天左右，积雪日数为 15 天左右。

日照时数为 2639 小时。日照百分率为 59%。四季日照时数：春夏秋冬分别为 726 小时、673 小时、647 小时、594 小时。四季日照百分率：春夏秋冬分别为 60.3%、51%、64%、66.7%。

镇域地处季风气候区，总体上风向为偏北风略多于偏南风。春夏为南风，秋冬为偏北风。白天多偏南风，夜间多偏北风。冬季，永定河谷盛行西北风，清水河谷盛行西南风。年平均风速 1.7 米 / 秒，春季最大，5 月最大风速为 14.3 米 / 秒。秋季最小，10 月最小风速为 12 米 / 秒。

图 2-8　永定河沿河城段（2011 年摄）

水文

镇内地表水均属永定河水系，总流域面积 131.8 平方公里，有斋堂、珠窝 2 座较大水库，均为北京市管水库。在各条支流中大多建有小塘坝，水库和小塘坝共同组成防洪体系。

永定河沟谷两侧多为陡斜坡，河道平均坡降大，多在 3% 以上，最大到 8%。水流急，河道流量随降水丰枯差别显著。年平均降水 581.1 毫米，丰水年径流量达 3.29 亿立方米。枯水期 1.26 亿立方米。清水河上游有 2 个源头，泉溪淙淙，进入镇域不远潜于河卵砾石下，至东胡林村一带浸出，其间，只在汛期有流水。东胡林村以下至青白口，常有涓流。

地表水量来源，一为降水，平均年降水量为 581.1 毫米，全年降水总量为 8.46 亿立方米，年径流深 178.25 毫米，年径流量为 2.59 亿立方米；二为永定河基流，年均入境水量为 8.01 亿立方米；三为库、塘 (坝) 蓄水。

永定河酸碱度 (pH 值) 年均为 8.21，弱碱性；总硬度年均值为 13.29 毫克 / 升，属中等，为 Ⅰ 级标准。清水河酸碱度 (pH 值) 年均为 8.13，弱碱性；总硬度年均值为 11.53 毫克 / 升，属中等，为 Ⅰ 级标准。

镇内分布着多种岩性地下含水层，与各种地质构造有不同组合，形成不同的地下水贮存条件。地下水与地表水的互补关系密切，地下水分布极不平衡。

镇内清水河流域区地下水资源比较丰富地带，主要是天然降水补给。贫水地带分布于清水河主河道以南、以西，其中马栏—大三里一带，杨家村一带，地下水埋藏于砂石裂缝中，沿沟谷低地出露泉水。含水较均匀，埋深在20米～50米之间。由于小窑开采，层间水排泄加剧，地下水位下降，泉水流量逐步减小。

缺水和无水地带为主河道以北广大的灰岩分布地区，地势陡峻，泉少、无地表水。地下水位埋藏深，开采困难。无水地带，大体在白虎头—川底下一线。

斋堂盆地承压水地带承压水为中、下侏罗系层间砂（砾）岩裂隙水，共6层，埋深在100米～500米之间，出水量小，埋藏深，开采困难。

官厅山峡石河村一线以北、黄草梁以东范围，以灰岩岩溶裂隙—溶洞水为主。沿河城至刘家峪主河谷段为深层灰岩水泉出露，水量较丰富。其余灰岩分布地带，均属缺水地带。地区深层水埋藏深，开采困难。

清水河流域斋堂河谷地下水各项水质指标中，苯酚（C_6H_5OH）含量超过饮用水标准，为0.003毫克/升～0.004毫克/升，达Ⅱ级。酸碱度（pH值）为7.7，虽达Ⅱ级，属中性水。

永定河主要河道第四纪水，酚含量为0.002毫克/升～0.003毫克/升，达Ⅱ级，超饮用水标准。pH值达Ⅱ级，中性。

第三节　土壤植被

土壤

斋堂镇土壤受地质、地形条件影响，分布呈现明显地带性。北部为钙持灰岩山地棕壤，发育于石灰岩上，母质较细，土层较厚。在阴坡地带有山地生草棕壤，与山地棕壤呈复区存在，母岩为各类岩石风化物。棕壤分布海拔900米～1900米的中山坡地带。

褐土为镇内主要土壤，分布于海拔800米以下低山丘陵、沟谷台地、洪冲积扇上。

粗骨性褐土，多见于植被条件差，侵蚀严重地带，在阳坡分布，土层厚10厘米～25厘米，最厚不超过30厘米。

山地淋溶褐土，分布于海拔200米～800米的山坡或山麓阶地上，有硅质岩类山地淋溶褐土，一般厚度为30厘米～60厘米，pH值7左右；页片岩类山地淋溶褐土，一般厚30厘米，pH值7.5左右；铁镁质岩类山地淋溶褐土，土层厚30厘米～60厘米，pH值7～7.5；钙质岩类山地淋溶褐土，一般较薄，约40厘米，pH值8左右。

普通褐土，发育在洪积扇、黄土台地上。

碳酸盐褐土分布于低山河谷台，分为钙质岩类碳酸盐褐土，土层薄，一般20厘米～50

厘米，pH值8.5，偏碱性；硅质灰岩碳酸盐褐土，土层厚30厘米左右；长石岩类碳酸盐褐土，一般小于30厘米，多为荒山；页片岩类碳酸盐褐土，土层30厘米～60厘米，pH值8.5左右；黄土母质碳酸盐褐土，土层厚50厘米～100厘米。

河谷川地土壤以黄土母质钙酸盐褐土和以洪积冲积钙酸盐褐土为主，洪积物碳酸盐褐土，土层一般为中厚；洪积冲积碳酸盐褐土，多为黄土母，土层较厚，是主要农田耕作地区。

植被

镇内位于海拔1900米以上中山主梁顶部为温生灌丛、草甸亚带，有零散的草甸草场。植被以苔草为主，常见翻白草、鹅冠草、金莲花等草本植物和黄花柳、红丁香、藏花忍冬灌丛等木本植物。

海拔1700米～1900米的阴坡为温生红桦林亚带，有群木种为红桦，伴生有黄花柳、棘皮桦，间有山杨和落叶松残株；代表灌木有红丁香、尖叶杜鹃、百花花楸、二花六道木等灌丛；草本植物以凸脉苔草、宽叶苔草为主，鹿蹄草、京极春、七瓣莲等也较多。

海拔1000米～1700米的阴坡为杨、桦、栎林带，其中1400米以上，白桦为主，1400米以下，以棘皮桦为主，常混生有辽东栎林和山杨林。山杨林为次生林，零星出露于桦林和辽东栎林之间。辽东栎林分布于1000米以上的阳坡，为次生萌生林，林下灌木繁多。草本代表植物有华北凤毛菊、歪头菜、唐松草、铁杆蒿等。人工植被一般以落叶松

图2-9　黄草梁十里坪（2007年摄）

图 2-10　大寒岭人工林（2008 年摄）

为主。

海拔 800 米 ~ 1200 米为旱生山杏、杂灌丛带，成片森林基本绝迹。阳坡主要为山杏树。常见灌木有三亚绣线菊、杜鹃、胡枝子等杂灌丛。草本植物以白羊草为主。人工植被以油松、侧柏为主。

海拔 800 米以下为灌丛带，阳坡、半阳坡广泛分布荆条灌丛，阳坡分布上限可达到 1000 米。阴坡下限低于 500 米。阳坡还有酸枣、黄栌等。阴坡主要是柔毛绣线菊、三亚绣线菊、蚂蚱腿子等灌丛，与阳坡荆条灌丛共同构成低山主要植被类型。草本植物主要有白草、菅草、铁杆蒿、隐子草、黄被茅等。人工植被以杨、洋槐和各种干鲜果树常见。清水河、永定河等河谷及较大沟岔的滩地种植粮菜作物和果树。干鲜果木以核桃、杏、苹果为主。农作物主要为玉米、小麦、谷子等。

第四节　自然资源

野生动植物

镇内野生动物有哺乳类、鱼类、鸟类、昆虫类、爬行类等，许多动物是国家濒危保护动物。

常见兽类有狼、狐狸、獾、青羊（山羊、斑羚）、狍子、野猪（山猪）、野兔（俗称野猫）等。

常见鸟类有金雕（红头雕）、鹰、鹫、红隼（红鹞子）、野鸡、褐马鸡、朱雀、伯劳（胡伯拉）、画眉（山噪鹛）等。

鱼类有鲤鱼、鲫鱼、麦穗鱼（野草鱼）、参鱼（白条鱼）、鲃鱼、红鳃鱼、泥鳅等。

两栖动物有黑斑蛙（田鸡）、林蛙、蟾蜍、大鲵（娃娃鱼）等。

爬行动物有蝎虎（蝎虎子）、蜥蜴（蜥斥子）、蝮蛇、白条锦蛇、乌龟（草龟）、鳖（甲鱼）。

常见昆虫有蝉（知了）、蠓子、蚜虫、虻、花蝇、蚊、臭虫、蟋蟀（蛐蛐儿）、蚂蚱（蝗虫）、蝈蝈、红蚂蚁等。

野生植物种类繁多，蕨类植物、裸子植物、被子植物等均有分布，其中的一些植物可以制成中草药、山野菜、山茶等。

蕨类植物中有卷柏、木贼、蕨菜等。

裸子植物中有银杏、落叶松、红松、侧柏、圆柏等。

被子植物中有青杨、山杨、黄花柳、白桦、荨麻、北京花楸、百花山花楸、杜仲、苔草、黄精、山药、麦冬等。

矿产资源

镇内矿产资源种类多样，储量丰富。在非金属矿物中，煤炭贮藏量最多。以斋堂命名的斋堂煤田，地跨灵桂川两岸，面积约200平方公里，不但比北京市内其他各煤田面积大，储量丰富，而且煤质好、火力强、煤种多、用途广。据勘测，煤炭主要埋藏于斋堂盆地和清水河两岸的低山河谷地区，为侏罗纪煤层。其中，黑土港储量7268万吨；皇城峪4058万吨；马栏—洪水峪1097万吨；东斋堂8054万吨；胡林4513万吨；清水—青龙涧3264万吨；煤窝3068万吨。

石灰岩在镇内广有分布，石灰岩俗称“青石”，在塔岭沟、牛站、白虎头、七里沟、火村、双石头等众多村庄都曾有过采石烧灰的历史。沿河城地区有两处具有开发利用价值的花岗岩岩体。一为鸽子坨岩体，为花岗岩侵入体；二为白羊石虎岩体，称黑云花岗岩，出露面积约相当于鸽子岩体的五六倍。在黄土嘴村有雪花白大理岩（大理石）分布；在白铁山周边，分布有方解石，厚1.2米，为透明结晶体；紫砂页岩，分布于柏峪、川底下、黄岭西、刘家峪等地，可用于制砚，当地用于阶条石。青灰分布于东、西斋堂、狼窝沟、青龙涧、蔡家岭、黄岭西等地，主要用于烧制沙陶器。

金、银、铜、铁、锡等金属矿物在镇内广有埋藏，金分布在太平山；银分布在狮子沟；铜分布在王家山、白铁山、牛站等地；铁矿石均属赤铁矿或褐铁矿类型，广有分布。

第五节　自然灾害

镇内自然灾害主要有气象灾害、地质灾害、地震灾害和生物灾害。其中以气象灾害中的干旱、冰雹、大风、暴雨和地质灾害中的洪水、泥石流、滑坡等最为严重。1950 年 8 月 1 日至 4 日，斋堂、清水地区普降大到暴雨，斋堂地区是暴雨中心，日降水量达到 287.4 毫米，清水河洪水暴发，最高洪峰流量达 1900 立方米每秒，沿岸 107 个村庄遭遇不同程度的水患灾害，其中东、西北山、灵岳寺、青龙涧、黄岭西、双石头、大三里等村受灾最为严重。暴雨引发清水河各支沟谷泥石流 120 余处，波及村庄 53 个，东北山、黄岭西严重受灾。东北山村冲房 37 间，死亡 23 人，大片梯田被冲成乱石荒沟，1.5 立方米的石头被冲到 2.5 公里之外；黄岭西村街道淤高达 3 米左右，沿街房屋内淤沙厚达 30 厘米。

1958 年 7 月 10 日至 12 日，斋堂、清水地区连续降雨 350 毫米。7 月 10 日，清水河洪峰流量达 490 立方米每秒，冲毁新建斋堂公路 6200 米，冲毁和水泡滩地 6200 亩，发生泥石流 190 余处，损失严重。1959 年 8 月 3 日至 18 日，门头沟地区普遍降雨，中心在斋堂地区，日降雨量 123.2 毫米。清水河青白口洪峰流量 219 立方米每秒，全区耕地受灾面积 3.24 万亩，粮食减产 108 万公斤，蔬菜减产 91 万公斤，倒塌房屋 304 间，猪死亡 118 头，冲走煤炭 200 吨。

1989 年 6 月 4 日 14 时至 14 时 40 分，沿河城乡 40 分钟降雨 47.6 毫米，刘家峪村降雨 100 毫米，大西沟发生山洪，洪峰流量 24 立方米每秒，冲毁滩地 400 亩，乡村公路 4 公里。

1995 年 6 月 26 日，镇内遭遇百年罕见雹灾，军响地区 16 分钟降雨 44.1 毫米，冰雹密集如雪，平均厚度 15 厘米 ~ 20 厘米，最大直径 7 厘米，农作物、果树及其他损失 660 余万元。

2017 年“6·18”石羊沟特大暴雨，上游麻黄峪村河道断面流量达 70 立方米每秒，至石羊沟出口断面达到 190 立方米每秒，超 20 年一遇标准，导致突发山洪泥石流灾害，沿河口村 24 户居民院落房屋进水，石羊沟出口及其两岸，均有不同程度的受损，拦水建筑物、滩地果园被冲毁，车辆被冲到下游，淤泥布满村道。沿河口村临时转移安置人口 50 户 80 人。

在多种自然灾害中，尤以干旱为多。镇内除清水河、永定河沿岸及地下水丰富的地区少有旱灾外，大部分地区“靠天吃饭”，有“十年九旱”之说。同治元年（1862）大旱，终年无雨，庙檐锡制兽头被晒化。1951 年，年降水量仅 536.8 毫米。从 5 月中旬至秋后，镇内未下透雨，遭遇 1931 年以来 20 年间从未有过的旱灾。1984 年，沿河城乡大旱，基本绝收。

在生物灾害中，1953年，京西矿区大面积发生梨黑、核桃黑、柿子杵等即“二黑一杵”虫灾，镇内核桃黑使核桃减产，其中马栏村减产70%。1974年，斋堂、军响一带发生多种核桃树病虫害，有核桃毛虫、棍虫、青刺蛾、黄刺蛾、草履蚧虫等，使核桃产量减产严重。1983年，军响鳌鱼沟800亩国营人工油松林遭松毛虫危害，危害6万余株，林区一片焦黄。

镇内地表水、地下水、大气层，均有不同程度的污染，进入20世纪以后，开始注意环境治理，有效控制自然灾害。

第三章　人口与家庭

镇内从 11 万年前有人类活动，因地处深山，至唐代还是地广人稀之地。辽金时期，镇内村落发展，以农耕、戍边、婚嫁、投亲靠友、宗教崇信等不同因由迁居镇内的人口增多，形成主、客体人口混居的格局。中华民国期间，社会动荡，天灾人祸并行，百姓流离失所，人口基本没有增长。中华人民共和国成立后，社会安定，人口增长加速。随着国家实行计划生育政策，人口自然增长率下降。

中华人民共和国成立前，镇内民众基本生活得到保障，人口文化、健康素质低，平均寿命不长。中华人民共和国成立后，国泰民安、社会发展，镇内民众物质、文化生活丰富，人口素质提高，人口老龄化呈上升趋势。

第一节　人　口

人口源流和规模

11 万年前古人类开始在镇内活动。约 1 万年前，“东胡林人”在镇内生活、繁衍。到明代大移民前，镇内已有众多人口群。

北齐在镇域北部修建长城军防设施，辽代在镇域设置军镇，元代建垒塞，派驻万夫长，明代设守备防线，“南兵北戍，军眷随防”。各朝各代军兵及后裔迁居镇内戍边，成为镇内人口的重要来源。

东汉，宗教开始在镇内传播发展，随后各朝代信徒在镇内修建宗教场所，影响着镇内人口的发展。寺依山村建，山村因寺名。服务于宗教事务的人口增多，成为镇内人口来源的一个分支。

元代已在镇内开采煤炭，推动了镇内交通、商旅和村落发展，聚集以采矿、贸易和运输为生的人口。

穷奔山，富奔川，自由迁居到镇内的人民群众，各个时期、各个地方都有，一起构成镇内的人口源流。

图 3-1　2005 年“东胡林人”发掘现场（2005 年摄）

不同源流的人口汇集在镇内，与镇内原有的人口融为一体，构成镇域人口的基本格局。

辽代以前，镇内人口总量难以详查。元朝末年，朝廷在镇内设万夫长。明朝中期，镇域修建内长城防线，大批戍边兵丁和家属进入，镇内人口规模增大。万历元年（1573），宛平县在册人户 16417 户，其中民户 6415 户、军户 2346 户、杂役户 7656 户。从户口构成看，民户占总户数约 38.5%，军户占 14%，杂役户占 47.5%。虽没有镇内人口单独统计，但作为京师西部军事屏障，是 14% 军户分布的主要地区。万历十七年（1589），宛平县丁数为 13980 人，其中桑峪三图 537 人、桑峪五图 518 人、桑峪六图 489 人，合计 1544 人；据清光绪《齐家司志》载，斋堂 58 个村 4000 余户 2 万余人（不包括沿河城地区），“数里一村，大村仅二百户，小村十数家”，此时镇内人口至少在 2000 余户万余人。

民国时期，侵华日军在镇内实行“三光”政策，天灾人祸并行，百姓流离失所，人口规模没有增加。

中华人民共和国成立后，人口稳定增长。1966 年，镇内有 4224 户 16535 人。20 世纪 70 年代开始，国家实行计划生育政策，人口自然增长率下降，人口规模呈下降趋势。至 2020 年 12 月，镇内户籍人口 8119 户 13832 人，常住人口 3031 户 5721 人（乡村人口）。

人口分布

明万历后，至 20 世纪 60 年代，镇内人口分布格局变化不大，大村沿河，新村近路，中等村庄在山谷，小型村庄居半山，人口分布根据村落大小而定。20 世纪 60 年代后，或因土地开发，或因资源重新配置，镇内村落出现搬迁合并。至2020年，镇内人口居住的地理地形分布为：清水河主河谷两侧多，支谷少；南边多，北边少；人口分布向小镇或中心村庄集中，疏密悬殊。

人口结构、素质

中华人民共和国成立前，生产力低下，基本生活无保障。营养不良，缺医少药，男子不壮，妇女多病，幼婴死亡率高，人口平均寿命很低。中华人民共和国成立后，民众生活水平提高，建立了镇村医疗机构和妇幼保健机构网络，物质生活和健康得到保障，人口平均寿命明显提高。

明代镇内办有社学，各村乡贤考取仕途的同时，设馆办学。大的村坊均有私塾，且不以营利为主，一般家境子女都能得到教育，为提高人口文化素质提供了保障，仅灵水一村就出现了多名秀才、举人。

抗战开始后，镇域为平西抗日根据地中心，小学、夜校、识字班遍布各村，培养了大批文化素质高的青年。他们奔赴全国各地，成为当地领导核心。

中华人民共和国成立后，文化教育事业迅速发展，学校重教育、社会办学校，推动了镇域人口文化素质提高。

镇内民风淳朴，崇尚诚信，奉行勤俭，明礼仪，识大体，尊老爱幼，邻里团结。军户传承保家卫国，奉献牺牲；农耕家族承续勤俭持家，艰苦创业。

第二节　婚姻家庭与生育政策

婚姻家庭

20世纪30年代以前，镇内青年男女婚姻不能自主，听从“父母之命，媒妁之言”，婚姻中还传承着许多陋习。1938年，镇内建立了抗日根据地，党员干部率先实行自主恋爱，自由结婚，广大青年纷纷效仿。

中华人民共和国成立后，1950年贯彻《中华人民共和国婚姻法》，实行一夫一妻、婚姻自主和男女平等，摒弃门当户对、大操大办的观念。随着计划生育政策的实施，镇内家庭从三代或四代同堂十几口人的大家庭，转变为一家一户二三口的小家庭。

生育政策

革命战争年代，抗日政府对人口生育采取鼓励政策，对夫妇双方都脱产工作者的子女实行供给制。中华人民共和国成立后，至20世纪70年代前，生育不受控制，镇内民众遵从不孝有三、无后为大、非嫡子不能继承的祖训，普遍重视多生，常有生育三五胎、七八胎的家庭。

20世纪70年代，国家制定计划生育政策，控制人口数量，提高人口素质为基本国策，提倡晚婚晚育，少生优生，只生一胎，镇内人口出生率下降。1976年，沿河城地区人口出生率为17.67‰，军响地区为19.44‰，斋堂地区为17.14‰。至2015年，全镇出生率为8.01‰。

2016年1月，《中华人民共和国人口与计划生育法》正式实施，国家全面放开二孩政策，一对夫妻可以生育2个孩子。

第四章　中国共产党

中国共产党组织在斋堂镇域的创建始于20世纪30年代。党组织建立后，在极其困难的环境中，组织发动并带领全镇人民，艰苦奋斗，流血牺牲，取得抗日战争、解放战争的伟大胜利，使全镇人民翻身解放做了主人。中华人民共和国成立后，党组织加强自身建设，领导全镇人民进行社会主义革命和建设。1962年，镇域内各公社党委召开首次党员代表大会。1990年2月，中共斋堂镇委员会成立。1991年3月，召开镇党代表大会，选举产生镇党委。至2020年，共召开8次镇党代表大会。历次党代会讨论发展议题，提出、制定并实施一系列经济社会发展思路。

第一节　中共组织创建

1924年，中共党员崔显芳回到家乡门头沟区雁翅镇田庄村开展党组织的创建活动。1926年，崔显芳在紧邻斋堂镇东界的青白口、田庄等地创办高等小学，以办学为名掩护革命活动，进步思想潮流波及斋堂镇。

国共合作时期，崔显芳、魏国元等人利用镇内农民协会，开展反对地方落后势力的斗争，号召解放思想，破除封建迷信；动员妇女剪发、放足；发动文化青年演文明戏，传播进步思想，引导贾兰波、李全善等农会会员走上革命道路。1932年秋，中共宛平临时县委建立后，在沿河城村建立了党支部，这是镇内最早的党支部，支部书记由师永林担任。1933年春，在海淀黄庄教书的共产党员宋文明回到家乡白虎头村，进行党组织创建和开展武装斗争的工作。1933年9月，在宋文明的引导下，贾兰波、王学华、师广学、师广庚等人加入党组织。

抗日战争爆发后，八路军在镇域开辟抗日根据地，杜存训、史梦兰、宋恩庆等一大批进步青年先后加入党组织，镇内党员队伍迅速壮大。至1939年初，镇内70户以上的村落都建立了党组织。随着战争形势的发展，镇内党组织逐步发展壮大，成为领导革命走向胜利的中坚力量。

图 4-1　沿河城村党支部旧址——宝力城（1992 年摄）

中华人民共和国成立后，镇域内党组织进一步发展壮大，截至 2020 年 12 月，斋堂镇党委下属党支部 40 个，其中农村党支部 29 个，党总支 2 个，机关、社区和其他单位党支部 6 个，非公企业党支部 1 个，公益性社会组织党支部 2 个，党员 1889 人。

第二节　组织机构

领导机构

县辖小区区委　1938 年 3 月，斋堂川抗日根据地建立后，中共组织在根据地内建立了县级党委，县委下设小区区委，小区区委内设组织和宣传委员，下辖各基层党支部。直至 1952 年 9 月，镇内各级党组织隶属小区区委领导。由于形势发展需要，小区区委数量不断调整，镇内小区区委时有变化。1952 年 9 月，宛平县委撤销，镇域党员和党组织隶属京西矿区区委。

京西矿区辖小区区委、乡党委　1952 年 9 月，中共京西矿区区委建立后，设立 7 个（后为 8 个）小区区委，小区区委下设乡党委。镇域党组织隶属中共斋堂区委。中共斋堂区委在镇内下设 14 个乡党委。1956 年 4 月并乡后，镇内设斋堂、煤窝、军响、沿河城 4 个乡党委。同年 10 月，中共斋堂区（办事处）委撤销，镇内仅设乡党委。1957 年 4 月至 7 月，曾设白虎头、双石头 2 个乡党委。1958 年 5 月，中共京西矿区委撤销，镇域党员和党组织隶属中共门头沟区委。

门头沟区辖公社、乡党委　1958 年，中共门头沟区委设门头沟、大台和斋堂 3 个公社党委，镇域除沿河城地区属大台公社党委外，其余地区均属斋堂公社党委。人民公社成立后，实行政社合一、党政合一、政经合一。1961 年 6 月，公社规模调整，镇域党组织分别隶属斋堂、军响、沿河城 3 个公社党委。1962 年 2 月，增设煤窝公社党委，1966 年 4 月撤销，党的工作并入军响公社党委。“文化大革命”期间，党委工作被破坏。1968 年 2 月，党委机构被撤销，建立集党、政、财、文权力于一体的公社革命委员会。1970 年初，经过整党建党，重新恢复党委工作。1984 年 7 月，镇域内各公社党委撤销，分别成立斋堂、沿河城、军响 3 个乡党委。

斋堂镇党委　1990 年 2 月，中共斋堂乡委员会撤销，建立中共斋堂镇委员会。1994 年 7 月，中共沿河城乡委员会撤销，所辖党员和基层组织并入斋堂镇党委。2001 年 11 月，中共军响乡委员会撤销，所辖党员和基层组织并入斋堂镇党委。

工作部门

1938 年，中共宛平县委成立，开始在斋堂镇内设置小区区委。至 1952 年 9 月，县委撤销，成立京西矿区区委，镇内各小区区委工作由区委委员分管，不设工作部门。1952 年，区县合并后至 1978 年，镇域内建制长期处于党政不分的工作状态，党委下少有科室设置，一般工作由政治组协调完成。1978 年成立党委办公室，负责党委日常工作，起草、印发党委文件，收发机要文件，负责机关人员工资、档案管理工作。1983 年，公社体制撤销，建立各乡党委，党政部门分开，党委设办公室。1990 年，斋堂镇党委建立，为正处级单位，设党委办公室、组宣科、纪律检查委员会办公室。纪律检查委员会办公室主要负责检查执行党的路线、方针、政策和决议执行情况，负责廉政建设、受理党员控告、申诉，群众来信来访，查处违纪案件。2003 年，组宣科与纪律检查委员会办公室合并成立组宣纪办公室。至 2020 年，镇党委机构设有党委办公室、组宣纪办公室。

村党支部

1932 年 9 月，沿河城村党支部建立。1938 年 3 月，斋堂川抗日根据地建立，镇域内各村党组织快速发展。6 月至 12 月，斋堂村、军响村、马栏村、火村、灵水村、桑峪村、东胡林村、西胡林村及煤窝地区的较大村庄先后建立党支部；沿河城地区的刘家峪村、东岭村、狮子沟村、西大台村、石羊沟村、林子台村、龙门沟村 7 个村也先后建立党支部。至 1939 年 3 月，镇内 70 户以上村庄都建立党支部。

抗日战争中，为防止侵华日军破坏，镇域内曾在一个村建立 2 个党支部，其中一个为平行支部（在党内亦称秘密支部）。2 个党支部互不发生联系，党支部也不召开党员大会。

1947 年土改时，镇域内党组织全部公开，建立起党内学习、思想汇报、工作汇报、奖惩、会议及批评与自我批评等制度。

中华人民共和国成立后，各村党支部经过抗美援朝、“三反”“五反”和镇压反革命运动得到加强。“文化大革命”期间，党组织发展受到严重干扰。党的十一届三中全会后，

1978年下半年、1981年，村党支部进行整顿、调整、改选，建立健全“三课一会”制度。1984年10月，进行整党工作，各级党组织和党员参加整党。经过将近3年时间，完成了整党任务。

1990年，斋堂镇党委成立，党委下辖28个村党支部（不包括军响、沿河城地区的党支部）。由于东、西北山和徐队3个村支部合并为新兴村党支部，至1994年7月，镇党委下辖26个村党支部745名党员（不包括军响、沿河城地区的村党支部）。1994年7月，撤销沿河城乡党委，所属20个基层党支部379名党员归斋堂镇党委，镇党委下辖村党支部46个，党员1124名（不包括军响的基地支部）。

1994年，斋堂镇小城镇建设开始，随着村落搬迁调整，村党支部数量发生变化。至2001年10月，镇党委下辖19个村党支部。同年11月，撤销军响乡党委，其所属10村党支部划归斋堂镇党委。斋堂镇党委下辖29个村党支部。其间，双石头与川底下村党支部曾一度合并，归属川底下村党支部领导。不久，两村党支部分设。截至2020年12月，全镇共有基层党支部40个，其中村党支部29个。

第三节　党代表大会

中共斋堂、军响、沿河城公社代表大会

中共斋堂公社代表大会　1958年斋堂大公社建制后，于1959年5月16日至20日斋堂公社召开第一次党员代表大会，也是大公社时期唯一一次党代会。1961年，门头沟区调整公社规模后，1962年2月13日召开调整后的第一次党代会。至1983年公社党委撤销，斋堂公社又先后召开第二次、第三次、第四次党代会。历次党代会主要议程为听取和审议上一届党委的工作报告，选举新一届党委。

中共军响公社代表大会　军响公社党委建立后，1961年召开首次党代会，至1983年公社党委撤销，其间先后召开第二次、第三次、第四次党代会。历次党代会主要议程为听取和审议上一届党委的工作报告，选举新一届党委。

中共沿河城公社代表大会　沿河城公社党委建立后，1961年10月召开首次党代会，至1983年公社党委撤销，其间先后召开第二次、第三次、第四次党代会。历次党代会主要议程为听取和审议上一届党委的工作报告，选举新一届党委。

中共斋堂、军响、沿河城乡代表大会

中共斋堂乡代表大会　1984年斋堂乡党委建立后，先后共召开过2次党代会。党代会次序顺延中共斋堂公社党代会次序，为第五次、第六次党代会。历次党代会主要议程为听取和审议上一届党委的工作报告，选举新一届党委。

中共军响乡代表大会　1984年军响乡党委建立后，先后共召开过6次党代会。党代会次序顺延中共军响公社党代会次序，为第五次、第六次、第七次、第八次、第九次、第十次党代会。历次党代会主要议程为听取和审议上一届党委的工作报告，选举新一届党委。

中共沿河城乡代表大会　1984年沿河城乡党委建立后，先后共召开过3次党代会。党代会次序顺延中共沿河城公社党代会次序，为第五次、第六次、第七次党代会。历次党代会主要议程为听取和审议上一届党委的工作报告，选举新一届党委。

中共斋堂镇党代会

第七次党代会　1990年2月，斋堂镇党委建立。1991年3月15日至16日，中共斋堂镇第七次代表大会召开（大会次序延续乡党代会次序号），应到会代表75人，实到会代表68人，列席代表4人。王进亮代表第六届党委作工作报告。与会代表大会听取、审议并通过第六届党委的工作报告，批准纪委的工作报告。大会提出，1991年是中国共产党成立70周年，也是“八五”计划的第一年，根据中央七中全会和市区委农村工作会议的精神，一方面要进一步解放思想，扩大开放；另一方面要继续坚持一个中心两个基本点，同时要进行改革开放，争取各项事业的全面发展。

大会按照党内有关规定，通过无记名投票方式差额选举产生新一届党委委员9人：王进亮、刘金、潘贵忠、赵桂坡、张广芝、韩增明、曹有兴、乔天俊、李万国；纪律检查委员会委员5人。选举斋堂镇出席区党代会的代表8名。

3月19日，在七届一次全委会议上，选举王进亮为镇党委书记，刘金任党委专职副书记，潘贵忠、赵桂坡任党委副书记。同日，在纪委第一次全委会议上选举张广芝任纪委书记。

第八次党代会　1994年1月8日召开，应到会代表61人，实到会代表58人。王进亮代表第七届党委作《加快改革开放步伐　推进各项事业再上新台阶　提前奔小康》工作报告。与会代表听取、审议并通过了第七届党委的工作报告，批准了纪委的工作报告。大会提出今后工作的指导思想是解放思想，实事求是，以建立社会主义市场经济新体制为目的，努力探索，奋力开拓，扩大开放，抓住时机，真抓实干加快经济发展，推动各项事业再上新台阶。

大会按照党内有关规定，选举产生新一届党委委员9人：于忠和、王云忠、王进亮、卢佳强、乔天俊、张广芝、杨国强、郝福录、曹有兴当选为第八届镇党委委员。选举产生新一届纪律检查委员会委员7人。在八届一次全委会议上，王进亮当选为镇党委书记，杨国强、张广芝、安兴坡当选为副书记；在纪委第一次全委会议上，卢佳强当选为纪委书记。

第九次党代会　1997年1月13日召开，应到会代表92人，实到会代表85人，列席代表2名。王进亮代表第八届党委作《统一思想　奋力开拓　共创文明》工作报告。与会代表听取、审议并通过第八届党委的工作报告，批准纪委的工作报告。大会提出今后工作的指导思想是坚持邓小平建设有中国特色的社会主义理论和党的基本路线，全面落实党的十四届五中、六中全会和市区经济工作会议精神，正确处理改革、发展和稳定的关系。按照加快实现两个根本性转变和稳中求进的基本要求，解放思想，紧抓机遇，从斋堂的实际出发，以经济建设为中心，奋力开拓进取，充分发挥地缘和资源两大优势，提高和增强区域经济和整体素质与综合实力，努力实现全镇经济与各项社会事业的协调发展。发展方针是统一规划建山城，旅游服务搞拉动，商工农贸为一体，兴镇富民创文明。

大会按照党内有关规定，选举产生新一届党委委员10人：于忠和、王进亮、王云忠、安兴坡、卢佳强、乔天俊、李秀芬、杨国强、晋卫华、蔡永国；纪律检查委员会委员5人。在九届一次全委会议上，选举王进亮为镇党委书记，杨国强、安兴坡、王云忠任党委副书记。在第一次纪委会议上，选举卢佳强任纪委书记。

第十次党代会　1999年12月29日召开，应到会代表98人，实到会代表88人。赵国章代表第九届党委作《高举邓小平理论的伟大旗帜 把全镇改革开放和现代化建设事业全面推向二十一世纪》工作报告。与会代表听取、审议并通过了第九届党委的工作报告，批准了纪委的工作报告。大会提出今后工作的指导思想是高举邓小平理论伟大旗帜，坚持党的基本路线和基本方针，全面贯彻党的十五大和区委第八次党代会精神，按照区委紧抓四区建设和强化一项工程的工作思路，以经济建设为中心，以农民增收为主线，深化农村改革，发挥地缘、资源、政策三大优势，大力发展特色经济，促进斋堂镇两个文明建设全面发展，为把斋堂镇建设成门头沟区西部山区第一镇而努力奋斗。

大会按照党内有关规定，选举产生新一届党委委员9人：赵国章、李志文、李朝云、乔天俊、卢佳强、管瑞明、周玉山、杨素芬、史长勇；纪律检查委员会委员5人。在十届一次全委会议上，选举赵国章为镇党委书记，李志文、卢佳强任党委副书记。在第一次纪委会议上，选举周玉山任纪检委书记。

第五次党代会　2002年12月28日召开。从此次党代会开始，不再沿用乡党代会顺序号，重新启用新的顺序号，并示1991年3月第七次党代会产生的委员会，为镇党委建立后第一届委员会。此后历届委员会按新序号排序。应到会代表144人，实到会代表136人。谭杰代表第九届（新四届）党委作《认真贯彻十六大精神 努力实践“三个代表”重要思想 为把斋堂镇建设成全面小康社会而奋斗》工作报告。与会代表听取、审议并通过了第九届（新四届）党委的工作报告，批准了纪委的工作报告。大会提出今后工作的指导思想是，坚持以党的十六大为指导，以全面建设小康社会为工作方向，以落实“三个代表”重要思想为动力，以经济建设为中心，以发展为主题。把“大力发展山区特色旅游，建设绿色生态斋堂”作为地区发展方向，确立了以结构调整为出发点，以综合开发为立足点，以旅游兴市为着力点，以小城镇建设为支撑点，整体推进，重点突破，与时俱进，开拓创新，全面建设小康社会。

在五届一次全委会议上，选举谭杰为镇党委书记，周玉山、贺建华任党委副书记；在第一次纪委会议上，选举王奇美任纪委书记。

第六次党代会 2006年10月26日召开，应到会代表96人，实到会代表95人。万钦代表第五届委员会作《传承历史文脉 建设斋堂古镇》报告。报告指出，三年来，斋堂关闭所有煤矿，以煤炭为主的产业链条不复存在。与会代表审议通过第五届委员会的工作报告，批准了镇纪委工作报告，大会提出今后工作的指导思想是：以邓小平理论和“三个代表”重要思想为指导。全面贯彻落实科学发展观，以“生态立镇、文化兴镇、旅游强镇”为总方针，全面落实全镇规划；以“传承历史文脉，建设斋堂古镇”为工作思路，全面落实六项重点工程；以发展旅游主导产业为根本任务，全面加速建设全国旅游城镇，切实解决人民群众的生产和生活问题，努力建设和谐的新农村，经济快速健康发展和社会事业全面进步。工作总体目标是：以争创全国旅游名镇为总目标，把斋堂建设成为京西山区独具个性魅力的旅游型城镇，旅游复合型产业全面发展，城镇形象、村庄面貌、生态环境、人民生活水平和质量明显提高。

大会按照党内有关规定，选举产生新一届党委委员9人：万钦、刘东、刘贵清、单中宝、于增宝、刘书会、李朝云、曹建民、李丽；纪律检查委员会委员3人。在六届一次全委会议上，选举万钦为镇党委书记，刘东、刘贵清任党委副书记；在六届一次纪委全委会议上，选举单中宝任纪委书记，副书记史长勇。

第七次党代会 2011年9月28日召开，应到会代表113名，实到会代表110名。万钦代表第六届委员会作《传承历史文脉 建设斋堂古镇》工作报告。与会代表审议通过了第六届委员会工作报告，批准了镇纪委的工作报告。大会提出今后的工作思路是：以邓小平理论和“三个代表”重要思想为指导，深入落实科学发展观，按照“传承历史文脉，建设斋堂古镇”的发展思路，深入实施“163”工作计划，全力建设全国旅游名镇、全国环境优美乡镇、北京市山区旅游集散特色镇、北京市古村落古道文化旅游产业聚集区，全力完成每年一届北京国际山地徒步大会工作任务。力争用五年时间把斋堂建设成为全国知名的旅游休闲名镇。

大会采取无记名投票的方式分别差额选举产生中共斋堂镇第七届委员会委员11名：于增宝、万钦、吕英（女）、刘贵清、李志东、李德敏（女）、张金、晋卫华、高金利、曹建民，曹建华；纪律检查委员会委员5名；出席区党代表大会代表14名。

同日，在七届一次镇委全会上，选举万钦为书记，刘贵清、于增宝为副书记。在七届镇纪委一次全会上，选举晋卫华为书记，孙万才为副书记。

第八次党代会 2016年9月22日召开，应到会人数113人，实到会人数107人。杨少培代表第七届委员会作《站在新起点 实现新跨越 为全面建设斋堂传统村落文化名镇努力奋斗》工作报告。与会代表审议通过第七届委员会工作报告，批准镇纪委的工作报告。大会提出今后工作的指导思想和发展思路是高举中国特色社会主义伟大旗帜，以邓小平理论、“三个代表”重要思想、科学发展观为指导，深入学习贯彻落实习近平总书记系列重要讲话精神和对北京工作重要指示，紧紧围绕“五位一体”总体布局和“四个全面”战略布局，树立和贯彻五大发展理念，以京津冀协同发展为契机，以保护生态环境为基础，以培育旅游产业与文化创意产业为重心，以开发乡村古村落特色旅游资源为抓手，重点培育古村古道观光、自然风光游览、户外休闲体验、历史文化展现、养生度假休闲五大品牌，全力建设中国传统村落文化名镇，使斋堂镇成为首都西部知名的休闲旅游度假目的地，首都西部面向京津冀协同发展的开放门户。

大会按照党内有关规定，通过无记名投票方式差额选举产生中国共产党斋堂镇第八届委员会委员 11 人：于增宝、王庆鹏、朱利、刘德明、李志东、杨少培、张金、罗桂芝（女）、晋卫华、高金利、谢晓东；中国共产党斋堂镇第八届纪律检查委员会委员 7 人。选举斋堂镇出席区党代会的代表 13 名。

同日，在八届一次镇委全会上，选举杨少培为书记，谢晓东、晋卫华为副书记。在镇纪委一次全会上，选举罗桂芝（女）为书记，孙万才为副书记。

1938—1956 年镇域内历任小区区委书记一览表

表 4–1

机构名称	姓　名	任职时间	备注
中共宛平县七区委员会	宋恩庆	1938.4—1938.7	
	王　清	1938.7—1938.9	
		1938.11—1938.12	
	杜存训	1938.12—1939. 年春（兼）	
中共宛平县八区委员会	杜存训	1938.7—1938.9	
	杨济之	1938.12—1939. 年春	
	宋恩庆	1939 年春	
中共昌宛县一区区委	杜春永	1939 年春—1942.12	对应人员为该时间段任职人员，不是每个人的任职时间
	黄恩普		
	于明然		
	吕连英		

续表 4-1

<table>
<tr><th>机构名称</th><th>姓　名</th><th>任职时间</th><th>备注</th></tr>
<tr><td rowspan="5">中共昌宛县二区委员会</td><td>韩巨民</td><td rowspan="10">1939 年春—1942.12</td><td rowspan="9"></td></tr>
<tr><td>王再田</td></tr>
<tr><td>李全善</td></tr>
<tr><td>杨寿高</td></tr>
<tr><td>谭英富</td></tr>
<tr><td rowspan="2">中共昌宛县五区委员会</td><td>李全善</td></tr>
<tr><td>索振勋</td></tr>
<tr><td rowspan="3">中共昌宛县六区委员会</td><td>韩巨民</td></tr>
<tr><td>佐价发</td></tr>
<tr><td>时正太</td><td>代理书记</td></tr>
<tr><td>中共昌宛房县一区委员会</td><td>吕连英</td><td rowspan="11">1942.12—1944.10</td><td rowspan="11">对应人员为该时间段任职人员，不是每个人的任职时间</td></tr>
<tr><td rowspan="2">中共昌宛房县二区委员会</td><td>杨怀清</td></tr>
<tr><td>谭英富</td></tr>
<tr><td rowspan="4">中共昌宛房县三区委员会</td><td>史广通</td></tr>
<tr><td>李全善</td></tr>
<tr><td>石建利</td></tr>
<tr><td>王增培</td></tr>
<tr><td rowspan="2">中共昌宛房县五区委员会</td><td>索振勋</td></tr>
<tr><td>史广通</td></tr>
<tr><td>中共昌宛房县六区委员会</td><td>王国文</td></tr>
<tr><td rowspan="6">中共宛平县一区委员会</td><td>马元明</td><td rowspan="4">1944.10—1952.9</td><td rowspan="4">对应人员为该时间段任职人员，不是每个人的任职时间</td></tr>
<tr><td>杨景芳</td></tr>
<tr><td>杨德道</td></tr>
<tr><td>杜凤鸣</td></tr>
<tr><td>杨景芳</td><td>1949.1—1951.10</td><td rowspan="2"></td></tr>
<tr><td>杨德道</td><td>1951.10—1952.9</td></tr>
</table>

续表 4-1

机构名称	姓　名	任职时间	备注
中共宛平县二区委员会	刘增斌	1944.10—1952.9	对应人员为该时间段任职人员，不是每个人的任职时间
	杜凤鸣		
	杨炳瑶		
	张文茂		
	李德云		
	张俊仕		
	曹安宅		
	谭巨斌		
	杨德道		
	安久善	1949.2—1949.6	
		1950.4—1950.7	
	杨德道	1949.6—1950.4	
	宋大洲	1950.7—1951.8	
	安久荣	1950.7—1952.9	1951.8—1952.7 任副书记，主持工作
	李德云		因病未到职
中共宛平县三区委员会	杜凤鸣	1944.10—1952.9	对应人员为该时间段任职人员，不是每个人的任职时间
	杜　岗		
	曹安宅		
	李正体		
	赵正亮		
	曹安宅	1949.1—1949.6	
	安久善	1949.6—1950.4	
中共京西矿区斋堂区委员会	安久荣	1953.1—1956.8	
	艾宏禄	1955.8—1956.10	

说明：表内空格表示无数据

1956—1990 年中共斋堂公社（乡）委员会历任书记一览表

表 4-2

姓　名	任职时间	备　注
安久荣	1956.4—1958.8	
郭　政	1958.8—1960.2	
安久善	1958.8—1965.3	1958.8—1960.2 任第二书记
尹加信	1965.3—1968.3	
	1970.4—1970.8	
刘国庆	1970.8—1974.1	
齐　炯	1974.1—1975.7	
田　惠	1975.7—1978.6	
张殿科	1978.6—1979.8	
李清云	1979.8—1980.11	
李宏亮	1980.11—1984.3	
郝玉绶	1984.3—1985.9	
李文生	1985.9—1987.9	
李文生	1987—1988.12	
赵桂坡	1988.12—1990.3	1990.3 斋堂乡建制撤销

说明：表内空格表示无数据

1953—1994 年中共沿河城公社（乡）委员会历任书记一览表

表 4-3

姓名	任职时间	备注
魏振善	1953 年春—1956.4	京西矿区
张世钧	1956.4—1958.8	
李永举	1961.9—1968.3	门头沟区
杨殿禄	1970.4—1972.9	
张起义	1972.9—1974.7	
孔凡德	1974.7—1975.10	
贾立珠	1975.10—1983.11	
赵永高	1983.11—1986.3	

续表 4-3

姓名	任职时间	备注
张瑞林	1986.3—1988.12	门头沟区
张文明	1988.12—1991.2	
赵永春	1991.2—1994.1	1994.7 沿河城乡撤销

说明：表内空格表示无数据

1956—2001 年中共军响公社（乡）委员会历任书记一览表

表 4–4

姓名	任职时间	备注
尹加信	1956.4—1965.3	
高丰宽	1965.3—1966.3	
李东元	1966.3—1968.2	
史广才	1970.11—1974.11	
张瑞林	1974.11—1978.6	
郑　琮	1978.6—1982.2	
孙　智	1982.2—1983.11	
贾立珠	1983.11—1986.1	
贾长森	1986.1—1988.8	
王进亮	1988.8—1990.3	
傅长鹏	1990.3—1991.2	
张　兵	1991.2—1996.10	
董建忠	1996.10—1999.1	
张旋里	1999.1—2001.11	并入斋堂镇

说明：表内空格表示无数据

1956—1966 年中共煤窝公社（乡）委员会，1957 年中共白虎头、双石头乡委员会历任书记一览表

表 4–5

机构名称	姓名	任职时间	备注
煤窝公社（乡）党委	李华屏	1956.4—1958.5	1958 年乡撤销，1962 年成立公社，1966 年公社撤销
	曹恒俭	1962.4—1966.4	
白虎头（乡）党委	张国恩	1957.4—1957.7	1957 年 4 月成立，7 月撤销
双石头（乡）党委	张廷刚	1957.4—1957.7	

1990—2020 年中共斋堂镇委员会历届书记、副书记、纪委书记任职一览表

表 4–6

机构名称	姓名	职务	任职时间	备注
中共斋堂镇委员会	王进亮	书记	1990.3—1991.3	1990 年撤乡建镇
第七届委员会（1991.3—1994.1）	王进亮	书记	1991.3—1994.1	
	刘　金	专职副书记	1991.3—1993.11	
	潘贵忠	副书记	1991.3—1994.1	
	赵桂坡	副书记	1991.3—1993.11	
	李全德		1991.3—1992.3	
	安兴坡		1991.3—1994.1	
	杨国强		1993.11—1994.1	
	张广芝		女，1993.11—1994.1	
	张广芝	纪委书记	女，1991.3—1993.11	
	卢佳强		1993.11—1994.1	
第八届委员会（1994.1—1997.1）	王进亮	书记	1994.1—1997.1	
	杨国强	副书记	1994.1—1997.1	
	张广芝		女，1994.1—1994.7	
	安兴坡		1994.1—1997.1	
	卢佳强	纪委书记	1994.1—1997.1	
第九届委员会（1997.1—1999.12）	王进亮	书记	1997.1—1997.6	
	杨国强		1997.6—1998.7	
	梁正磊		1998.7—1999.11	
	杨国强	副书记	1997.1—1997.6	
	安兴坡		1997.1—1999.11	
	王云忠		1994.7—1998.5	
	郝朝彦		1994.7—1998.5	
	高文民		1997.6—1998.5	
	田　雨		1997.6—1998.2	
	周玉山		1998.1—1999.11	
	梁正磊		1998.3—1998.5	
	卢佳强		1998.5—1999.11	

续表 4-6

机构名称	姓名	职务	任职时间	备注
第九届委员会（1997.1—1999.12）	李朝云	副书记	1998.5—1999.11	
	安兴坡		1998.5—1999.11	
	赵国章		1998.8—1999.11	2000.1 免
	卢佳强	纪委书记	1997.1—1997.11	
	周玉山		1998.1—1999.11	
第十届委员会（1999.12—2002.12）	赵国章	书记	1999.12—2001.1	
	谭　杰		2001.11—2002.12	
	李志文	副书记	1999.12—2002.10	
	卢佳强		1999.11—2002.1	
	周玉山		1999.11—2002.12	
	周玉山	纪委书记	1999.11—2002.11	
第五届委员会（2002.12—2006.10）	谭　杰	书记	2002.12—2004.2	此次大会重新排序
	万　钦		2004.2—2006.10	
	周玉山	副书记	2002.12—2004.10	
	贺建华		2002.11—2004.9	
	王奇美		女，2003.4—2004.6	
	刘贵清		2004.5—2006.10	
	刘　东		2004.9—2006.10	
	王国莲		女，2004.10—2006.7	
	王奇美	纪委书记	女，2002.11—2004.6	
	刘贵清		2004.6—2004.7	
	单中宝		2006.7—2006.10	
第六届委员会（2006.10—2011.9）	万　钦	书记	2006.10—2011.9	
	刘　东	副书记	2006.10—2010.7	
	刘贵清		2006.10—2011.9	
	于增宝		2010.1—2011.9	
	单中宝	纪委书记	2006.10—2009.7	
	晋卫华		2010.1—2011.9	
	史长勇	纪委副书记	2006.10—2011.9	

续表 4-6

机构名称	姓名	职务	任职时间	备注
第七届委员会（2011.9—2016.9）	万　钦	书记	2011.9—2012.2	
	刘贵清		2012.3—2014.4	
	杨少培		2014.4—2016.9	
	刘贵清	副书记	2011.9—2012.2	
	于增宝		2011.9—2016.9	
	晋卫华	纪委书记	2011.9—2016.9	
	孙万才	纪委副书记	2011.9—2016.9	
第八届委员会（2016.9—2020.12）	杨少培	书记	2016.9—2019.11	
	李文凯		2019.11—2020.12	
	谢晓东	副书记	2016.9—2020.6	
	晋卫华		2016.9—2020.12	
	韩小胜		2020.6—2020.12	
	罗桂芝	纪委书记	女，2016.9—2019.8	
	滕　峰		2019.8—2020.12	
	孙万才	纪委副书记	2016.9—2020.12	

说明：表内空格表示无数据

第四节　党的建设

队伍建设

1932 年，沿河城村师永林加入中共党组织，成为镇域最早的中共党员之一。1933 年，在海淀黄庄地区教书的中共党员宋文明回到家乡白虎头村，在沿河城地区开展革命活动，先后发展贾兰波、王学华等一批进步青年加入党组织。全面抗战爆发后，镇内进步青年纷纷投入抗日救亡工作，杜存训、史梦兰、宋恩庆等一批先进青年加入党组织，是抗战后第一批走进中共组织的党员。

从中华人民共和国成立到“文化大革命”前，镇域内党员发展工作结合中心工作和各项运动进行，党员发展缓慢，党员年龄老化。1964 年统计，斋堂公社 446 名党员平均年龄为 46.8 岁。

“文化大革命”期间，党员发展受到干扰。1971 年至 1975 年，斋堂公社大队和相关机关单位，5 年共发展党员 280 人。

党的十一届三中全会后，坚持党要管党和四项基本原则，党建工作逐步走上正轨。

1990 年斋堂镇党委建立，按《中国共产党发展党员工作细则（试行）》，在党员队伍建设中，认真贯彻“坚持标准，保证质量，改善结构，慎重发展”的方针，优化党员队伍结构，把发展重点放在 35 岁以下的青年和妇女、高知群体等各类人才上。至 1991 年，全镇（不含军响、沿河城两乡）积极分子人数达 212 人，比 1987 年增加近百人。党员队伍结构发生变化，初中以上文化程度党员占 50%，60 岁以上党员占 25%，党员队伍逐步向年轻化转变。其中，年轻、有文化的党员干部占 95% 以上。镇第七次党代会期间，镇党委共举办积极分子培训班 9 期，培训积极分子 110 名，发展新党员 84 名，其中 25 岁以下 13 名，占发展总数的 15.4%，高中以上文化程度 30 名，占发展总数的 35.6%。1994 年至 1996 年，第八届镇党委共发展新党员 80 名，其中从生产第一线发展的新党员占 87%。1997 年至 1999 年，第九届镇党委共发展新党员 60 名。2000 年至 2002 年，第十届镇党委培训积极分子 600 余人次，新发展党员 80 名。基层干部也向年轻化、知识化转变，90% 以上的村级领导干部达到中专以上学历。至 2005 年，全镇共有党员 1675 名，从年龄结构看，46 岁至 60 岁的 580 名，占 34.6%；60 岁以上的 406 名，占 24.2%；35 岁以下的 332 名，占 19.8% 。从文化结构看，中专、高中文化程度的 322 名，占 19.2%；大专以上文化程度的 119 名，占 7.1%；初中及以下文化程度的 1234 名，占 73.6% 。2010 年党委换届前，全镇已有党员 1720 名。截至 2020 年 12 月，全镇党员人数 1889 人。

组织建设

镇域各级党组织自建立起，按照民主集中制原则，建立严格的组织生活制度。新民主主义革命时期，建立严格的保密和垂直领导、单线联系，禁止党支部、党小组之间发生横向联系等制度。为防止敌人对党组织的破坏，各小区区委曾在 1 个村内建立 2 个党支部，其中 1 个为平行支部 (在党内亦称秘密支部)，2 个党支部互不发生联系，党支部也不召开党员大会。1947 年土改中，镇域党组织全部公开，建立起党内学习、思想汇报、工作汇报、奖惩、会议及批评与自我批评等制度。

中华人民共和国成立后，党组织建设不断加强。20 世纪 50 年代至 60 年代初期，党组织建立每月召开一次支委会，一次党小组会，一次党员大会和每月上一次党课 (“三会一课”) 制度，并规定党员领导干部过“双重组织生活”制度。1964 年，区委制定《组织部工作条例》，镇域党组织的会议、学习、请示、报告等制度进一步具体化。“文化大革命”期间，党组织生活制度遭破坏。

党的十一届三中全会后，党组织经过整顿，恢复“三会一课”制度，改变涣散软弱的状况。1985 年，建立民主评议党员领导干部制度。1989 年，区委编制《党组织工作若干制度》，域内党组织生活进一步规范化、制度化。

镇党委建立后，按照区委制定的《关于开好党委、党组民主生活会的意见》，实行每季度召开一次民主生活会，订立生活、工作以及请示、汇报制度；开展乡镇党委争创“六好”（乡镇党委书记好，乡镇干部队伍好，发展经济路子好，各种制度好，工作作风好，工作格局好）党委，农村党支部争创“五好”（领导班子好，党员队伍好，发展经济路子好，经营体制好，管理制度好）支部活动，鼓励党员干部在做好本职工作的同时带头致富，带领群众致富。

图 4-2　镇党委书记讲党课（2017 年摄）

进入 21 世纪，镇党委继续开展区、乡、村三级党组织创建工作（简称“三级联创”），加强村级“两委”班子建设，采取分层次集中培训、开展自学、外出参观学习等有效形式推进基层党建工作创新。推行农村“两委”承诺制，抓好村务、组务公开，提高工作透明度。以“三级联创”为载体，创建学习型党委、学习型机关、学习型农村党支部，建立健全村级民主集中制、民主生活会制度、廉洁自律制度、党员培训制度、村务公开制度、目标管理责任制、“两委”中心组学习制度等各项制度 30 余项。通过考核评估，树立典型，找出差距，奖励先进，督促后进，调动村干部的积极性，增强党组织的生机和活力，使“两委任期承诺制”“三会一课”“四议两公开”制度等成为村级管理长效机制。

2012 年至 2016 年，对全镇 38 个党支部（建制村党支部 29 个，机关党支部 3 个，社区党支部 1 个，事业单位党支部 4 个，非公有制党支部 1 个）进行分类定级：38 个党支部被评为好的支部有 5 个，占总数的 13%；较好的支部有 21 个，占总数的 55%；一般的有 9 个，占总数的 24%；较差的有 3 个，占总数的 8%。

2017 年至 2020 年，持续推进“两学一做”学习教育常态化、制度化，健全党建工作专题会、党建领导小组工作会、党支部书记工作例会、党员“三会一课”、党员主题党日、党员承诺践诺、党员分类积分管理、领导干部讲党课、党组织书记述职承诺、党建督查指导等多项制度。强化统筹、健全机制、细化责任、规范考核，确保全面从严治党主体责任落到实处。在全区率先成立农村党建指导员队伍。

思想建设

新民主主义革命时期，党员思想教育采取分散、流动形式，三五人在山沟、丛林、草铺中秘密进行，主要进行革命理想教育、党的组织纪律教育、民族气节教育和对敌斗争形势教育。党组织坚持用“党员八项标准”（又称“党八条”）和“党员小报”教育党员。

1947 年，党组织全部公开后，以开门整党的方式进行思想教育。

中华人民共和国成立后，党员思想教育规范化，制定每月学习《中国共产党章程》《中国革命和中国共产党》《社会发展简史》各 8 小时和学习“时事”4 小时等制度；每月召开党小组会、生活会、党支部大会和上一次党课，逐步形成“三会一课”的教育制度，并结合中心工作，采用以会代训等方式进行党员教育。同时开展做合格党员和全心全意为人民服务专题教育。“文化大革命”期间，党员教育受到干扰。

图 4-3　中共第八届镇委班子生活会（2016 年摄）

党的十一届三中全会后，域内各党委组织党员重点学习《关于建国以来党的若干历史问题的决议》，加深对新时期党的方针政策的认识和理解，对社会主义经济体制改革中农村经济体制改革的认识，提高党员对农村经济体制改革的自觉性。结合党的十二大政治报告和新党章，举办党员培训班，教育党员提高做合格党员的自觉性。经过全面整党和学习《邓小平文选》《坚持四项基本原则反对资产阶级自由化》《建设有中国特色的社会主义》，以及党的十三大公报，清除“左”的思想束缚，推动镇域改革开放。

镇党委建立后，依照《中国共产党章程》和《关于党内政治生活的若干准则》，在各支部进行民主党员评议。学习党在不同时期的基本路线、方针和政策，进一步解放思想，提高对“实事求是”“发展才是硬道理”和坚持“两手抓，两手都要硬”等理论的认识。开展“深入学习邓小平建设有中国特色的社会主义理论和党章，做合格共产党员”专题教育。

进入 21 世纪，镇域党组织先后开展以“三讲”为主要内容的党性党风教育、“三个代表”重要思想学习教育和保持共产党员先进性教育，推进各级党组织的思想、组织、制度和作风建设，教育党员干部克服地方主义和畏难情绪，树立大局意识、首都意识和可持续发展的观念，推动镇域由矿产资源型经济向生态友好型经济转变。提高基层党组织的创造力、凝聚力、战斗力和党员先锋模范作用，解决各级党组织和党员队伍中存在的突出问题，建立党员教育长效机制。

2009 年，在全镇党组织和党员中，自上而下进行学习实践科学发展观活动。通过集中学习培训，分散自学的方式，开展大学习、大讨论、大征求意见、大交流、大争创“五个大”活动，加深党员干部对科学发展观内涵的理解。围绕产业结构调整、城乡一体化发展、服务型政府建设等方面亟须解决的问题，确定专项调研课题。由相关领导带头深入基层和企业进行调研，以明确重点与破解难题。

2012年至2016年，组织开展集体宣誓、红歌会演、知识竞赛等一系列教育活动，增强党员宗旨意识。探索党员网格化管理，实行党员积分管理，巩固和深化“双向联评”工作机制，制定镇、村干部双向考核办法。在非公支部开展“党员先锋号”“三争一树立”活动。

2017年至2020年，落实党员教育培训三年工作规划，在全镇推行《挂牌共产党员户“十项”职责》，推进“两学一做”“不忘初心、牢记使命”等主题教育。按“学党史、悟思想、办实事、开新局”的工作要求，开展以“学一本书、上一堂课、重走一条红路、开展一场比赛、举办一台演出、举行一场千人宣誓、走访一批老党员、挖掘一批典型”为核心的“八个一”党史学习教育，统一全镇党员思想。

图4-4　斋堂镇关于继续推进“两学一做”工作部署会（2017年摄）

宣传工作

镇域党组织建立后，按照上级党委中心工作和国际、国内发展形势进行党的宣传工作。抗日战争时期，重点宣传中国共产党抗日救国主张，团结教育全体人民，有人出人，有钱出钱，有力出力，团结一致，共同抗日；宣传民主政权建设“三三制”和党的减租减息政策。抗战最困难阶段，宣传教育群众认清形势，克服困难，誓死不当亡国奴，以多种形式揭露日军暴行。利用群众庆祝抗日战争取得伟大胜利之机，开展将革命进行到底的宣传教育。

解放战争时期，宣传教育群众认清国民党反动派和封建压迫阶级破坏和平民主，发动内战的阴谋；宣传开展反奸、防特、清算复仇和实行减租增资的意义和目的；宣传《中国土地法大纲》。

中华人民共和国成立后，在不同发展阶段，配合中心工作进行抗美援朝保家卫国、《中华人民共和国婚姻法》、《中华人民共和国宪法》、《全国农业发展纲要》、总路线、人民公社等宣传。“文化大革命”期间，党的宣传工作陷于混乱状态。

党的十一届三中全会后，结合思想解放和改革开放，进行思想上拨乱反正、转移工作重点的宣传，教育群众树立致富光荣的新思想。先后开展五讲（讲文明、讲礼貌、讲卫生、讲道德、讲秩序)、四美(心灵美、行为美、语言美、环境美)、三热爱(热爱祖国、热爱党、热爱人民)的宣传教育;开展解放思想,致富大讨论和“热爱门头沟、开发门头沟、建设门头沟”的宣传教育。1989年,开展反对资产阶级自由化,坚持共产党领导,走社会主义道路的宣传教育。

镇党委建立后,结合实际进行“走出山区建山区,走进市场奔富裕,靠山吃山会吃山”的宣传。结合《首都文明公约》《首都市民文明守则》,举办“学公约、讲公约、实践公约”活动。开展“讲文明、树新风”“四要四不要”“行风万人评议”“两个文明百颗星评比、表彰”等活动。开展“我爱门头沟”主题教育。

进入21世纪,以川底下等村爱国主义教育基地为重点,开展爱国主义教育,开展创建首都文明区宣传。举办党的十七大精神学习宣传培训班,请中共十七大代表王秀莲作学习报告。以迎接奥运为主题,举办系列群众活动,进行“三个北京”和建设现代化生态新区宣传教育。出版《皇都古镇》画册等系列丛书,制作《魅力斋堂》系列宣传光盘,提高镇域知名度。

镇第七次党代会期间,开展国情、市情、区情宣传教育。开展“我的梦·中国梦”百姓宣讲活动。依托周末大课堂、乡情村史馆等重要阵地,大力弘扬社会主义核心价值体系,以专家讲理论、干部讲政策、群众讲故事三结合的形式开展社会主义核心价值观宣传教育。利用各种新闻媒体宣传报道镇域在经济转型、重点工程建设、生态环境建设、民生保障等方面工作以及险村搬迁改造、旅游文化休闲产业发展,提高地区知名度。

第八次镇党代会期间,开展“新时代新担当新作为”主题教育,结合党史学习教育内容,深挖地区红色资源,打造“英勇斋堂川”红色党建品牌。

图4-5　2015年6月30日,斋堂镇纪念中国共产党成立94周年主题党日活动(2015年摄)

整党整风

新民主主义革命时期，镇域内党组织整党整风工作由县委直接组织安排。1940 年秋，日军侵入斋堂抗日根据地，镇域内党组织遭严重破坏，党员中绝大多数与党组织失掉联系，有的悲观失望，少数党员动摇投敌，坚持斗争的党员不足三分之一。1941 年初，中共昌宛县委召开区委书记会议，部署整顿党组织，鉴定党员工作。至 1942 年 4 月，镇内党组织完成整顿任务。通过整党，纯洁了组织，增强了战斗力。

图 4-6　门头沟区学习贯彻党的十九大精神宣讲团报告会（2017 年摄）

1946 年初，中共宛平县委针对抗战胜利后，党内出现的以功臣自居、自私自利、害怕环境艰苦等倾向，在党支部中开展整风，对照党章联系个人表现，开展批评与自我批评，进行组织鉴定和组织处理。1947 年 12 月，结合解放老区土地改革运动，镇域内党组织全部公开，进行“开门整党”。采取“查阶级比立场，查历史比苦”，吸收贫农群众代表参加的方式进行整党。由于受“宁左勿右”思想的影响，许多地主、富农家庭出身的党员被停止了党籍。在“一切权力归农会”情况下，党支部及党员停止了组织活动。

1948 年 3 月，中共宛平县委在白虎头村召开全县土改工作干部会议，纠正土改“左倾”错误，恢复了部分停籍党员党籍和党支部活动。同时，在党员干部中开展查阶级、查思想、查作风、整顿组织、整顿思想、整顿作风“三查三整”的整风运动，对主观命令主义、自私自利思想开展批评与自我批评。经过整风，提高党员对“左”倾错误的认识。

中华人民共和国成立后，针对一些党员居功自傲、官僚主义、脱离群众、贪图享乐等现象，镇域内党组织多次分期分批进行“做合格党员”的整党整风教育。1951 年，中共宛平县委在东、西斋堂，东、西北山，白虎头 5 个村党支部进行整顿教育。党员对照党员标准开展批评与自我批评，最后进行组织审查和组织处理以及党员登记。

1952年11月，中共京西矿区委在全区开展“反贪污、反浪费、反官僚主义”的“三反”运动，斋堂小区为第一批整党单位。自11月11日由“三反”转入整党，11月20日结束，共有55个支部同时进行整党。其中，一类支部14个，二类支部31个，三类支部10个。55个支部共有党员1791名，1641名参加整党。整党中发现有政治历史问题的党员共26名，经过审查鉴定，开除党籍者11名，劝退党者19名，自动退党者15名，取消候补党员资格者1名，共清洗出党46名，不足参加整党人数的3%。受留党察看处分者2名，撤销职务者5名，受警告者3名，共10名，占参加整党人数的0.5%。与组织处理的同时，对17个工作一贯积极认真的支部和47名兴办互助组、合作社成绩显著的优秀党员进行表扬。

在组织建设阶段，44个村吸收146人加入党的组织，137人加入团的组织。根据党员多少，各村改选支部，支部分别由5名、7名、11名支委组成，并建立健全制度，规定每月召开支部大会1次，支委会2次、小组会1次、学习2次，支部每月向区委汇报2次。

1968年10月、12月，按照区委部署，镇域党组织进行群众性开门整党。至1970年下半年，整党建党工作结束，基层党支部相继建立。由于这次整党建党是在极“左”方针指导下进行的，问题很多。一部分符合条件的党员不能恢复组织生活或被错误地开除党籍，而接纳的新党员则有一部分不符合党员条件。

1983年10月，中共十二届二中全会通过《中共中央关于整党的决定》。按照区委整党工作安排，1985年7月至1986年2月，镇域内各乡党委进行整党。针对部分党员、干部存在着山区条件差底子薄、乡镇企业起步较晚、经济不够发达、致富难的思想，在整党中，把理想教育和树立振兴地区经济信心作为重要任务，提高党员对镇域资源优势的认识。组织党员干部参观新兴办乡镇企业和先富起来的新农村，利用致富典型，让大家开阔眼界，解放思想，找出差距，定出措施。同时，结合镇域致富调查开展算账对比活动，使大家看到农村经济的发展，增强改革信心。沿河城地区是较为贫困的地区，群众和党员存在着“等、靠、要”思想。整党中，通过讨论分析地区在旅游、矿产、草场的三大优势，党委提出“黄草梁上放牛马，永定河里养鱼虾，青山绿水接游客，开矿办厂把家发”的致富方针，开拓致富门路，促进地区农村经济的发展。1985年比1984年农业总产值增长10.5%，人均收入增长44.2%。

1986年10月开始，镇域村级支部进行整党，至1987年3月基本结束。村级整党采用学、议、摆、查、改相结合的方式，进行党性教育活动。整党中，查处党内外群众反映强烈的人和事，对犯有各种错误，以及长期不起作用又无明显改变的党员，分别进行处理，纯洁党组织，提高了党组织的战斗力。

整党中，党委对在改革开放、搞活经济中违法乱纪、败坏党的声誉的个别党员作出处理；对不正之风进行认真查处和纠正；对乱发实物、奖金、补贴、“红包”，以及拖欠集体款项等问题，按规定作了处理。同时，吸收一批优秀中青年、知识分子入党，改变党组织年龄结构“老龄化”和知识结构偏低的状况。

纪律检查和党风廉政建设

1984年前，镇域党组织的纪检工作由上级党委负责。1984年5月，镇内建立纪检组织，配合上级纪检部门开展对党员进行党风党纪教育，受理党员和人民群众的来信来访，调查处理党员违法违纪案件。对群众反映强烈的以权谋私和违法违纪等问题进行查处，清除腐败，纠正各种党内不正之风，确保党的路线、方针、政策贯彻执行。

1990年镇党委建立后，不断加强纪律检查和党风廉政建设，至1993年，3年中处理违纪党员12人，开除党籍5人，留党察看4人，严重2人警告处分1人。同时，利用电视、会议等多种形式开展党风廉政宣传教育，7000余人次受到教育。第八届党委建立后，制定《用车管理制度》和“领导干部十不准”“财务执法监察”等廉政措施。各基层党支部成立纪检组织，配备党风监督员。

进入21世纪，中央颁布实施《建立健全教育、制度、监督并重的惩治和预防腐败体系实施纲要》，镇党委将惩防体系建设各项任务纳入党风廉政建设责任制，逐步建立健全宣传教育、协同办案、专项治理、源头治腐、信访处理、牵头工作协调机制。在反腐倡廉工作中，坚持“党要管党、从严治党”和标本兼治、综合治理、惩防并举、注重预防的方

图4-7　斋堂镇村、社区纪检委员培训班（2016年摄）

针，落实党风廉政建设责任制，建立健全教育、制度、监督并重的惩治和预防腐败体系。2007年至2011年，制定《门头沟区斋堂镇内部控制管理手册（试行）》，出台惩治和预防腐败体系5年工作规划，5年共立案调查31件，处理党员28人，被区委评为廉政文化示范镇。

2012年至2016年，在开展党的群众路线教育实践活动中，对群众反映的热点难点问题进行专项整治，开展“庸懒散拖”及“为官不为、为官乱为”专项治理和深化“五型机关”、人民满意基层站所创建活动。编辑整理《斋堂镇村级制度汇编》，制定《关于落实党风廉政建设党委主体责任，纪委监督责任实施意见》，严格落实“一岗双责”，加大案件查办力度，5年共立案调查26件，处理党员23人。

第八届党委建立后，按照“将权力关进制度的笼子里”总体思路，完善内控工作体系，实行村居综合考评，以“六六工程”推动管党治党，以案为鉴，以案促改，营造风清气正的政治生态。

第五节　大事要事

贯彻减租减息政策

1945年11月初，镇域被宛平县委确定为开展“贯彻减租减息政策”运动（简称“贯政”运动）试点和重点。镇内各级党组织按照县委指示安排，发动群众，开展大生产与除奸反特运动，结合查租查息，解决过去减租减息中没有解决好的问题。“贯政”运动以西斋堂、前桑峪作为试点村。1946年1月5日，西斋堂村及附近各村群众1000余人参加西斋堂斗争王定的大会，对王定的罪行进行控诉。经过清算退赔，“贯政”运动转入减租增资运动，1月下旬试点工作结束。随后，“贯政”运动普遍展开，军响6村群众联合斗争了日伪大乡长。“贯政”运动，打击了封建反动势力，巩固了人民政权，促进了生产。

土地改革运动

1946年5月4日，中共中央发布《关于清算减租及土地问题的指示》（简称“五四指示”），将抗日战争时期减租减息政策改为没收地主土地分配给农民，实现“耕者有其田”，又称“五四土改”。8月，镇域党组织按“五四指示”动员土地剥削者自愿把出租和“伙种地”献出分给农民，当时称“献田”运动。“献田”运动中，由于采取自愿方式，土地剥削者趁机将好地收回，将部分劣地献出，导致土地剥削者地虽少了，所收粮食不少；分得土地的农民，所收粮食不仅没增加，有的反而减少了。农村封建土地所有制基本没有改变。

1947年5月，县委组织土改工作组对“五四土改”进行复查，又称“五月复查”。土改工作组深入农村发动群众，成立村贫农团，建立区贫农代表会领导土改运动。经过划分阶级、斗地主、没收地主土地与浮财、分配胜利果实4个阶段，完成“五月复查”。“五月复查”中出现不同程度的“宁左勿右”的做法，造成抓人、打人致死以及侵犯中农利益的错误。12月，地委板城会议后，在“一切权力归农会”的环境下，将村中行政干部，一律视为“土改运动的绊脚石”，搬“大石头”靠边站。党组织公开后又停止了活动。贫农团成为行政机构，各村按“查三代”重新划阶级，再次斗地主，没收全部财产，打人、抓人及侵犯中农利益现象进一步发展。

1948年2月，中共宛平县委在白虎头村召开全县土改工作组和小区干部会议，检讨土改中的“左”倾错误及“尾巴主义”，克服“宁左勿右”思想。会后，按照县委统一布置，镇域各小区党委认真解决土改遗留问题。9月，结合秋征秋收、整党、支前等工作，解决土改遗留问题。专门培训骨干，在各村按政策“纠偏”，解决遗留问题，改选村贫农团，成立贫农团委员会，又称新农会；恢复“新老”干部参加的村政权；恢复党组织活动。按中央划分阶级标准重新划分阶级，颁发土地证书，土改工作结束。

抗美援朝运动

1950年，镇域内开展“抗美援朝，保家卫国”运动，组织报告员、宣传员开展抗美援朝宣传活动，利用大会、小会、黑板报、屋顶广播等多种形式，揭露美帝国主义侵略朝鲜的罪恶行径及其外强中干的本质。经过宣传，使“抗美援朝，保家卫国”的道理家喻户晓，深入人心。

镇压反革命运动

1951年2月15日，中共宛平县委在全县开展镇压反革命运动（简称镇反运动），镇内群众纷纷到政府控诉反革命分子罪行。1951年下半年，镇反运动进入清理积案、巩固镇反成果阶段。各村成立由7人至11人组成的治安保卫委员会，发动群众防奸防特，负责检举告发暗藏及漏网的反革命分子，监督与教育被管制分子，镇反运动基本结束。

粮食统购统销

1953年，开始大规模建设，城镇和矿区的发展加大了对商品粮食的需求，而农业经济生产能力落后使粮食供给不足，私营粮商又控制了大部分粮食市场，造成国家粮食库存急剧下降，为此，国家开始实施粮食统购统销。

北京市从1953年11月1日起实行面粉计划供应，镇域各村进行普遍宣传。由于宣传单一，部分群众对面粉计划供应不理解，出现抵触情绪。根据这种情况，镇域党委配合上级党委改变宣传方式，由大会转入座谈、访问，对群众进行爱国主义和长远利益教育，采取算细账的方法说服群众，提高了群众对面粉计划供应工作的认识，促进了面粉计划供应工作的展开，也为粮食统购统销奠定了基础。

宣传婚姻法

1953年3月下旬，开始部署“宣传、贯彻《中华人民共和国婚姻法》运动月”活动。

4月1日，镇内各小区区委召开各村主要干部会议，历时3天，初步统一了干部的思想认识，确立9个重点村。随后，组成工作组进村，召开党团村干和积极分子会，交代政策，安定人心，建立组织。利用所有可能利用的宣传力量和工具，展开宣传工作。通过宣传，逐步澄清群众中一些模糊认识，划清新旧婚姻观念的界限，并评选模范家庭和模范夫妻。《中华人民共和国婚姻法》宣传做到了家喻户晓。

农业合作化运动

1953年2月，中央通过《关于农业生产互助合作的决议》。7月，镇域各乡召开互助合作代表会，解决评工记工、齐工找价等问题。12月后，随着中共中央《关于发展农业生产合作社的决议》的发表和党在过渡时期总路线的宣传，许多农民纷纷要求参加农业生产合作社。农业生产合作社快速发展，其间，出现一哄而起、违背自愿原则、搞强迫命令、违背互利原则、侵犯中农和富裕中农利益等问题。

1955年3月，中共中央农村工作部发出《关于巩固现有农业生产合作社的通知》，国务院发出《关于春耕生产的决议》，毛泽东针对全国农业合作社发展的不同情况，提出“停、缩、发”的方针。矿区委结合农村实际情况，从各部门抽调干部，分赴镇内各社进行全面检查、整顿、巩固工作。通过整顿，改善了农业生产合作社的经营管理，提高了办社水平。7月，镇内农业合作由初级社普遍转入高级社。

“大跃进”运动

1958年，党中央制定社会主义建设总路线，并发动“大跃进”和人民公社化运动。社会主义建设总路线、“大跃进”和人民公社，被称为“三面红旗”。在“三面红旗”指引下，镇域内掀起“大跃进”的高潮。

图4-8　宣传总路线（1958年摄）

按照农业发展纲要40条规定，带来高估产、引发严重的浮夸风。经过几个月的蛮干，1958年与1957年比，粮食产量虽有所增长，但与历次出台的“跃进”指标相比则相差甚远。在全民“大炼钢铁”中，为保证炼铁用煤，镇内7个村小煤窑收归公社所有。由于大批农村劳动力被占用，当年粮食等主要农作物“丰产不丰收”，人民的正常生活受到严重影响。1960年，镇域内兴起养猪高潮，社、队出现“百头猪场”“千头猪场”“万头猪场”的浮夸风，实际只有“几十头”“几百头”。因饲料缺乏，只得以秕秆、麸皮、树叶、蒿草加工成饲料喂猪，加之病猪传染，死亡率高。斋堂公社共养猪5400头，死亡610头，占11%。1961年，贯彻“调整、巩固、充实、提高”方针，国民经济进入调整时期。

人民公社化运动

1958年，清水河流域，包括斋堂镇域和清水镇域合并成立斋堂人民公社。实行政社合一领导体制，权力高度集中。公社对农、林、牧、副各业和工、农、商、学、兵实行统一管理，公有化程度高。初期实行统一经营，统一核算，统一分配，把社员自留地、家庭副业甚至个人财产收归集体所有，大搞“一平二调”“共产风”。实行“吃饭不要钱”，提倡供给制，搞绝对平均主义。在组织生产和生活方面，推行“三化”（组织军事化、行动战斗化、生活集体化），将劳动力按军队编制组成班、排、连、营，采取大兵团作战的方法从事工农业生产。

斋堂公社建立民兵第三师，师下按团、营、连、排、班成立各级军事组织。根据生产任务组织劳动力，按任务分战场，分兵把口，限定完成时间。对迫切需要完成的任务，组织大兵团作战。1958年秋，斋堂公社集中800人深翻土地，全部吃住在地里。经过8昼夜连续作战，完成53.3公顷深度为1.8米的深翻任务。

为支援门头沟公社深翻土地，区委打破公社界限，组织3次“大协作”，除在门头沟公社范围内抽调劳动力外，还从大台、斋堂公社抽调800余名社员，按营、连、排组织，前往上岸地区协助门头沟公社深翻播种275.3公顷小麦。在修建从潭柘寺至阳坡园长4公里环山公路时，区委抽调门头沟、大台、斋堂3个公社的900余名社员，以及修筑斋堂公路的市商业系统下放干部等，总计4000余人参加施工。修筑千军台公路时，调动大台、门头沟、斋堂公社民兵770余人参加。在生活集体化上，7月中旬，镇内各乡实现食堂化和

图4-9　斋堂公社幼儿园（1958年摄）

托儿化。至9月底，镇域98.5%的农民加入食堂。斋堂公社结合实际兴办集体福利事业，实行教育、生育、穿衣、医疗、取暖、照明、婚葬、文娱、养老、托儿等承包。

由于人民公社化运动，打击了社员群众的劳动积极性，制约了生产力的进步与发展，根据党的八届六中全会精神，开始对人民公社进行整顿。经过几个月的整顿，“左”的错误得到初步遏制。“反右倾”斗争的开始后，纠“左”进程被打断，镇内开始更大规模的“跃进”。

“四清”运动

1963年6月，斋堂公社开展以“清账目、清仓库、清财务、清工分”为主要内容的社会主义教育运动，也称“四清”运动。区委抽调76人组成工作队进驻斋堂公社及各大队，经过整顿队伍“四清”对敌斗争、巩固建设4个阶段，历时6个月，完成“四清”工作任务。全公社参加运动2987人，占应参加人数的94%。涉及主要问题是纪律松弛，干活不顾质量，多吃多占，偷砍树木，损公肥私，封建迷信等。由于运动以“阶级斗争为纲”，把大量人民内部问题看作阶级斗争，混淆两类不同性质的矛盾，伤害了不少干部和群众。

1965年8月，镇域内再次开展“四清”（清账目、清经济、清组织、清思想）运动。“四清”运动从1963年开始至1966年结束，历时3年多的社会主义教育运动，对于纠正干部多吃多占、强迫命令、官僚主义、克服集体经济经营管理方面的许多缺点，以及打击贪污盗窃、投机倒把、刹住封建迷信活动等歪风起了一定的作用。

“文化大革命”

1965年11月，区委、区人委领导机关搬至东斋堂村，1966年1月1日，正式挂牌办公。“文化大革命”开始后，8月26日，区委、区人委回到原址办公。8月31日，斋堂公社党委正、副书记，各大队党支部书记被揪到斋堂沿街游行。镇域内党组织日常工作陷于停顿，各级党政机关陷于瘫痪状态。

1967年3月，毛泽东思想宣传队入驻镇域。1968年，镇域内开展“大批判”运动。

1968年8月底，镇域农村普遍成立贫下中农管理学校委员会，实行贫下中农管学。为解决师资不足，不少学校增加民办教师，也称“赤脚教师”；不少中小学改为民办。民办教师由各大队推荐的“贫下中农知识分子”担任，经过短期“赤脚教师”学习班培训仓促上岗，教学没有质量。10月、12月，镇域内进行群众性开门整党。至1970年下半年，整党结束，基层党支部相继建立。

1970年11月，农村开展“打击反革命破坏活动，反对贪污盗窃，反对投机倒把，反对铺张浪费”的“一打三反”运动，结合“农业学大赛”，斗争“地、富、反、坏、右”分子，批判修正主义。

1976年10月，江青反革命集团被粉碎，十年“文化大革命”结束。“文化大革命”，使斋堂镇的工作和社会秩序受到巨大破坏。

农村经济体制改革

党的十一届三中全会后，针对人民公社化以来农业生产“大拨轰”管理无奖励、分配搞平均，吃“大锅饭”等诸多弊病，镇内以生产队为单位实行各种形式的生产、劳动责任制。1978年3月，斋堂公社进行粮食“三定”(定产、定购、定销)和果树队果品定产试点，一定三年，落实到队，每年底进行结算。1979年2月，区委确定“以林果为主，积极发展粮食生产和畜牧生产，实行五业并举”生产方针，镇域内开始实行包产到组，小段包工以及包产到劳、专业承包等责任制，由“底分活评、定额计件、定额评工、按劳计酬”到“定地块、定劳力、定开支、定工分、超额奖励”责任制。1980年6月，贫困生产队五里坡率先实行联产到人责任制，实行的产量到人责任制。

1982年，镇域内推行包产到户，即家庭联产承包制，又简称为“大包干”。各村以户为单位，按人口平均承包全村集体耕地，一定五年不变。明确土地所有权，除法律规定归属于国家(集体)所有以外，使用权归各户，改变人民公社化以来“一大二公”管理过分集中、种植单一等弊端，打破了“大锅饭”。1983年，镇域内56个生产队，大包干户4381户。

1983年4月，门头沟区委、区政府印发《关于下放荒山、绿化造林，完善林果生产责任制的决定》，决定荒山下放到户，山权归队，林权分成，集体得小头，个人得大头，合同一般一定30年。镇域内开始实行“两山”承包，至1983年底，沿河城乡“两山”承包14200亩，其中自留山600亩、责任山13600亩；军响乡“两山”承包6939亩，其中自留山5559亩、责任山1380亩；斋堂乡承包自留山5532亩。

联产承包责任制实施后，农民有了生产自主权，大批剩余劳力转向乡镇企业和第二、第三产业。农业生产坚持一业为主，多种经营，结合实际推行农业适度规模经营；发展专业承包，大户承包，联产承包责任制。农村产业结构，由单一粮食生产逐步转向多种经营。

1986年至1990年，改革健全农村经济管理体系，实行经营自主，大力发展旅游业，饲养业。通过内引外联，加强服务，发展来料加工项目，采取公司带农户、工厂带农户、协会联农户，实行产、加(工)、销一条龙服务，镇域内涌现出一批靠开发荒山走上致富路的先进典型。九龙头综合农场租赁九龙头后，实行一业为主、综合开发，将其中的4个山头开辟为千亩梯田大果园。

1994年，镇内实施“个十百千”计划，即每个农户要确立一个家庭致富的主要门路，平均每户饲养10只草食家畜，农民人均达到100棵果树，每户每年增加纯收入1000元以上。进一步落实土地承包期，调动农民增加土地投入、从事专业化生产的积极性。同时，把官厅山峡综合治理、小流域综合治理、综合开发山区资源、开展水利富民、改善生态环境等与推进农业产业化经营有机结合，合理使用各项农业资金，重点扶植农业产业化项目，促进粮、菜、果、畜的全面发展。

1996 年开始，镇域内开展小康村镇创建工作，推动农村经济结构调整，特色种养业快速发展，初步形成区域化与专业化相结合的种养格局。农民逐步成为农村经济发展的投资主体和经营主体。

21 世纪，围绕着全面建设小康社会，构建社会主义和谐社会的主题，农村改革全面深化。先后进行了农村集体经济产权制度改革、土地经营权流转改革、林权制度改革。推进农村新型合作经济，促进农村经济制度创新。至 2020 年农村集体经济产权制度改革逐步完善。

关闭矿山产业转型

镇域内煤炭资源丰富，早在金代就已有了煤炭开采的文字记载。中华人民共和国成立后，镇域内煤炭业进一步发展。特别是改革开放以后，各村增开窑口，煤炭产量迅速增加，成为镇域经济发展的支柱产业。1987 年，门头沟区属煤业产煤 80 万吨，其中镇域产煤 30 万吨。煤炭产业发展，带动了运输、商贸等第三产业的兴旺。在 2000 年度总收入中，一产占 5% 左右，而以煤炭为主的第二产占 30%，第三产业达到 65% 以上。

随着煤炭业发展，给生态平衡上带来的副作用越来越明显，许多山体被挖空，植被遭破坏，地下水位下降严重，许多古村落破败不堪，直接威胁到人民群众的生产生活和持续发展。进入 21 世纪，按照上级指示精神，镇党委、政府强行关闭所有煤矿。由于以煤炭为主的产业链条不复存在，镇财力紧张，村集体经济滑坡，致群众生活质量下降。社会发展要求斋堂镇经济转型，调整产业结构，寻求新的产业链条。

2007 年 4 月，制定《门头沟区斋堂镇总体规划（2006—2020）》，截至 2020 年 12 月，镇域各级政府，从维护北京西部生态屏障原则出发调整结构，布局无污染、有利于生态建设的产业；按照各自不同的自然社会条件安排适宜的产业，布局村镇体系；合理配置各类资源，兼顾经济、社会、环境协调发展，促进城乡全面进步；突出文化产业，培育斋堂镇核心竞争力。继承自然和文化两大遗产，着力塑造镇域核心竞争力，培育生态、文化型产业，打造集休闲、度假、旅游、服务于一体的中心镇。按照建设“一个中心辐射带动九条沟峪经济产业带”的发展格局，使镇域经济发展呈上升趋势。

第五章　政　权

中华民国建立前，镇域政权设置不详。中华民国建立后，国民党宛平县在镇域内设小区一级政权，小区辖村。1938 年 3 月，镇内建立抗日民主政权。在民主政府领导下，镇域民众积极投身抗日救亡工作，减租减息，参军参战，赢得新民主主义革命的胜利。中华人民共和国成立至 1983 年前，区（县）人民政府在镇域内先后设置小区、乡政府、公社管理委员会，领导民众发展生产，开展农业互助合作，带领贫困乡脱贫，推动社会主义建设进程。1954 年，按照《中华人民共和国选举法》，域内各乡镇召开第一届人民代表大会，人民当家作主选举自己的领导。镇、乡、公社人民代表大会是镇内最高权力机构。镇、乡、公社人民代表大会在选举正副镇长、乡长、公社主任的同时，选举出席区人民代表大会的代表。"文化大革命"期间，人民代表大会制度被迫中断。1981 年，重新恢复人民代表大会制度。1983 年农村管理体制改革，政社合一的人民公社管理委员会撤销，实行政企分开，单独建立农工商总公司。1990 年，建立斋堂镇人民政府。同时域内设立乡镇人民代表大会地区管理委员会。1995 年，设立乡镇人大机构。国家权力机构得到恢复和加强。

第一节　人民代表大会

斋堂乡（公社）人民代表大会

根据中央人民政府《关于召开地方各级人民代表大会的决议》和《中华人民共和国宪法》的规定，从 1954 年开始到 1990 年撤乡建镇，斋堂乡（公社）先后共召开九届人民代表大会。历届代表大会代表听取、审议并讨论通过上届政府的工作报告，选举产生新一届政府组成人员和乡长。

沿河城乡（公社）人民代表大会

根据中央人民政府《关于召开地方各级人民代表大会的决议》和《中华人民共和国宪法》的规定，从 1954 年开始至 1994 年撤乡并入斋堂镇，沿河城乡（公社）先后共召开十一届人民代表大会。历届代表大会代表听取、审议并讨论通过上届政府的工作报告，选举产生新一届政府组成人员和乡长。

军响乡（公社）人民代表大会

根据中央人民政府《关于召开地方各级人民代表大会的决议》和《中华人民共和国宪法》的规定，从1954年开始至2001年撤乡并入斋堂镇，军响乡（公社）先后共召开十三届人民代表大会。历届代表大会代表听取、审议并讨论通过上届政府的工作报告，选举产生新一届政府组成人员和乡长。

斋堂镇人民代表大会

第十届人民代表大会　1990年2月，斋堂撤乡建镇，1991年1月15日召开镇第十届人民代表大会（延续乡人民代表大会届次），应参加会议代表37人，实到会代表35人。与会代表听取、审议赵桂坡作的斋堂镇《政府工作报告》，听取、审议《财政报告》，讨论通过两个报告的决议。大会同意刘金辞去副镇长职务。大会选举赵桂坡为镇长，杨兆国、张树香当选为副镇长。1991年10月25日召开十届二次会议，补选谭杰、郝甫录为副镇长。1992年3月25日召开十届三次会议，补选李全德为副镇长。

第十一届人民代表大会　1994年1月6日召开，应参加会议代表40人，实到会代表37人。与会代表听取、审议杨国强作的斋堂镇《政府工作报告》；听取、审议《财政报告》，讨论通过两个报告的决议。大会选举杨国强为镇长，张德宝、杨兆国、王国莲、郝甫录当选为副镇长。1994年10月28日召开三届二次会议，补选郝朝彦、高长志为副镇长。同时，从此次会议起，镇人民代表大会届次重新排序，不再延续原来乡人民代表大会的排序，并改第十一届人民代表大会为镇第三届人民代表大会。以后会议按此排序。根据区人大常委会《北京市门头沟区人大常委会关于召开乡镇人民代表大会的安排意见》中，因乡镇行政体制和行政区划的调整变更，撤销沿河城乡，并入斋堂镇，乡镇增加人大机构。1995年12月26日召开三届四次会议，根据区人大要求，选举王进亮为镇人大主席。

第四届人民代表大会　1997年1月10日召开，应参加会议代表47人，实到会代表42人。与会代表听取、审议杨国强作的《励精图治 开拓进取 稳中求进 再创两个文明建设新局面》的工作报告，讨论通过此报告的决议。讨论通过《斋堂镇社会经济发展五年规划报告》和《关于制止乱挖乱采执法问题的提案》。大会选举王进亮为人大主席，曹有兴为人大副主席；杨国强为镇长，王国莲、张德宝、徐志森为副镇长。1997年12月11日召开四届二次会议，补选杨国强为人大主席；田雨为镇长，卢佳强为副镇长。1998年4月14日召开四届三次会议，同意田雨辞去斋堂镇镇长职务、郝朝彦辞去副镇长职务。梁正磊当选为镇长。1999年2月5日召开四届四次会议，同意杨国强辞去人大主席职务；梁正磊辞去镇长职务，张德宝、王国莲、高文民、徐志森辞去副镇长职务。梁正磊当选为人大主席，安兴坡当选为人大副主席；赵国章当选为镇长，刘永良、刘树华、李朝云、张霞、管瑞明当选为副镇长。

第五届人民代表大会　2000年1月6日召开，应到会代表47人，实到会43人。与会代表听取、审议赵国章作的《励精图治 开拓进取 把全镇经济和社会各项事业全面推向二十一世纪》政府工作报告及财政报告，讨论通过两个报告的决议。大会经过选举，赵国章当选为镇人大主席，卢佳强当选为人大副主席，李志文当选为镇长，张福利、刘树华、李朝云、张霞、管瑞明当选为副镇长。2001年11月21日召开五届四次会议，选举谭杰为镇人大主席，补选王晓民为副镇长。2002年4月24日召开五届五次会议，同意赵国章辞去人大主席，卢佳强辞去人大副主席；张霞辞去副镇长职务；选举谭杰为镇人大主席，贺建华为人大副主席；补选刘书会、王国莲为副镇长。

第六届人民代表大会　2003年1月9日召开，应到会代表51人，实到会45人。与会代表听取、审议贺建华作的《全面建设小康社会 努力开创斋堂镇各项工作的新局面》的工作报告，讨论通过了此报告的决议。大会选举谭杰为人大主席，刘树华为人大副主席；贺建华当选为镇长，李朝云、管瑞明、王国莲、王晓民、刘书会、谷长水、刘向阳当选为副镇长。2004年3月31日召开六届二次会议，同意谭杰辞去人大主席职务，万钦当选为人大主席。2004年7月14日召开六届三次会议，选举于增宝为副镇长。2005年1月14日召开六届四次会议，同意贺建华辞去镇长职务，王晓民、王国莲辞去副镇长职务；选举刘东为镇长；补选李龙梅、刘辉为副镇长。2006年1月20日召开六届五次会议，同意刘辉辞去副镇长职务，选举林瑞宝为副镇长。2006年8月29日召开六届六次会议，同意谷长水、李朝云辞去副镇长职务，刘树华辞去人大副主席职务；选举李正祥、曹建民为副镇长。

第七届人民代表大会　2006年11月16日召开，应到会代表51人，实到会48人。与会代表听取、审议刘东作的《传承历史文脉 为建设生态、和谐、富裕的新斋堂而奋斗》政府工作报告，讨论通过此报告的决议。大会经过选举，万钦当选为人大主席，李朝云当选为人大副主席；刘东当选为镇长，刘书会、于增宝、曹建民、李龙梅、李正祥、林瑞宝当选为副镇长。2009年4月2日召开七届六次会议，补选段铁军为副镇长。2010年1月21日召开七届七次会议，同意刘东辞去斋堂镇镇长职务，刘贵清当选为斋堂镇镇长。

第八届人民代表大会　2011年11月22日召开，应到会代表51人，实到会49人。与会代表听取、审议刘贵清作的《传承历史文脉 建设斋堂古镇》政府工作报告，讨论通过此报告的决议。大会经过选举，万钦当选为人大主席，李朝云当选为人大副主席；刘贵清当选为镇长，于超、刘向阳、刘德明、张金、曹建民当选为副镇长。2014年1月3日召开的八届四次会议，选举副镇长1名。2014年5月30日召开八届五次会议，补选斋堂镇人大主席1名。

第九届人民代表大会　2016年11月24日召开，应到会代表51人，实到会49人。与会代表听取、审议谢晓东代表第八届政府作的工作报告，讨论通过此报告的决议。大会经过选举，于增宝当选为人大主席；谢晓东当选为镇长，张金、刘德明、曹子立、杨虹、谭中九当选为副镇长。2020 年 8 月 17 日召开九届七次会议，接受谢晓东和于增宝的辞呈，选举闫烨为镇人大主席、晋卫华为镇长。

第二节　政府

领导机构

宛平县（昌宛联合县、昌宛房联合县）政府（抗日民主政府、民主政府）　宛平县政府是抗日战争爆发后北平郊区建立的第一个县级人民政权，1938 年在东斋堂村建立。县政府除设有工作机构外，在所辖地区设置区、村公所承担不同历史时期的政府工作。

县政府建立后，领导机关长期驻斋堂镇域办公，镇域民众在县政府的领导下，先后开展抗战支前、开辟根据地、实行减租减息、合理负担、民主选举、土地制度改革、贯彻政策等各项政务工作，配合党的中心工作完成新民主主义革命的各项任务，并完成中华人民共和国成立初期的各项工作任务。1952 年 9 月，宛平县政府建制撤销。

图 5-1　1938 年东斋堂宛平抗日民主政府旧址，现无存（1992 年摄）

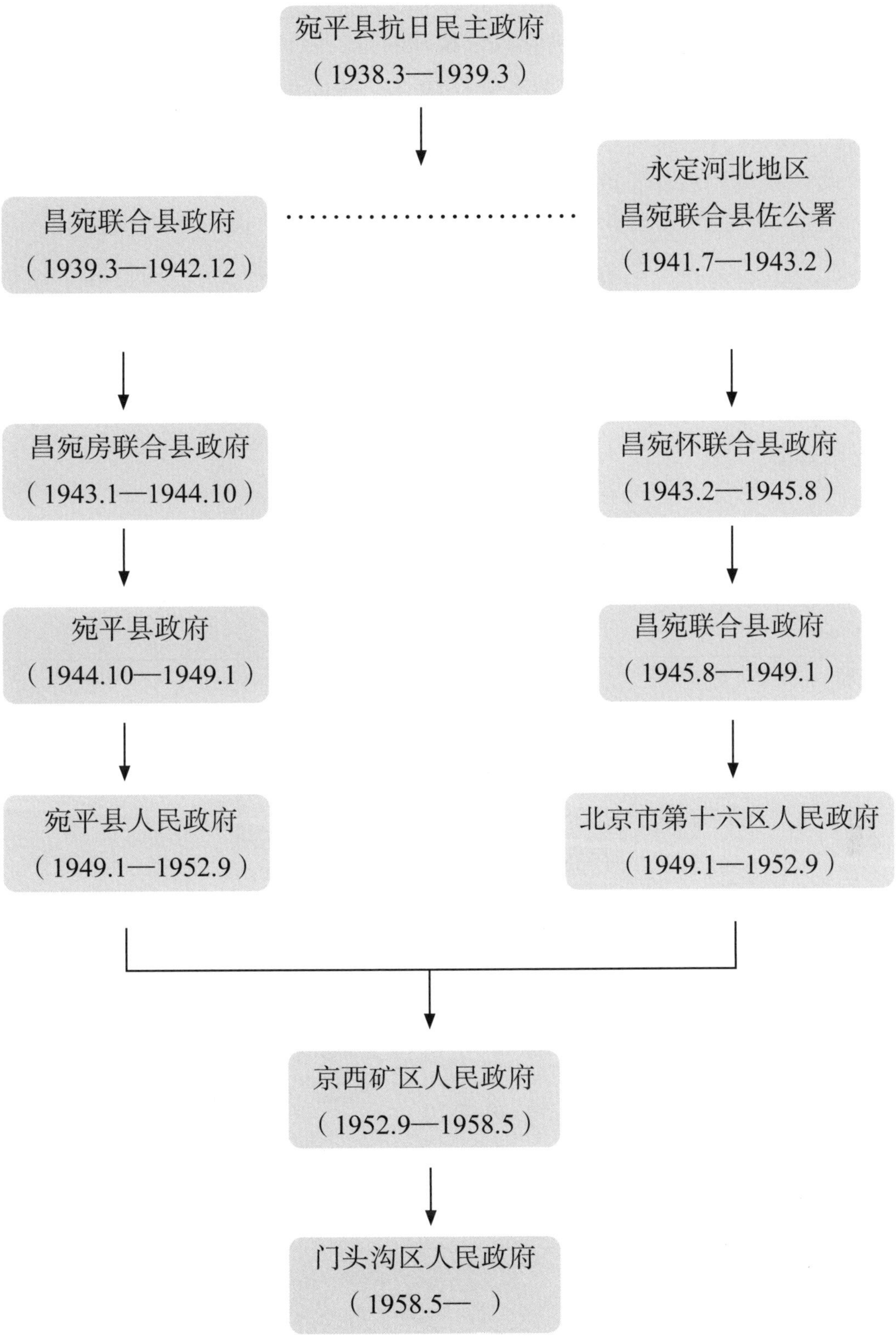

图 5-2　1938—1958 年宛平县政府沿革示意图

小区公所　中华民国建立后，国民党宛平县政府在斋堂镇域内设 2 个区公所，区公所辖村。沿河城地区属宛平县第七区公所，治所在雁翅镇青白口村；镇域其他地区属宛平县第八区公所，治所在东斋堂村。国民党政权统治时期，村内实行保甲制，设保长、甲头。

1938 年 3 月，抗日民主政府在东斋堂村建立，域内国民党宛平县政府设置的区公所消亡。抗日民主县政府下设小区公所，行使政权职能。至 1952 年 9 月县政府撤销前，镇域小区公所设置数量和名称不断变化：1938 年设置第七区公所和第八区公所。1939 年 3 月调整设置为第一、第二、第五区公所。不久，增加了第六区公所。1941 年 7 月，调整设置为第一、第二、第三、第五区公所和永定河北的第七区公所。1942 年，增加第六区公所。1943 年 7 月间，撤销第五区公所，所属政权职能分别归第六区公所和第一区公所。1944 年秋，调整设置为第一、第二区公所。1946 年 9 月至 1950 年 5 月，调整设置为第二、第三区公所。1950 年 5 月至 1952 年 9 月，调整设置为第一、第二区公所。1952 年 9 月，小区公所撤销建制。

1938—1956 年镇域内小区区长任职一览表

表 5-1

小区名称	姓名	任职时间	备注
第七区区公所	李少舟	1938.4—1938.5	对应人员为该时间段任职人员，不是每个人的任职时间
	傅万秋	1938.5—1938.12	
	王树梅	1938.12—1939.3	
第八区区公所	高明允	1938.5—1938.9	
	王树梅	1938.11—1938.12	
	韩晓照	1938.12—1939.3	
第一区区公所	王有明	1939.3—1944.10	
	韩晓照		
	傅长江		
	刘增福		
第二区区公所	傅万睦		
	刘天德		

续表 5-1

小区名称	姓名	任职时间	备注
第二区区公所	张永仁（张义山）	1939.3—1944.10	对应人员为该时间段任职人员，不是每个人的任职时间
	石良朴		
	张甫堂		
	谭惠民		
	傅长江		
	徐景云		
第五区区公所	刘天德		
	高明允		
	韩晓照		
	张永仁		
	谭惠民		
第六区区公所	白凤培		
	张久荣		
	谭天书		
第一区区公所	韩晓照	1944.10—1946.9	对应人员为该时间段任职人员，不是每个人的任职时间
	王海如		
	安宏印		
	刘永富		
	赵永明		
	李万江		
第二区区公所	杨兴周	1944.10—1949.1	对应人员为该时间段任职人员，不是每个人的任职时间
	谭天皋		
	吕永庆		
	贾增润		
	高振峰		
	赵永明		
	曹庶民		
	宋连君		
	李文录		
	刘巨贤		
	梁作平		

续表 5-1

<table>
<tr><th>小区名称</th><th>姓名</th><th>任职时间</th><th>备注</th></tr>
<tr><td>第二区区公所</td><td>梁作平</td><td>1949.1—1950.5</td><td rowspan="9">对应人员为该时间段任职人员，不是每个人的任职时间</td></tr>
<tr><td rowspan="6">第三区区公所</td><td>杜林春</td><td rowspan="6">1945.8—1950.5</td></tr>
<tr><td>杨兴周</td></tr>
<tr><td>杨国文</td></tr>
<tr><td>石亚民</td></tr>
<tr><td>杨久江</td></tr>
<tr><td>赵永明</td></tr>
<tr><td>第一区区公所</td><td>李万江</td><td>1950.5—1952.8</td></tr>
<tr><td>第二区区公所</td><td>赵永明</td><td>1950.5—1952.8</td></tr>
<tr><td rowspan="3">斋堂区政府（办事处）</td><td>赵永明</td><td>1952.9—1953.3</td><td rowspan="3">1956 年 10 月撤销建制</td></tr>
<tr><td>宋连君</td><td>1953.3—1955.8</td></tr>
<tr><td>张士钧</td><td>1955.8—1956.10</td></tr>
</table>

小区、乡政府　1952 年 9 月，京西矿区政府成立，区政府下设小区政府，小区政府下设乡政府，乡政府领村。今斋堂镇域内各乡政府分别归属斋堂区政府和清水区政府，其中马栏、高铺、双石头和柏峪 4 个乡政府隶属清水区政府，斋堂、胡林、黄土嘴、灵岳寺、刘家峪、沿河城、白虎头、煤窑、桑峪、灵水 10 个乡政府隶属斋堂区政府。1953 年 8 月，矿区政府调整斋堂区和清水区下辖乡政府，镇域内隶属清水区的 4 个乡划归斋堂区政府。调整后，斋堂区下辖 14 个乡政府，斋堂区辖域与今斋堂镇域基本相同。

1956 年 10 月，斋堂区政府撤销，镇域设斋堂、煤窝、军响、沿河城 4 个乡政府。1958 年实施人民公社建制，镇域各乡政府建制撤销，成立人民公社管理委员会。

1983 年农村体制改革后，政社合一的人民公社管理委员会撤销，单独建立农工商总公司。1984 年 7 月，斋堂、沿河城、军响 3 个乡政府成立。1987 年 10 月，各乡建立乡农工商总公司。

1990 年 2 月，斋堂乡政府、乡农工商总公司建制撤销，成立斋堂镇政府和镇农工商总公司。1994 年 7 月，沿河城乡政府撤销，并入斋堂镇政府，斋堂镇在沿河城地区成立办事处。2001 年 11 月，军响乡政府撤销，并入斋堂镇政府。

人民公社管委会（革委会）　1958 年实行人民公社化初期，门头沟区共设 3 个大公社管委会，镇域与清水地区合设斋堂公社管委会。镇域除沿河城地区属大台公社管委会外，其余属斋堂公社管委会。

图 5–3　1958 年门头沟区斋堂人民公社成立大会召开

1961 年 6 月，调整公社规模，镇域设斋堂、军响、沿河城 3 个公社。1962 年 2 月增设煤窝公社，1966 年 4 月煤窝公社撤销，工作并入军响公社。“文化大革命”期间，公社管委会曾一度撤销，成立公社革命委员会。1984 年 7 月，镇域 3 个公社管委会撤销，分别成立斋堂、沿河城、军响 3 个乡政府。

图 5–4　沿河城公社旧址（2020 年摄）

镇政府　1990 年 2 月 28 日，斋堂乡政府建制撤销，在原乡的区域范围设置斋堂镇政府建制，为正处级单位，镇政府设镇长 1 名，副镇长若干名。同时设立镇农工商总公司。同时镇域内设立人民代表大会地区管理委员会。1995 年，斋堂镇人大机构建制。2001 年，镇农工商总公司撤销。

图 5-5　斋堂镇政府办公楼（2020 年摄）

农工商联合总公司　1983 年，乡机构改革，建立农工商总公司，司职乡政府经济职权。与乡政府同级。1990 年，斋堂乡总公司撤销，成立斋堂镇总公司，为正处级单位，设总经理、副总经理。2001 年 11 月，农工商联合总公司撤销建制，相关职权划归镇政府。

工作机构

1938 年 3 月下旬，宛平县抗日民主政府建立后，镇域内国民党宛平县政府下设的区公所消亡。宛平县抗日政府设秘书及总务科、财政科、 实业科、教育科、司法科等科和军用代办所、优待抗日家属委员会等工作机构，政府工作由各相关机构承担等。此后，工作机构多有调整，1952 年县政府撤销时，工作机构设有秘书室、民政科、财政科、农业建设科、工商科、教育科、卫生科、公安局、税务局、粮食局和人民法院。

县政府成立后在主要活动地区设立区公所，至 1952 年县政府撤销，工作纳入京西矿区政府，区公所内不设工作机构，区助理员分工负责民政、财政、教育、实业、司法等各项工作。

1952 年 9 月，京西矿区政府成立，矿区政府在斋堂镇域设小区政府，小区政府下设乡政府，小区政府不设工作机构，区助理员分工负责民政、财政、教育、实业、司法等各项工作。1958 年实行人民公社化，镇域内设公社管委会，至“文化大革命”前，因分工不明、不细，镇域内各政权工作科室或设或不设，设置不统一，名称不统一。

“文化大革命”期间，成立公社革命委员会，工作机构设政治组、办事组、生产组、工副业组、文教卫生组、林业组、粮食管理所等。至 1983 年公社建制撤销，工作部门以各相关工作组为主。

1983 年 12 月 1 日，遵照北京市委指示，中共门头沟区委通知：自即日起，将原公社建制改为乡，分设乡党委、乡政府和乡经济委员会。

乡政府工作机构一般设政府办公室、文教卫生办公室、计划生育办公室、财政统计科、经委办公室、经管站、企业办公室、农机站、水管站、林业站、旅游开发管理科等；乡经济委员会下设农林、企业、煤炭 3 个部门。1987 年，经济委员会改农工商联合总公司，设经营办公室、多种经营公司、农林公司、煤炭公司、畜牧公司（兽医站）。1989 年，各公司进行调整后，设办公室、企业公司、农业公司、林业公司、统计科。

1990 年，斋堂镇政府建立，为正处级单位，工作部门先后设政府办公室、文化教育办公室、计划生育办公室、居民科、农机站、财政所、村镇建设科、保卫科、民政科。同时，乡总公司改为镇总公司，设办公室、农林科、统计科、煤炭科、企业科、科协。2001 年农工商联合总公司撤销建制，相关职能并入镇政府。此后，随着社会发展和政府工作需要，相继建立了小城镇建设科、经济工作办公室、社会治安综合治理委员会、综治办、农林办公室、统计所、计生文教办公室、财政科、居民民政科、煤炭安全生产管理科等。到 2010 年，政府工作机构曾先后设立过政府办公室、经济办公室、财政所、小城镇建设科、文化教育办公室、计划生育办公室、武装部、统计所、居民科、经管站、综治办公室、事务科、全程代理办公室、文化站、沿河林业站、军响林业站、斋堂林业站、社会保障所、农业办公室、司法所、城管监察所等。

随着乡镇机构改革，政府工作机构经几次调整后，截至 2020 年 12 月，镇政府设有办公室、财政科、民政科、统计所、计生卫生办公室、司法所、户改办、小城镇建设科、规划建设与环境保护办公室、经管站、教科文体办公室、旅游科、社会事务管理科、“街乡吹哨、部门报到”专项工作办公室、综治办、创城办、经济发展办公室、文化服务中心、安全科、林业站、企业管理中心、信访办、就业和社会保障事务所、农村经济经营管理站、区域经济发展服务中心、农发中心、社保所、经济管理部门设经济办公室、农林办公室、开发科、旅游科、招商办、煤炭管理科、小康办公室、军响服务中心、沿河城服务中心。

村民自治组织

1938 年 3 月，抗日民主政权建立后，各村建立了村公所，设立村长管理村政事务。1939 年夏，部分村政权进行选举。由村民大会选举产生村民代表会，选举村长和副村长。村公所之下设调解、经济、生产、教育 4 个委员会。从县政府到村公所都建立民政、财政、教育、实业和司法 5 个工作部门，形成一套真正的工作机构。1940 年秋，侵华日军侵占斋堂镇域，抗日政府在各沦陷村设立两面政权，坚持与敌人进行斗争。1945 年 4 月，镇域解放，恢复村政权。中华人民共和国成立后，村政权是乡政府的辅助机构，设村长，管理村政事务，村政权下设村民小组。1958 年实行人民公社化，政社合一，公社下设生产合作社，相当于村政权，管理村内政务。1961 年，《农村人民公社工作条例》颁布后，公社实行以生产队为基础的三级管理，生产大队相当于村。各村设立生产大队队长，管理村政事务。1982 年修订颁布的《中华人民共和国宪法》，规定村民委员会是基层群众自治性组织。1984 年，撤销人民公社建制，成立乡政府，生产大队为村，生产队为生产合作社。1987 年《中华人民共和国村民委员会组织法》实施后，根据法规设立村民委员会，设村委会主任职务。村委会为村民自治组织，属非政权性质。村委会实行民主选举、民主决策、民主管理、民主监督。村委员会下设村民小组。截至 2020 年 12 月，镇政府下辖 29 个村委会，即东斋堂村委会、西斋堂村委会、马栏村委会、火村村委会、黄岭西村委会、柏峪村委会、川底下村委会、双石头村委会、青龙涧村委会、高铺村村委会、新兴村村委会、牛战村委会、白虎头村委会、沿河城村委会、沿河口村委会、龙门口村委会、林子台村委会、王龙口村委会、向阳口村委会、桑峪村村委会、军响村村委会、灵水村村委会、东胡林村委会、西胡林村委会、张家村村委会、吕家村村委会、杨家村村委会、杨家峪村委会、法城村村委会。

1956—1990 年斋堂乡、公社、经委领导任职一览表

表 5-2

姓名	职务	任职时间	备注
李德江	乡长	1956.10—1958.3	
王德珍		1958.3—1958.9	
张文华	公社主任	1958.9—1960.11	1958 年 9 月乡改公社
尹加信		1960.11—1961.5	
宋良怀		1961.2—1963.9	
于忠政		1963.9—1966.3	
时振祥		1966.3—1968.2	
刘哲生		1968.2—1970.8	
傅长友		1970.2—1972.9	
齐　炯		1972.9—1973.9	
于克达		1973.9—1976.11	
田　惠		1976.12—1978.6	
张殿科		1978.6—1983.12	

续表 5-2

姓名	职务	任职时间	备注
张殿科	乡长	1983.1—1984.7	1983 年 12 月公社改乡
李国源		1984.7—1986.3	
陈文禄	代乡长、经委主任	1986.3—1987.5	
林秀栓	乡长	1987.5—1988.4	1990 年 2 月乡改镇
陈文禄		1988.4—1989.5	
刘　金		1989.5—1990.3	
陈文禄	经委主任	1987.5—1987.10	1987 年 5 月建立经济委员会，1990 年 2 月经委改农工商联合总公司
林秀栓		1987.10—1988.10	
张荣德		1988.10—1990.3	

1956—2001 年军响乡、公社、经委（总公司）、人大领导任职一览表

表 5–3

姓名	职务	任职时间	备注
王保先	乡长	1956.10—1957.6	
张廷刚	公社主任	1957.6—1958.9	1958 年 9 月乡改公社
曹恒俭		1961.5—1962.4	
王德珍		1962.4—1968.2	
董春宁		1968.2—1970.8	
史广才		1970.8—1974.3	
张瑞林		1974.3—1978.6	
郑　琮		1978.6—1979.12	
张文悦		1979.12—1982.2	
王德森		1982.2—1983.12	
安兴臣	乡长	1983.12—1984.9	1983 年 12 月公社改乡
贾长森		1984.9—1986.1	
傅长鹏		1986.1—1986.3	
安兴启		1986.3—1987.5	
张德宝		1987.5—1990.1	
杜春国		1990.1—1994.1	
江广玉		1990.1—1994.1	

续表 5-3

姓名	职务	任职时间	备注
田　雨	乡长	1994.1—1997.6	1983 年 12 月公社改乡
李桂明		1997.6—1998.8	
张旋里		1998.8—1999.3	
贺建华		1999.3—2001.12	
傅长鹏	总公司总经理（经委主任）	1987.7—1990.3	1987 年 10 月建立经委，1990 年 2 月经委改农工商联合总公司
赵玉瑞		1990.4—1993.3	
张　兵		1993.1—1996.10	
董建忠		1996.10—1999.1	
张旋里		1999.1—2001.11	
董建忠	人大主席	1997.1—1999.3	1994 年乡镇增加人大机构
张旋里		1999.3—2001.12	

1956—1994 年沿河城乡、公社、经委领导任职一览表

表 5-4

姓名	职务	任职时间	备注
李　定	乡长	1956.10—1957.6	
王丰先		1957.6—1958.2	
于忠政		1958.3—1958.9	
于忠政	主任	1961.5—1963.9	1958 年撤销乡，1961 年建立公社
傅长显		1963.9—1972.4	
张起义		1972.4—1974.3	
孔凡德		1974.3—1975.7	
贾立珠		1975.7—1979.12	
王树才		1979.12—1983.6	
傅长鹏		1983.8—1983.12	
师义远	乡长	1983.12—1986.7	1983 年 12 月公社改乡，1994 年撤销乡建制
高万田		1986.7—1987.5	
林秀栓		1984.6—1987.5	
高万田		1987.5—1991.1	
张德宝		1991.1—1994.1	
郝朝彦		1994.1—1994.7	

续表 5-4

姓名	职务	任职时间	备注
冯海深	经委主任	1987.10—1988.8	1987 年建立经济委员会
张文明		1988.8—1988.12	
赵永春		1989.1—1991.1	
郝朝彦		1991.2—1993.11	
赵永春		1993.11—1994.7	

1957 年白虎头乡、1956—1966 年煤窝乡（公社）领导一览表

表 5-5

机构名称	姓名	职务	任职时间	备注
白虎头乡	李庆永	乡长	1957.4—1957.7	1957 年 7 月撤销
煤窝乡（公社）	李有勋	乡长	1956.10—1958.9	1958 年 9 月乡改公社
	曹恒俭	主任	1962.4—1966.4	

1990—2020 年斋堂镇历届人大主席、镇长、副镇长、总经理任职一览表

表 5-6

机构名称	姓　名	职　务	任职时间	备　注
	赵桂坡	镇长	1990.3—1991.1	1990 年 2 月乡改镇，经委改农工商联合总公司
	刘　金	副镇长	1990.1—1991.3	
	杨兆国		1990.3—1991.1	
	张树香		1990.3—1991.1	
	潘贵忠	总经理	1990.3—1991.1	
第十届（1991.1—1994.1）	赵桂坡	镇长	1991.1—1994.1	
	杨兆国	副镇长	1991.10—1994.1	
	张树香		1991.10—1994.1	
	谭　杰		1991.10—1994.1	
	郝甫禄		1991.10—1994.1	
	李全德		1991.12—1994.1	
	潘贵忠	总经理	1991.1—1992.8	
	王进亮	总经理（兼）	1992.8—1994.1	

续表 5-6

机构名称	姓　名	职　务	任职时间	备　注
第十一届（第三届）（1994.1—1997.1）	王进亮	人大主席	1995.12—1997.1	1994 年乡镇增加人大机构，1994 年 10 月人民代表大会重新排序
	赵桂坡	镇长	1994.1—1997.1	
	杨兆国	副镇长	1994.1—1997.1	
	郝甫禄		1994.1—1997.1	
	张德宝		1994.1—1997.1	
	王国莲		女，1994.1—1997.1	
	郝朝彦		1994.10—1997.1	
	王进亮	总经理（兼）	1994.1—1997.1	
第四届（1997.1—2000.1）	王进亮	人大主席	1997.1—1997.12	
	杨国强		1997.12—1999.2	
	梁正磊		1999.2—2000.1	
	曹有兴	人大副主席	1997.1—1999.2	
	安兴坡		1999.2—2000.1	
	杨国强	镇长	1997.1—1997.12	
	田　雨		1997.12—1998.4	
	梁正磊		1998.4—1999.2	
	赵国章		1999.2—2000.1	
	徐志森	副镇长	1997.1—1999.2	
	王国莲		女，1997.1—1999.2	
	张德宝		1997.1—1999.2	
	郝甫禄		1997.1—1998.4	
	卢佳强		1997.12—2000.1	
	高文民		1997.5—1998.5	
	张　霞		女，1998.7—2000.1	
	刘树华		1998.6—2000.1	
	管瑞明		1998.6—2000.1	
	李朝云		1998.6—2000.1	
	王进亮	总经理（兼）	1997.1—1997.6	
	杨国强		1997.6—1998.7	
	梁正磊		1998.7—2000.1	

续表 5-6

机构名称	姓 名	职 务	任职时间	备 注
第五届（2000.1—2003.1）	赵国章	人大主席	2000.1—2003.1	2001 年 11 月经委撤销
	谭 杰		2002.4—2004.3	
	卢佳强	副主席	2000.1—2002.4	
	贺建华		2002.4—2003.1	
	李志文	镇长	2000.1—2002.11	
	贺建华		2002.11—2003.1	
	张福利	副镇长	2000.1—2001.11	
	刘树华		2000.1—2002.12	
	李朝云		2000.1—2003.1	
	张 霞		2000.1—2002.4	
	管瑞明		2000.1—2004.1	
	王国莲		2002.4—2003.1	
	王晓民		2001.9—2003.1	
	刘书会		2002.4—2003.1	
	赵国章	总经理（兼）	2000.1—2001.11	
第六届（2003.1—2006.11）	谭 杰	人大主席	2003.1—2004.3	
	万 钦		2004.3—2006.11	
	刘树华	副主席	2003.1—2006.8	
	贺建华	镇长	2003.1—2005.1	
	刘 东		2005.1—2006.11	
	李朝云	副镇长	2003.1—2006.8	
	管瑞明		2003.1—2004.7	
	王国莲		2003.1—2005.1	
	王晓民		2003.1—2005.1	
	刘书会		2003.1—2006.11	
	谷长水		2003.1—2006.8	
	刘向阳		2003.1—2006.11	
	于增宝		2004. 7—2006.11	
	李龙梅		女，2005.1—2006.11	
	刘 辉		2005.1—2006.1	
	林瑞宝		2006.1—2006.11	

续表 5-6

机构名称	姓　名	职　务	任职时间	备　注
	李正祥	副镇长	2006.8—2006.11	
	曹建民		2006.8—2006.11	
第七届(2006.11—2011.11）	万　钦	人大主席	2006.11—2011.11	
	李朝云	副主席	2006.11—2011.11	
	刘　东	镇长	2006.12—2010.1	
	刘贵清		2010.1—2011.11	
	刘书会	副镇长	2006.11—2010.12	
	于增宝		2006.11—2011.11	
	李龙梅		女，2006.12—2010.12	
	林瑞宝		2006.12—2010.12	
	李正祥		2006.8—2010.12	
	曹建民		2006.12—2010.12	
	段铁军		2009.4—2010.12	
	张　金		2010.1—2010.12	
第八届（2011.11—2016.11）	万　钦	人大主席	2011.11—2012.2	
	刘贵清		2012.3—2014.1	
	杨少培		2014.2—2016.11	
	李朝云	副主任	2011.11—2016.11	
	刘贵清	镇长	2011.11—2012.3	
	刘　忠		2012.4—2012.9	
	杨少培		2012.9—2014.4	
	谢晓东	镇长	2014.4—2016.11	
	刘德明	副镇长	2011.11—2016.11	
	曹子立		2012.12—2016.11	
	杨　虹		2014.1—2016.11	
	谭中九		2015.12—2016.11	
	李正祥		2010.12—2016.11	
	曹建民		2010.12—2016.11	
	段铁军		2010.12—2016.11	
	张　金		2010.12—2016.11	

续表 5-6

机构名称	姓 名	职 务	任职时间	备 注
第九届（2016.11—2020.12）	杨少培	人大主席	2016.11—2019.11	
	于增宝		2016.11—2020.8	
	闫 烨		2020.8—2020.12	
	谢晓东	镇长	2016.11—2020.8	
	晋卫华		2020.8—2020.12	
	刘德明	副镇长	2016.11—2020.12	
	曹子立		2016.11—2020.12	
	杨 虹		2016.11—2020.12	
	谭中九		2016.11—2020.12	

说明：表内空格表示无数据

第三节 政务纪要

建立新民主主义“三三制”政权

1938 年，镇域内政权实行“三三制”，吸收了旧政权人员参与民主政权工作，村一级旧政权没有改造，镇域内政权工作受限，减租减息等各项抗日民主政策贯彻不彻底。随着政权机构的完善，各级政权逐渐建立了财政、经济、粮食等各种制度，并开始实施减租减息、合理负担、村民选举等各项政策。1940 年 4 月，各村进行普选，大批抗日积极分子进入村政权；小区政权进行改革，将由群众团体代表和公正士绅组成的区政会议，改由村民大会选举产生；区政会议由议事机关转变为带有权力机关的性质。从县、区政府到村公所都建立民政、财政、教育、实业和司法 5 个工作部门，形成一套真正的工作机构。7 月至 10 月，镇域内开展民主选举运动，选举区代表会代表和区长，选举县议会代表，选举国民大会代表和边区参议员。经过选举和代表会议的召开，巩固和扩大了抗日民族统一战线，确立了新民主主义“三三制”政权。

减租减息与大生产运动

1939 年，镇域内开展贯彻减租减息政策的群众运动，运动中发生明减暗不减、增租、高租、夺佃等问题。7 月，镇域内发生几十年未有的大水灾，当年又发生虫灾，域内粮食平均只有五成，灾害造成 1940 年春荒，许多人没吃没住。加之为反击敌人“扫荡”，参加武装和地方工作人数过多，抗战勤务过重，以及疾病死亡等原因，劳动力大大减少，各村自卫队员负担加重。1939 年，马栏村每个自卫队员平均出夫 120 天，青龙涧村每个自卫队员平均出夫131天。1940年虽有所减少，但各村每个自卫队员平均出夫也在100余天。

为战胜困难，域内各级政府积极采取措施，努力发展生产，提出“不荒一寸地，不失一粒米”的口号，组织民众开垦荒地，扩大耕地面积；发展小手工业和私人商业，保证民需自足；发展合作事业，鼓励自由竞争；坚决打击伪币，对敌坚壁清野，有力抵制敌人的经济封锁。1943年12月，开始新一轮减租减息工作。经过3个月努力，解决了明减暗不减和超过减租指标等问题。减租减息政策的彻底贯彻，激发了广大农民生产积极性，域内掀起大生产运动。各级政府自上而下成立各级生产委员会，组织群众开荒、垦荒、救灾，发展农业生产，加强烧炭、挖煤、割荆条、刨药材、纺织等副业生产。通过减租减息和大生产运动，1944年迎来了全面抗战后第一个好年成。

组织民众参军参战

全面抗战后，镇域成为各路抗日武装的兵源基地，八路军晋察冀军区第6支队，第4纵队，冀热察挺进军的六、七、九、十、十二团都在斋堂川改编组建，镇内有数以千计的优秀青年参加人民子弟兵，及时补充了主力兵源。1938年，八路军主力进入斋堂后，镇域各级党政组织在很短时间内即动员、组织了千余人的武装队伍，首次随八路军主力挺进冀东，奔赴抗日战场。1940年“百团大战”后，以斋堂川为中心又组织1100余人的昌宛子弟兵团，全部编入主力部队，其中有以马栏村参军的青年组成马栏排；以黄岭西村参军的青年组成的黄岭西排。挺进军在平西作战的主力部队大部分兵源来自斋堂川，尤其是七团、九团和十团，基本是以斋堂川青年组成的子弟兵团。

抗日战争胜利时，据不完全统计，域内有370余名子弟兵和干部牺牲在抗日战场，占全区抗日烈士的45%，是门头沟区抗战中牺牲烈士最多的镇，其中牺牲10人至20人的村庄有灵岳寺、双石头、大三里、东胡林、军响村、杨家村、沿河口、龙门口、白虎头、桑峪村、高铺村、黄岭西、蔡家岭；牺牲20人至30人的村庄有川底下、灵水村、沿河城、火村、西胡林、柏峪村、马栏村。东斋堂牺牲34人，西斋堂牺牲39人。

边战斗边生产

解放战争时期，镇域是巩固的解放区。1945年11月，镇域内以贯彻政策和发动群众为中心，开展减租减息、除奸复仇、反奸反特斗争和冬季大生产运动。各级政府动员民众开展大生产运动，提倡比先进、超先进，各小区开展生产竞赛，人人争当劳动模范的运动。普遍成立拨工组，组织合作社，解决群众的困难。在发展农业生产的同时，西斋堂、青龙涧、双石头、柏峪台、川底下、黄岭西等附近村民以股份形式开办“大建窑”，入股人数达120余人。投产后，日产煤2万余公斤。

全面内战爆发后，域内掀起征兵扩军、参战支前热潮，一边战斗，一边生产。各级政府组织民兵抬担架，运枪弹，做向导，送情报，配合主力部队作战。1947年秋，解放军攻打怀来，灵水村派出民兵连支前。一天夜里，民兵连随队伍上了铁道线，用绳子拉、棍子撬，把 4 公里多长的铁道给弄了个“大翻身”，彻底切断国民党援军的交通线。

据不完全统计，解放战争中，镇域共有 80 余名烈士牺牲在解放战争的战场上，是门头沟区解放战争中烈士最多的镇。

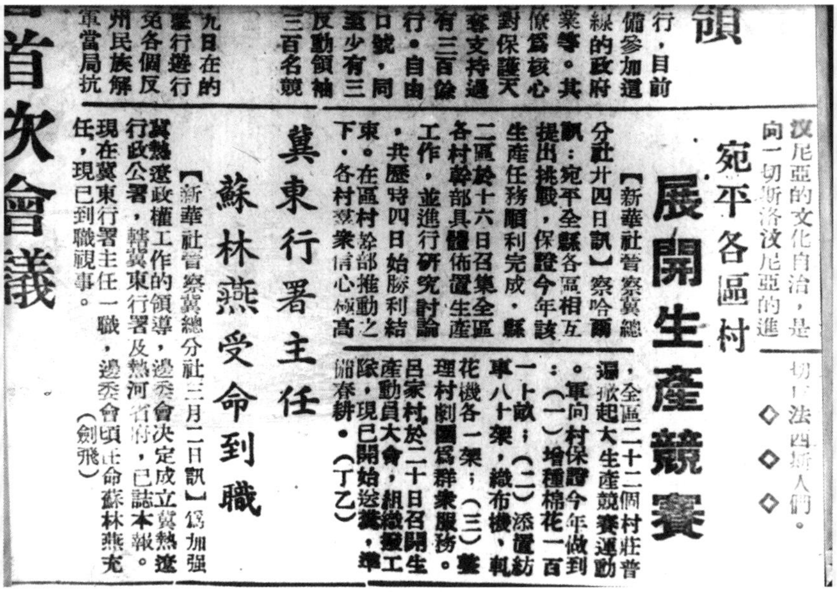
宛平各區村展開生產競賽

【新華社晉察冀總分社廿四日訊】察哈爾訊：宛平全縣各區相互提出挑戰，保證今年該縣生產任務順利完成。縣二區於十六日召集全區各村幹部具體佈置生產工作，並進行研究討論，共歷時四日始勝利結束。在區村幹部推動之下，各村羣衆情心極高，全區二十二個村莊普遍掀起大生產競賽運動。軍向村保證今年做到：（一）增種棉花一百一十畝；（二）添置紡車八十架，織布機、軋花機各一架；（三）整理村劇團爲群衆服務。呂家村於二十日召開生產動員大會，組織撥工隊，現已開始送糞，準備春耕。（丁乙）

冀東行署主任 蘇林燕受命到職

【新華社晉察冀總分社三月二日訊】爲加强冀熱遼政權工作的領導，邊委會決定成立冀熱遼行政公署，轄冀東行署及熱河省府，已誌本報。現在冀東行署主任一職，邊委會頃任命蘇林燕充任，現已到職視事。（劍飛）

图 5-6 1945 年宛平各区村展开生产竞赛的报道

开展农业互助合作

在革命战争时期，人民参军参战，拥军优属，生产支前。劳力缺乏时，域内有户与户自愿结合，按活茬和生产季节组成互助性质的换工组，进一步发展成男女换工、齐工找价、自愿互利形式的拨工组。土地改革后，分得土地的农民，为解决农具、牲畜、生产资料等不足，沿河城、灵水、牛战、桑峪等村，按季节自愿组成 120 余个临时性生产互助组、拨工组。

中华人民共和国成立后，上级党委把农业生产作为农村压倒一切的中心任务开展大生产运动，要求农民组织起来，按照自愿和等价互利的原则，成立小型互助组。域内各村农民开始在原有互助的基础上组织起来开展农业互助。1950 年 8 月，镇内发生特大洪涝灾害，数万人惨遭灾难，千亩良田被冲毁。域内党、团员带头组织互助，开展生产自救，带领群众共渡难关。在党、团员的带动下，各村成立生产互助小组、打山菜小组、副业互助小组、打猎互助小组等各种互助组织，顺利度过灾荒。

1951 年 2 月，全县开展农业互助运动，域内许多互助组开始建立齐工等价制度，克服过去组内“一年一齐工，忙闲都不分，二工顶一工”的做法，使组织逐渐巩固起来。互助组的互助形式多样，有临时小型互助组，主要为解决农业生产人畜力不足问题；有较长期的小型互助组，由农业生产上的合作互助进一步发展为农、副业的结合；有较大型的长期互助组，在农、副业综合的基础上逐渐发展，由小变大；有的开始发展在经济上的合作，为互助合作开拓了新的道路，并为农业合作化创造了条件。

推动贫困乡脱贫

1984年，镇域内沿河城乡、军响乡被列入北京市贫困乡。据1983年统计，沿河城乡人均收入379元，其中东五里坡收入最低为81元，向阳口最高为387元；军响乡人均收入493元，西胡林最低为202元，杨家村最高为606元。

1984年3月，中共门头沟区委领导带领区各有关部门20余人对沿河城乡分散在三沟两梁中的12个边远山村进行调查，提出"一年摘穷帽，三年变面貌"的号召，并现场办公，解决当地行路难、吃水难、上学难等诸多难题，同时派12个单位下乡扶贫。乡党委根据实际情况，提出"黄草梁上牧牛马，永定河里打鱼虾，古城山水多游客，开矿办厂把家发"的设想。同年10月，全国政协40余人的视察组到沿河城乡视察，对沿河城乡的发展提出了许多建议和意见。视察结束后，全国政协办公厅将视察情况直接反馈到北京市政府，市政府专门为沿河城的发展制定了措施。

在上级领导的支持帮助下，斋堂镇贫困乡脱贫工作全面展开。从1985年开始，镇域内逐步开展小村转迁工作。转迁后，原村的自然资源也得到开发利用，对贫困村脱贫起到重要的作用。域内各党委利用扶贫优惠政策，允许贫困乡村到城镇地区开办企业，并为其提供土地优惠和紧缺生产资料优惠，对人均收入不足400元的乡村提供办企业贴息贷款优惠，促进贫困乡企业的发展。按照区委制定的"靠山、治山、养山、吃山"的8字方针，把果品基地建设作为贫困乡村发展农村商品经济、改变贫困面貌的重要产业，颁发《新建果园检查验收标准和补助办法》，实施各项以工补果政策。至1986年，军响乡先后成立建筑队、兴隆贸易公司，建起第一批村民住宅楼、敬老院；沿河城乡修建高扬程扬水站，修筑2条公路，办6个乡镇企业，转迁7个零散小村，购进15辆运输汽车。1987年，2个贫困乡的农民人均收入超过550元，达到市政府规定的脱贫标准。

发展沟域经济

21世纪镇域关闭矿山后，工业收入减少，运输、餐饮业萧条，裸露的环境限制了乡村旅游业的发展。从2005年起，镇政府实施和推进废弃矿山修复工程，加快由"资源枯竭型矿区"向"生态涵养发展区"的转型。2007年，区委十届四次全会提出以沟域经济为切入点，进行生态修复、小流域治理、农业综合开发、土地复垦、新农村建设、环境整治和基础设施建设。2008年，配合镇域旅游开发，镇政府完成6条沟域及村落文化调研工作和沟域经济发展总体规划，确定以"一个中心带动三个项目辐射六条沟域经济带"的产业结构模式。

爨柏沟域经济是镇内沟域经济中率先发展起来的。按照沟域经济的理念，用聚合经济概念把爨柏沟6个村捆绑起来，打破6个村行政壁垒的束缚，包装推出精品旅游线路，形成一个旅游经济产业带。2009年，初步建成特色鲜明、带动力强、农民增收明显的爨柏沟示范沟域。

2011 年，重点沟域建设全面推进，斋堂旅游集散中心项目建设加快，沟域经济建设带动的产业结构调整，带来了社会投资，使山区由原来的自然封闭经济逐步向“高端、高品、高效”发展，由一产向二产、三产延伸、融合，增加了就业岗位，提高了农民收入。6 条沟域经济产业带建设取得显著成效：民俗文化展示沟域——爨柏沟域建设，重组青龙涧村、双石头村、黄岭西村、川底下村、柏峪村和柏峪台村 6 个村的资源，打造爨柏旅游风景区，景区年接待游客由原来的 10 万人次增加至 20 万人次。川底下村原是一个只有 100 余名村民的小山村，伴随沟域经济的发展，不仅“喊”回了所有外出务工的村民，还把部分外迁户籍村民都“喊”了回来，实现就地就业与创业，风风火火地干起民俗接待及与其相关的事业。煤窝沟域都市型现代农业循环经济综合开发项目引进社会资本，建成京郊较大规模的食用菌生产基地，与北京中坤集团合作，杨家峪村古村落保护修缮利用工程全面启动；灵岳寺北山沟域古村落保护修缮利用项目遵循“整旧如旧”的原则，徐村、刘村、西北山、灵岳寺等主体工程基本完工；马栏沟域红色旅游发展项目，使马栏村成为市级红色旅游民俗专业村；灵水、桑峪沟域旅游经济建设，完成灵水、桑峪沟的整体规划以及灵水村古村落保护规划，基础设施建设工程、绿化美化工程、灯光照明工程、流域治理工程、矿业环境治理工程、农业综合开发工程全部完成；沿河沟域经济建设，编制完成沿河沟域整体规划和保护规划，刘家峪土地综合开发、永定河绿色生态治理带、古长城修缮、高沿路和沿幽路工程全面完工，沿河城、向阳口村成为市级民俗旅游专业村。

图 5-7　桑峪村小流域治理（2006 年摄）

随着沟域经济的发展，沟域经济发展理念不断创新，打破行政区划界限，以沟域内的自然景观、文化历史遗迹和产业资源为基础，统一规划、统一组织、统一实施；创新生产

图 5-8　青龙涧沟生态修复（2022 年摄）

经营和组织方式，推动沟域特色产业发展，建设内容多样、产业融合、特色鲜明的沟域产业带。健全沟域经济发展联动机制，引导基础设施建设、产业发展、废弃矿山生态修复和小流域治理等工程向沟域聚集，提高资金使用效益，推动示范沟建设，沟域经济从 6 条发展为 9 条。按照“一个中心辐射带动九条沟域经济带”的产业发展格局，引进社会资本，开发特色文化旅游项目。至 2020 年，9 条沟域开发建设进展顺利。

第六章　群团组织

20世纪20年代至30年代，中国国民党组织开始在镇域内活动，并建立农民协会。抗日战争爆发后，镇域内各人民团体，在中国共产党领导下，在不同历史时期，发挥联系群众的桥梁和纽带作用，促进了各项事业的发展，自身建设不断巩固和加强。

第一节　农民组织

国民党农民协会

1928年7月至8月，国民党宛平县指导委员会派巴小泉、谭天才（灵水村人）、杨文波（杨家峪村人）3人，到东斋堂村圣人庙组织各村小学教员开办训练班。经过审查和动员，参加训练班的学员统一加入国民党。同年11月，国民党宛平县派石珍到东斋堂村分发证件，组织入党宣誓仪式，成立宛平县第八区国民党临时党部。区党部由执行委员3人组成，贾绣任常务委员，李复华任组织委员，贾全璧任宣传委员。区党部设在斋堂村小学校内。魏国元等在宛平县第七区成立第七区国民党临时党部。

1929年初，国民党县党部成立，宛平县七区、八区联合召开国民党党员代表大会，选举魏国元、贾绣、李复华为执行委员，同时成立国民党宛平县第三区党部，由魏国元任常务委员，贾绣任组织委员，李复华任宣传委员，贾全璧任监察委员。第三区党部下设3个分部，每个分部设执行委员3人。第一分部设在青白口村，管辖范围包括青白口、付家台、沿河城、田庄等村，魏国琳任常务委员，赵金键、师广博任委员。第二分部设在前桑峪村，管辖范围包括东胡林、煤窝、灵水、桑峪等村，杨海量任常务委员，张祥弟、高明允任委员。第三分部设在上清水村，管辖范围包括东斋堂、西斋堂、灵岳寺、蔡家岭、双石头、马栏、清水、燕家台、齐家庄、田寺等村，郭玉田任常务委员，杜恩惠、王振声任委员。

区党部成立后，曾组织部分国民党党员采取开会宣讲、张贴标语口号等各种形式下乡宣传，结合宣传工作，在各大村成立农民协会。农民协会的宗旨是争取人权，实行减租减息，禁赌、禁毒、发扬互助，提出“打倒贪官污吏和土豪劣绅”的口号。村农协会成立后，又成立了区农协会。沿河城、东斋堂、西斋堂、黄岭西、柏峪、西胡林、东胡林、前桑峪、后桑峪、吕家村均成立农民协会。七区农民协会干事长是魏国琳、副干事长是崔一春，干事师永林、张玉斌和博裕仁。八区农民协会开始由执行委员 5 人组成，郭玉田任常务委员，曹子厚、杨运堂、贾玉璇和王汉章为委员，后由干事长、副干事长和干事 5 人组成，干事长由贾玉担任，副干事长由宋国秀担任，干事杨运堂和刘建鼎。国民党党部活动转至农民协会，以团体形式与贪官污吏和土豪劣绅做清算斗争，斗争收效甚微。由于国民党内忙于争权夺利，村政权从中破坏，农民协会逐渐瓦解，最后均以失败而告终。1930 年夏，宛平县政府下令区党部及农民协会停止活动，印章、文件被查封，区党部就此解散。

镇域内不少早期共产党员和先进分子加入过国民党及农民协会组织，且掌握了部分权力，如七区崔显芳、魏国元、师永林、崔一春等。他们利用农会组织，发动农民同贪官污吏和土豪劣绅做斗争，取得多次局部胜利。抗日战争爆发后，镇域内有少数国民党员当了汉奸，如李复华、贾全壁等，但更多的国民党员都汇集在抗日的旗帜下，走上抗日战场。有不少人加入共产党，后来成了党的高级干部，如宋恩荣、谭惠民、王振声、王树梅、刘巨喜、杨兴周等。有的则为国捐躯，牺牲在抗日战场上，如贾纯段、李春煦、崔一春、杨雨田、贾宏昌等。

反霸联盟

1930年末，李全善等18名火村青年，以磕头拜把的形式成立反霸联盟，提出“反对赌博、提倡禁烟、减少地租、抗缴杂税、团结斗争、打倒恶霸”的口号，与村中恶霸进行斗争，得到村民百姓的支持。反霸联盟由 10 余人发展到 20 余人，后发展到上百人。

1936 年冬，反霸联盟从清算入手，对村中以李子才为首的恶霸开展斗争，组织村民抗粮抗捐抗税，清算贪污。李子才勾结官府，扣押联盟及村民代表，引起公愤。村民围住警察，诉说着李子才的罪恶，要求释放代表。面对愤怒的群众，警察只好释放代表。反霸联盟发动群众罢免李子才村长职务，重新整顿村风。为庆祝斗争胜利，1937 年春，反霸联盟用从李子才处清算出的贪污款在村中修建了南券门。

“家里”组织

1934 年春，原吉鸿昌部队第三旅旅长蒋润吾，通过宋文明介绍到镇域内开展工作，在贾兰波协助下，与黄岭西村曹有成、东斋堂村宋恩芳、蔡家岭贾洪昌等人建立联系，成立“家里”组织。“在家里”也称“在家礼”，是穷苦人团结起来反抗有钱人的组织，镇域内共产党组织利用其开展活动。经过一段时间工作，在斋堂、军响及整个斋堂川发展了很多人。蒋润吾等组织“家里”人对地主开展清算斗争，扩大影响，提高贫雇农的威信。斗争一直持续至 1935 年。1935 年底，西进部队在镇域内组织暴动后，蒋润吾随部队离开斋堂，“家里”组织随之解散。

中华民族解放先锋队

1937 年 10 月，国民抗日军进入镇域内，军中中共党员史进前，帮助域内进步青年杜存训、史梦兰、宋恩庆等起草章程，成立宛平县中华民族解放先锋队组织（简称民先队），总负责人杜存训，发展队员 100 余人。下分 2 个大队，吕光明、吕连英分别为大队负责人。民先队积极开展革命活动，进行抗日救国宣传和发展队员，配合中共组织对上层人物进行统战工作，联系争取七区李文斌、八区吕玉宝和郭玉田等地方武装，为地方武装改编为八路军奠定了基础。1938 年 3 月，民先队多数成员参加了宛平县抗日救国筹备委员会，杜存训任主任，民先队组织不复存在。

农民抗日救国会（联合会、协会）

1938 年春，抗日民主政府建立后，镇域内开始自上而下筹建各级、各类抗日救国会。1939 年春夏，县政府成立了各界民众抗日救国会，镇域所辖各区、村相继建立了农民抗日救国会、青年抗日救国会和妇女抗日救国会。

抗日战争时期，域内各级农民抗日救国会组织农民参军参战，减租减息，锄奸防特，开展大生产运动。抗战胜利后，农民抗日救国会改为农民联合会（简称农会），开展清算复仇、减租增资运动，打击反动势力。1947 年，宛平县农村土地改革中，各村由贫苦农民组成贫农团，成为土改合法执行机构，只要拥护《中国土地法大纲》均可入贫农团。1948 年 2 月，以贫农团为基础，吸收中农参加，成立新农会，平分土地，颁发土地证。

中华人民共和国成立后，农会工作逐渐被乡村政权取代。1965 年，镇域内成立贫下中农协会，简称贫协。“文化大革命”期间贫协工作瘫痪。1974 年春，经整顿，重建贫协组织，镇域内各公社及生产大队均建立贫协组织。1979 年 8 月，各级贫协组织撤销。

第二节　工人组织

斋堂镇是以农业为主的地区，工业群体很小。1939 年，昌宛县政府成立后，组织各村长期受压迫剥削的长工（雇农）与个体手工业者、小煤窑背煤农民成立了昌宛县工人抗日救国会，会员散居农村。1941 年，工人抗日救国会并入县农民抗日救国会。

1949 年 1 月，成立宛平县总工会，镇域内开始建立基层工会。工会的主要任务是生产、生活、教育“三位一体”，在维护国家和集体利益的同时，维护职工切身利益，围绕党的各个时期的任务进行工作。“文化大革命”期间，工会工作受到干扰。

改革开放后，镇域内建立总工会，在企业、事业单位建立工会基础上，逐步在行政机关、乡镇办事处以及村居以工资收入为群体组织的单位建立工会，同时建立企业管理中心工会、斋堂劳务服务中心工会。通过设立职工暖心驿站、职工之家，开展职工素质教育和劳动技能培训，开办京卡服务，职工维权、劳模慰问、困难职工帮扶等工作，让更多职工会员享受到工会组织提供的各项服务。

至2014年，镇总工会共有41个基层工会，专职工作人员3人，会员总数756人，其中包括30个村居工会组织。工会委员会下设4个工会小组、3个工作委员会。2020年底，镇总工会共有基层工会43个，会员总数563人，工作人员3人。

第三节　青年组织

革命战争时期，镇域内青年组织起来，投身抗日救亡工作，凡16岁至23岁的青年，都参加了青年抗日救国会，与各村抗日模范队一起参军参战，支援前线，锄奸反特，成为抗击日军，巩固根据地的骨干力量。1949年1月，中共中央公布《中国新民主主义青年团章程》，宛平县建团工作全面开展。7月，域内各小区建立了新民主主义青年团委员会。1950年3月，宛平县青年团第二次代表会召开，确定了团的中心任务是组织广大青年积极参加生产建设和文化教育建设。1957年，新民主主义青年团改名中国共产主义青年团。1958年5月，在域内设公社团委，下设基层团组织。“文化大革命”开始后，各级团组织瘫痪。1970年，经过整顿，恢复重建共青团门头沟区委，域内各级团组织相继恢复。

改革开放后，镇域内各级团组织，紧抓重大历史契机，组织团员青年参与全镇建设，建立青年之家、青年志愿服务队，开展“乡村青年文化节” 实施“青”字号工程，“京西植树生态游”“首都保护母亲河行动”，推动镇域经济社会发展。

截至2020年12月，镇团组织38个，团员总数68人。

第四节　妇女组织

1939年，镇域内建立起妇女抗日救国会，领导广大劳动妇女进行自身解放，剪发、放足、走出家门、学习文化，实现男女平等、婚姻自由；组织防奸防特，站岗放哨，送郎送子参军，慰问伤员，纺线织布，做军鞋支援前线；积极参加反“扫荡”斗争。

抗日战争结束后，镇域内成立各级妇女联合委员会，简称妇联。中华人民共和国成立后，镇域内妇联组织发动广大妇女积极参加社会主义革命和建设。“文化大革命”开始后，各级妇联组织瘫痪，1973年整顿后恢复。

改革开放后，镇域内各级妇联组织以经济建设为中心，组织广大妇女开展致富大讨论，举办技术培训班，解放思想，学习致富技能，拓宽致富门路。开展文明家庭、妇女维权、扶贫济困、巾帼建功等活动。宣传男女平等基本国策和自尊、自信、自立、自强的“四自”精神，激励广大妇女要勇于创新，努力学习提升女性自身修养。依托各村（居）“妇女之家”，开展寻找“最美家庭”活动。在“双学双比”中，打造精品“妇”字号基地。

图 6-1　斋堂镇低收入妇女芽苗菜种植培训班（2017 年摄）

截至 2020 年 12 月，镇妇联下设 30 个村（居）妇联、30 个“妇女之家”、10 个“妇”字号基地、30 个巾帼亲情服务队。

第七章　军　事

战国时，燕驱东胡，开疆拓土，在紧邻镇域北境建军防重地上谷郡，郡域辖斋堂镇。汉代，大寒岭一带是中原民族与游牧民族相互交聚的地方，双方互有防御，东斋堂村有汉代箭镞出土。镇域内军事设施有明确记载始于北齐，南北朝时期，北齐统治者在域内要隘按照“斩山为城”“断谷起障”的建筑形制，修建长城，置兵防守。此后，历朝历代的统治者，根据各自不同的军事需求，修建了不同军事设施，域内现存最早的军事设施是元末修建的垒塞，而北齐长城等设施已多被明代长城所覆盖。

辽代以前，域内军事机构和驻军情况不详。辽代，域内有石港镇使、交道镇使、山河直副兵马使和青白军的记载。元代域内设万夫长、千夫长、百夫长和垒塞戍兵。明清时期设守备府、都阃府，驻守备军、忠顺营、平罗营等。同时，设有巡检司和巡检司营兵。民国时期，战事频发，1937年全面抗战爆发后，八路军以镇域为中心建立平西抗日根据地，开展全民抗日救亡运动。此时，八路军、国民党军、侵华日军分别在域内设有军事机构和驻军。中华人民共和国成立后至1983年，镇域被设置为军事禁区，由人民解放军部队驻防。1983年，军事禁区解禁，设置为国防教育基地，镇域军事防务以民兵训练和国防教育为主。

第一节　军事机构和驻军

中华民国前

辽代前，镇域军事机构和驻军不详。后晋石敬瑭割燕云十六州贿契丹，镇域属契丹，军事防御功能减弱，金兵几次穿透西山防线袭扰京城。辽统治者为保证幽州城的安全，在镇域设立军镇，设有不同级别的军事机构。辽统和十年（992）建造的经幢上有“胡家林村石巷镇使”“交道镇使”“斋堂村山河直副兵马使”的记载。经幢中还记载了青白军、城德军、武定军、武平军、史平军及努财镇使等诸多与军事相关的名称。镇域属青白军防区，青白军防御范围很大，镇域只是其中之一。青白军在域内设石港镇、山河直等军事机构。

元至正年间，在镇域内修筑垒寨进行军事防御，并设万夫长、千夫长、百夫长等职务。按元代军队编制为10进位编制，时驻军人数在万人左右。

明洪武三年（1370），朱元璋采纳北平守将华云龙建议，利用西山天险，在镇域内建立边防、防御信道，在黄草梁至三叉沿河水口一线修筑关隘，设置戍兵。永乐四年（1406），在沿河口设守御千户所。嘉靖三十三年（1554），沿河口守御千户所升格为守备府，正式修建守备公署，守备官为正五品。万历六年（1578），在沿河口东南、永定河南岸台地上建筑起屯军驻防、攻守兼备的守御城，即沿河城。守备府公署设在沿河守御城内，守备下辖有17座敌台、20余个隘口、总长40公里的守御防线。

沿河口防线设守御千户所时，按明代兵制推算，仅沿河口驻军至少有千人。沿河口守御千户所升格为守备府后，据总兵刘效祖《四镇三关志》载："沿河口营嘉靖三十三年设守备一员，领中军一员、把总一员、巡捕官一员，额兵一千二百一名。""盔甲一千二百二十一副，兵器七千八百七十件，火器五千四百一十五。"

沿河口防线除守备府后外，沿河口守备下属还配备有忠顺营兵。据《四镇三关志》载："忠顺营官员三员，军八百七名，备御班军五十八名，额兵八百六十五名。"

明代县下基层管理机构沿用巡检司设置。明永乐十一年（1413），宛平县设立齐家司、石港口、王平口、卢沟桥四处巡检司，其中齐家司和石港口巡检司管辖涉及镇域。齐家司巡检司初建时，衙署设齐家庄村，斋堂城筑建后，衙署移至斋堂城内。石港口巡检司初设时，衙署在石港口，后移到青白口。巡检司最早是管辖人烟稀少地区的非常设机构，其功能以军事为主。巡检司衙署齐全，并有将佐军兵常驻。巡检司所属军兵之数额及其战斗力尽管有限，但在协同守御、加强地方治安上发挥了作用。

图7-1　明代沿河口守备府旧址（2005年摄）

图 7-2 石港口巡检司旧址（2009 年摄）

清代推行民族融合政策，镇域内仍设重要军事机构。清光绪《顺天府志》载：“初顺治元年置守备一”，沿河口守土之官仍为守备。康熙十七年（1678）沿河城设都阃府，有都司镇守（官居四品），其下有把总 2 员、外委 1 员、额外外委 2 员。“雍正十年（1732）改设都司等官，兵一百八十有一。”沿河口五品守备正式升格为四品都司。雍正十年（1732）都司下辖军兵 181 人，天津关 20 人、王平口 20 人、五里坡 58 人。另有忠顺营、平罗营及王平等汛（汛为营下单位，每汛不足百人）。清嘉庆六年（1801），雨水滂沱、山洪浩大，将斋堂南城墙卷走，平罗营衙署遂移署于城西辑宁门内文庙。光绪八年（1882）平罗营尚有把总一员，马步兵 40 人。光绪二十六年（1900）平罗营还有兵丁 30 人。

图 7-3 沿河城西关关王祠旧址（2009 年摄）

清光绪二十六年（1900）春，义和团运动兴起。5月，镇域内各村纷纷设坛成立义和团组织，总部设在斋堂村。8月7日至8日，各村义和团2000余名团民联合攻打后桑峪教堂，激战2天攻击未果，转攻张家铺教堂，历时3天，将张家铺教堂焚烧。

为镇压义和团，光绪二十七年（1901）四月初一上午，八国联军之德军数十人突袭沿河城。驻沿河城四品都司朱其辰下令麾下将士不许还击，城内军民一哄而散。侵略者从东岭台一路而下，进东门长驱直入沿河城内，放火烧毁都司衙门及其邻近的营房，引爆火药楼，将没来得及逃出去的村民被打死、打伤10余人，都司朱其辰被乱枪打死。

此后，都阃府继任之官或住关王祠下衙门，或租赁民房暂住。1919年，武营解散，沿河城再无驻兵。

中华民国时期

国民党军第14集团军第14军　1937年7月7日，抗日战争全面爆发。8月7日，侵华日军以主力3个师团的兵力进攻南口，8月11日，卫立煌奉命率国民党军第14集团军之第14军前往增援。日军得到消息后进行阻截，双方髽鬏山一线激战20余日，史称“髽鬏山战斗”。其间，卫立煌所率第14集团军军部设于东胡林村，其所率第10师师部驻灵水村，师长由第14军军长李默庵兼任；第85师师部驻吕家村，师长陈铁。髽鬏山战斗后，卫立煌所率第14集团军撤出斋堂镇。

图7-4　卫立煌部东胡林军部旧址（2009年摄）

国民抗日军（晋察冀军区第5支队）　1937年7月22日，平郊第一支抗日武装国民抗日军在昌平白羊城举行武装起义。起义后，这支队伍解放德胜门外第二监狱、大战黑山扈使队伍声震京城。10月3日，侵华日军对国民抗日军进行合围“扫荡”，提前获得消息的国民抗日军兵分几路转移到青白口一带，司令部设在青白口村。随后，经中共组织努

图 7-5　国民抗日军西斋堂村旧址（2011 年摄）

力，打通进入斋堂川的道路，国民抗日军进入斋堂川，司令部转迁到西斋堂村。

国民抗日军进入斋堂川后，在镇域内进行了第 2 次整军，确立中共组织对部队的领导，重新进行布防，其中司令部及一总队计 700 余人驻防斋堂镇域。11 月中旬，国民抗日军开赴蔚县接受改编，改编为八路军晋察冀军区第 5 支队，正式加入八路军序列。1938 年 4 月，第 5 支队返回平西斋堂川，司令部驻西斋堂村。7 月，第 5 支队发生内乱，杨成武率队进入斋堂川平息内乱，稳定了平西根据地的局势。1938 年 9 月中旬，日军大举进攻晋察冀根据地，第 5 支队在杨成武的带领下，离开斋堂川，参加军区反“扫荡”战斗。

邓华支队（晋察冀军区第 6 支队）　1937 年 11 月，晋察冀军区成立后，邓华率第 1 支队第 3 大队开辟平西。1938 年 3 月，邓华率第 3 大队进入斋堂川，司令部设在西斋堂村聂家大院。随后，部队进行了整编扩编，宛平县抗日游击第 9 大队、长海大队、李文斌的抗日救国会及斋堂川优秀青年千余人编入主力部队。整编后，部队正式命名为八路军晋察冀军区第 6 支队，驻斋堂镇域。1938 年 5 月，邓华支队编入

图 7-6 1938 年西斋堂村邓华支队司令部旧址（2001 年摄）

第 4 纵队。

八路军第 4 纵队　为准备冀东暴动，1938 年 5 月，以八路军第 120 师第 358 旅第 77 团 2 营为基础，组建为宋时轮支队 2000 余人，由雁北经蔚县桃花堡进入斋堂川与邓华支队会合。1938 年 5 月，率队进入斋堂川后，27 日，根据中央军委和八路军总部的命令，宋时轮支队与邓华支队在斋堂川完成整编，正式宣布成立八路军第 4 纵队，总兵力达 5000 余人。第 4 纵队下辖第 11 支队、第 12 支队。宋时轮任司令员兼第 12 支队司令员，邓华任政治委员兼第 11 支队司令员。6 月 8 日，第 4 纵队从斋堂川出发，兵分两路，跨过永定河，挺进冀东参加暴动。八路军第 4 纵队是在斋堂川组建的、唯一一支参加冀东暴动的主力部队，其中 1000 余名指战员来自斋堂川，占第 4 纵队兵力的五分之一强。在冀东暴动中，斋堂川儿女奋勇向前，许多优秀青年牺牲在冀东暴动的战场上，成为斋堂川第一批为抗战牺牲的革命烈士。

冀东暴动后，1938 年 10 月，第 4 纵队返回斋堂川整训。1939 年初，以第 4 纵队为基础成立冀热察挺进军，第 4 纵队建制撤销。

冀热察挺进军　1939 年初，萧克受党中央委托进入斋堂川，以八路军第 4 纵队为基础组建冀热察挺进军，统一指挥平西、平北、冀东地区的抗日游击战争。挺进军成立后，在斋堂川对下辖部队进行整顿，其主力是宋时轮支队和邓华支队，即第 4 纵队，另外包括华北抗日联军和平西地区的游击队，总兵力 6000 余人。在此基础上，挺进军以斋堂川为中心开展了 4 个月的突击扩军，增加主力部队 3000 人、增加游击队 3000 人。10 月，挺进军指挥机关移驻马栏村。11 月，按照八路军总部统一指导的计划，挺进军进行较大规模的整编，撤销原第 4 纵队的第 11 支队、第 12 支队的番号，将第 11 支队的 31、32、33 大队和房、涞、涿游击支队改编为第 6 团、第 7 团；将第 12 支队及平西游击队一部分编为第 9 团；原已合编的抗日先锋队和冀东抗日联军及平西游击队之一部合编为第 10 团；冀东过来的 800 余人编为第 12 团；仍在冀东的包森支队编为第 13 团。在部队整训的同时，平西党组织在群众中又掀起了“参加子弟兵”的热潮，进一步充实了部队。是时，平西全部兵力达到 12000 余人。

挺进军完成整编后，第 7 团、第 9 团、第 10 团继续留在斋堂川进行根据地的建设，其他部队离开斋堂川去开辟新的战场。

挺进军第 7 团建制前属邓华支队一部，1938 年 3 月，率先进入平西斋堂川，配合地方党委建立抗日民主政权，粉碎了反动武装发动的“大村事变”，开辟了平西抗日根据地。5 月，部队编入第 4 纵队奉命向冀东挺进。1939 年 11 月，挺进军整编，第 7 团正式建制。1942 年挺进军撤销建制后，改编为晋察冀军区第 7 团。

挺进军第 9 团的前身是中国工农红军第 28 军的一部分，七七事变后改编为八路军 120 师 358 旅 716 团，团长宋时轮，1938 年 5 月，进入斋堂川。与邓支队正式合编为八路军第 4 纵队后，挺进冀东参加暴动。1939 年 11 月，挺进军整编，第 9 团正式建制，团部设在前、后桑峪村。1940 年春，参加粉碎侵华日军十路围攻斋堂根据地的战斗。1943 年，第 9 团奉命保卫延安，离开斋堂川。

图 7-7 1939 年挺进军马栏村司令部旧址（2004 年摄）

挺进军第 10 团的前身，是由华北人民抗日联军和冀东人民抗日联军合编的华北人民抗日联军。1939 年 4 月，进入斋堂川，司令部驻马栏村。在此驻扎期间，参加了多次反“扫荡”战斗，创造了沿河城歼灭战、大村阻击战、步枪打飞机等战绩。1940 年 2 月，改编为挺进军第 10 团后，参加粉碎日军十路围攻斋堂根据地的战斗。随后，陆续离开镇域，前往平北地区开辟根据地。

晋察冀军区第 7 团　1942 年，冀热察挺进军撤销后，挺进军第 7 团改编为晋察冀军区第 7 团，继续在斋堂镇域驻防，部队和镇域人民一起，担负着保卫平西、巩固平西根据地的战略任务，并最终完成了解放斋堂川的任务。抗战胜利后，部队调离镇域。

日军陆军独立混成第 15 旅第 77 大队　1940 年秋至 1945 年 4 月，侵华日军侵占斋堂川期间，日军陆军独立混成第 15 旅第 77 大队在斋堂川驻守，大队部设在东斋堂，大队长船木建次郎，下设杜家庄、清水、斋堂、军响 4 个中队，中队下设若干小队（分遣队）总兵力约 1100 人。

察哈尔省军区第 11（第 4、第 22、第 7）军分区和北岳区第 3（平西）军分区的军事指挥机关

抗战胜利后，镇域为巩固的解放区，察哈尔省军区第 11（第 4、第 22、第 7）军分区和北岳区第 3（平西）军分区的军事指挥机关，曾驻煤窝地区和马栏村。军分区下辖的部队驻守在镇域外。

中华人民共和国成立至今

中华人民共和国成立后，镇域被设置为军事禁区，由人民解放军部队驻防。1983 年，军事禁区解禁后，至 2020 年 12 月，镇域由中国人民解放军驻防，地方军事工作以民兵训练和国防教育为主。

第二节 地方武装

保卫团

1931 年“九一八事变”后，吕家村成立几十人的保卫团，吕玉宝任团长。1937 年，卫立煌率军在髽鬏山一线与日军激战，吕玉宝率保卫团到门头沟一带干扰日军，协同卫立煌部抗战。卫部撤走后，煤窝地区民众纷纷上山捡拾战场上遗留下的枪支弹药，吕玉宝利用大家手中的武装，把保卫团壮大到四五十人。10 月中旬，在国民抗日军进入斋堂一带活动前，中共组织希望吕玉宝协助国民抗日军进入斋堂抗日，得到支持，国民抗日军顺利进入斋堂川。1938 年，八路军主力进入斋堂川后，吕玉宝保卫团编入八路军第 5 支队。

游击队

沿河城游击队 1931 年“九一八事变”后，中共宛平县委在沿河城地区建立枪支修械所，派贾兰波到沿河城开设“宝立成”首饰铺作为联络点，党员宋文明负责全面工作。经过修械所全体人员的努力，修造出步枪、手枪、独角牛、单打一等枪支四五十支。在此基础上，1933 年 6 月，县委在沿河城地区成立平郊第一支武装游击队，由宋文明、王学华、贾立芳等 13 名队员组成。这支游击队在党的领导下，以打击罪大恶极的地主、欺压百姓的地头蛇和国民党顽固势力为目标，活跃在沿河城、牛战、灵水、桑峪、清水等地。11 月，国民党宛平县政府与地方封建势力纠结在一起，对枪支修械所和武装游击队进行围剿。12 月，县委决定武装游击队暂时停止活动，枪支收藏，人员分散，修械所停办。

宛平县抗日游击第 9 大队 1937 年 7 月，沿河城村师永林、索振宝带领的 30 余人与师永茂（师永林之弟）带领的 40 余人，在青白口合并编为抗日游击第 2 大队，师永林为队长。1938 年，游击队发展到 120 人，被县委任命为宛平县抗日游击第 9 大队，张忠信任队长，师守琪、钟洪贵为党代表。宛平县抗日游击第 9 大队活动区域主要在沿河城、龙门沟、石羊沟、椴木沟、矾山一带。1938 年 4 月底，宛平县抗日游击第 9 大队配合邓华支队平息大村叛乱。不久，编入八路军邓华支队。

县游击队 1938 年春，宛平县抗日民主政府在柏峪村建立十几人的巡防所，刘玉昆担任所长。秋后，巡防所发展到 30 余人。1939 年，挺进军对平西各县的游击队进行整编，巡防所被编为平西游击总队 3 中队，刘玉昆担任 3 中队中队长，随平西第一游击总队转战

在永定河两岸。

1941年初，昌宛子弟兵团编入主力第7团后，斋堂川除火村、马栏村游击小组外，没有了像样的武装，这给反“蚕食”工作的开展带来不少困难。1941年2月，县委从永定河北平西游击第1总队调回刘玉昆及一个中队，以此为基础进行扩建，成立县游击大队。县委在斋堂川动员100余人参加县游击大队。刘玉昆任大队长，林克清任政治委员。县游击大队以柏峪、黄草梁一带为基地，边训练边战斗。1945年，镇域解放后，县游击大队活动区域从镇域转移至大寒岭以东地区。1948年12月，编入平西军分区独立团。

县游击大队建立后，各小区游击队（简称区小队）也陆续建立起来。镇域不同时期隶属于不同区小队。

昌宛子弟兵团　1940年，在百团大战和秋季反“扫荡”中，平西主力部队减员严重。为及时补充和扩大平西挺进军主力，昌宛县成立子弟兵团，县长章逮兼任团长，县委史梦兰兼政治委员。各区成立中队，区长、区委书记分别兼任中队长、教导员。挺进军第7团派人分别担任团、中队的副职。动员组织工作主要由地方负责，军政训练主要由部队负责。

昌宛子弟兵团组建时，正值斋堂川抗战最艰苦的时期。为完成组建任务，县委发布《为扩大昌宛子弟兵团告同胞书》，在各级领导及各级干部带动下，域内掀起参军热潮，其中马栏村、黄岭西村数十人报名参军，在子弟兵团里形成马栏排和黄岭西排的独立建制。在不到2个月的时间里，组建起有1100余人参加的子弟兵团。

子弟兵团组建起来后，挺进军第7团为子弟兵团配备专职副团长和副政治委员以及各中队副职领导，部队边训练边战斗。经过一段时间的训练和战斗，子弟兵团成员大多适应了部队生活，战斗力进一步增强。按照上级安排，子弟兵团分期分批先后编入平西主力第7团。

民兵　1938年，在根据地范围内实行全民皆兵，群众武装组织名称繁多。民兵以村为单位，建立了游击队（小组）、自卫队、模范队、青抗先、妇女自卫队等地方武装。按晋察冀边区的规定，在根据地各村凡16岁以上、55岁以下的男女公民，基本上都参加了上述不脱产的武装组织。

自卫队的任务是站岗放哨、传递消息、盘查汉奸匪特、运送伤员和作战物资、破坏交通以及其他各种抗战勤务，武器主要是红缨枪、大刀、手榴弹等。妇女自卫队是人民武装自卫队的一个组成部分，但在一个时期内又是一个单独的组织，其任务与男自卫队一样，站岗放哨、盘查行人、做军鞋被装、捉拿汉奸，甚至配合部队作战。

自卫队中24岁至35岁的党员和优秀分子组成基干自卫队，即模范自卫队（简称模范队），是带有脱离生产性质的民兵组织，一般在当地活动。模范队比自卫队接受更多的军事训练，随时能与敌人单独作战，是强有力的地方游击队。火村模范队是镇内基础较好的模范队，1939年，县委、县政府重点对火村模范队进行培养，由县委发给火村模范队4支枪，秘密组建了十几个人的游击小组。随后，又陆续发给十几支枪，游击小组也由10余人发展到20余人。火村全村有男自卫队员182人，组成6个小队；女自卫队员110人，组成4个小队。男自卫队员除30人为武装模范队(游击小组)配合军队作战、侦察、除奸外，其余5个小队的152人担负站岗放哨、抬担架、搞运输、给军属及游击小组成员家代耕等任务。女自卫队员除部分白天站岗放哨外，其余都投入到做军鞋、军衣等任务中。

1941年，镇域内模范队改称游击队、武卫队；1942年，称为民兵。各小区、村成立民兵小队、民兵中队。1945年，区小队持枪民兵有40人至300人不等。

由16岁至23岁的青年积极分子组成青年抗日先锋队（简称青抗先）。有的地方还出现了由部分青抗先和模范队组成的精悍有力的战斗组织，即游击小组。游击小组有较好的装备，有步枪、手榴弹、土炮、地雷等，能够配合部队作战，或独立进行游击活动，游击小组的出现，使群众性武装斗争进入了一个新的阶段。1941年12月27日，县武委会动员全县民兵开展大破击。当日夜，各区民兵纷纷出动，以区为单位进行破击战。

一区以斋堂为中心，西至清水镇小龙门、齐家庄，东至雁翅镇书子岭、黄土贵，破击分三路进行，摧毁伪组织9处。

二区沿西胡林至青白口一线以南，对煤窝及房山区大安山一带进行破击，摧毁伪组织6处。

三区对东至大三里、马栏，西至清水镇塔河沟地带进行破击，摧毁伪组织4处。

五区对沿河城及其周围地区进行破击，收缴大量道钉及军用品。据不完全统计，全县共计摧毁伪组织19处。此次破击后，敌各据点之间的联系断绝，敌伪十分震惊。

宛平蔣軍侵佔區人民
掀起自衛游擊戰爭

图7-8　解放战争时期关于宛平民兵自卫战的报道

解放战争时期，镇内18岁至35岁的青年男子编为民兵，36岁至50岁的编为自卫队，以村为单位组织民兵游击小队，以区为单位组织民兵连，以县为单位组织民兵团；自卫队以县为单位组织担架团、运输团，组成参战勤务队，担负战时各种勤务。国民党军队占领门头沟矿区后，十字道成为国民党军队进攻斋堂解放区的主要通道之一。镇域民兵配合县大队驻守在王平口、小店子、十字道一带，平时进行军事训练，有战斗任务时就和县大队一起执行战斗任务。

1946年9月，“还乡团”第9大队两次向十字道进攻，均被县大队及民兵击溃。10月，国民党宛平县县长王汉三率“还乡团”与国民党军第208师配合，向十字道发动大举进攻。敌我双方在十字道村外展开激战。“还乡团”及第208师伤亡近百人，王汉三逃往北平避风。1947年4月某日晨，“还乡团”进攻十字道，独立营的战士与民兵配合，将“还乡团”击退。1948年12月14日下半夜，北岳军区第3分区得到门头沟守敌溃逃的消息后，司令员侯正果带独立营从马栏驻地出发，星夜奔赴门头沟，解放了门头沟矿区。

中华人民共和国成立初期，人民武装部转为部队编制，镇域内民兵组织归宛平县委武装部管辖。京西矿区成立后，镇域内民兵归属斋堂小区武装部管辖，群众武装组织统一称民兵。在普遍建立民兵乡队部的基础上，以县为单位建立民兵基干团。参加基干团的民兵，年龄为18岁至25岁。1957年6月，民兵与预备役合二为一，民兵即为预备役。1958年，在“大办民兵师”运动中，实行全民皆兵，镇域内设民兵师。1961年，修改了参加民兵的年龄条件，男性公民由16岁至50岁改为16岁至45岁，女性公民由16岁至50岁改为16岁至35岁。“文化大革命”期间，民兵工作受到干扰破坏。1981年8月，对民兵组织进行整顿和调整，缩小组建范围，压缩民兵年龄，减少民兵数量。男民兵年龄由16岁至45岁改为18岁至35岁，女民兵可按基干民兵年龄18岁至28岁适当选编，实行民兵制度与兵役制度相结合。1987年1月，人民武装部正式纳入地方编制，镇域内各乡成立乡武装部，负责民兵工作。2002年10月，区政府制定《关于进一步加强民兵工作的若干规定》，民兵建设作为政府工作的一项内容，纳入政府工作规划，统筹安排。

中华人民共和国成立后，民兵军事训练由区人民武装部具体组织实施。每年的训练任务，由上级军事机关下达，1950年至1965年，所有民兵基本全员参训，训练内容主要是学习军事基础知识、旧杂式步枪射击、投弹、刺杀、爆破、队列、利用地形地物及单兵战术；训练方法是不脱离生产，采取就地、小型、分散进行；训练时间通常利用农闲季节，基干民兵每年集中训练5天至7天，民兵干部每年集中训练10天至20天。1973年后，民兵训练重点是民兵干部和武装基干民兵。

党的十一届三中全会以后，民兵军事训练任务和实施方法进行调整，减少训练任务，精减训练内容，减轻群众负担，让群众休养生息，为经济建设服务。1981年后，民兵训练进行一系列调整改革，由小型、就地、分散的群众性练武活动发展到由区人民武装部统一组织，在民兵训练基地集中进行正规训练。部分训练难度较大的民兵专业技术兵、干部和民兵，由北京卫戍区统一培训或到驻区部队代训。

20 世纪 90 年代后，重点进行以民兵干部、通信、地炮、高机、侦察、军械修理、防化专业技术兵和民兵应急分队训练。民兵应急分队训练，在内容上突出了警棍术、擒拿格斗、实弹射击、通信器材的使用、收拢、集结、紧急拉动等实用性训练和综合演习。2004 年，民兵训练基地由中门寺街 18 号调整到斋堂镇，与京煤集团学生军训基地合并使用。2010 年以后，军事训练内容主要有打靶训练、队列训练、单兵作战及战术训练、警戒训练、伪装防护等。

中华人民共和国成立后至 1966 年 5 月，民兵训练使用的武器以个人分散保管为主。“文化大革命”开始后，武装部将武器收归民兵连（营）保管，有的统一将枪弹存到大队部或民兵连部，昼夜派人看守；有的将枪弹存到民兵连（营）长家中入柜上锁。1967 年下半年，民兵武器全部收归公社武装部集中保管。1985 年后，对部分民兵武器进行了封存。2000 年 3 月，区武装部对所有枪弹进行清点清查，各种枪支弹药全部入柜保管，严格落实各项管理制度，确保万无一失。从 2002 年起，枪支弹药统一存放于民兵仓库。

1983 年之前，镇域内民兵参加集中训练，由所在生产队按同等劳动力标准记工分。1983 年之后，由所在乡、镇人民政府采取平衡负担的办法，统筹经费，比照同等劳动力的收入予以误工补贴，每人每天 3 元至 10 元。门头沟区人民武装部不断加强民兵军事训练经费保障，镇域党委、政府认真落实有关规定，保障民兵军事训练顺利进行。

2019 年，镇内民兵完成编组任务。2020 年，将基干民兵编入民兵信息系统，并完成基干民兵建档工作。

第三节　斋堂川抗日根据地

创建

1937 年全面抗战爆发后，中共中央召开洛川会议，决定创建敌后根据地，坚持长期抗战。按照中央的战略决策，中共北方局、北平市委和八路军总部对建立平西抗日根据地工作进行部署。

平西抗日根据地位于北平西部，北邻平绥线（今京包铁路），东邻平汉线（今京广铁路），南邻拒马河，包括昌平、宛平、良乡、房山、涿县、涞水、怀安、阳源、蔚县、涿鹿、怀来、宣化等 12 个县、千余个村，人口约 30 万人。斋堂川是平西地区最大的山川，也是北京通往山西、内蒙古多条道路的交通枢纽。

1937 年 10 月，国民抗日军率先进入斋堂川，通过讲演、唱歌、演剧、军民联欢等各种文艺宣传活动，进行抗日宣传教育。部队派出焦若愚、佟旭野、宋元等人配合中共地方组织，筹措部队供给，进行上层人物统战，帮助民团训练，着手组织抗日救国会。史梦兰、杜存训、宋恩庆等斋堂川青年在史进前的指导下，成立民族抗日先锋队。11 月中旬，国民抗日军开赴蔚县，改编为八路军晋察冀军区第 5 支队。

与此同时，八路军总部派吴伟、赖富、夏青田、钟奇、高岗、马云、赖邦、张连金、陈建才、方坤、张荫田、王德林 12 名老红军战士，随胡敬一一起开赴平西斋堂、青白口一带，开展创建抗日根据地工作；中共北方局派东北特委书记苏梅与陈群、陈仲山 2 名老红军组成平西武装工作组，在斋堂、青白口一带进行根据地的创建工作；北平市农委书记张毅之（又名刘杰）带领李光汉、李金亭等一批党员和进步青年进入斋堂、青白口地区，开展根据地创建工作。10 月底，上述各路人员在青白口村会聚后，共同组建中共平西地方工作委员会（宛平县中心县委）、宛平抗日自卫会、平西游击支队。杜存训、史梦兰、宋恩庆等一批优秀青年先后加入党组织。

由于斋堂川部分民团被土豪劣绅顽固势力所控制和掌握，抗日武装力量薄弱，建立根据地条件不足，1938 年元旦，中心县委和游击队离开青白口、斋堂一带，前往晋察冀军区进行集训和休整。晋察冀军区获悉斋堂川的情况后，决定派主力部队挺进平西，创建以斋堂川为中心的平西抗日根据地。

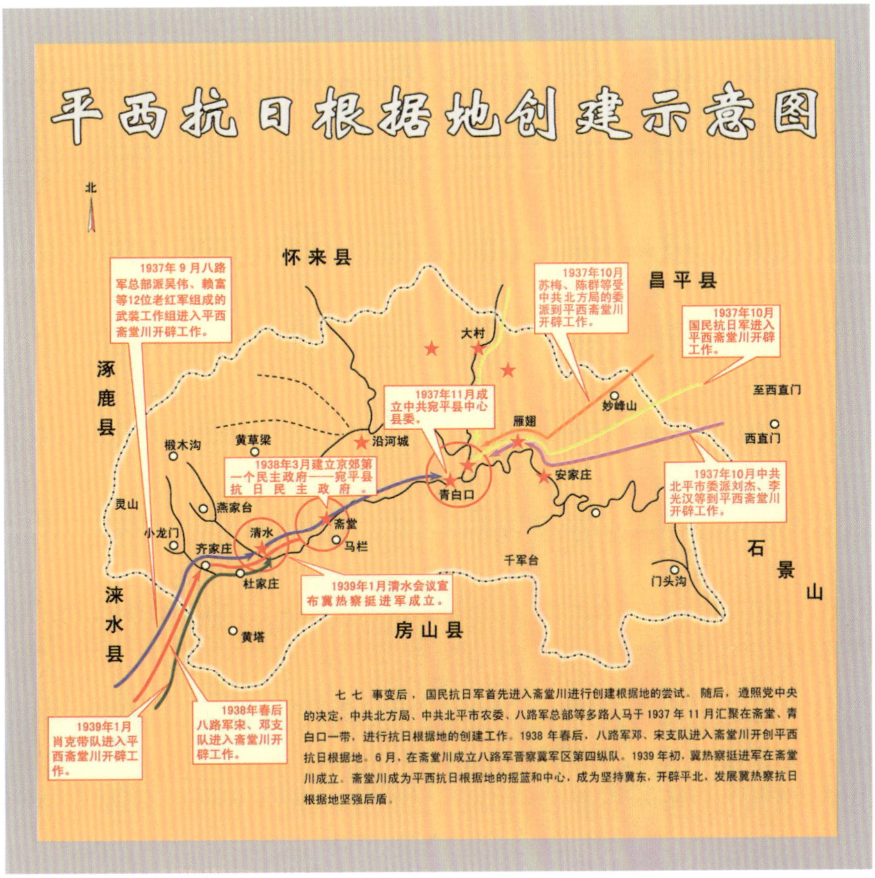

图 7-9　平西抗日根据地创建示意图（门头沟区档案馆存资料）

1938 年 3 月中旬，晋察冀军区第一支队政治委员邓华奉命率第 1 支队第 3 大队部分主力挺进斋堂川，司令部设在西斋堂村聂家大院。部队驻扎后，协助地方党组织在东斋堂建立平郊第一个抗日民主政府——宛平县抗日民主政府，建立中共平西地方工作委员会（简称地方工委）。

随着斋堂川内县、区党委和政权的建立，各项抗日救亡工作全面展开。党委举办青年干部培训班和军政干部学校，培养抗日人才。同时，结合发动群众，发展党员，建立村党支部。县、区两级政权完成了动员人、动员枪、动员粮的三大主要任务，组织群众建立各种抗日救国会。

为配合主力部队行动，党政各级组织，动员组织了千余人的武装队伍及千余支枪，接受八路军的指挥和领导，编为平西游击队。许多优秀青年直接参加了八路军，成为开辟平西抗日根据地的基础力量。

斋堂川抗日政府的建立，引起地方顽固落后势力的不满和反对。4 月，以平兆斌为首的大村一带保卫团在大村一带发动叛乱，“大村事变”使刚刚立足的八路军队伍和新生的民主政权受到威胁。4 月底的一天，八路军主力部队及游击队主动出击，一举平息大村叛乱。

平息大村叛乱后，邓华率部队以斋堂川为基地向周围地区发展，在西北方面，支队第一营连克怀来的矾山堡、蔚县的桃花堡和涞水的金水口等敌人据点；第二营开到房山坨里车站附近，摧毁维持会，在紫石口建立房涞涿联合县，在谢家堡建立宣涿怀联合县。6 月，八路军第 4 纵队在斋堂川成立后，挺进冀东参加暴动。9 月，日伪军大举进攻平西抗日根据地，斋堂川党政干部大部分随军撤至雁北灵丘一带，抗日政权遭破坏，反动势力猖狂一时。10 月，第 4 纵队由冀东返回斋堂川，消灭反动势力，收复重要村镇，恢复抗日政权，扩大抗日根据地，以斋堂川为中心的平西抗日根据地初具规模。

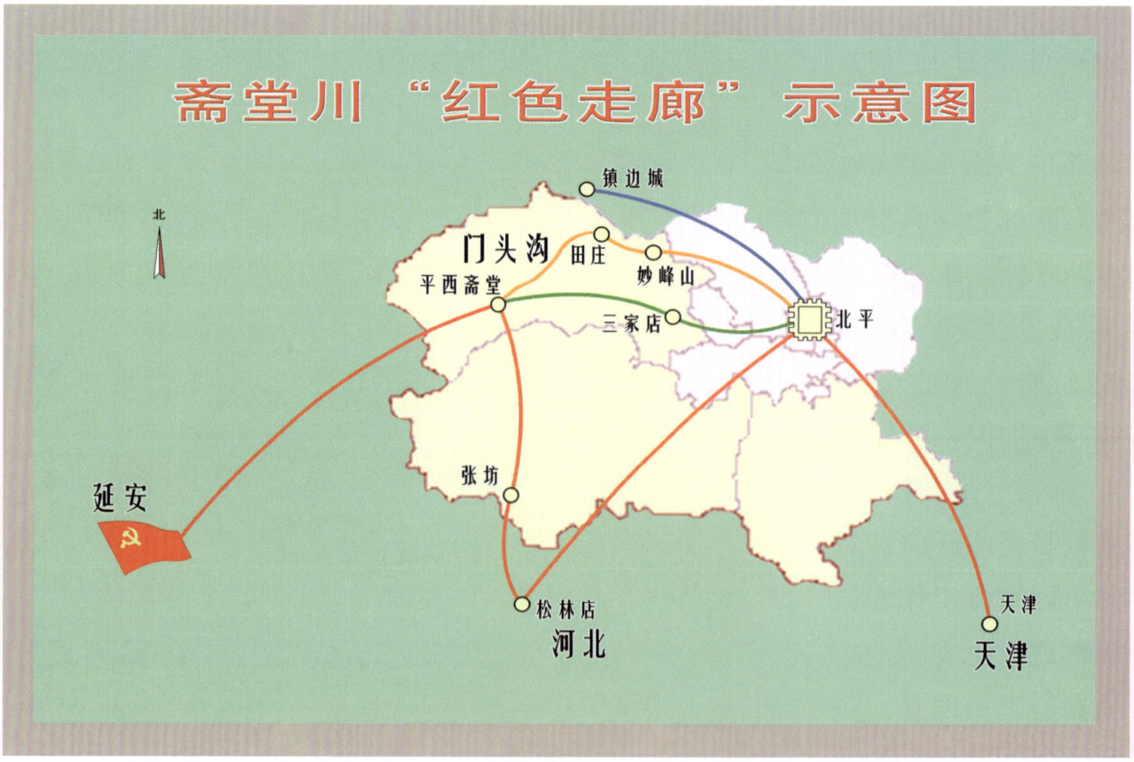

图 7-10　斋堂川“红色走廊”示意图（门头沟区档案馆馆存资料）

巩固

1938年底，中共中央决定在平西抗日根据地的基础上创建冀热察根据地。冀热察根据地是晋察冀边区重要组成部分，位于华北、东北的交会地区，由平西、冀东、平北等数块抗日游击根据地组成，从西、东、北三面包围华北日军的政治、军事中心北平，并直接把控唐山、张家口、山海关、天津等重要城市，战略位置至关重要。

1939年1月下旬，萧克、马辉之率领一批干部和小型的直属机关部队进入斋堂川上、下清水村，召开由宋时轮、邓华两个支队大队以上干部及平西各县领导参加的会议，传达中央成立挺进军、区党委和军政委员会的决定；宣布萧克任挺进军司令员兼政治委员，马辉之任冀热察区党委书记，萧克、宋时轮、邓华、伍晋南、马辉之组成冀热察军政委员会并由萧克任主席的命令。根据中央及晋察冀军区的指示，挺进军和区党委的责任是：领导平西、平北、冀东3个地区的党政工作，中心任务是巩固平西根据地，坚持冀东和开辟平北的游击战争，创建冀热察抗日根据地。2月7日，冀热察挺进军在野三坡地区正式宣布成立。10月，挺进军指挥机关移驻镇域马栏村。11月，按照八路军总部统一指导的计划，挺进军整编为6个主力团，在平西的总兵力达到1.2万余人。

挺进军整编后，先后粉碎了日伪军对斋堂川的多次围剿“扫荡”，巩固斋堂川抗日根据地，把平西建成巍然屹立于敌后的巩固的抗日根据地，并以平西根据地为依托，逐步开辟建立张家口以南，包括蔚县、涿鹿、宣化、万全、怀安、阳原等县的察南根据地，西部与北岳区的雁北连成一片，为日后收复察哈尔全部领土准备了有利条件。

冀热察根据地建立后，通信网络以达摩村为中心，东线在清水、斋堂、马栏、青白口设置分中心，南线至房山张坊，东南至房山九区，西北至小龙门，西线至河北省蓬头、罗古台、里庄、板城等地。斋堂川的古道网络成为根据地和北平沦陷区沟通的红色交通线，除物资、药品、报刊、情报通过斋堂川进入根据地外，大批仁人志士进入斋堂川，经此周转至各个抗日战场。林迈可夫妇、班威廉夫妇、赖朴吾、傅莱、王光美、于蓝等许多国际友人和知名人士都穿越斋堂川到延安，斋堂川根据地成为各个抗日根据地的红色廊道。

随着冀热察根据地的建立，以斋堂川根据地为中心，宛平县扩建为昌（平）宛（平）联合县，县委重新调整领导班子，壮大党的组织，大小村落建立党组织或发展党员。民主政权逐步建立了财政、经济、粮食等各种制度，开始实行减租减息、合理负担、村选等各项工作。从县政府到村公所都建立了民政、财政、教育、实业和司法5个工作部门，地方游击队和人民武装壮大发展。1940年7月至9月，昌宛全县范围内进行大规模的民主选举。斋堂川抗日根据地成为冀热察挺进军巩固平西、开辟平北、坚持冀东的基地和枢纽。

发展

1940年10月中旬，敌人集中1万余名日伪军分十路向平西进攻，对斋堂川和三坡地区进行重点合击，挺进军主力部队为避免在敌包围圈中被动应战，遂主动跳到圈外，伺机从侧后打击敌人。平西地区军民虽经苦战迫使敌人主力撤退，但敌人仍留有相当多的兵力在斋堂川建立据点。在党的领导下，抗日军民密切配合，打击日伪军、消灭汉奸队，逐步恢复被日军侵占的抗日根据地。

1942 年 2 月，为贯彻“精兵简政”方针，冀热察区党委建制和挺进军番号撤销，以斋堂川为中心的冀热察根据地，最终实现中央军委关于挺进战略任务的目标，成为对日军反攻作战的前沿阵地。

挺进军撤销建制后，战斗在斋堂川的部队归属于晋察冀军分区。在军分区的指挥下，主力部队与地方游击队配合，对斋堂川敌据点和碉堡进行攻打和围困，主要据点先后被拔除。1945 年 4 月 1 日至 2 日，八路军主力部队和地方民兵，向斋堂据点守敌发起进攻，将入侵斋堂川的日军歼灭在王家河滩上，斋堂川解放。

抗战胜利后，斋堂川抗日根据地发展成为巩固的解放区。

第四节　军事设施

垒塞

元朝建立初，全国一统，不重军防。元末，社会动乱，元至正年间，在镇域内设立大宁军，各隘口、寨、村、岭修筑垒寨等军事防御设施。据《元史顺帝纪八》载：元至正十七年（1357），元顺帝“诏天下团结义兵，路、府、州、县正官俱兼防御事”。要求地方行政官员担起治安防御的责任。元《析津志辑佚》载：“至正戊戌十八年（1358）五月，奉奏圣旨，都堂

图 7-11　东胡林村元末垒塞（2011 年摄）

特委御史台治书张冲（字）叔靖、翰林学士金刚宝(字)子贞、刑部郎中秦裕佰（字）景容、工部员外郎周肃（字）友恭、省检校吕谦（字）伯益暨宛平县达鲁花赤，和尚国宾与合属首领、官吏，为团结事，到来东斋堂村。设立万夫长、千夫长、牌子头目人等，于各处把隘口、寨、村、岭，必令垒塞去处。”“从实照勘到下项地理，悉具于后。与元载《大元一统志》不同。故重为分东、西四至。于是验地里，审形势，分四至，通路道。”“抢竿岭口，八十里。房山界田（原注为：四村、黄河村、黄塔村垒）。”“北至天津岭口，六十里，属保安州界（原注：柏峪、梁家庄垒）。”“支过户口，五十里，属保安州界（原注：杜家庄垒）。”“燕家台天桥儿，属保安州界（原注：燕家台垒）。”据此和实地踏勘，斋堂镇域的“元末垒塞”，至少设在天津关、西胡林、军响、沿河城等地。“东胡林韃子寨”是镇域内现存唯一一个较为完整的元末垒塞。

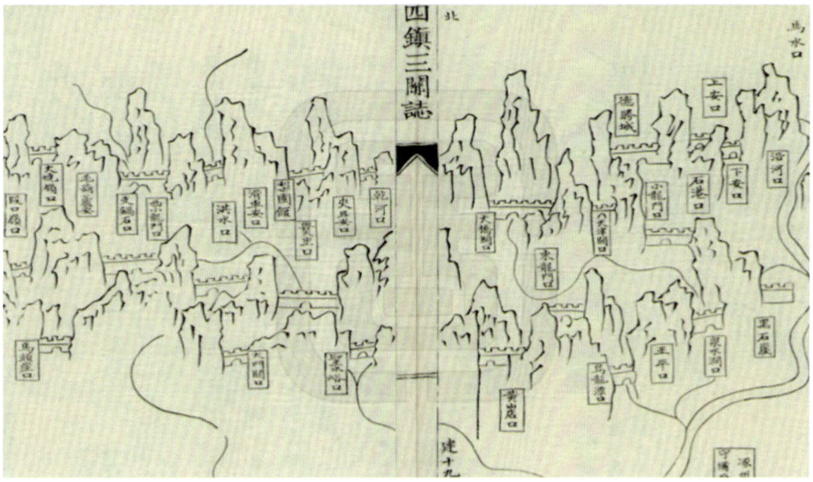

图 7-12 沿河口守备防线示意图（资料来源：《四镇三关志》）

长城防御体系

镇域内长城修建始于北齐，北齐天保三年（552）至天统年间，为防柔然、突厥、契丹等游牧民族南下，沿北京西山修建了北齐长城，其走向是自八达岭、禾子涧、老峪沟、

图 7-13 明代沿河口长城防御中心沿河城（2020 年摄）

大村得胜寺向西南进入斋堂镇域，经沿河城、黄草梁出镇域。明代，朱元璋推行“固边自守、相机外延”政策。明朝持续不断地修筑长城。嘉靖二十三年至二十八年(1544—1549)，宣大总督翁万达主持修长城防线，设立沿河口、乌龙潭口两道防线，沿河口长城防线是在北齐长城基础上修建的。嘉靖三十二年（1553），沿河口守御千户所升格为守备府，正式修建守备公署，成为军事防御指挥中枢。镇域内现存沿河守备军事防御设施为明代遗存，包括长城墙体、12 座敌台（其中 1 座未按“沿字”统一排号）、6 个隘口、2 座守御城（即沿河城、斋堂城）、数座烽火台和 1 座关城。

镇内明代沿河城军事防御设施一览表

表 7–1

名称	类别	修建时间	坐落位置	遗存情况
沿河口	隘口（据《四镇三关志》载）	景泰元年（1450）	建正城一道，缓。地处石羊沟、刘家峪沟、龙门沟三沟山道交会处，通永定河渡口、斋堂、天津关、河北省怀来县等地	设施无存
石港口			建正城一道，缓。位于石羊沟	设施无存
东小龙门口			建有正城一道，缓。位于龙门口村，地处刘家峪与龙门沟两条沟谷交会处	设施无存
天津关口			建有正城一道，缓。位于柏峪村北黄草梁上	遗存
爨里口		正德十年（1515）	建有正城一道，缓。位于川底下村	设施无存
向阳口		不详	位于斋堂古镇向阳口村西奚古道上，是斋堂镇内唯一一个属昌镇管辖的隘口，也称兴业口或杏叶口	设施无存
沿字 1、2 号敌台	敌台	隆庆五年至万历二年（1571—1574）	位于沿河城村西北沿河隘口处。两座敌台隔永定河而立，扼守刘家峪沟、龙门沟、石羊沟、永定河渡口	遗迹
沿字 3、4、5 号敌台			位于斋堂古镇沿河口村，东距沿字 1 号、2 号敌台约 1500 米。三座敌台呈“品”形排列，居高临下建在石羊沟口两侧岩壁，与山体融合，有“一夫当关万夫莫开”之势	遗存

续表 7-1

名称	类别	修建时间	坐落位置	遗存情况
黄草梁长城与沿字 6—11 号敌台及无沿字号敌台	敌台	明隆庆五年至万历二年（1571—1574）	位于斋堂古镇北部黄草梁之上，扼守怀来通往北京的交通要道。黄草梁为高山夷平面，地势开阔，而夷平面四周则峭壁悬崖，沟谷环绕，无路可行，只有椴木沟与龙门沟之间形成的狭窄通道	遗存
唇头山墩	烽墩	不详	沿河口	遗存
南山墩三座			沿河口	遗存
南山墩			龙门沟口	遗存
南山墩			黄草梁	遗存
沿河城	守御城	万历六年（1578）	位于斋堂北部的峡谷中，是石羊沟、刘家峪沟、龙门沟等多条山谷和永定河主河道汇聚的地方，自古为内蒙古通往京师交通要冲。地处三峡谷山道交会处	遗存
斋堂城		万历二十五年至四十五年（1597—1617）	位于斋堂古镇中心、清水河谷地最宽阔之处，这里是京西群山之中最大的一块盆地之所在，是大西山的腹地	存东门
大寒岭关城	关城	不详	位于斋堂镇东南，是进出斋堂古镇的咽喉。建在三沟分流、四山会聚的山脊鞍部	遗存

说明：表内空格表示无数据

侵华日军据点、岗楼

图 7-14　沿河城尖山岗楼（2010 年摄）

1940 年秋，侵华日军侵入斋堂川后，在镇域建立 6 处据点、二三十座岗楼。日伪据点主要有东斋堂日伪军据点、军响据点、沿河城日军据点、向阳口日军据点、灵岳寺据点、柏峪据点；岗楼有五里坡岗楼、沿河口岗楼、龙门口岗楼、沿河城西城门岗楼、沿河城东城门岗楼、石河岗楼、楼岭岗楼、斋堂北门日军岗楼、娘娘庙下警备队岗楼、马栏庙庵梁岗楼、火村青崖警备队岗楼、东胡林西门伪军岗楼、娘娘庙山头岗楼、东大城东山头岗楼、法城口岗楼、吕家村日军岗楼、西斋堂警备队岗楼、柏峪村日军岗楼、大三里日伪岗楼、旧高铺后山岗楼、指甲洼岗楼、尖山岗楼、帽台岗楼、端崖台岗楼、旧高铺村日伪岗楼等。现存沿河城尖山岗楼遗址。

第五节 战 事

古代战事

粘罕出兵南暗口 北宋宣和四年（1122）十二月，金太祖阿骨打兵分三路攻燕京，大将挞懒从北牛口，太祖自己走居庸关，粘罕（汉名完颜宗翰）从奉圣州矾山县（今河北省涿鹿县）东走麻黄峪，沿镇域天津关古道登黄草梁，下天津关，出兵南暗口（今川底下村“一线天”），青白军兼西山巡都指挥使统管守兵一溃而散。粘罕突破南暗口后，出爨柏沟，沿西山大路，一路东去，势如破竹，出门头沟、渡永定河、直逼燕京城。辽萧太后见战事不利，逃出燕京，金兵将燕京城抢掠一空。宋金以长城为界，镇域回归北宋。

粘罕兵出皇太妃岭 金太宗天会三年（1125）十月甲辰，金军出兵伐宋。由大将斡离部从东面向西进攻居庸关，粘罕派兵自西向东助攻。粘罕派女真万户温敦郎君蒲卢虎、赛里等领兵东进居庸关，从正面进攻，自己带一支精兵部队，由紫荆口金坡关攻易州、取凤山、越奴才岭，沿皇太妃岭道进入斋堂镇域。由西向东，经王大台、西大台、刘家峪，突破龙门口、沿河口等关城隘口后，兵分两路：一路向南，沿古道穿过王龙口、林子台、牛站（战）、白虎头，向东穿清水河谷出斋堂镇域，从青白口渡永定河，经高崖口等处到达居庸关南口；另一路从沿河口渡永定河，过向阳口、大村，进入昌平区南口，直逼居庸关。当两路奇兵突至居庸关前，守关宋军毫无戒备，被金军一触即溃，居庸关失守。金军直下燕山府，燕山府毫无抵抗地落入金手。金改燕山府为金中都，镇域隶属金。

蒙古军掠扰斋堂川 明正德十一年（1516）七月十五日，蒙古军200余骑兵突入沿河口、三岔等村。沿河关口虽有戍守军兵，但终因敌众我寡，被蒙古军抢去骡马、牛羊不知其数。嘉靖二十九年（1550），蒙古俺答部铁骑大举入犯京畿，其中一股铁骑进入斋堂镇域大掠而去。

老龙凹之战 明崇祯三年（1630）孟春，后金大军大举进攻沿河口守备防线，沿河守备下属的洪水口、小龙门口相继报警。守备毛立芳留下防守汛地之军率领兵增援，部队越楼岭、过斋堂村，同洪水口、小龙门口两口守官张炳、张桂奇合兵一处，出兵迎敌，双方在灵山山腰的九龙凹展开激战，明军不敌后金军，毛立芳与二张被俘虏。毛立芳拒不投降，夺刀自刎。后金军一路东去，明朝各路援军连夜追击，至牛角岭将后金军歼灭。毛立芳牺牲之后，当地民众争相为其捐资购棺献地，从厚殓葬，尊其为“宣明忠烈将军”，并为其在斋堂城西辑宁门外路北立碑，碑额上书“忠义流芳”四字，旌扬其事。

民国战事

军阀大战　1922年，直奉在丰台长辛店大战，战斗进行2天2夜，奉军援军赶到，直军撤出战斗，沿京西古道西撤，意图到涿鹿县与大部队会合，奉军紧追其后。直军一路退到黄草梁一带，利用这里的险要地形，在黄草梁十里坪设下埋伏，迎头痛击追赶上来的奉军，双方在十里坪展开激战，奉军大败而回。

1926年，直系军阀吴佩孚派田维勤任右翼率所部攻怀来。为阻止田维勤部的行动，冯玉祥率国民军在石羊沟内酥沙梁一线修筑工事，阻击西进怀来的直系军阀田维勤部。田维勤部从沿河城向西进入石羊沟，经关子村、黄土嘴村、东宫村、苦梨树台至酥沙梁。双方在酥沙梁附近的家东台、蓑草安、西梁头一带展开激战，双方投入兵力约计万名。因装备和人员不如田维勤部的国民军，最终败北西撤。

同年，晋军经过河北省涿鹿县孔涧越岭进入斋堂附近，意在东进北平。驻守斋堂镇域的奉军集结部队在火村附近进行阻截，双方在火村口至大寒岭一线展开激战，战斗历时半月有余，双方死伤惨重。战后，晋军撤回山西。

1933年冬，吉鸿昌一骑兵营从昌平经大村向沿河城一带，国民党军第29军一个步兵营在其后跟踪尾随，待该营行至沿河城东塔湾儿时，吉鸿昌骑兵营突然回杀，出其不意将该步兵营包围，将其全部缴械，就地整编。

武装西进　1934年秋，原吉鸿昌部蒋润吾经组织介绍，与宋文明取得联系后，在贾兰波配合下，在斋堂、清水、军响、黄岭西、蔡家岭、杜家庄、塔河、龙王、黄安、黄塔等村组织“在家里”，团结贫苦农民开展反压迫、反剥削斗争。至1935年，“在家里”成员达200余人。

1936年1月，蒋润吾到延庆县永宁、四海地区，联合东北抗日义勇军第1军团梯队司令赵大忠、抗日同盟军察东司令刘桂堂、东亚联合同盟军徐一龙等1600余人，成立“新军”，赵大忠为司令、刘桂堂为副司令、蒋润吾为参谋长。1月29日，新军从永宁、四海地区出发，从青白口、沿河城两路连夜向斋堂挺进。沿途打退了宛平县保安团和警察的抵抗，吓跑了宛平县八区区长谭体仁。新军进入斋堂后，在宋文明、贾兰波等中共党员及“在家里”成员配合下，收缴保安团及警察所的枪支弹药，没收土豪劣绅和大商号的物资，将其准备过春节的粮食及食品充作军粮。1月31日，宋文明、蒋润吾、魏国臣、贾兰波等召开临时会议，决定利用收缴的枪支组建一个团的农民武装，创立根据地，作为新军西进的后方。经分头宣传组织，有六七十名农民参加了农民武装。新军在斋堂镇域的活动震动了国民党宛平县政府。2月1日，由逃到房山县的谭体仁带路，驻卢沟桥国民党军一个团进袭斋堂新军。鉴于当地群众没有广泛发动，国民党军进袭突然，新军留下贾兰波、魏国臣、师永林等坚持斗争，其余人员随新军西撤。新军撤走后，“在家里”群众惨遭镇压，14 人被杀害，多数被监禁。

西进部队转战山西、河南、河北，终因国民党军的围追堵截，弹尽粮绝而失败，绝大多数指战员为国捐躯，幸存下来宋文明、王学华、王明川、王学宝等少数人有的虽然回到平西，但由于国民党特务的跟踪和坏人的出卖，王学华（后追认为烈士）和王怀川（党员）等被杀害，王明川被判刑 8 年，王学宝被捕坐牢 7 个月。

髽髻山战斗 1937 年 7 月 7 日抗日战争全面爆发后，侵华日军以主力 3 个师团的兵力进攻南口，国民党军将领卫立煌奉命率第 14 军前往南口增援。卫立煌所率部队（简称卫部）深入大西山腹地，兵分两路，一路经斋堂、青白口及镇边城一线北进，另一路经千军台、大台沟抄击南口战地日军侧后，欲与汤恩伯部共同会歼侵华日军于长城一线。由于汉奸通敌，战略意图泄露，侵华日军第 5 师团 3 个联队和第 6 师团 2 个步兵联队约 2 万侵华日军对卫部进行围追堵截。8 月中下旬，双方在髽髻山一线展开激战。中共宛平临时县委动员团结党组织周围的抗日积极分子，积极发动群众，帮助卫部抗击侵华日军。镇内杜存训、史梦兰、宋恩庆、杨济之等一批热血青年数十人，组织地方抗日宣传大队，支援卫部抗战。

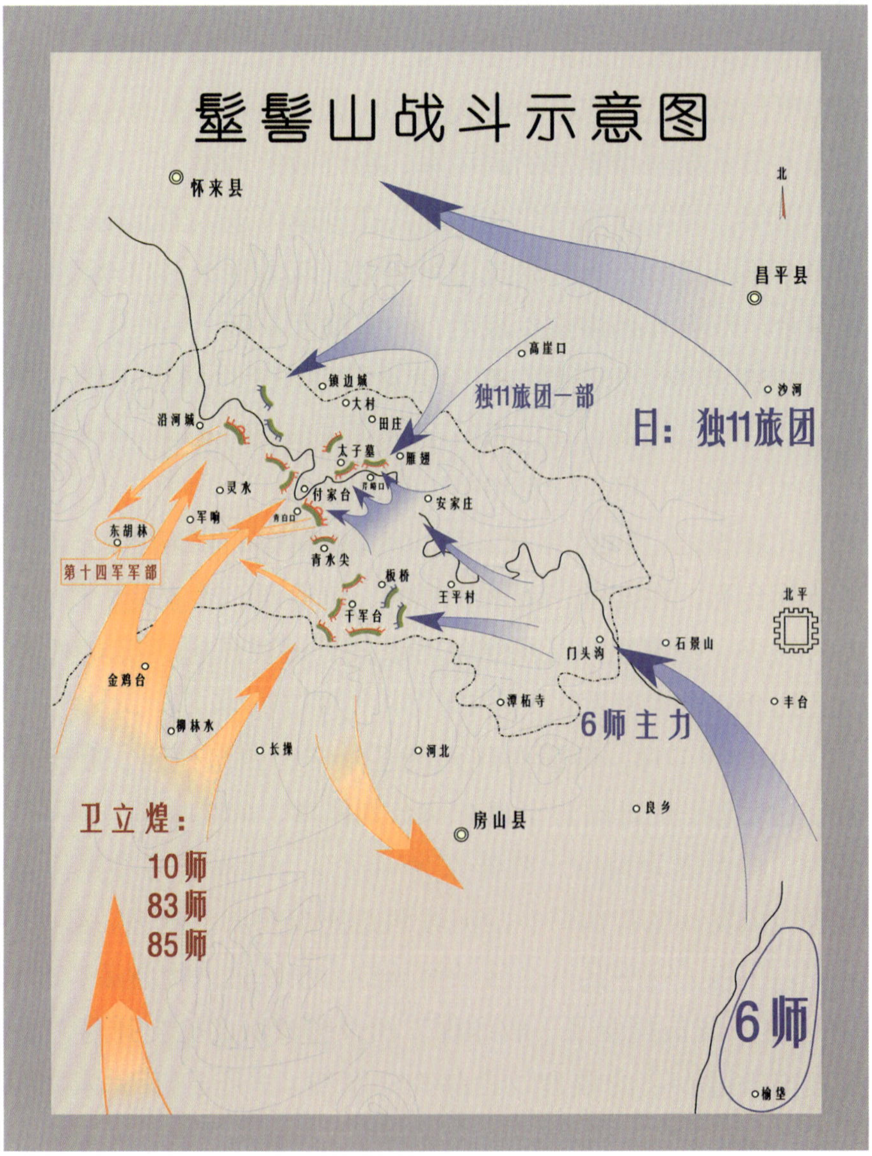

图 7-15 1937 年髽髻山战斗示意图（门头沟区档案馆存资料）

南口失陷后，卫立煌失去援增目标，于 9 月 15 日率部沿西山向南撤至石家庄一线。

1939 年反“扫荡”　1939 年初，冀热察挺进军在斋堂川建立，以斋堂川为中心的平西抗日根据地更加巩固，由此引起侵华日军注意。从 1939 年 2 月至 6 月，日伪军连续 3 次对斋堂川进行疯狂“扫荡”。

2 月 1 日至 7 日，日伪军 2000 余人，从石门子、矾山堡、怀来、门头沟、房山 5 路分进，以东、西斋堂，上、下清水为进攻重点，对斋堂川根据地进行合击。镇域民众与挺进军配合，经 1 周作战，毙伤敌大尉以下 200 余人，打退日伪军的进攻。

4 月 24 日至 5 月 1 日，日伪军 2000 余人，从察南、平绥线、房涞涿分 3 路合击斋堂。其中一路敌人一度占领斋堂，烧毁民房 40 余间。在游击队、模范队英勇配合下，挺进军主力英勇作战，敌人未敢驻足，当晚撤出斋堂。

6 月 19 日开始，日伪军 2500 余人分五路进攻斋堂川根据地。挺进军采取诱敌深入之策，将敌人引至西小龙门口、清水、斋堂等地之后，利用有利地形分段截杀。并迂回到敌人侧后，到外线袭击矾山堡、门头沟、长沟峪等处据点，伏击来自南口之敌以及察南道上的敌弹药辎重车队。经 50 余次反“扫荡”作战，毙伤敌人 300 余，取得反“扫荡”胜利。

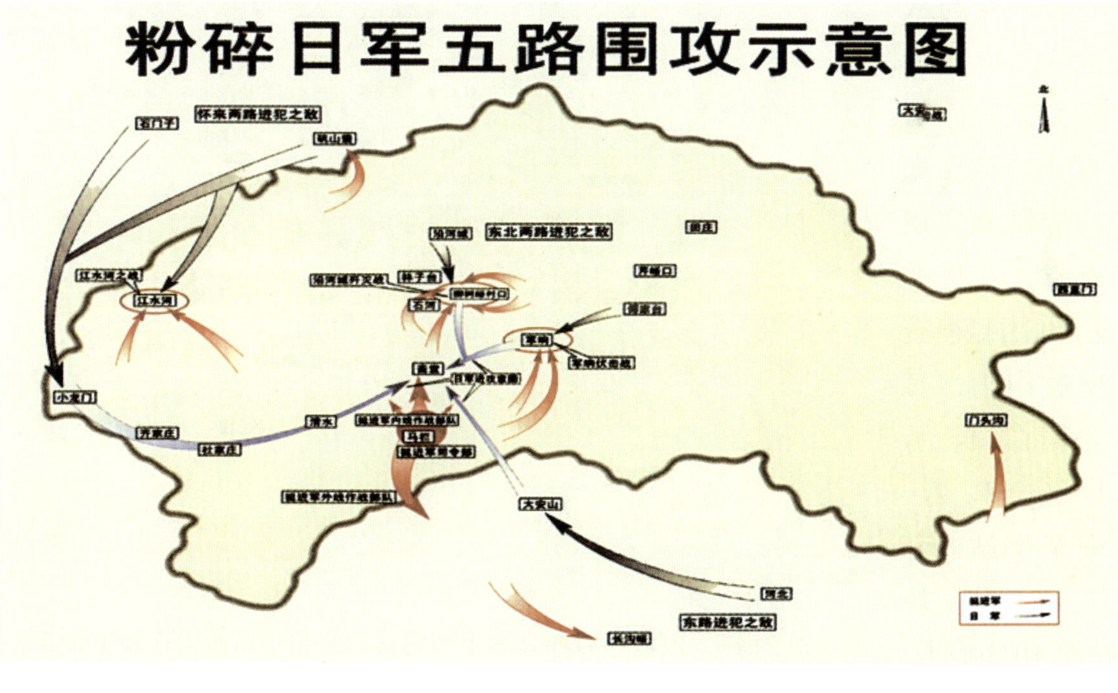

图 7-16　1939 年 6 月粉碎日军五路围攻示意图（门头沟区档案馆存资料）

在这次反“扫荡”中，驻镇边城日军桑木师团大岛大队 300 余众，从沿河城沿古道进犯斋堂，随行运输辎重骡马 150 余匹。华北抗日联军在白乙化的率领下，在沿河城附近的石河至林子台一带山上设伏，阻击进犯之敌。当大岛带队行到柳树峪村口时，白乙化一声令下，抗联战士一起开火，将进犯之敌压制在自己的火力之下。激战至下午 4 时，打垮了日军的进攻。战斗中，毙伤日军100余人，日军奥村中队长被击毙，缴获几十驮子辎重和大批武器弹药。其中，3名日军逃至大村一带，走投无路，在山神庙内集体自杀。

步枪打飞机　1939年10月，门头沟和阳坊等地的日伪军袭击斋堂，白乙化率领部队进行阻击。一次，一个大队在青白口与傅家台之间打死日军10余名，日军为抢回尸体，调用飞机，低空轮番向抗联阵地扫射，抗联战士用步枪连射，将日机击落，创造了步枪打飞机的奇迹。

粉碎日伪军十路围攻　1940年2月底，日伪军集中兵力近万人，从西北、东北及东西分10路对平西根据地进行围攻，围攻重点是斋堂川抗日根据地。

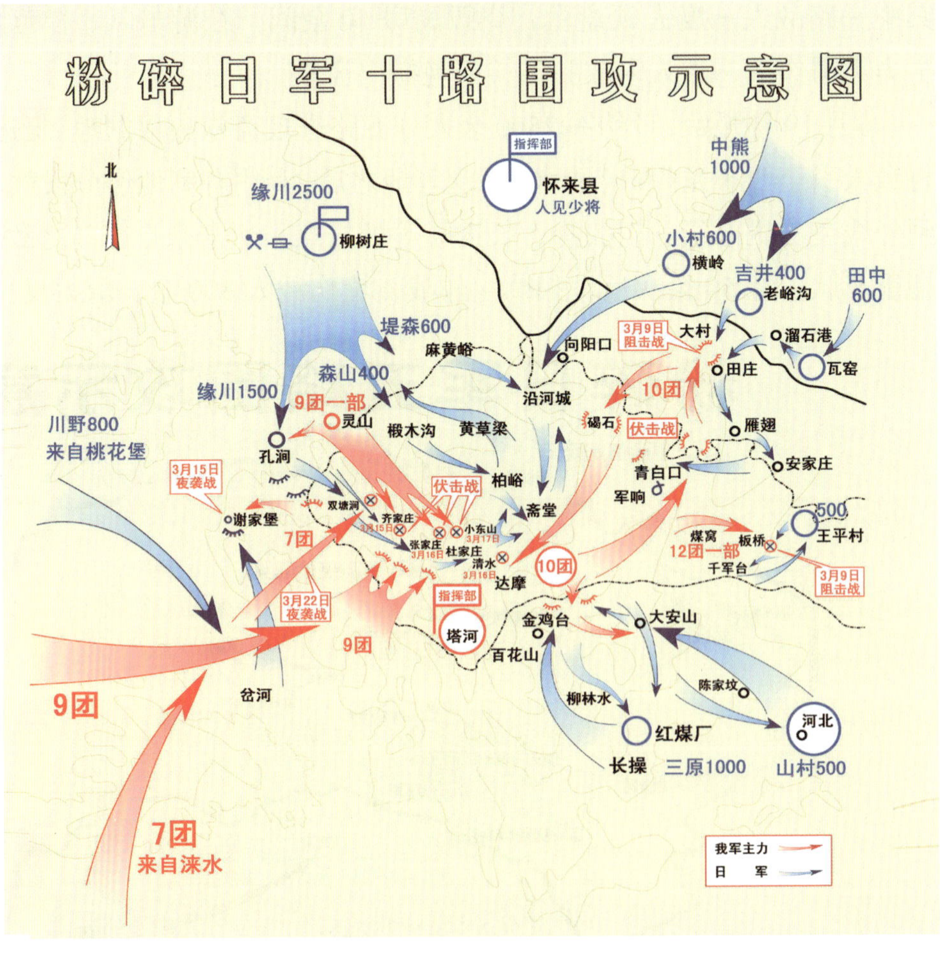

图7-17　1940年粉碎日军十路围攻示意图（门头沟区档案馆存资料）

反围攻战斗从斋堂镇域东北开始。3月9日，大山口、溜石港之敌进攻大村。白乙化率挺进军第10团在大村东南山神庙一带与敌苦战3日，给日伪军以重大杀伤。从瓦窑出动之敌在太子墓一带渡永定河西进斋堂，在塔岭沟遭第10团猛烈袭击，经过肉搏，日军退守青白口。从红煤厂经金鸡台、马栏进至牛站的部分敌人，在书子岭一线遭第10团痛击，敌退守牛站。15日，第10团除留一部在永定河南、北两岸继续钳制与袭扰敌人外，主力部队移至清水河以南的达摩沟一线准备迎击西沟东进之敌。

在镇域东北反围攻战斗的同时，挺进军主力在西北、东南方向的战斗也在激烈进行。经过14天大小30余次战斗，至3月22日，日伪军的十路围攻被彻底击溃，根据地军民取得重大胜利：共毙伤敌伪800余人，俘虏侵华日军8人，缴获步枪百余支、轻重机枪8挺、掷弹筒5个、子弹3万余发、骡马170余头、无线电台3架、望远镜4架、钢盔及防毒面具各百余具、粮食给养数万斤，其他如地图、文件、大衣、刺刀等重要军用品极多，击落敌机 1 架。

西大台战斗　1942 年秋天，县大队的一个中队正在刘家台北边鸡蛋坑村（实际仅有几户人家）吃中午饭，获悉聚集在沿河城据点的日军和三四百名伪军从据点出发，经沿河口、龙门口、刘家峪到西大台抢粮食。县大队顺着山梁直奔西大台后山，对正在村里抢粮食的敌人进行攻击。战斗进行了两三个小时，天渐渐黑了下来，敌人见再打下去只能吃更大的亏，于是把剩下的残兵败将聚集到山沟里，静等天亮。第二天一早，敌人抬着数十名死伤的士兵逃回沿河据点，损兵折将也没抢到粮食。

水碾房伏击战　1943 年底，日伪军由青白口往军响送给养，县大队提前把队伍埋伏在敌人必经之路塔岭沟水碾房附近。一天上午 9 点多钟，敌人进入伏击圈，走在最前面离大部队几百米是 2 个尖兵，中间是民夫的驮骡队，后面是十五六名伪军，另外还有 2 名侵华日军在后押队。县大队放过敌人的尖兵、民夫和牲口后，突然发动袭击，2 名侵华日军被击毙，十几名伪军四散而逃。战斗不足 20 分钟结束，县大队缴获 2 支三八大盖、1 支汉阳造枪和 100 余发子弹。县大队 2 名战士护送民夫和牲口，驮着大米、白面和一些生活物资返回。

逼退庙安梁炮楼　庙安梁炮楼位于斋堂东南与房山区交界的地方，即达摩、洪水峪等村与房山区金鸡台等地交通道路的越岭处。1940 年，侵华日军在此修建炮楼，卡断一区、四区抗日军民的联系，阻碍部队兵力的运动。炮楼刚建的时候，挺进军第 10 团、第 9 团部队先后 2 次都没有打下来。1943 年初，县大队布置四区的民兵封锁了通往庙安梁炮楼的各条道路，只要敌人一出动，民兵们就埋地雷、打冷枪。敌人从大三里村过，县大队就打；敌人从马栏村过，马栏村的民兵往他们头上扔手榴弹。夜里，民兵们背上大粪桶，把山上唯一饮用水泉倒上大粪，破坏敌人的水源。最后，四区民兵与其他区民兵集中力量，将敌紧紧围困 5 天 5 夜，使敌人断供给、断水源，把敌人逼回斋堂据点，拔除庙安梁炮楼，打通了斋堂南北两地的交通线。

林子台伏击战　1943 年春，昌宛房县大队接到沿河城据点一大批侵华日军军官要进入斋堂据点的线报，连夜赶到林字台，把队伍埋伏到公路两旁的山上。翌日拂晓，侵华日军军官分乘 2 辆卡车从沿河城方向驶进埋伏圈，卡车被事先埋下的地雷炸翻在路边的水沟里，有 10 余名敌人被当场炸死，七八人被炸伤。待斋堂据点敌人前来接应救援时，游击队及时撤出战斗。此次战斗共毙伤日军军官 20 余名。

夜袭沿河城军火库　1943 年 4 月初的一天深夜，为解决县大队弹药不足的问题，县大队袭击沿河城护路武装军火库。通过内线接应，突击队潜入沿河城内，撬开仓库，预备队同突击队一起把仓库内的弹药全部背上，走出沿河城。当部队安全撤离后，后续同志点燃军火库。战斗中县大队未费一弹，消灭了敌人 1 个班，缴获轻机枪 1 挺，步枪、手枪十几支，子弹 1.5 万余发，除解决县大队本身弹药不足问题外，其余弹药上交军分区。

王家河滩歼灭战　1944 年底，晋察冀主力 7 团和 500 余名民兵，在广大抗日群众的配合下，对斋堂中心据点敌人进行 135 天的围困，断水、断粮、掐断电话线，在据点周围布置地雷阵、设置伏击点，使得敌人惶惶不可终日。

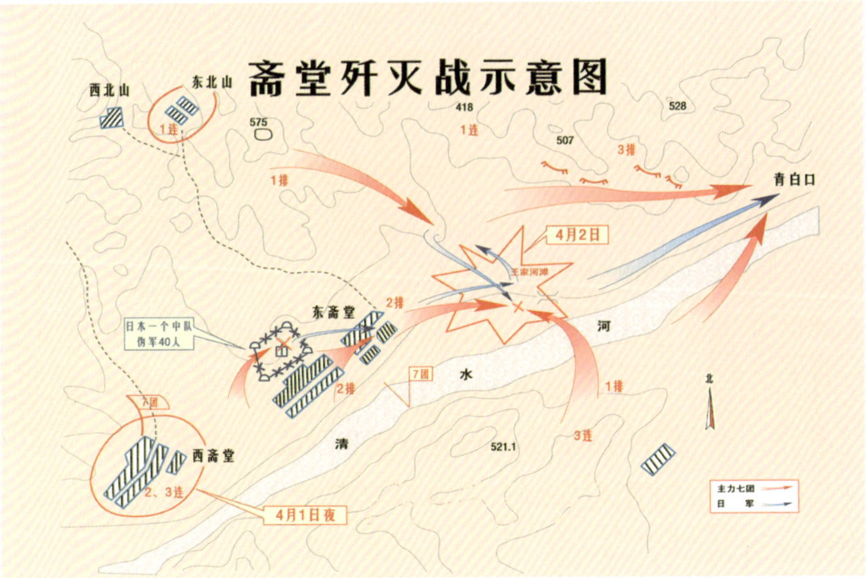

图 7-18　斋堂歼灭战斗示意图（门头沟区档案馆存资料）

1945 年 4 月 1 日，东斋堂中心据点敌人突然增加兵力，西斋堂伪军撤至东斋堂，敌人要逃跑的企图十分明显。当日下午，晋察冀主力第 7 团 1 连和 3 连迅速赶到了西斋堂村，在东斋堂村北的大山上和村东王家河滩一带设伏。4 月 2 日上午 9 点过后，东斋堂中心据点敌人点燃岗楼后倾巢而出，近 200 名日伪军兵分 3 路向东逃窜。在王家河滩，东逃的侵华日军被第 7 团主力包围，双方展开白刃战。战斗历时 2 个小时，共毙伤敌伪 70 余人，其中有 1 名日军中队长和 2 名小队长；缴获炮 1 门、机枪 1 挺、“三八枪”百支、手枪 2 支、掷弹筒 1 个等。残余敌人向东逃窜，胡林、军响等据点敌人随之东溃，斋堂川解放。

第六节　侵华日军暴行

侵占斋堂川

1940 年 10 月中旬，敌人集中万余日伪军分十路向平西进攻，对斋堂川和野三坡地区进行重点围剿“扫荡”。鉴于斋堂川根据地内回旋余地狭小，主力部队为避免在敌包围圈中被动应战，遂转移到斋堂川根据地以外，伺机从侧后打击敌人。

侵华日军在东斋堂建立了中心据点，驻军一个大队；在军响建立了分中心据点，驻军一个中队。随后相继在沿河城、灵岳寺等大的村庄建立据点，在主要交通要道、村庄制高点修筑了岗楼和碉堡，对根据地军民进行严密控制和封锁。每一个据点（岗楼）都是一个残害百姓的中心，其中仅东斋堂据点，1940 年就杀害抗日干部群众 600 余人。

实行“三光”政策

抗日战争爆发后，为了消灭斋堂川抗日根据地，侵华日军对斋堂镇及周边进行大规模的围剿“扫荡”，实行“烧光、杀光、抢光”的“三光政策”。

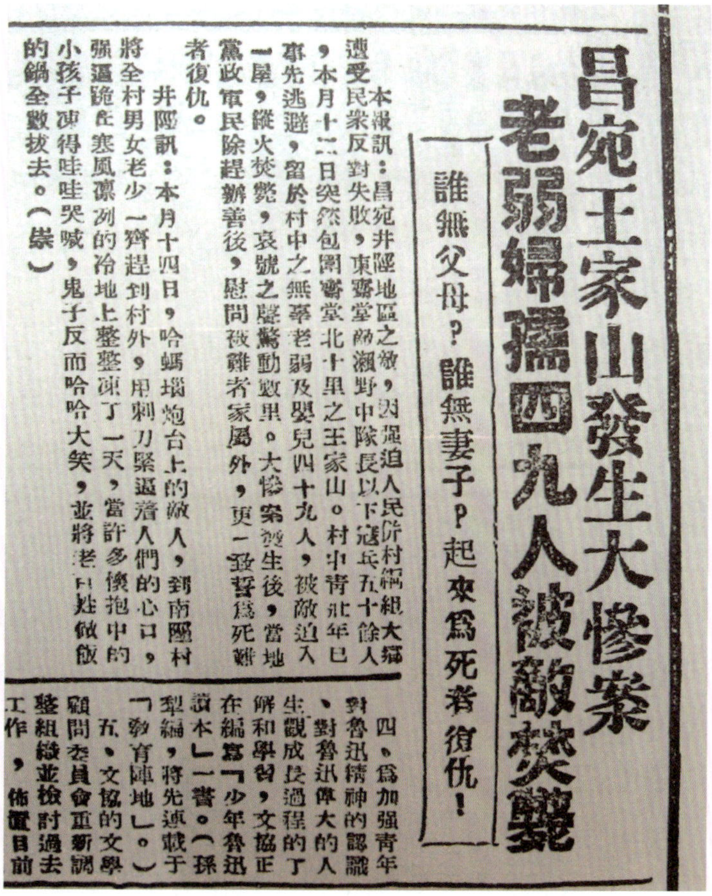

昌宛王家山發生大慘案
老弱婦孺四九人被敵焚斃
誰無父母？誰無妻子？起來爲死者復仇！

本報訊：昌宛井陘地區之敵，因强迫人民併村編組大鄉遭受民衆反對失敗，東齋堂敵瀨野中隊長以下寇兵五十餘人，本月十二日突然包圍齋堂北十里之王家山。村中青壯年已事先逃避，留於村中之無辜老弱及嬰兒四十九人，被敵迫入一屋，縱火焚斃，哀號之聲驚動數里。大慘案發生後，當地黨政軍民除趕辦善後，慰問被難者家屬外，更一致誓爲死難者復仇。

井陘訊：本月十四日，哈螞塌炮台上的敵人，到南陘村將全村男女老少一齊趕到村外，用刺刀緊逼着人們的心口，强逼跪在寒風凜冽的冷地上整整凍了一天，當許多懷抱中的小孩子凍得哇哇哭喊，鬼子反而哈哈大笑，並將老百姓做飯的鍋全數拔去。（崇）

四、爲加强青年對魯迅精神的認識、對魯迅偉大的人生觀成長過程的了解和學習，文協正在編寫「少年魯迅讀本」一書。（孫犁編，將先連載于「教育陣地」。）

五、文協的文學顧問委員會重新調整組織，並檢討過去工作，佈置目前

图 7-19 1942 年有关王家山发生惨案的报道

烧房毁村是最常用的手段，凡“扫荡”经过的地方见民房就烧，村村火光起，处处冒浓烟。1938 年秋，侵华日军第一次进斋堂“扫荡”，重点烧了西斋堂村杜存训、史梦兰、王树梅等抗日干部的房子。宛平县抗日政府所在地东斋堂村，损失得极为惨重。1939 年 4 月，侵华日军“扫荡”斋堂川，火村全村 657 间房子全部被点燃。6 月，敌人从大村和向阳口分两路合击斋堂，日伪军 300 余人在汉奸董九杰的带领下，路过沿河城时，将村中 2000 余间房几乎全部烧毁。据不完全统计，自 1938 年至 1945 年的 8 年中，宛平县 185 个村中 142 个村 18350 间房子被烧掉。其中，沿河城 2000 余间房在半个月中被烧 3 次，最后只剩下了 90 余间；柏峪村被烧 19 次。

1942 年 12 月 12 日近黎明时分，侵华日军头目赖野及汉奸带领日伪军近百人，从斋堂出发，包围王家山村，村中一些老弱妇孺来不及转移，被敌人困在村中，日伪军以开会为名，逼迫 40 余名村民挤进村东头临街的 2 间小茅屋里。在赖野的指挥下，日伪军把一捆捆谷草、花秸、干柴等堆在茅屋周围点燃，致王家山村 17 户人家 42 名无辜群众被烧死。

抗日战争期间，侵华日军在斋堂川采用各种手段杀害抗日军民，数量之多，手段之毒，令人发指。1941 年 1 月，昌宛县五区粮秣助理刘恭在沿河城一个小山村召开干部会时不幸被捕，日军多次审讯无果，放出几条狼狗对刘恭撕咬，刘恭壮烈牺牲。第二天，日伪军包围蔡家岭村，将一区区委组织委员安玉阁抓捕，先是极其残忍地将安玉阁周身的血液几乎抽干，然后又将尚未断气的躯体扔给狼狗撕扯，直至断气。2 个多月后，日伪军联合“讨伐”北山村一带，在灵岳寺将农会主任刘永华抓捕，敌人施展了与残害刘恭、安玉阁同样的手段将刘永华残害致死。同年春，日军进攻火村，将未来得及转移的李景有抓住，放在

地雷上炸死。同年6月，灵岳寺村干部李国钰被侵华日军抓捕，侵华日军将其碎尸割肉炖食。

1942 年 7 月，侵华日军头目赖野率部围剿马栏村，用“东洋刀”将干属张兰花杀害。同年冬，在汉奸带领下，日伪军包围大三里村，将村干部杨九义、李庆云、齐文生等 9 人抓捕后，绑赴斋堂南河滩上，侵华日军将铁丝缠在杨九义、李庆云、齐文生的脖子上，然后抓住铁丝像拔河一样拉扯，并强制群众围观，杨九义、李庆云、齐文生壮烈牺牲。

1943 年 7 月，侵华日军驻军响头目“小胡子”带队包围牛站村。青年干部宋广宏为掩护其他干部突围受伤被捕，敌人当着牛站村老弱妇孺的面，用铡刀将宋广宏的人头切下装入木笼，悬挂在村边核桃树上，示众达数十日之久。

抗战期间，侵华日军置国际法于不顾，多次对抗日军民施放毒气。1937 年 8 月，髽鬏山战斗期间，侵华日军对卫立煌部第 85 师阵地久攻不下，向该师阵地发射毒气弹，致许多战士被毒死在战壕中或掩体里。1940 年春，侵华日军十路围攻斋堂根据地，遭挺进军第 9 团的伏击，侵华日军向第 9 团阵地发射催泪弹和毒瓦斯弹，致使第 9 团一营几乎全部中毒。同时，侵华日军向第 7 团发射毒气弹，掩护其进攻。1941 年秋，侵华日军以召开学生运动会为名，对斋堂川杜家庄、张家庄、齐家庄、塔河、梁家铺和黄安坨等村民施放毒气，致 400 余人中毒，70 余人口鼻流血。

实施“治安强化”政策

“治安强化”运动，也称“强化治安”运动，是侵华日军为巩固和加强对斋堂地区的统治，强迫推行的一种屠杀与怀柔（奴化）相结合的政策和措施。从 1941 年至 1942 年，日军连续 5 次推行“治安强化”运动，对斋堂川根据地发起 “扫荡” “蚕食” 。

第一次从 1941 年 3 月 30 日至 4 月 3 日，以“蚕食”、制造无人区、实行“三光政策”“囚笼政策”为主。

第二次从 1941 年 7 月 7 日至 9 月 7 日，以“实行剿共，巩固治安”为主。

第三次从 1941 年 11 月 1 日至 12 月 25 日，以“以经济战为主体”为主， 其 “目标为经济封锁” 。

第四次从 1942 年 3 月 30 日至 6 月 15 日，以“剿共自卫”为主。

第五次从 1942 年 10 月 8 日到 12 月 10 日，以“灭共”、摧毁抗日政权和抗日组织为主，同时实施并村运动。

侵华日军的五次“治安强化”运动，给斋堂川根据地军民带来巨大损失，敌人的经济封锁，使根据地困难重重。敌人的各种怀柔政策，使一些意志不坚定的人成为民族败类，集宣传、特务和武装于一身的敌伪斋堂“新民指导班”便是“治安强化”运动的产物。王家山惨案的发生与“治安强化”运动中的“自首”并村有着直接的联系。据以斋堂为中心的 5 个区的统计，截至 1941 年底，敌人活动 369 次，群众伤亡 63 人，区村干部牺牲 18 人、被捕 17 人。敌建据点 19 个，驻日军 355 人、伪军 547 人，伪组织联合会人员 71 人、伪自卫团人员 141 人、伪警察 61 人。敌人据点及其附近地区，横征暴敛，民众备受熬煎，在日伪军的经济封锁和天灾双重迫害下，斋堂川民众饥寒交迫，生存艰难，造成“民国三十二年大逃荒”，使许多斋堂民众客死他乡。

建立新民指导班

1942 年 3 月 30 日至 6 月 15 日，敌伪开展第四次“强化治安运动”。在运动中，成立集宣传、特务和武装于一身的敌伪“新民指导班”（简称“指导班”）。“指导班”驻东斋堂村，班长是东斋堂村的贾全书，副班长是白虎头的宋福增，成员有贾全璧、王定、曹福云等。“指导班”成立后，开始进行“自首运动”，多次随日军进村宣传，劝导“投诚”。10 月中旬，以贾全书为首的斋堂指导班与以李甫华为首的柏峪指导班合并成立“赖野地区新民指导班”，李甫华任赖野地区区长，贾全书任“指导班”班长，贾全璧任教育股长，宋福增任情报股长，王定任文书，贾玉衡任会计。“指导班”合并后，在斋堂据点周围强迫村民并村，当遭到王家山村民的强烈反抗时，宋福增等人便带着侵华日军火烧王家山，制造了震惊华北的“王家山惨案”。1945 年 4 月 1 日，王家河滩战斗后，撤退到清水涧车站的指导班 44 人，于 9 日杀死贾全书，集体携带枪支反正投诚。

第七节 兵役 国防教育基地

兵役

抗战前，镇域内不同历史时期实施不同的兵役制度。抗日战争开始后，域内实行中共组织领导下的兵役制度。抗日民主政府规定，凡拥护抗战者，不分民族、信仰、阶级出身，身无残疾，有志于革命战争的青壮年公民，都可以自愿参军入伍。1938 年 3 月，斋堂川抗日根据地建立，在抗日民族统一战线的指导下，八路军协同地方党组织对各式杂色武装采取了不同政策：加强爱国进步人士组织的抗日武装，团结收编主张抗日的游杂武装，分化瓦解部分土匪武装，打击消灭与人民为敌的汉奸武装。同时，吸收一批从北平、天津等地逃出来的知识分子和青年学生参军。1942 年，晋察冀边区政府公布了《晋察冀边区志愿义务兵役制度实施暂行办法》和《志愿义务兵役命令》，规定：年龄 18 岁至 35 岁男子，政治坚定，坚决抗日，无任何奸细行为，身体健康，无不良嗜好和暗疾者，均有服兵役的义务。

中华人民共和国成立后，1955 年 7 月 30 日，第一届全国人民代表大会第二次会议审议通过第一部《中华人民共和国兵役法》，决定实行义务兵役制。域内开始义务兵征集工作，并建立了预备役制度。1978 年 3 月 7 日，第五届全国人民代表大会常务委员会第一次会议通过了《关于兵役制问题的决定》，实行义务兵与志愿兵相结合的兵役制度。1984 年 5

月 31 日，第六届全国人民代表大会第二次会议通过颁布第二部《中华人民共和国兵役法》，规定实行以义务兵为主体的义务兵与志愿兵相结合、民兵与预备役相结合的兵役制度。

1955 年至 2020 年，斋堂镇认真贯彻落实《中华人民共和国兵役法》，大力抓好民兵和预备役建设，根据有关法规、政策，完成了义务兵、志愿兵征集工作。

国防教育

斋堂镇自古为军事要地，有着御敌保国、忠义诚信的传统。中国共产党成立初期，崔显芳、魏国元等党的先进分子把爱国主义思想纳入学校教育内容。革命战争时期，保家爱国是党和人民政权宣传、教育工作的重点。中华人民共和国成立后，国防教育由镇域党委和武装部及文化、教育、民政、人民防空等部门及工会、共青团、妇联等群众组织共同组织实施。

图 7-20　斋堂革命烈士纪念园（2020 年摄）

改革开放后，镇域各级党委利用当地教育资源，每年清明节组织机关干部和中小学生到革命烈士纪念碑进行祭扫，缅怀先烈英雄事迹。根据《门头沟区国防教育领导小组关于 1992—1994 年国防教育三年规划》，域内成立国防教育领导小组，利用域内诸多古代和近、现代军事遗址遗迹，开展爱国主义和革命传统教育，逐步形成以学校和社会相结合的国防教育模式。1997 年，镇域各乡、镇、村在烈士死难地、惨案发生地树碑立传，建立碑、墓、陵园、故居、展馆等，以特殊人文景观表达对革命人物、事件、事迹的纪念。区国防教育领导小组将域内冀热察挺进军司令部马栏旧址、宛平烈士纪念碑、王家山惨案遗址、平西第 11 军分区司令部旧址辟为国防教育基地。

进入 21 世纪后，以家庭、学校和社会为主阵地的国防教育模式逐步完善，镇党委持续开展国防教育“进机关、进学校、进家庭、进社区、进农村”活动，增强全镇人民的国防观念。

第八章　农　业

镇域经济起源于传统农业。1万年前“东胡林人”墓葬遗址中就有“粟”出土。千百年来，镇域传统农业生产受到诸多客观因素制约，粮食生产不足。至中华人民共和国成立后，长期吃一定数量的国家统销粮。镇域内传统养殖业以饲养猪、羊、鸡、鸭、牛、马、驴、骡、骆驼等畜禽为主。改革开放后，养殖业有了进一步发展。进入21世纪，随着农业产业结构调整和生态发展要求，养殖业逐渐退出市场。镇域山高坡陡，经常受到水旱等自然灾害的威胁。改革开放后，镇域内水利工作以水养水，发展节水工程，以“五小水利”（小水池、小水窖、小塘坝、小泵站、小水渠）为龙头，带动农民致富，全镇“五小工程”形成网络。20世纪90年代后，根据镇域功能定位和城市发展总体规划，观光农业、精品农业、特色农业成为农业发展的基本思路。截至2020年12月，全镇第一产业实现收入152.7万元，主要来源于林业和农业；集体收入3696.1万元，全部来源于服务等其他收入。

第一节　种植业

农作物

粮食　中华人民共和国成立前，镇域农业生产水平低下，粮食生产不足。中华人民共和国成立后至2020年的70余年，尽管生产力不断提高，但受客观生产条件所限，粮食亦不能自给自足，长期吃一定数量的国家统销粮。20世纪80年代后，“以粮为纲”不再作为农业发展的指导思想，

图8-1　收获玉米（1958年摄）

镇域内实施土地退耕还林，以粮食生产为主的种植业在农业总收入中的比重由1955年为99.7%，下降至1995年的34.3%。至2020年12月，以粮食为主的种植业在农业收入的比重可忽略不计。

玉米是镇内主要粮食作物之一。1963年，镇域粮食作物总种植面积22866亩，总产2154550公斤，其中玉米种植面积7573亩，总产1033050公斤。1977年，粮食作物种植面积22193亩，总产289.5万公斤，其中玉米种植面积1289亩，总产198.95万公斤。1998年，粮食作物种植面积11927亩，总产169.1万公斤，其中玉米种植面积6348亩，总产142.2万公斤。2008年，粮食作物种植面积6618亩，总产64.4万公斤，其中玉米播种面积2600亩，总产42.6万公斤。随着社会发展，农业生产逐渐萎缩，玉米不再作为域内主要粮食作物。

谷子是域内种植和食用的主要粮食种类。1963年，谷子种植面积10391亩，总产735350公斤。1977年，谷子种植面积7425亩，总产48.7万公斤。1998年，谷子种植面积1146亩，总产7.9万公斤。2008年，谷子播种面积261亩，总产5.9万公斤。随着社会发展，农业生产逐渐萎缩，谷子不再作为镇内主要粮食作物。

图8-2　成熟的谷子

1963年，高粱种植面积1605亩，总产154650公斤。1977年，种植面积800亩，总产7.5万公斤。1998年后，基本不再种植高粱。

小麦种植面积不大，只在沿河城地区和军响地区临河流的地方有小面积种植。20世纪80年代以后，不再种植。

镇域内粮食作物还有白薯和大豆、杂豆、稻谷等作物。

1955—2010 年部分年份镇域内粮食产量一览表

表 8-1　　　　单位：万公斤

年份	沿河公社（乡）	军响公社（乡、煤窝公社）	斋堂公社（乡、镇）	合计
1955	40.1	89.6	99.5	229.2
1960	33.9	81.3	63.7	178.9
1965	47.2	113.5	12.6	173.3
1970	61.3	126.4	159.7	347.4
1975	61.3	116.8	132.5	310.6
1979	60.2	133.8	170	364
1985	12.4	58.8	38.5	109.7
1990	80.6	119	150	349.6
1995		60.4	137.9	198.3
2000		16.4	15.9	32.3
2005				54.2
2010				21.7

说明：表内空格表示无数据

蔬菜　镇域内传统蔬菜作物有倭瓜、冬瓜、黄瓜、茄子、辣椒、萝卜、豆角、土豆、韭菜、大葱、大蒜等。中华人民共和国成立后，逐步增加了菠菜、西红柿、柿子椒、大白菜、洋白菜、菜花等。1985 年以前，大白菜一直是蔬菜作物中的当家品种，是当年立冬后至次年清明前居民食用的主要蔬菜，有“百菜不如白菜”之说。白菜的种植面积和产量在整个蔬菜生产中占很大比重。1985 年以后，引入一些外国品种，如生菜、绿菜花、紫甘蓝等。至 1995 年，蔬菜种类超百，品种超千。

镇域内农作物中还有烟叶、药材、青饲料等，数量有限。油料作物曾有花生、芝麻，种植量不大，1995 年后基本不再种植。

农作物品种

玉米　1949 年以前，品种有白马牙、60 天还家、小黄棒等农家品种。1953 年，推广金皇后玉米，1960 年大力推广品种间杂交，20 世纪 70 年代前后引进京双 1 号、京双 2 号及黄白玉米、黄金墩、小八趟、二黄棒等。1971 年至 1973 年，门头沟区组织人员三去海南岛，加速选育繁殖良种。繁殖玉米品种有白单 4 号，丰收（又称反帝）103、105。1976 年至 1980 年，玉米品种以丹玉 6 号为主，以白单 4 号、京单 403、京早 7、京单 407 等品种为搭配品种。1980 年至 1988 年，玉米以京杂 6 号为主，以丹玉 6 号为搭配品种。1988 年以后，以农大 60 为主，以黄 417、农大 58、沈单 7 及掖单 4、11、12、13 等为搭配品种。

2003年，引进京科糯2000和菲甜糯玉米等新品种；2005年引进京科25、238、516，还引进北青1和青科1、3、4，进行玉米品种选育及配套技术试验示范。2007年，引进鲜玉米京科糯2008、京花糯2008、科甜120，产量分别增加12.3%、8.49%和14.8%。2008年，引进京科甜183、京科糯2000、紫花2008、黄金糯等品种。

小麦　中华人民共和国成立初期，小麦品种主要有和尚头等农家品种。后经多次试验、示范，到1957年小麦品种以农大183、碧玛1号、农大443、乌克兰等良种为主，兼某些本地品种。1965年，因农大183号对锈病敏感，影响产量，即对小麦品种又一次更新。更新的品种有：农大311，代45，北京8号、6号、9号，科遗3号，山东大粒丰艺，代63等。进入20世纪70年代，小麦品种以红良4号、5号，农大139，芸白4号为主。20世纪80年代后，镇域内不再种植。

谷子　1949年，谷子品种有九根齐、白苗柳、红苗柳等农家品种，那时的亩产量为34公斤。20世纪60年代，引进华农4号、大黄谷、大白谷、狐狸尾巴、毛爪粘等谷种，产量为每亩100公斤左右。70年代，引进大寨谷、北郊12等，20世纪80年代以后，引进承谷8号、燕谷3号、长农18、承83、品3等谷子品种。2000年至2004年，引进示范推广禾谷类高产优质品种金谷2401，最高亩产467.2公斤。2003年至2005年，引进长农35。2009年，引进禾谷类谷子品种15个，黍子44个，糜子2个；引进黑谷子、张杂1号、2号、5号和金香玉、刘谷1号、冬谷2号，亩产均在290公斤至450公斤之间。

杂粮　杂粮品种较多，主要杂粮是白薯和各种豆类。高粱主要品种有鞑子帽、多穗高粱、黏高粱、一窝红等。20世纪70年代以后，有晋杂五号、忻杂七号。白薯的主要品种有55-3、52-45、华北166、徐薯18等。豆类有红小豆、黑豆、黄豆、绿豆等。80年代，新引进黑河黄豆，表现良好，产量高。2006年，引进青仁导豆、东新1号。2006年至2009年，引进薯类有紫罗兰、京6（紫薯王）、徐薯等23个新品种，亩产均达到3500公斤至5000公斤。

蔬菜　中华人民共和国成立初期，菜农只种些热菜和小白菜、小葱、豆角等农家品种。1949年至1970年间，先后从山东、辽宁、河北等省市引进蔬菜品种。通过试种，表现较好的黄瓜类品种有山东大刺瓜、北京小刺瓜等；西红柿类有苹果青、橘黄嘉臣，粉红甜肉、北京10号等；其他类还有苏联甜椒、小朋友椒、圆叶茄、九叶茄、天津麻叶、小青口、青白口，古巴茴香、荷兰菜花、瑞士雪球、黑平头圆白菜、阿尔巴尼亚大葱、东北小红萝卜、菜豌豆、长青豇豆等蔬菜品种。至1995年，先后引进种植的蔬菜有9个科200余个品种。2005年以后，新引进蔬菜品种20余类种，百余品种，引进大叶型耐热耐寒菠菜、冬油菜等。

经济作物的引进主要有黄芩，采用标准化栽培方式，引进麒麟桑、无芒雀麦、披碱草、沙生冰草等多个饲草品种，在草场种植筛选，对草场进行改良，选育出花色艳丽、香气浓郁的品种。

耕作制度

中华人民共和国成立前，粮食大田作物基本上是一年一熟，种植方式是大对垅，单挑杠。中华人民共和国成立后，耕作制度得到改革和提高，一年两熟的耕作制度有所增加。1978年以后，镇域推广二种二收耕作法，普及二种二收。

坑田为抗旱保苗的一项有效措施，坑田的好处是省工、保墒、保种、保收，集中发挥肥力，土暄发苗，通风好，便于管理。坑田解决了山区十年九旱不保产问题。

带田为多茬间作的一种形式。如玉米带豆子，玉米带蔓菁菜，玉米带白薯或土豆，发挥土地潜力。

中华人民共和国成立后，蔬菜开展大田生产、保护地生产、品种改良、贮存保鲜4项改革，施行大田保常年，冷凉地区保淡季，保护地生产保冬季和节日的三保制。蔬菜生产主要是茬口安排，为大路性蔬菜生产。以春秋两大季节生产为主，保护地和早春生产为辅。

镇内菜田面积不大，“文化大革命”前种植面积不足百亩。“文化大革命”后，菜田面积迅速扩大，1990年菜田面积达977亩，比1976年的722亩增加了255亩，同时，开辟了山区冷凉菜，补充市场供应。20世纪90年代以后，菜田面积逐渐减少，到2010年仅203亩。到2020年，菜田面积已无具体统计数字。

施肥

有机肥料　镇内有机肥料资源丰富，山区植被资源分布广泛，可搞厩肥、绿肥和熏肥。

革命战争时期，镇内群众割青、扫树叶，压绿肥；拾粪、扫大街、采荆子、挖粪池；要求每户一厕所、一猪圈等。

中华人民共和国成立后，农民利用冬季农闲季节大量积肥，较好的互助组施用人尿追肥。1956年，各合作社建立专门机构，改进施肥方法，提倡分期、集中合理施肥，改过去大铺肥为沟施、穴施，改进保管贮存肥料方法，减少肥料养分流失。1958年贯彻农业“八字宪法”。1961年贯彻“以积肥、造肥为主，商品肥料为辅”的方针，加强积肥责任制。1968年以后，掀起兴修水利、整滩垫地、大搞积肥为中心的“农业学大寨”运动。

20世纪70年代，推广利用夏季高温、多雨、腐熟快的条件进行高温堆肥，利用军响一带风化肥资源，进行腐植酸生产。1973年至1976年，制作腐铵、腐钠、腐氮、磷7000余吨。1977年，斋堂公社兴建腐肥厂。1974年，开发沼气肥料。1975年，农业生产中推广化肥、腐肥、有机肥和四合一球肥。

1981年，推行联产计酬生产责任制，多数队实行费用开支全额包干，为降低成本，降低化肥施用量，设法增施农家肥。随着农村经济体制改革深化，从事农业生产第一线人员减少，积肥工作减弱。

化学肥料　1949年以前，农作物未施用过化肥。1957年，开始施用进口硫酸铵（群众称肥田粉）。20世纪60年代以后，化学肥料施用量逐渐加大。1969年平均亩施25公斤，

1980 年平均亩施 50 公斤。1981 年以后，磷、钾肥施用量增加。1984 年以后，化肥施用量呈下降趋势。1987 年平均亩施 23 公斤，1995 年平均亩施 12 公斤，2010 年平均亩施 13 公斤，2020 年平均亩施 0.4 公斤。

20 世纪五六十年代，化肥品种主要是硫铵。20 世纪 70 年代中期，增加碳铵、氨水、过磷酸钙。80 年代初增添复合肥料，淘汰了氨水、过磷酸钙等肥料，后期引进增施磷酸二氨复合化肥。在化肥施用中，存在重氮轻磷，重视氮、磷、钾三要素，轻微量元素问题。没有针对不同土壤、不同作物而制定不同施肥量、不同配比、不同施肥方法的施肥方案，科学性较差。

农作物保护

农药使用　1949 年以前，农民对农作物病虫害防治方法不多，主要是靠天吃饭，听天由命。遇到较大的虫害，采取人工捕捉的方法。中华人民共和国成立后，随着化学农药的生产，农民对农作物的病虫草鼠害的防治工作有了较大进展。20 世纪 50 年代初期以无机农药为主，中后期逐渐以有机化学农药为主。60 年代以后，农药应用经历以杀虫剂为主，逐渐发展到杀虫、杀菌、除草、灭鼠相结合。在具体使用中，高毒、高残留，对人、畜、环境等不安全的农药品种不断被限用或淘汰，高效、低毒、低残留农药得到推广。2020 年，全年使用农药总计 0.4 吨。

病虫害种类　玉米病害主要有玉米丝黑穗病、大斑病、小斑病。虫害主要为春玉米被一代玉米螟危害，有的年份黏虫、红蜘蛛、地下害虫、蚜虫发生严重。套种玉米虫害以二代黏虫、二代玉米螟为主，玉米蚜虫、红蜘蛛发生较重。夏播玉米虫害以三代玉米螟为主，出苗期以二代黏虫为主。

小麦病害主要有小麦线虫病、黑穗病，白粉病、锈病。虫害主要有地下害虫为蛴螬、金针虫，茎叶害虫是红蜘蛛、麦叶蜂、黏虫、麦秆蝇等。进入 20 世纪 70 年代以后，麦蚜逐渐成为主要害虫。

谷子主要病害是白发病，其次是黑穗病、锈病。主要虫害是粟灰螟、黏虫、地下害虫。白薯的主要病害是黑斑病，豆类的主要病害是病毒病、霜霉病，主要虫害是豆螟虫等。

病虫害防治　对地下害虫的防治，20 世纪 50 年代，用 666、DDT 处理土壤；20 世纪 60 年代以后，逐步用 1605、3911 绿丹拌种；20 世纪 80 年代初期，开始扩大用辛硫磷拌种，以防治地下害虫的危害。

20 世纪 70 年代，麦蚜逐渐成为影响小麦产量的主要虫害，防治方法多用乐果乳油喷雾，70 年代中期改用氧化乐果乳油进行防治。

中华人民共和国成立初期，为防治玉米螟（又称钻心虫）的发生，玉米秸秆多烧掉。1963 年开始用毒谷、白砒及 0.50% 666 粉、赛力散等防治玉米、谷子钻心虫。20 世纪 70 年代初，用 6% 666 粉或 20% 林丹 666、DDT 制成颗粒剂，心叶末期一次施药，控制一代玉米螟。1983年用生物防治，当年放赤眼蜂防治玉米螟1.04万亩，挽回粮食损失10.4万公斤。

中华人民共和国成立前，以人工捕打为主防治黏虫。中华人民共和国成立后，1957年黏虫散大量生产，推动了黏虫的防治工作。20世纪70年代，666、DDT为常用农药。后采用油剂超低量喷雾方法，用25%敌百虫油剂喷雾防治。

20世纪70年代前，草害防治以人力中耕锄草为措施之一。从70年代初期，开始推广2.4—DJ酯防除麦田双子叶杂草。玉米田、谷田化学除草始于70年代后期，但因药剂品种选择不当未能推行。1986年，区农科所以化学除草大面积示范推广获得成功，所用药剂选用玉米特效化学除草剂40%阿特拉津；平播玉米田配用灭活性除草剂20%百草枯水剂，每亩用量0.15公斤，兑水100倍液喷施，播后苗前土壤处理。谷田化学除草：43%拉索，25%除草醚可湿性粉，48%氟乐果，40%阿特拉律。

1986年开始，农田鼠害的防治通过普查，确定农田鼠类的优势种类和危害，确定以岩松鼠为主的防治措施。所用药剂为毒鼠磷、敌鼠钠盐、锈敌隆等。

第二节　养殖业

大牲畜养殖

大牲畜养殖包括牛、马、驴、骡的养殖。镇内养牛主要是以本地黄牛为主的役牛，一般为户养。养马历史久远，自明代起就有专业的养马。1949年12月，第四野战军拨给宛平县300余匹退役战马，由军、烈属及贫困农户饲养。此后又陆续引进蒙古马、伊犁马、阿尔登等优种马，各村均有饲养。驴是农户喜欢饲养且便于饲养的牲畜，具有驮运、积肥、育骡等多种用途。一般农户养不起骡、马即可养驴。骡的使役性能高，但因购销价格昂贵，一般农户养不起。1958年以后，骡转为集体饲养。改革开放后，随着可耕地的减少、家庭联产承包责任制的实施和产业结构的调整，大牲畜养殖逐渐萎缩，退出养殖业。

中小家畜养殖

养猪　养猪是传统养殖项目，是农户首选饲养种类。1949年，镇内发展养猪，按每户一头计算，即有2/3农户养猪。1957年后，开始集体养猪。至1978年，全镇全年累计养猪8950头，人均半头猪。1990年，镇内建起规模猪场，设施规范，管理科学，故产仔率、成活率高。当年年末栏存2361头。

在猪的品种上，20世纪50年代为本地柴猪，此后陆续引进内江、巴克夏、哈白等脂肪型猪。80年代以后，规模猪场和养猪专业户引进瘦肉型猪，种公猪品种有长白、杜洛克、北京黑，种母猪有杜北、长北、杜长北等杂交种。

随着家庭联产承包责任制的实施和镇域功能定位，养殖业政策调整，养猪逐渐减少。2000 年，镇内养猪不足千头。2004 年，按照生态保护要求，养猪逐渐退出镇内养殖业。

1957—1979 年镇域内养猪情况一览表

表 8–2　　　　　　　　　　　　　　　　　　　　　　　　单位：头

年份	沿河公社		军响公社		斋堂公社		合计	
	累计	商品	累计	商品	累计	商品	累计	商品
1957	1257	158	2121	580	2636	588	6014	1326
1958	1779	228	3635	1171	4256	592	9670	1991
1959	1449	509	2279	689	3164	738	6892	1936
1960	1131	445	1645	923	2276	963	5052	2331
1961	623	115	1056	199	1510	291	3189	605
1962	865	192	1495	272	2101	370	4461	834
1963	952	209	1551	334	2187	475	4690	1018
1964	1071	324	1680	544	1982	665	4733	1533
1965	1053	370	2216	825	2707	915	5976	2110
1966	872	325	2138	912	2377	866	5387	2103
1967	1008	375	1883	663	2473	1022	3134	2060
1968	936	354	1698	655	2272	974	4906	1983
1969	1003	425	1492	500	2200	927	4695	1852
1970	986	317	1463	342	2255	790	4704	1449
1971	1425	437	1987	541	2588	936	6000	1914
1972	1757	692	2433	838	2776	991	6966	2521
1973	1710	746	2239	926	2991	1213	6940	2885
1974	1605	709	2364	922	2933	1109	6902	2740
1975	1854	744	2958	1003	3614	1499	8426	3246
1976	1931	856	2552	878	3423	1462	7906	3196
1977	2029	871	2740	1048	3410	1496	8179	3415
1978	1999	847	2832	1130	3789	1692	8620	3669
1979	2022	992	2521	1031	4407	1646	8950	3669

养羊　养羊是当地农民传统养殖项目。中华人民共和国成立初，域内养羊均为农户饲养。1950 年以后，农户及集体养羊积极性有了新的提高，至 1958 年，镇域年末存栏总量 15872 只。

1959年至1989年，先后从新疆和内蒙古调进细毛羊，从陕西省三原、富平等县调进奶山羊，因管理经验不足，逐步萎缩。1988年9月，门头沟区政府为开发灵山、黄草梁草场资源，制定《北京市门头沟区灵山系统开发总体方案》(简称“灵黄工程”)，工程分3年完成。至1991年，先后从辽宁、内蒙古调进纯种绒山羊1685只，区、乡两级建种羊场6个，冷冻精液站1座，羊绒检测站1座。在灵黄工程范围内(清水、黄塔、齐家庄、沿河城、斋堂、大村6个乡镇)，累计养羊60626只，其中年末存栏43412只，在存栏中纯种绒山羊4470只，杂交羊28190只，年产羊绒6847公斤。1995年末，全镇栏存羊19786只。至2000年，镇内建立了斋堂养羊协会、沿河城养羊协会。

进入21世纪，养羊业持续发展，2003年末，全镇存栏羊26800只。2004年，区域功能定位调整，按照生态保护要求，养羊逐渐退出镇内养殖业。

养兔　20世纪60年代至80年代，提倡发展养兔，先后引进青紫兰、新西兰、西德长毛兔、美国獭兔等优良种兔，由供销社定期收购，养兔生产呈上升趋势。1989年以后，国际市场兔毛行情下跌，供销社不能定期收购，养兔生产随之下滑，逐渐消失。

禽类养殖

蛋鸡饲养是农户传统的养殖项目，是养禽业的主体。1949年至1957年，为农户饲养，多者一二十只，少者三五只。1958年至1978年的20年间，集体饲养和个体饲养并举，鸡蛋主要由供销社收购。三年经济困难时期，供销社派人走街串户收购，并制定卖蛋兑售工业品等奖励政策。20世纪80年代以后，蛋鸡饲养发展，规模鸡场出现，商品鸡蛋主要靠集体鸡场提供。90年代以后，因市场变化，养鸡盈利微薄甚至赔钱，遂出现滑坡。

禽类养殖还有肉鸡、鸭、鹅等，规模不大，饲养不稳定。2003年禽流感发生后，禽类养殖退出养殖业。

水产养殖

镇内水产养殖始于改革开放后，1978年利用水域面积10亩，产量1547公斤。1983年967亩水域，放养鱼苗457080万尾，鲜鱼产量4.75万公斤。1987年，在斋堂水库架设1亩网箱，当年12月沉箱鱼30万尾鲤鱼鱼种。翌年增设网箱3亩，斋堂水库管理处0.5亩。当年利用993亩水域，鲜鱼产量23.2万公斤，其中网箱养鱼总产量19万公斤。1989年，从怀柔水库引进池沼公鱼卵1000万粒，投放斋堂水库。网箱养鱼发展到6亩，其中斋堂乡5亩，斋堂水库管理处1亩，品种为鲤鱼。1990年鲜鱼产量18.28万公斤，其中网箱14.06万公斤。

1980年至1991年，国家向斋堂水库5次投放鱼种，总投放量为82.9万尾，重量29158公斤，品种为花白鲢。至1995年，镇域利用水域面积1461亩，鲜鱼产量40吨，均为网箱养鱼。2000年，镇域利用水域面积1515亩，鲜鱼产量65吨，均为网箱养鱼。进入21世纪，水产养殖面积逐渐减少。2007年，永定河被定为北京备用饮用水源，水产养殖退出养殖业。

其他养殖

养蜂　清末，镇域内有少数农户利用荆条编成筒，外抹黄泥收养中华蜜蜂（当地人称“山蜂”）。此后，意大利蜂（当地人称“洋蜂”）引入域内。1944 年，宛平县抗日民主政府建立平西蜂业合作社，推动了镇域蜜蜂养殖，养蜂从荆条筒养改为箱养。

中华人民共和国成立后，1958 年，域内出现集体养蜂业，公社、大队、生产队三级均建有集体蜂场。1967 年，供销社为斋堂公社提供了 3 万元养蜂资金，帮助斋堂公社 20 个大队办起养蜂场。1978 年，全域养蜂达 4634 箱，年产蜂蜜 10.68 万公斤、王浆 500 公斤。

改革开放后，蜜蜂饲养方式由定地饲养转为定地与大转地、小转地相结合的方式。外省市蜂群转本地饲养增多。1999 年 4 月，军响乡成立养蜂生产协会，为养蜂提供信息、技术培训、产品营销、蜂具供应。法城村被市蚕业蜂业管理站授予“北京市无公害蜂产品生产基地”称号。2010 年，全镇蜂蜜产量 36.1 吨。2016 年，为 4 个养蜂专业合作社的 2714 群蜜蜂上蜂业保险。2020 年，全镇蜂蜜产量 51 吨。

养鹿　养鹿是镇内养殖的特色品种之一，有半个多世纪的历史。1964 年，西胡林村鹿场引进东北产茸用梅花鹿，经过驯养繁育，仔鹿育成，并在鹿病防治、产品加工等方面取得经验，使产品日益进入人们的生活领域，逐步成为山区农民致富的道路。至 2001 年，鹿场存栏鹿 180 余头，形成出售种鹿、鹿茸及相关鹿系列产品的产业链。

图 8-3　西胡林鹿场养殖的梅花鹿（2008 年摄）

其他特种养殖有华北山鸡、珍珠鸡、七彩山鸡、貉子、蓝狐、肉鸽、鹌鹑等，但数量很少，尚未形成规模。

疫病防治

防治机构　1949 年以前，镇内无畜禽疫病防治机构，只有少数几个民间个体兽医，其业务范围主要是治疗大牲畜疾病，中小畜禽疾病的防治很少涉及。1951 年河北省宛平县在斋堂建立兽医站，主持镇域及宛平山区的畜禽疫病防治。20 世纪 80 年代，畜禽饲养、运输、屠宰等经营环节逐步放开。遵照北京市发布的《家禽家畜检疫条例》，门头沟区于1988年、1990年、1993年，分别在杜家庄、大村、青白口设立边卡公路检疫站，以防止畜禽疫病的传播与蔓延。

1988年，门头沟区设兽药监督员，负责全区兽药生产、经营部门兽药质量的监督工作。

疫病疫情 1950年至2020年，镇内曾发生过不同程度的传染性猪病：猪瘟、猪肺疫、猪丹毒、水泡病、传染性胃肠炎、流行性腹泻、弓形虫、血痢病、猪囊虫病、细小病毒、猪气喘、仔猪白痢、红痢、黄痢、仔猪副伤寒等。其中猪瘟、猪肺疫、猪丹毒、胃肠炎、白痢、黄痢、仔猪副伤寒等，因防疫、控制、治疗有效，养殖业未受到影响。

镇内牛羊病主要有传染性胸膜炎、布鲁氏菌病、牛结核病、焦虫病、炭疽、羊痘、羊疥癣、肺炎等。山羊胸膜肺炎于1953年至1955年三次发生于沿河城、军响、斋堂等村。1963年，布鲁氏菌病在斋堂有一群羊发病，并感染2个牧工，以后未见有临床病畜。1967年前，炭疽病在斋堂乡曾有发生。1995年至2010年，流行牛病主要是瘤胃酸中毒、产后瘫痪、乳腺炎、胎衣不下、胃肠炎、蹄叶炎等。羊病主要有乳腺炎、感冒、瘤胃积食、瘤胃胀气、前胃迟缓、中毒、难产等。1995年以来，未发生牛羊口蹄疫重大动物疫病。羊疥癣、肺炎及体内外寄生虫疫病时有发生。

马属病主要有马传贫、马鼻疽、破伤风、马流感、马脑炎、马腺疫。1951年河北省宛平县购进淘汰战马300匹，其中181匹患阳性马鼻疽病。此后，由于牲畜入境检疫手段不健全，多次发生疫情。

禽病主要有新城疫、马立克氏病、霍乱、白痢、球虫病等。1950年至1995年，鸡新城疫一直未断，镇域内时有发生。1986年发生马立克氏病，遍及全镇。鸡瘟是域内禽病发生的普见病，发病后传染快。1995年后加大疫苗免疫力度，疫病基本上得到控制。2003年发生禽流感后，域内禽类养殖逐渐退出养殖业。

防治防疫措施 中华人民共和国成立后，贯彻“以防为主、治疗为辅”的方针，普及防疫知识，培训防疫员，提高防疫人员的技术水平；制定畜禽饲养场的检疫、免疫、消毒、驱虫、净化规程；定期开展疫情监测和普查；对口蹄疫、炭疽、水泡病、猪瘟、鸡瘟、牛肺疫等一类传染病严密监视，取得了较好的成果。炭疽、鼻疽、水泡病已多年未发生；牛结核、牛羊布鲁氏菌病、马传贫、马脑炎、马流感、传染性胸膜炎、羊出败等病得到稳定控制；大家畜破伤风、羊痘、羊疥癣、焦虫病、猪囊虫、猪气喘及细菌肠炎等病得到控制；猪瘟、猪肺疫、猪丹毒、鸡新城疫、鸡马立克等病发病减少。猪瘟发病从1951年2.4%下降至1986年0.006%；猪肺疫发病从1%下降至0.3%；胃肠炎从2.4%下降至0.07%；黄白痢由1%下降至0.4%；新城疫由5.7%下降至2%；禽霍乱由5%下降至0.04%。1949年至1995年46年间，共治疗大牲畜疾病近30万头次。

第三节　林果业

种子与苗木

采种　20 世纪 50 年代初，林木种子由群众上山自由采集，政府委托土产公司或基层供销社负责收购与保管。1951 年，宛平县政府采取以工代赈的方式，发动群众采集山杏、橡子、花椒、核桃、山桃等种子，采杨树捋穗，以后每年都安排采种活动。1958 年，门头沟区成立农林水利局以后，每年在林木种子成熟季节，都与区供销社联合印发采种通知和收购计划，由各基层供销社在收购时掌握种子质量，按质论价，计划收购。“文化大革命”期间，林木采种工作出现放任自流状态。1978 年，门头沟区林业局设立林业种子库，负责全区林木种子的采收、贮藏、调剂工作。1980 年，将马栏林场于 1958 年造的油松林和落叶松林划为母树林，作为门头沟区采种基地。1995 年，统一组织的采种工作基本停止，育苗所需种子主要由北京市林业局琅山林木种子站购买。

育苗　中华人民共和国成立后，域内采取多种方式开展林木育苗工作。1950 年，以公私合营或委托方式开辟育苗基地，发动群众经营零星苗圃。1958 年，号召社社队队建苗圃，主要树种有落叶松、油松、红松、侧柏、刺槐、桑树、核桃、山桃、山杏、海棠、板栗、葡萄、花椒等，其中沿河城等村进行落叶松育苗；西胡林村建立国营苗圃（西胡林苗圃 60 年代改作他用）。20 世纪 60 年代初，政府提倡山地育苗，要求“就地育苗，就地栽植”。1966 年“文化大革命”开始，育苗工作放任自流。1969 年，社队集体育苗恢复。1972 年，区革命委员会决定，集体育苗占地不计粮田面积和粮食产量，号召拿出好地育苗。1976 年开展油松营养钵育苗。1980 年，国家对集体育苗实行资金和粮食补助政策。1983 年，农村实行联产承包责任制以后，出现社员户承包育苗，最多的育苗承包户，每年可获补助费万元以上。1985 年以后，集体育苗与承包户育苗每年留床苗都在千亩以上，镇域所用苗木除个别树种外，基本能自给。

植树造林

全民义务植树　中华人民共和国成立后，域内开展群众造林，进行杨、柳插条及山杏、山桃荒播造林。按照平均每人植树 10 株的计划和在撂荒地播种成片山杏的要求，撂荒地主要进行山杏荒播。1951 年，清水林业工作站在沿河城乡新庄户村成功直播油松林 50 亩。1952 年 7 月中旬，沿河城乡新庄户村组织邻近 7 个村 50 余个劳动力，第一次进行油松直播造林，4 天造林 80 亩。此后，组织秋季造林，采取“国家出种苗，群众出工，谁造谁有”的方式造林。1955 年，推广榆树、刺槐、美杨、紫穗槐等树苗。1956 年，采取造林与谷坊工程相结合的方法造林。1958 年，斋堂公社共完成造林 34542 亩，是有史以来造林规模最大，成果最多的一年。北京二商局组织干部职工，以军响通州峪为基地，在煤窝、斋堂南大梁等地海拔较高的山上广栽落叶松，后发展为万亩人工落叶松林。北京市和八区县财贸系统及市商业局 9 个单位抽调人力，到镇域植树造林，仅沿河城地区 500 余人，长年住在山上，3 个月轮换一次。3 年完成 5000 余亩，植树 80 余万株。至 1984 年保存有 70 万株。1963 年，贯彻“以植树造林和水土保持为中心的山区建设”方针，以发展核桃、山杏等木本油料树种为主，当年造林 1226 亩，其中经济林 1075 亩，主要是山桃和杏树。

1966 年，沿河城村刘廷林、索振祥、师永宽等人组成造林专业组，在沿河城外、永定河边以柳树为主造“愚公林”，发展到 20 余万株；林子台沟利用沟边废地以杨柳为主造沟谷林。1976 年实施“营养钵造林”新技术，造林近万亩，其中营养钵造林 50 万株，成活率 80% 以上。1977 年，采取国社合作进行落叶松用材林基地建设，其中在沿河城地区建成 2275 亩落叶松基地。

党的十一届三中全会后，1980 年 12 月，中共门头沟区第三次代表大会明确提出“林果为主，全面发展”的方针，提出 1981 年至 1983 年，每个农村劳动力栽树果一亩，营造一亩八分林，四旁（宅旁、村旁、路旁、水旁）植树 50 株的奋斗目标。在此号召下，沿河城地区四旁植树 92.8 万株，超额任务达 10 万株。1981 年，开展以“稳定山权、林权，划定自留山和确定林业生产责任制”为内容的“三定”工作。1982 年，放宽林业政策，实行“两山”下放，同时，发动专业户、承包户造林。1994 年开始，镇政府按照区委制定的荒山造林重点，坚持统一设计、统一标准、统一苗木，实施集中连片、专业队施工的工程造林，使荒山一般造林逐步向工程造林转变，提高了造林标准，保证了造林质量和成活率、保存率。在“统一规划、集中连片、形成规模、提高水平”的方针指导下，实行飞、封、造一齐上，乔、灌、草相结合的方式开展造林工作。

2000 年至 2010 年，围绕生态环境治理开展植树造林工作，2000 年造林 522.28 公顷，成林抚育作业面积 533.33 公顷；2003 年造林 311.12 公顷，成林抚育作业面积 1866.6 公顷；2005 年造林 232.88 公顷，成林抚育作业面积 317.73 公顷；2008 年造林 308.63 公顷，成林抚育作业面积 3899.33 公顷。2010 年造林 399.99 公顷，成林抚育作业面积 2000 公顷。

2010 年后，统计局不再公布镇域全民义务植树数据。到 2017 年，全镇森林覆盖率和林木绿化率分别达到 45.77% 和 68.33%，高于全区平均水平。2018 年，全镇森林覆盖率和林木绿化率分别达到 46.97% 和 71.73%。2020 年，全镇森林覆盖率达到 81%。

百万亩造林工程 2018 年 12 月，门头沟区开展新一轮百万亩造林工程。2019 年，斋堂镇完成造林 22815 亩，占全区总任务的 55%，位列全区第一，涉及镇内 22 个村。其中，山前平缓地造林 1850.1 亩，包括柏峪村 356.38 亩、林子台村 56.75 亩、灵水村 877.26 亩、龙门口村 231.96 亩、马栏村 54.62 亩、牛战村 5.22 亩、沿河城村 109.36 亩、杨家村 107.32 亩、张家村 51.23 亩。

浅山台地造林 5245.07 亩，涉及 12 个村，其中杨家村 394.85 亩、张家村 33.48 亩、马栏村 357.37 亩、柏峪村 483.4 亩、川底下村 238.63 亩、高铺村 221.94 亩、牛战村 1107.85 亩、向阳口村 808.32 亩、新兴村 453.66 亩、沿河城村 505.77 亩、沿河口村 364.19 亩、龙门口村 275.61 亩。

浅山荒山造林 15720.07 亩，其中龙门口村 886.66 亩、白虎头村 1697.77 亩、新庄户村 692.57 亩，沿河城村 2967.89 亩、向阳口村 1354.73 亩、东胡林村 404.56 亩、双石头村 672.48 亩、川底村下 352.05 亩、新兴村 983.13 亩、杨家村 238.5 亩、林子台村 1165.52 亩、桑峪村 1000.18 亩、法城村 200 亩、火村 414.53 亩、马栏村 1382.95 亩、高铺村 1282.98 亩、东斋堂村 23.57 亩。

完成森林健康经营面积 46000 亩，涉及龙门口村、沿河城村、向阳口村 3 个村。

图 8-4　刘家峪沟造林（2002 年摄）

完成国家公益林抚育面积 7086 亩，涉及高铺村、东斋堂村、军响村、西胡林村、东胡林村、桑峪村 6 个村。

2020 年，百万亩造林完成 16500 亩，涉及 13 个村，30 个地块，一标段涉及 6 个村庄，分别是灵水村 1786 亩、桑峪村 2181 亩、杨家峪村 755 亩、马栏村 1244 亩、东胡林村 350 亩、高铺村 1623 亩。二标段涉及 7 个村庄，分别是向阳口村 512 亩、川底下村 534 亩、双石头村 332 亩、沿河城村 4928 亩、王龙口村 470 亩、白虎头村 1162 亩、火村 623 亩。

完成森林健康经营面积 40560 亩，涉及柏峪村、沿河城村、向阳口村、军响村、林子台村、新庄户村、杨家村共 7 个村。

完成国家公益林抚育项目面积 9057 亩，涉及高铺村、东斋堂村、黄岭西村、军响村、东胡林村、桑峪村、西斋堂村、灵水村、火村、新兴村共 10 个村。

京津风沙源治理工程 2002 年 3 月，沙源治理工程全面实施。先后有退耕还林、人工造林、飞播造林、封山育林、种苗基地建设等纳入沙源治理工程。2004 年采用鱼鳞坑整地法，按 1 ∶ 1 的比例营造针、阔叶混交林。栽植后苗木压石覆草遮阳，确保造林成活率。2006 年，将"六统一、五落实"（统一苗木招标、统一整地标准、统一植苗规格、统一质量检查、统一建立工程档案、统一报送统计资料，责任落实、人员落实、任务落实、地块落实、苗木落实）贯穿造林全过程。2008 年开始，全部工程地块均按"先设计，后整地，再造林"的程序操作，作业设计率达 100%，避免了造林的盲目性和随意性。

2005 年至 2010 年，镇域内完成封山育林、荒山造林、植树造林、人工造林、经济林建设等各项工程任务。2010 年至 2015 年，完成京津风沙源低效林改造工程 3000 亩，森林健康经营 4500 亩，国家公益林工程 22084 亩；创建马栏等 5 个村绿色村庄；实施 109 国道绿色景观提升工程，栽植万寿菊、百日草、马鞭草、鼠尾草共计 1730 亩，栽植玫瑰 230 亩。

2016 年至 2020 年，实施京津风沙源治理、低效林改造、森林健康经营、国家公益林抚育工程，累计完成荒山造林 2.5 万亩，围栏封育 4 万亩，国家级公益林管护、森林健康经营抚育 8 万亩。

林场简介 马栏林场，位于马栏村南，场部设在水壶港。林场范围东至老龙窝至北大梁，南接老龙窝至馒头岭，西邻清水林场，北连马栏村。处于中山地带，平均海拔 1100 米，以阴坡、半阴坡为主。林场内的天然次生林，是华北地区保存比较完整的林区之一，总面

图 8-5 马栏林场（2008 年摄）

积5547亩，其中有林地4211亩，林木蓄积量9057立方米。主要树种有柞树、桦树、油松、落叶松、山杨等。林场前身是北京市财贸系统于1958年组建的崇文区绿化队，1958年至1976年，崇文区绿化队造林1211亩。1976年，绿化队撤走，林场移交门头沟区百花山林场管理，建百花山林场马栏分场。1978年4月，马栏分场归属区林业局，改称马栏林场。1978年至1983年，马栏林场造林1505亩。1993年，马栏林场由百花山林场接管。1997年，马栏林场与西胡林果园合并至今。1999年6月，马栏林场被北京市政府批准为市级森林公园。公园有动物种类700余种，植物种类100科、708种，森林覆盖率98%。

矿务局林场，分布在门头沟和房山两区境内，海拔在100米～2000米之间。林区内林地多呈相对独立片林状分布，分布在门头沟区境内的有大台林地、斋堂林地、珠窝林地、河南台林地。其中，斋堂山林地总面积2.81万亩，有林面积1.9万亩，活立木蓄积6.95万立方米。此林地有华北地区最大的万亩落叶松林，树种以油松、落叶松为主，另有桦树、栓皮栎等。有野鸡、獾、兔、狍子等野生动物。2016年，林场移交北京市园林绿化局，成立京西林场。

果品生产

果树种类、品种及分布　镇域内果树种类及品种较多，野生树种主要有山杏、山桃、核桃楸、山丁子、山葡萄、杜梨、酸枣、榛子、山楂、猕猴桃等。栽培树种主要有核桃、仁用杏、枣、苹果、梨、桃、葡萄、鲜杏、板栗、草莓、樱桃、海棠、李子等。

核桃品种有灵水核桃、露仁核桃、新疆核桃、穗状核桃、本地绵核桃、薄壳香、东岭6号、9号、燕家台1号、大林4号、5号、秦城7号、14号、20号、21号、24号、30号、31号、34号、35号、43号、西寺峪1号、慕田峪1号、试验场1号、香营1号、河南薄皮12号、园丰、辽河1号、2号、上宋6号、美国4号、6号、7号、8号、16号。

仁用杏品种有柏峪扁、马套扁、苇甸扁、龙王帽、茨扁。

枣品种有太子墓小枣、老虎眼、困枣、马牙枣。苹果品种有小国光、红星、黄魁、红魁、伏花皮、早生旭、祝光、倭锦、旭、元帅、红玉、金帅、赤阳、醇露、凤凰卵、鸡冠、伏锦、印度、大国光、胜利、富士、葵花、肉桂、青香蕉、红富士、北斗、新红星、路欧、桥纳金、玉林。梨品种有鸭梨、慈梨、雪花梨、秋白梨、苹果形、马蹄黄、热白梨、巴梨、三季梨、半斤酥、鸡腿梨、伏茄梨、墩梨、红肖梨、糖梨、罐梨。

桃品种有大久保、五月鲜、岗山白、岗山500号、小林和尚帽、白凤、晚黄金、撒花红蟠桃、魁桃、土仓、号桃、绿化9号、垛子1号及北京1号、14号、27号。葡萄品种有玫瑰香、龙眼、巨峰、鸡心、白玫瑰、晚白、莎巴珍珠、黑大粒、牛奶、瓶葡萄、巨峰系大粒、井川、美国利必尔。鲜杏品种有串铃、大白杏、香白杏、红杏骆驼黄、玉巴达、关老爷脸、柿子杏、麦黄。

李子品种有黄李、大红李。

柿子品种有磨盘柿、盖柿、杵头柿、小红柿。

红果品种有大红楂、小山楂、灯笼红、涧沟红果、罗锅岭红果。

海棠品种有八棱海棠、秋海棠、白海棠、海棠果、沙果、槟子。

樱桃品种有大樱桃、小樱桃、那翁。

镇域内果树分布广泛，以核桃、杏核为主的干果，主要分布在清水河流域和中山河谷地区；以苹果、梨为主的鲜果，主要分布在永定河两岸低山河谷地区，其中苹果分布较广；梨、柿子、桃也有少量分布。

核桃是域内分布最广的树种，在各个村落的河谷、河川和台地上都有分布，不仅栽培历史悠久，而且是出口油料的重要产品。山杏林分布更为普遍，几乎满山遍野都有生长。

果品产量　1957年，果品总产26.25万公斤，其中核桃总产13.2万公斤、杏8.8万公斤。1966年果品总产108.8万公斤，其中核桃总产45.95万公斤，杏13.05万公斤。1978年果品总产86.8万公斤，其中核桃总产41.5万公斤，杏5.95万公斤。林果业的发展，不断的新品种引进，核桃产量下降，而苹果种植发展。至2020年，果园面积达3841亩，园林果品总产103.6吨，其中鲜杏25.5吨；苹果已从1963年的不到5000公斤，增加到2020年的29.2吨。

名优特产　灵水核桃是镇内特色果品之一，有悠久的栽培历史，以个大、皮薄、绵瓤而著称。每公斤12个左右，出仁率45%，含油量75%，在京、津市场素有盛名。1995年门头沟区核桃产量363吨，其中镇内核桃99吨。

“柏峪扁”是门头沟区“三扁一帽”特产之一，主产地在柏峪村，是仁用杏中的精品。其特点是核大仁满，仁型扁平，外形美观，营养丰富，经济价值很高，驰名国内市场，还远销国外。

图8-6　林场苹果基地的苹果（2020年摄）

标准化果品生产基地　镇内标准化果品生产基地是从九龙头千亩果园建设开始的。九龙头千亩果园，1990年开始规划，1991年兴建，是集果树、造林、畜牧、小杂树于一体，山、水、林、园、路综合治理，社会效益、经济效益、生态效益共同提高的绿色企业。至1993年，大平大整土地700亩，营造果园416亩。种植果树18300多棵，发展山羊160只。到1994年，果园面积5000亩，封山育灌3000亩，造风景林500亩，造梯田1000亩，栽果树4万株，主要果品是红富士苹果。2001年产果15万公斤，其中高质量套装苹果10万公斤，纯收入120万元，带动当地120个农户致富。

在九龙头苹果基地的基础上，至2000年，镇内相继建立了火村千亩红杏基地、北沟千亩大杏扁基地、白虎头沟千亩小枣基地、林子台300亩红提基地、黄岭西250亩花椒基地等多种果品标准化生产基地，初步形成“一村一品、一沟一品、一镇几品”的种植格局。2008年，初步建成金丝小枣、红富士苹果、红杏、葡萄、杏扁、薄皮核桃、小杂粮、黄芩9个千亩农业主题公园。

病虫害与防治

林木病害主要有松苗立枯病、落叶松枯梢病、油松枝枯病、杨树腐烂病、杨树溃疡病、杨树腐朽病、泡桐丛枝病。果树病害有核桃烂皮病、枣疯病、苹果腐烂病、梨黑星病、杏疔病和桃细菌性穿孔病。

林木虫害主要有松毛虫、松蚧壳虫、松大蚜、松梢螟、介壳虫、松小蠹、青杨枝天牛、光肩星天牛、白杨透翅蛾、舞毒蛾，杨二尾毒蛾、柳毒蛾、云斑金龟子、栎枝背毒蛾、侧柏毒蛾、豆天蛾、天幕毛虫、斑衣腊蝉、臭椿大干象、铜绿金龟子。果树虫害有舞毒蛾、核桃瘤蛾、核桃举肢蛾、核桃小吉丁虫、草履介壳虫、青刺蛾、黄刺蛾、朝鲜球坚蚧、杏仁蜂、桃小食心虫、梨小食心虫、桃红颈天牛、杏树毛虫、红蜘蛛和黄须球小蠹等。

20世纪50年代初防治重点是果树害虫，防治方法是发动群众人工捕杀及刮树皮、挖虫卵等。1952年，镇域各村发动群众捕虫、剪病枝、刮树皮、刷石灰、清洁园地，有效地遏制了果树病害。1953年4月，镇内相继发生天幕毛虫、象鼻虫、介壳虫、梨星毛虫等，经1个多月的扑打，保全了果树。1954年“二黑一柞”（核桃举肢蛾、梨黑星病和柿圆斑病）在镇域流行，严重影响了果品产量。1955年开始进行重点药物防治，至1957年，基本控制了核桃黑、梨黑和柿子圆斑病。1958年，镇域施用6%可湿性666粉农药防治核桃黑，用石灰多量式200倍波尔多液防治梨黑。区农林水利局在斋堂公社采取烟熏、涂干、埋根方法进行核桃黑防治，有效率75% ~ 99%。1960年，用烟熏与打药相结合防治核桃黑，防治率有效80%以上。

1963年，镇域发生核桃瘤蛾危害，通过消灭越冬蛹、打药除虫、截住下树幼虫，采取树干绑草、树下铺石灰、地面撒药等措施，控制核桃瘤蛾危害。

1983年，军响鳌鱼沟发生松毛虫，受害面积600余亩，危害树木达6万株，区林业局派技术人员现场治理，控制松毛虫危害。

1999 年 3 月，区林业保护站在军响地区建立林木病虫害防治服务队，负责雁翅、军响、斋堂和清水等深山区乡镇林果危险性突发性病虫害的测报与防治，并提供有偿药剂、药械服务。

2001 年，马栏等林场相继发生落叶松叶蜂危害，对此采取喷洒森得保粉剂和敌马、林丹烟熏剂进行防治。2002 年 5 月，军响西岭国有林区人工油松林突发油松毛虫，部分针叶被吃光、吃花，受害面积达 1500 亩。6 月中旬，采用敌马、林丹烟熏剂防治，控制了松毛虫的危害。

草履介壳虫在镇内是早春的主要害虫，有不同程度的发生，每年采取的防治措施是树干捆绑塑料布、胶带或喷药，进行防治。2011 年，选配测报员 19 名，增设测报仪 1 台。至 2020 年，镇内各重点路段，林地、重点地块进行有害生物普查，选配测报员 46 名，分 3 批组织病虫害防治工作培训，发放诱捕器 205 个，对美国白蛾、红脂大、小蠹等 21 种有害生物检疫对象实施监测和巡查。发现问题及时打药，避免了大面积病虫害的发生。

森林资源保护和经营管理

护林防火 1950 年，宛平县政府成立护林委员会，镇域各村建立护林组织、配备护林员。1951 年，贯彻“普遍护林，重点造林”的方针，建立健全村级护林委员会，联村护林委员会，修建防火瞭望台。1952 年，扩大护林队伍，建立村与村联防体系，成立以民兵为骨干的防火大队，镇内各建制村普遍建立护林委员会。1963 年 9 月，镇内各公社、各大队、生产队制定护林公约，成立护林组织。“文化大革命”期间，护林工作陷于混乱。

图 8-7 防火检查（2017 年摄）

1981年，域内护林工作和组织恢复。1989年，成立防火分指挥部，各村建立护林防火指挥小组。镇域建立群众性护林防火联防组织，设立生态林管护员制度，斋堂镇政府与全镇1600余名管护员签订《护林防火责任书》，实施分片管理，责任到人。同时，做好生态管护员补偿资金的申请和发放工作，监督和审计各村生态林补偿资金的使用。2007年，落实生态林管护员1636人，管护面积44.3万亩，年补偿资金785.236万元。2017年，对全镇29个村2012年至2017年生态林补偿资金使用和管理进行全面统计梳理，共使用生态林管护剩余资金1188万余元，结余生态林管护资金1152万余元。2018年，对2017年至2018年的生态林补偿资金的使用和管理进行统计梳理，共使用生态林管护剩余资金356万余元，结余生态林管护资金1612万余元。结余资金全部上缴财政。按照政府有关规定，2019年，完成生态林管护员信息采集表填报工作，全镇核定生态管护员人数1686人，实际上岗人数879人，其中低收入户人数218人。低收入人员占25%。2020年，完成管护员轮岗，上岗人员899人，制定2020年至2021年防火预案，并与各村签订防火责任书。自2020年1月起，生态林管护补偿资金由镇财政统一发放，不再由村里发放，截至第三季度，管护员补偿资金共计480万余元。

封山育林　1950年，按宛平县政府要求，镇域开展封山育林工作，封山后，组织群众进行保护。封山区内禁止一切砍伐、放牧、打柴等活动。1951年，镇域将国有林全部封禁，大部分村有林、私有林也实行封禁。封禁采取签订合同，公示于民。1954年，结合小流域治理在小北沟、东北山、西北山、斋堂、川底下、大三里等处，封山育林，抚育次生林。1963年，在解决林权问题时，由集体划归国有的天然次生林全部封禁，其封山区主要分布在沿河城龙门沟。封育树种主要为橡栎类、桦木、山杨、鹅耳栎等。

1966年至1968年，因“文化大革命”，封区内出现任意砍伐、放牧、樵采现象。1969年至1976年，因修建斋堂水库和唐山大地震，很多单位涌入林区抢伐“防震杆”，致使多年的封山育林成果遭到破坏。

1984年，区政府将封山育林工作纳入林业生产计划，封山育林经年终验收达到标准国家给予资金补助，育林费每年每亩补助2元，育灌补助1元，可连续补助5年。到1991年底，封育区基本郁闭成林。

退耕还林　2000年，镇党委、政府在坚持生态效益优先、兼顾经济效益、适地适树、规模发展的原则下，开始实施退耕还林工作，至2003年，退耕还林4500亩。2004年，镇林业站配合区园林局及第三方人员对全镇2000年至2004年退耕还林基本情况进行实地核查，合格面积为3101.77亩，涉及20个村437户。2014年，完成退耕还林钱粮兑现工作，发放退耕还林2012年度、2013年度管理费252471.4元，兑现2013年退耕还林粮食216930公斤。2015年对全镇的6159.7亩退耕还林地进行检查验收，确保钱粮及时兑现。2016年，对全镇的4924.8亩退耕还林地进行检查验收，确保了钱粮的及时兑现。2018年，全镇退耕还林保存面积为6394亩，兑现钱粮面积2791.2亩。2019年，全镇退耕还林保存面积为6179.73亩，钱粮兑现面积652.6亩，生态林生态效益补偿面积536980.8亩，其中低收入户1531人，全镇共计发放补偿资金22553193.6元。

2020年，退耕还林共2623亩。其中，火村456.1亩，黄岭西村287亩，东斋堂村169.6亩，白虎头村614.5亩，高铺村233.3亩，马栏村263.7亩，柏峪村224.6亩，牛站村16.8亩，新兴村196亩，西斋堂村153.4亩，川底下村8亩。退耕还林后续政策补助资金共计1917395元，生态林生态效益补偿面积536980.8亩，其中低收入户1242人，全镇共计发放补偿资金22553193.6元。

集体林权制度改革　1947年前，山上林木大多归私有。1947年，镇域内山林划归国有。1950年，宛平县政府提出每人植树8棵，谁造谁有。1952年至1955年，域内农民在清明节前后，将树秧栽到自己的房前屋后，自种自有，树权归己。1956年合作化后，自家地内林木作价入社归集体。1958年人民公社时，所有树木收归集体。

1980年4月至6月，域内开展“两山”（自留山、责任山）下放工作，颁发了自留山使用证。1981年，域内开展稳定山权、林权，划定自留山、责任山，确定林业生产责任制，颁发山权、林权证。1982年后实行林业生产责任制。责任制形式有农场式，专业队或专业组式，联产承包式，专业户式，均分到户式（包括树随地走），还有集体统一管理。

1999年9月15日，门头沟区人民政府办公室《转发农林局〈关于开展集体林权登记发证工作意见〉的通知》。11月，进入初始登记工作阶段，截至12月底，镇内各建制村开展林权登记。2000年4月，集体林权登记申请工作完成。2001年6月，历时3年的集体林权登记发证工作全面完成。

2008年6月，中共中央、国务院颁布《中共中央　国务院关于全面推进集体林权制度改革的意见》。2010年，斋堂镇对集体林权制度进行改革。按照《门头沟区集体林权制度改革工作实施方案》，商品林以确定经营主体为主，生态公益林以确定股权为重点，按“均股不分山、均利不分林”的原则，确权确股确利不确地，明晰集体所属林地产权股本，依法进行股权确认，“均股”到户，为集体经济组织成员颁发个人股权证。至2010年12月，完成全部林权改革工作。全镇林地面积539453.4亩，其中生态林面积522882.8亩、商品林16870.6亩。股权享权人6164户12826人，人均享有资金1009元，沿河口村人均享有资金最高，达4600元。2010年补偿资金已全部发放到村民手中。2011年，完善镇内29个建制村林改手续档案归档工作，建立健全了镇、村两级林改档案58宗；完成股民股权证的发放，各村宗地面积，股权人、享权人的核实登记，发放林改资金1250余万元。2017年，林改面积522882.8亩，林权改革补偿从以前的每亩24元涨至42元，总享权13070人，共计发放21961077.6万元。至2020年，生态林生态效益补偿面积536980.8亩，其中低收入户1242人，共计发放补偿资金22553193.6元。

第四节　水　利

拦洪蓄水工程

斋堂水库　位于西斋堂村西南1000米的清水河主沟道内，控制流域面积345平方公里，库容为5420万立方米。市水利勘测处设计，市水利局主办，后交门头沟区管理。主坝为碾压式黏土斜墙土坝，坝顶高程470米，顶长380米，宽5米，高58米。大坝左侧设两孔开敞式溢洪堰，闸顶高程453米，孔口净宽20米；溢洪道长347.49米。大坝右侧坝头设输水管，进口高程426米，长271米，最大输水量24立方米每秒。至出口闸门处设分水管4条：位于左侧下部的，一为灌溉用管，一为电站插管；位于右侧中部的，一为灌溉用管，一为供斋堂居民生活用水管。大坝右侧设有泄洪洞，进口高程430米，长329米，直径5.2米。大坝、输水管和溢洪道均于1970年4月开工，1974年10月建成。全部工程量土石方302.8万立方米，用工990万工日，投资和加固处理费3112.54万元。水库占耕地981亩，移民334人，赔偿费162.1万元，公路改线7800米。1979年底前向工农业供水1亿立方米，1980年至1990年因天旱，供水2342万立方米。

大坝在修建过程中和竣工后，对因施工质量不佳造成的问题进行几次处理。1972年8月，右坝头往左178米上游坝面高程459.5米处，出现长50米、宽10毫米～20毫米、

图8-8　斋堂水库（2008年摄）

深250厘米～300厘米的平行裂缝；10月16日左右两坝端出现横向裂缝并将斜墙拉通。后将裂缝以上黏土心墙挖除重做；同时在右坝头增开泄洪洞1条。1973年4月挖除裂缝以上斜墙重新回填，并自右坝头40米处向左的斜墙表面铺设一层0.4毫米的塑料薄膜，自451米高程起铺14米。

1974年10月水库蓄水2370万立方米时，防浪墙出现多处裂缝；左坝头252米～260米段防浪墙体下沉并被拉裂；1975年春，发现右坝头往左320米段坝顶裂缝。对此，1975年5月，进行开挖回填处理。

1978年7月，发现430米高程的上游坝坡平台有两处塌坑，一处位于右坝头243.35米防渗墙顶部，另一处位于防渗墙顶上游2.0米处。对此，1978年11月沿塌坑开挖，而后用岩心钻打孔，再用混凝土填实形成止水层；又在两坑之间的漏水处，用水泥埋管灌浆办法处理。

1983年6月，发现距右坝头293.5米处有塌坑，后用旋喷水泥浆加固。此外，针对1975年8月河南大水，对水库进行抗洪标准复核后，又进行加固处理：将坝顶加高0.5米，防浪墙加高0.5米，加宽0.5米，加固后坝顶高程为470.5米，防浪墙高程为471.7米。

珠窝水库　位于永定河官厅山峡珠窝村北1000米处。大坝坝型为混凝土重力坝，高33.2米，顶长134米，宽5米，库容1430万立方米，控制流域面积329平方公里（官厅到珠窝区间）。基岩为震旦纪灰岩，基础采用帷幕灌浆防渗。坝顶设溢洪道，共5孔，各宽12米。左岸设有压变明渠，底部设有排沙底孔，长80.5米，直径1.8米。该工程于1958年7月开工，1961年2月竣工，总土石方100万立方米，混凝土26.1万立方米，金

图8-9　珠窝水库（2020年摄）

属结构2200吨，总投资6990万元。修建该工程，一为拦洪蓄水，二为水力发电。

“五小水利” 即小水池、小水窖、小塘坝、小泵站、小水渠。中华人民共和国成立后，1950年，域内清水河流域发生水灾，给域内人民生产生活带来重大损失。从1953年开始，在斋堂镇南沟和北沟修建护村堤坝。1954年，国家投资，在斋堂镇南沟、北沟以及林子台、石羊沟等地，修筑谷坊180座、丁坝20座。此后又相继修建了白虎头村、马栏村、灵水村等村的塘坝。20世纪70年代斋堂水库修建后，根治了清水河的水患。

从1994年开始，镇域内贯彻“水利富民”政策，通过实施“书记工程”“重点工程”“五小工程”和“蓄水保墒工程”，推动水利富民工作的开展。1998年至2003年，先后修建火村塘坝等一批山区拦蓄骨干工程，并通过引水上山，集雨截泉、实施“五小”网络化，保证了山区田间节水工程建设的实施，改善了山区人畜饮水和果林灌溉严重缺水的局面。2004年起不再单独开展这项工作。

塘坝 1958年后，镇域内部分村落先后修筑塘坝，用于积聚附近雨水、泉水，以灌溉农田。

1957—1986年部分年份主要塘坝基本情况一览表

表8-3

修建年份	名　称	坝　址	坝　体（米）			蓄水能力（立方米）	总投资（元）
			长	宽	高		
1957	火村塘坝	九岭				5000	
1958	白虎头塘坝	山神庙	40	2	12	5000	8768
1967	刘家峪塘坝	东大口		2	9	10000	
1969	马栏塘坝	下河	6	2.5	5	4000	4700
1969	灵水塘坝	湖底下	30	2.5	8	15000	
1970	杨家村塘坝	两岔口	41	8	5	8000	130000
1973	黄土嘴塘坝	村上	15		5	2000	
1986	法城塘坝	三角湾	25		5	5500	29000

说明：表内空格表示无数据

水能源利用

水碾 成书于元代的《析津志》记载：“京西斋堂村有水磨，日夜可碾三十石。”灵岳寺碑（元至元三十年立）阴记载：“斋堂村南马栏口有水碾一所，碾房大小七间。出水游渠东至河心，南至河北。”19世纪末时，东胡林村至军响村有2个水碾，为灵水村名医谭大斋的二弟、三弟所有。水碾在清水河右岸，加工灌木根茎，用于制香。

水电站 西斋堂水电站位于西斋堂村西南，1957年秋开工，引水渠自大三里口对面向东，渠宽、深各1.5米，长3000米，水头落差6米，电机功率65千瓦。1958年10月1日竣工发电，供东、西斋堂500余户村民及几十家驻地机关、厂矿照明用电。1963年，斋堂镇架设高压线路，水电站停止发电。

高铺（旧）水电站位于村西清水河左侧，由北京大学下放干部设计。1958年开工，1959年底竣工发电。电站上建引水渠500米，渠道深、宽各1.5米，水头落差5米，电机功率40千瓦，供高铺（旧）村100多户照明和粮食加工。1963年，电站停止发电。

沿河城水电站位于沿河城村东门外50米处的永定河右岸，1959年建，装机10千瓦。1963年，因丰沙铁路向当地供电，遂将电站设备拆除。1987年，门头沟区水利局投资50万元在原址重建水电站。水电站设计年利用发电4000小时，年发电总量100万千瓦时。工程于1987年6月22日正式开工，1990年底完工，实际总投资74万元。进入21世纪，水电站启用，并网发电。

农田灌溉工程

水渠　火村渠，又称火村塘坝，1957年11月修，1958年竣工。位于火村南山九岭至台上，全长3000米，灌溉面积250亩。原为白灰黄土浆砌，1962年改为铺直径20厘米的缸瓦管。1969年在渠首建截流一座，1971年又将截流加高成塘坝，蓄水能力5000立方米。

斋军渠，起自斋堂水库坝下，止于军响乡灵水村下煤窑，全长15.723公里。由门头沟区水利局设计，斋堂公社与军响公社联合主办。渠道中有管、池、槽、洞设施4种工程，从上而下依次为水库引水管、西斋堂静水池、皇城峪渡槽，西家峪小渡槽、北山口倒虹吸、庄头西山渡槽、庄头沟隧洞、白虎头塘坝引渡槽、新高铺隧洞、羊羔子峪渡槽、下正道倒虹吸、东胡林山神庙隧洞、东胡林村东隧洞、东胡林村后隧洞、桑峪村上隧洞，共计15处工程。1975年开工后，斋堂公社任务7970米，到1977年完成6369米；军响公社任务7753米，到1982年完成930米。由于公社资金不足和农业比较效益低等原因，工程于1982年全部停工，功亏一篑，只可灌溉1200亩。

龙门口渠，位于沿河城大西沟支沟龙门沟口，渠长2500米，大部分为土渠，少部分为白灰砌石。1949年以前即有，1950年8月被洪水冲毁，1952年3月修复渠道1000米。20世纪80年代，龙门沟泉水干枯，渠道废弃。

刘家峪渠，位于刘家峪沟，1949年前即有，1950年8月被洪水冲毁，1952年修复。1965年，将土渠改为直径20厘米水泥管道。后在东大口修塘坝，经刘家峪村，过十三堰翻水至龙门口村东北台入蓄水地，全长1500米，刘家峪和龙门口2村受益。

沿河口渠，位于石羊沟小龙庙，1949年前即有简陋渠道，1950年8月被洪水冲毁，1952年修复。1972年，将土渠改成直径20厘米的水泥管道，长2300米，灌溉农田50亩。1990年，又将水泥管道改成浆砌块石明渠，长2500米，可灌溉农田250亩。

西胡林村上河渠，1949年以前西胡林上河至下河有土渠长3000米，原引青崖泉水灌溉 500 亩。20 世纪 60 年代干旱发生后，西胡林村于 1965 年在下河滩、1966 年在上河滩、1967 年在三十畦分别打井，使水源得到补充，灌溉面积较前增加了 15 亩，达 515 亩。20 世纪 70 年代斋堂水库建成后青崖泉水干枯，1974 年至 1989 年，又在村上游和村下游分别打大口井 1 眼，机井 3 眼，灌溉基本恢复，但面积减少了 15 亩。

东胡林村龙王庙渠，旧有土渠长 1300 米，利用清水河水灌溉耕地 230 亩。后因水库截流和干旱等原因，河水显著减少。东胡林村于 1975 年至 1981 年，在 109 国道南侧打大口井 4 眼，各挖集水坑 1 个，用农排泵吸水灌溉耕地 240 亩。

军响村西南台渠，旧有土渠长 1500 米，引用清水河水灌溉耕地 100 亩。

桑峪村龙王庙渠，起自军响龙王庙止于桑峪驻军营部，旧有土渠长 1950 米，灌溉耕地 120 亩。后因水库截流和干旱等原因，灌溉困难。1981 年，桑峪村在沙涧口上 80 米处打大口井 1 眼，用 6 英寸泵扬水灌。

西胡林隧洞，是一项渠、管、塘坝配套的系列工程。1973 年，西胡林村将村南隔一道山梁的通州峪泉水通过隧道引到村里，后工程搁置。1977 年，继续施工，进口凿进 10 米，出口凿进 30 米后，工程再度搁置。1982 年 5 月，再次开工，至 1983 年 1 月，开凿出一条长 182 米，洞宽 1.6 米，洞高 1.7 米的隧洞。1983 年 4 月，在洞口以下安装 6 英寸铸铁管 4010 米，可灌溉农田 600 亩。1989 年，在西麻涧上部的川江沟，建 1 座坝顶长 37.25 米，坝顶宽 2.0 米，坝高 14.2 米，容量 9700 立方米的塘坝，保证了水源，增加了灌溉面积。

扬水站　1955 年至 1983 年，沿河城地区先后完成 16 处扬水站，主要有河北扬水站、北门外扬水站、关子扬水站、下树坨扬水站、水峪口大口井等。这些水利工程因不同原因在 20 世纪 80 年后基本停用。

喷灌　滴灌　管灌　上灰峪沟喷灌属双石头村，1982 年建。水源取自灰峪沟容积为 2000 立方米水池，通过直径 30 厘米水泥管道 1500 米，喷灌面积 80 亩。

高铺喷灌 1989 年建，水源取自村前机井，管道长 400 米，喷灌面积 240 亩。

西胡林滴灌位于西麻涧葡萄园。1984 年 7 月施工，8 月 6 日试滴，25 日全部竣工，滴灌面积 100 亩。

1991 年至 1995 年，镇内推广管灌工程。其中，东斋堂村 300 亩，1991 年建成；军响农场 100 亩、东岭村 300 亩，1993 年建成；斋堂九龙头农场 150 亩，1994 年建成。

人畜饮水工程

人畜饮水工程包括基础饮水工程和农村改水工程。基础饮水工程始于 20 世纪 50 年代。1957 年，火村自村南山上修水渠 3000 米到台上，后又陆续将水引到村中的蓄水池中，80 年代，基本实现自来水入户。原村中有南北 2 眼深井弃之不用。

1958 年，马栏村建火力电站 1 座，白天将下河水泉中水扬入村中供饮用。1961 年电站改用高压线。1981 年，从水湖港修渠 1500 米，将水引入村南 1000 立方米的蓄水池中，然后自流入户。工程于1983年全部完成，用户用水不出门。1990年，在水湖港打岩石井一眼，每小时出水6立方米，实现自来水入户。

1967年，刘家峪村在南港建塘坝1座，3000立方米蓄水池1座，蓄水供全村50户170人的人畜饮水。1984年利用此塘坝建立乡办汽水厂。

1971年，东岭村建四级扬水站将永定河水引入村中，供村上36户103人的人畜饮水。后因水费太贵，弃而不用。因缺水，从20世纪70年代东岭村民陆续迁往他村。

1976年，沿河城乡政府驻地由沿河城村迁至柏山寺娘娘庙坡根后，在水峪口与大西沟的交汇处打1眼机井，深28米，保证机关用水的同时，供应由狮子沟迁至政府附近的居民用水。

1982年10月，东北山村利用斋军大渠建扬水站一座，铺设管道650米，解决了全村41户134人的人畜饮水问题。随后投资6500元，将50亩畦灌改为喷灌。

黄岭西村是有名的缺水村，直到20世纪80年代初期还分水吃。1986年，村中打1眼岩石井，彻底解决村民的人畜饮水问题。90年代初，实现自来水入户。

20世纪90年代，镇内每年都有一批村进行改水工程，工程以地下水为主，地表水为辅。工程用费市、区贴息贷款占40%，市、县财政匹配资金10%，农村集体集资25%，农民个人集资25%。

图8-10 集中供水厂（2008年摄）

2008年，斋堂水库下游水位下降，造成清水河沿线13个村饮水困难，镇内实施斋堂水库下游联村供水工程，以斋堂水库蓄水为水源，建成日供水规模为3100立方米的净水厂1座，输配水管线26.05公里，解决清水河沿线8000人的饮水问题。工程总投资3185

万元。

2009年，镇内实施农村安全供水改造工程和老旧管网及一户一表改造，重点对多个村的泵房、蓄水池、消毒等供水设施进行改造，规范供水管理，达到卫生许可标准，解决村民的安全饮水问题。

图8-11　川底下村饮水工程启动仪式（2008年摄）

水土保持工程

斋堂镇属永定河流域，山高坡陡，水土流失严重，因山洪引起的泥石流灾害时有发生。1950年斋堂洪水暴发，在仅有12平方公里小北沟内产生石洪124个。

1950年斋堂洪水暴发后，1957年在西斋堂建立镇内第一座小型水力发电站，初步控制水土流失面积达496平方公里，完成镇域20多公里清水河流域整滩工程，共用石方15万立方米，能拦蓄洪水120万立方米。同年，北京市农林局选定在斋堂狼窝沟建水土保持试验站。1959年，请山西省大泉山农民技术员帮助在狼窝沟进行水土保持试点。试点项目的设置有气象、降雨、径流、泥沙含量等。试验对比有3种类型：即对3条支沟进行生物与工程相结合的沟坡兼治；对另3条支沟，一是进行水平条整地造林，一是只进行部分治理。在2年治理中，1959年汛期降雨600毫米，1960年汛期降雨300毫米，采用生物与工程结合实行沟坡兼治的3条支沟，都达到清水出沟、土不流失的效果；另3条支沟都产生不同径流和土壤流失。

1959—1960年狼窝沟水土流失治理情况比较一览表

表 8-4

流域名称	治理情况	治理面积（平方公里）	观测年度	汛期降雨总量（毫米）	引起径流雨量		径流总量（立方米）	流域总径流深（毫米）	最大洪水流量（立方米每秒）	土壤流失总量（立方米）
					次数	雨量（毫米）				
狼窝一号沟	部分治理区	9.0263	1959	686.3	13	511.3	4963.720	180.0	0.286	53.10
			1960	348.3	8	231.1	25.2	75.6	0.356	24.53
狼窝二号沟	综合治理区	0.0360	1959	653.7						
			1960	348.3						
狼窝三号沟	综合治理区	0.0398	1959	627.7						
			1960	296.6						
狼窝四号沟	综合治理区	0.0312	1959	627.7						
			1960	296.6						
狼窝五号沟	一般水平造林区	0.0886	1959	627.7	31	369.2	13521.32	143.0	0.765	66.30
			1960	296.6	2	61.9	55.7	2.9	0.427	6.03
东狼窝沟	部分造林区	0.5140	1959	627.7						
			1960	296.6	28	455.8	114394.5	205.0	3.00	348.60

说明：表内空格表示无数据

1961年，把试验范围扩大到1.07平方公里的九龙头。治理方法主要是沟道设置谷坊、塘坝，山坡植树造林，对梯田地块较平的扶唇垒堰，地块不平的做成若干大小不等的水平池。经过治理，降雨200毫米达到清水出沟、土不出山的效果。1964年，国务院水土保持委员会在斋堂举办了有华北五省、市领导参加的参观活动。

1954年，在东斋堂、川底下、大三里、西斋堂、西北山、东北山等地做护村堤坝。1955年，在大南沟、石羊沟等地修建谷坊612座，在东胡林等11村修建堤坝1390米。

农田开展水土保持的方式是扶唇垒堰，从20世纪50年代至60年代，年年扶垒两三万亩。1957年后，曾对清水河流域等几条大沟进行流路规整。70年代，大力开展平整土地，至1978年底，大平大整耕地6.26万亩。

山坡水土保持的方式主要是植树造林。1949年4月，宛平县发动植树运动，此后造林工作年年不断，每年还有大量的四旁植树和封山育林。20世纪80年代曾进行几次飞机播种造林。

1984 年至 1986 年，域内开展以小流域为单元的水土保持综合治理，工程措施包括挖水平条、挖鱼鳞坑、挖树盘、修建梯田、扶唇、修筑塘坝、谷坊等，还因地制宜做了防护工程。同时，采取生物措施。在可耕地内育苗，除封山育林、育草、育灌外，植树造林。

20 世纪 80 年代镇域水土流失基本情况一览表

表 8–5

名　称	流域面积（平方公里）	侵蚀面积（平方公里）	占流域面（%）	年平均侵蚀（万吨）	侵蚀模数［吨/(平方公里·年)］
沿河城	182.744	172.61	94.45	4.63	253.3
军响	84.963	80.64	94.91	4.09	481.6
斋堂	120.701	106.51	88.24	4.7	389.7
合计	388.408	359.76	92.62	13.42	374.9

进入 20 世纪 90 年代，镇内加大环境治理和水土保持工作力度。1991 年，对军响南坡进行治理，并在法城小流域进行综合治理试点。1992 年，镇域部分区域进行治理，治理的生物措施包括造经济林，水保林，封育，整修梯田，挖鱼鳞坑，果树盘，干砌谷坊，浆砌谷坊，建防护坝，蓄水池。随着治理工作的进行，形成了沿河城办事处 2000 亩杏树基地，九龙头 1000 亩富士苹果基地。水土流失治理发挥了生态效益、社会效益和经济效益。1998 年至 2002 年，按照“高起点、高质量、高效益”的原则，坚持以重点防治为重点，以小流域为单元，以乡、村、户三级治理为基础，以促进山区经济发展为导向，开展山、水、林、田、路综合治理工作。2002 年，基本完成了水土流失面积的综合治理任务。

图 8–12　斋堂镇小流域治理工程（2005 年摄）

进入21世纪，水土保持工作整体纳入生态环境和小流域综合治理之中，至2020年，完成72平方公里小流域生态综合治理，继续实施清水河及支沟治理工程。

第五节　农业资源

耕地

据1966年统计，镇域有耕地24833亩，其中水浇地5140亩。20世纪70年代中期，曾大搞平整土地，河滩垫地，火村口等增加千余亩耕地。80年代后，由于大量土地退耕还林和建设占地增加，至2020年12月，实有耕地4442.1亩。

1965—2020年部分年份镇域耕地面积统计表

表8-6　　单位：亩

年份	沿河公社（乡）	军响公社（乡、煤窝公社）	斋堂公社（乡、镇）	合计
1965	4330	8418	10705	23453
1975	4890	8879	10079	23848
1985	3347	6850	8615	18812
1990	2576	5463	6010	14049
1995		3129	3153	6282
2000		5555	4959	10514
2005			5977.8	5977.8
2010			3473.9	3473.9
2015			3549.9	3549.9
2020			4442.1	4442.1

说明：表内空格表示无数据

劳动力

1949年以前，域内劳动力主要从事农业生产。中华人民共和国成立后至人民公社化前，逐步实现农业合作化，农村劳动力由合作社统一安排使用。劳动力大部分时间从事农业生产，冬闲季节进行副业生产。男劳力比重大，女劳力主要从事家务，只在农忙季节搞些田间生产。1958年实现人民公社化，提倡妇女参加农业生产劳动，女劳力比重提高。1959年，北京矿务局所属各大煤矿在区内大量招工，镇域内许多青年应招入矿，农村劳动力锐减。直到1963年，农村劳动力才恢复至1958年的水平，达到4564个，其中男劳力2966个，女劳力 1598 个。至改革开放前的 1978 年，全镇劳动力有 5936 个。

1983 年，域内推行家庭联产承包责任制，农村劳动力不再由村里统一安排，各户在按照农事季节完成自家承包的责任田以后可自主择业，劳力使用结构发生重大变化。随着乡镇企业蓬勃兴起和个体商业、运输业、服务业的出现，劳动力从第一产业迅速向第二、三产业转移，且有相当数量的劳力长年外出打工。2020 年，全镇从业人员 3047 人。

农机具

1949 年以前，农业运输基本上靠人背、肩挑、畜驮及畜力车拉。工具主要有背篓、挑筐、扁担、手推车及铁轮大车。中华人民共和国成立后，胶轮手推车及胶轮大车开始出现，成为域内农民从事农用和短距离运输的主要工具。20 世纪 50 年代出现手扶拖拉机和农用汽车。改革开放后，大中型拖拉机及小型拖拉机挂车发展，牲畜运输下降明显。胶轮大车和手推车逐渐减少，但因地理环境所限，依然是域内农民使用的运输工具。

1949 年以前，深翻农具有木犁、弓形铁臂犁、锹、镢头和镐头等。弓形铁臂犁是用牲畜牵引进行操作，深度为四五寸。中华人民共和国成立后，推广 7 寸步犁，3 号山地犁，至今仍是镇内主要耕地深翻的农具之一。铁锹、镢头、镐等刨地工具数量虽有下降，但仍是镇内小块农田土地耕翻不可缺少的工具。

20 世纪 50 年代后期，域内开始使用轮式大拖拉机进行耕作。当时有东方红—28 型、铁牛 55 型等，配套有轻五铧、旋耕机。这些拖拉机及配套机具，性能好，操作使用方便，一直沿用至今。1983 年联产承包责任制以后，各种拖拉机用于农田耕作。

传统表土作业农具主要有木耙、木制钉齿耙、铁耙等。20 世纪 60 年代，域内开始使用拖拉机配套牵引铁制钉齿耙和滚动耙，对土地进行平地碎土、保墒等，个别菜田采用人字形平地器。

锄头、耧耠子等传统的中耕农具一直沿用。1973 年，试制出中耕机、搂麦耙、3 马力手扶牵引中耕机、手扶牵引中耕培土机等。

传统播种用的是人畜两用的传统木耧进行，复土以石滚镇压。20 世纪 50 年代后期，使用机械牵引 4 行播种机。20 世纪 80 年代至 90 年代初期，机械化播种开始向精量点播方面转化，播种机也开始向多型号、多用性发展。

传统的收割工具使用爪镰和镰刀，脱粒工具主要是石滚、连枷和碌碡。1984 年，机械化收割发展。1990 年，引进 2 台东北二卧玉米收割机，当年收割玉米 700 亩。收割机只适用于平原大块地，镇域小块地仍用传统工具收割。1958 年开始引进脱粒机，1980 年基本上以机械代替了手工脱粒。

传统提水工具主要为辘轳和水车。20 世纪 50 年代后期，在排灌机械上曾使用过锅驼机，1961 年引进农用离心泵，提水实现了机械化和电气化。20 世纪 80 年代初，深井泵和潜水泵取代离心泵，1982 年，引进配套喷灌机具 38 套。截至 1992 年，拥有各种排灌水泵 294

台(套)。型号有 3304B—15、4B—B、3NJ—50 等。

1949 年前后，植保工具曾用过纱布袋粉剂杀虫，后改为喷雾器。1953 年有了喷雾器、撒粉机。从 1957 年开始使用压缩式喷雾器。1960 年，推广喷粉炮。1970 年开始引进现代化机动喷雾器。

传统农副产品加工工具有石碾、石磨。1961 年，出现面粉机、碾米机和小钢磨，石碾、石磨不再使用。1964 年开始使用电动碾磨，初步达到镇内粮食加工机械化。

传统场院工具主要有扇车、木杈、木耙、木锨等，除扇车之外，木杈、木耙和木锨等至今仍沿用。场院机械主要有脱粒、扬场、烘干机。1965 年，引进扬场机。1970 年底，实现扬场机械化。1980 年，引进粮食烘干机具台。1986 年以后，随着多功能联合收割机出现，烘干机随之减少。

传统的畜草加工工具主要是铡刀。1955 年有铡草机，1957 年引进畜用粉碎机械后，铡刀数量逐年减少。1962 年引进饲料粉碎机、切割机。1972 年粉碎机剧增，1987 年以后逐年减少。

地膜覆盖是现代化农业技术中农机与农艺相结合的新技术，能提高粮食产量，减轻劳动强度。1988 年，引进机械铺膜机。1989 年引进推广人畜铺膜机。

第六节 经营管理

产业结构

斋堂镇人均耕地少，水浇地少，中华人民共和国成立前以自给自足的私营农业为主。中华人民共和国成立后，1951 年，政府开始鼓励农民挖煤、烧灰、刨药材、打荆条、打猎、搞运输，发展农村副业。20 世纪 60 年代初期，区委提出“以粮为纲，全面发展农、林、牧、副”的工作方针，农业收入比重有所增加。“文化大革命”期间，批判“重副轻农”大搞“农业学大寨”，车马归田，劳力归队，但农业收入比重并未有明显的上升。1971 年制定的门头沟区农业生产“四五”规划中，提出有限度地扶持家庭副业，提倡社队集体办企业，工副业开始合法化。镇域因地制宜开办了军响向阳煤矿、斋堂东风煤矿及沿河、军响、斋堂 3 个公社农机具修配站等企业。1979 年 2 月，门头沟区委提出大力发展社队企业，域内农业比重开始下降，工副业比重逐步上升。1978 年，农村财务收入 434.3 万元，主要源于第一产业。至 1992 年，域内工业总产值为 8194.8 万元，其中工业产值 7431.7 万元；农业产值 761.1 万元。

1983 年以前，域内农业以种植业为主，其次是养殖业。1983 年，实行土地家庭联产承包生产责任制，家庭养殖业发展，乡村开始建造大型规模猪场、鸡场，养殖业收入增加。

20世纪90年代开始，对农业产业结构进行调整，由传统农业向现代生态农业转变。“九五”期间，按照上级政府提出的生态旅游区、特色林牧区、石龙工业区、新型建材区“四区”建设方针，将特色林牧区建设定为“九五”期间农业发展的指导思想，突出林果和畜牧业在大农业中的地位。随着经济作物的种植面积扩大，粮食播种面积逐渐减少。

“十五”期间，强调将特色林果、特色养殖与休闲观光相结合，恢复和培育名、特、优品种，域内重点发展以九龙头农场为主的苹果种植带，以薄皮核桃和仁用杏为主的干果种植带。至2000年，通过粮改果、粮改林，粮食作物播种面积8994亩，较1995年减少2775亩，全年粮食总产量下降到32.3万公斤。林果业发展迅速，其中粮田面积由1995年的11769亩，减少至2000年的8994亩，5年减少2775亩；果园面积由1995年的9857亩，增加至2000年的13858亩，5年增加4001亩。

“十一五”期间，执行国家退耕还林政策，围绕“生态涵养发展区”的功能定位，农业向现代都市农业转变，重点发展精品农业、观光农业、设施农业和加工农业，构建域内“一村一品、一沟一品”的特色种植结构。初步形成以沟域特色种植业为替代产业，重点发展薄皮核桃生产带、杏扁生产基地、蜜蜂养殖基地、肉鸡柴鸡养殖基地，推进农业产业化经营；建成火村、杨家峪千亩红杏基地，白虎头枣树基地，东胡林、柏峪千亩杏扁基地，九龙头千亩富士苹果基地，高铺、林子台、马栏葡萄基地，薄皮核桃基地和黄芩基地。利用广阔的沟域、山场和丰富的绿草资源，发展散养柴鸡，建柴鸡养殖场，扩大柴鸡养殖规模；成立养蜂合作社，建养蜂场10个，养殖蜜蜂5000余群。在煤窝地区推广食用菌。高铺村、桑峪村利用山里的废弃秸秆和落果引进养殖黄粉虫的新技术项目。

通过几年产业结构调整，2007年全镇经济总收入5.85亿元，人均纯收入5465元，各产业在全镇经济发展中的收入比例为：三产占72%、二产占24%、一产占4%。三产已逐步成为全镇主导产业和农民就业增加的主要途径。至2011年，发展北京法城蜂业合作社等专业经济合作组织40余个；都市型观光农业不断发展，形成千亩苹果基地、核桃基地、小枣基地、黄芩基地、杏扁基地、葡萄基地。

经过“十二五”“十三五”期间对农业产业结构调整工作的推进，至2020年，初步形成以精品农业为主导方向，法城蜂蜜、火村红杏、牛战玫瑰、白虎头金丝小枣等为品牌，多种作物配套种植的山地林下经济为支撑的农村造血产业。

经营形式

中华人民共和国成立前，农业生产以家庭为单位进行，土地私有，生产由家庭自行安排。1938年抗日民主政府建立后，曾出现以工换工的互助合作萌芽。

中华人民共和国成立后，农民互助组从临时互助组发展到长期互助组，从长期互助组发展到初级农业生产合作社。

初级农业生产合作社，实行土地入股分红，牲畜、农具作价入社，生产劳动由合作社统一安排。劳动实行定额管理，完成日劳动定额，记一天工分。进入高级农业生产合作社后，取消土地分红，实行统一经营，按劳分配。高级社下分生产队和专业队，土地和劳力固定给生产队，由生产队使用和管理。劳动管理实行包工包产，超产奖励。财务管理实行定工、定产、定开支，超额奖励的制度。

1958 年人民公社建立初期，实行公社核算，统一经营。土地、农具等生产资料一律归公社所有，劳动力按团、营、连军事编制组织起来，统一调配使用。废除生产责任制。1959 年 7 月，改变公社核算制度，确定大队为核算单位。1961 年，实行“三级所有，队为基础”的制度，恢复包工、包产、包投资，超产奖励的“三包一奖”制度，劳动实行定额管理。

“文化大革命”开始后，批判“工分挂帅”，搞“政治评分”，劳动管理陷入混乱，“割资本主义尾巴”，收缴农民的自留地，农业生产遭到破坏。1972 年 3 月起，贯彻按劳分配，重新推行定额管理，生产队下设作业组，固定作业区，实行小段、季节包工的劳动管理制度，加强农村劳动管理。

党的十一届三中全会后，经营体制进行彻底改革。

经营体制改革

土地承包与确权　1979 年，域内全面推行农业生产责任制，仍以生产队（少数为大队）为单位坚持统一生产、统一核算、统一分配的制度。1982 年 11 月，实行“大包干”责任制度，在土地所有权，按劳分配不变的前提下，农业生产以户为单位进行，承包户以合同的形式向生产队上交承包款，向国家缴纳农、林税，剩余的产品都归承包者所有。1993 年，全面放开土地政策，放开土地经营形式、放开土地开发形式、放开土地的生产方针。1994 年起，农民联产承包的土地延长土地承包期 30 年不变。1997 年，进行土地延包工作中，以“大稳定，小调整”为前提，人地矛盾在小范围内调整，坚持增人不增地，减人不减地，树随地走，树卖到户的原则。对统一经营的土地，集体经营不善，社员又有承包要求的，下放到户去经营。在扶持政策上与集体经营的一视同仁。

1999 年 3 月军响乡、斋堂镇耕地延包面积统计表

表 8–7　　单位：亩

	合　计	种粮面积	种果面积	种菜面积
总　计	10201	6690	3345	166
军响乡	3808	2029	1750	29
斋堂镇	6393	4661	1595	137

2003 年，本着“增人不增地、减人不减地”的原则，在“二轮延包”中，按人均分地的村，

凡自愿放弃土地承包经营权的农户，在本轮承包期满之前不再享有土地承包经营权。已部分土地落实到户的村，按照1997年“二轮承包”时造册的户、人为基数和《中华人民共和国农村土地承包法》的规定，“根据农民的意愿将未落实土地承包经营权的现有农用地确权到全部农户。”

四荒承包　1988年，门头沟区委、区政府对荒山、荒坡、荒沟开始实施“三荒”综合开发和建设经济沟。开发建设经济沟，是以“沟”为单元，对沟内的荒山、撂荒地，进行综合开发和综合治理。为了调动农民开发荒山的积极性，1993年，区委、区政府提出全面放开土地政策，以发展林果业为主，允许从客观条件和市场需要出发确定种植结构，什么赚钱种什么。1994年7月2日，国务院发出治理开发农村荒山、荒沟、荒丘、荒滩资源的通知，依照法律，属村合作社所有的“四荒”土地只限出让使用权。在承包或承租期内，承包或承租人有自主经营权、继承权。“四荒”开放，使域内涌现出一批靠开发荒山走上致富路的先进典型。斋堂镇九龙头综合农场租赁九龙头后，实行一业为主、综合开发，经过几年的努力，将其中的4个山头开辟为千亩梯田果园，栽植4万余株富士苹果树，开始造福人民。

1996—2010年镇域出租荒山开发荒山面积一览表

表8–8

乡、镇	面积（亩）	投资（万元）	已开发面积（亩）
合计	16569	2237	1500
军响乡	2600	607	50
斋堂镇	13969	1630	1450

土地有偿流转　1996年12月，区委农工委发文，提出允许承租人本着自愿协商、平等互利的原则，将土地以入股、租赁、兑换、抵押等多种形式有偿流转，但土地产权制度实行集体所有制不变，两权分离的基本制度不变（所有权和使用权），使用权占有者的初始权不变的“三个不变”。2012年，镇内率先在东、西斋堂2村实现农村土地流转500亩，整合国家级、市级资金1493万元，引进河北田丰集团，建成有特色、辐射强的都市型现代化示范苹果基地500亩。依托专业的公司经营管理模式，实现农业产业化调整，解决农民就业。至2020年，全镇农户家庭承包土地流转面积1165.74亩。其中，转让424.8亩，出租468亩，其他272.94亩。流转后的经营方式：集体经营525.94亩，对外租赁530.3亩，其他109.5亩。

收益分配

农业合作化以前，土地私有，个体经营，收入归土地拥有者。常年互助组建立后，发展了挖煤、烧灰等工副业，这些收入主要依据出工多少进行分配。初级农业合作社建立后，土地以常年产量折合成标准亩，按标准亩入股，参加分红。农业社收入扣除农业税、生产费用和公共积累以后的纯收益部分，按劳六地四或劳七地三比例分红。粮食分配，口粮部分按人口定量分配，其余按劳、地比例分配。高级社以后，取消土地分红，土地经营实行包工、包产、超产奖励的分配办法，执行按劳分配的原则。

人民公社建立初期，社员实行吃饭供给制，虽然有按级别发工资的规定，由于现金收入少，有的队从未发过工资。1958 年 11 月，镇域成立多个农村公共食堂，推行“依人定量，指标到人，按月发放，节约归己”的粮食管理办法。1961 年 6 月，解散农村公共食堂，取消供给制，恢复按劳分配制度。至 20 世纪 80 年代前，在纯收入的分配上，强调先积累后分配，社员年终分到的现金收入较低。1983 年，实行家庭联产承包制，废除工分制，采取“交够国家的(指农林税)，留够集体的(指提留、统筹)，剩下全是自己的”分配制度，农业和乡、村集体性质企业也采取合同形式上交乡、村承包费或利润的办法进行分配，村级合作社废除了统一分配制度。至 1983 年底，域内 38 个生产大队 61 个生产队全部实行了联产承包责任制。此后，农民人均所得每年有了较大提高。2003 年，人均所得实现 4248 元。2013 年，人均所得实现 9945 元。2020 年，人均所得实现 19811 元。

第九章　工　业

镇域内至少在元代就出现了采矿业。中华人民共和国成立前，域内工业一直是以采煤业为龙头，其他工业类型大多是为采煤业服务的手工业生产的小作坊。中华人民共和国成立后，1958 年，建材、化工等其他工业开始发展。改革开放前，域内企业数量很少、规模不大，是寓附于农业之中、服务于农业的一支微弱的经济力量。党的十一届三中全会以后，实行家庭联产承包责任制，解放出一大批农业劳动力，域内一些集体、个体及私营企业发展起来。20 世纪 80 年代中期，国家对地方煤矿开采实行鼓励政策，使域内小煤矿迅速发展。乡镇企业异军突起，一度成为经济发展的支柱产业。进入 21 世纪，落实首都功能定位，域内煤矿全部关闭，不适于生态发展工业相继退出，整个工业萎缩，旅游产业逐渐成为主导产业。

第一节　煤炭开采

1938 年前采矿

元代，域内就有煤炭开采。《元一统志》记载："出宛平县西北二百里斋堂村，有炭窑一所。"《析津志辑佚》记载："……每至九月间买牛装车，往西山窑头载取煤炭。"但受交通、地形、社会、经济等诸多因素的影响，斋堂煤田始终没有得到大规模开采。

明清时期，京西地区成为京城的煤炭基地，开采规模的扩大，劳动组织分工的细化，形成比较完整的产业链。围绕煤炭开采，镇内运输业和为煤炭生产经营服务其他业态得到发展。

近代，斋堂煤炭引起西方列强们的觊觎，开始对斋堂煤炭资源勘探和开发。清同治元年 (1862)，英国驻华公使翻译柏卓安潜入斋堂地区勘查煤炭资源，英政府向清廷提出开采斋堂煤矿的要求。同治二年（1863），美国驻华大使蒲安臣向清政府推荐美籍矿师庞百里，来到京西寻找煤炭，为清政府计划成立的海军舰队寻找动力燃料。同治六年（1867），应清政府之邀，美国地质学家庞培烈应聘到京西勘察煤源。同治七年（1868）《天津条约》届满十年修约谈判前，驻在天津经营煤炭的英商广隆洋行老板海德逊早已开始每年到京西“踏勘煤苗”的活动，并从斋堂运出了大量煤炭到天津，供外国轮船使用。斋堂煤炭样品被送到英国进行工业化验，认为质量好、火力旺、适合做军舰燃料。为此在修约谈判中，英国公使向清政府正式提出开采斋堂煤炭，并提出从西山到北京一线“先造土路”以开通斋堂到北京的运煤通道。清朝官僚和商人也看中了斋堂煤炭的价值，1883 年，醇亲王在三家店建神机营枪炮局，首先选中青龙涧的煤炭作为燃料，并准备在青龙涧开矿，后因外运困难，资金不足，开矿未成。受客观条件限制，至中华民国初年，斋堂地区煤炭开采还仅限于当地民窑的自采自用，依靠人力、畜力翻山越岭运往京师售卖，规模和数量十分有限。

1914 年，中华民国海军部提议开采斋堂煤炭，由农商部会同海军部、交通部联合提请国务院会议批准，成立“官商合办斋堂煤矿股份有限公司”，准备矿区划定地段，分段开采，先行建井，并筹款修筑铁路。1918 年 1 月 11 日，农商部派吕调元筹办斋堂煤矿公司事宜，并邀请天津巨商李士珍协助办理。矿区位于清水河两岸，矿区面积 194 平方公里，同时筹建门头沟至斋堂的门斋铁路。

1924 年 4 月，门斋铁路开工，第一段从门头沟站起到清水涧止一线长 25 公里。第二段由清水涧至斋堂全长 8 公里。由于施工难度大，再加上资金不足、时局不稳，因陋就简将铁路修在河滩荒地上。1931 年 12 月，全线竣工通车。

由于斋堂铁路动工修建和中华民国政府在斋堂开矿，刺激了斋堂地区煤炭工业的发展。在官商合办斋堂煤矿公司申请矿业执照的前后，一批官僚政客、商贾富户到斋堂地区投资办矿。镇内士绅民众有的也筹集资金开办煤矿。1918 年 2 月，大建公司从宛平县注册领取矿照，在青龙涧采煤；丁慕韩从宛平县领取矿照，开办斋堂大龙扒沟矿，矿区面积3900 亩。1925 年 8 月，梁镇英从宛平县领取矿照，开办黄岭西村矿，矿区面积 262 亩 2 分 3 厘；同月，第二次领取矿照，矿区面积增至 2232 亩；兴业公司也在青龙涧开矿采煤。斋堂地区原有的土采小窑，也努力扩大规模，增加窑口，添置器具。由于煤炭难于运出，当地市场狭小，缺少销路，煤炭产量难以增长。门斋铁路全线修通遥遥无期，致镇内开矿者等待不起，许多煤矿被迫下马。据日本东亚研究所在镇内进行的调查统计，1931 年，斋堂地区产煤 5 万吨，1932 年产煤 7 万吨，1933 年产煤 1 万吨，1934 年产煤 1 万吨。

1937 年卢沟桥事变后，镇域处于战争环境，煤炭生产基本停顿，门斋铁路被迫停建。

1938 年后采矿

地方煤矿 1938 年，八路军在镇域建立抗日根据地，组织当地人民生产，煤炭开采主要是根据地自用。在侵华日军不断扫荡和经济封锁下，煤炭生产屡遭破坏。1945 年侵华日军投降后，人民政府为解决当地民众生活困难，发动镇内民众开采煤炭，并鼓励以此

资源与外部交换生活用品。1945 年 12 月，民主政府以联营合作入股形式组织开采“大建煤窑”，西斋堂、双石头、柏峪台、川底下、黄岭西等 6 个村庄的 128 户民众入股，共集资 12 万元。内战时期，无暇顾及煤炭生产。

中华人民共和国成立初，域内煤炭生产全是土窑，时采时停，主要是供应当地民用，外销量极少。1952 年，镇域划入京西矿区，许多原已停产或被封闭的小窑开复工开采。至 1954 年，域内仅斋堂乡就有小窑 15 个。1956 年，实行对资本主义工商业的社会主义改造，小煤窑也在关闭之列。但由于镇域距北京城区稍远，国家煤炭供应至镇域路道较长，致使镇域民众烧煤困难，因此，由集体出面开采煤炭得到批准。一些公社和大队开办起部分小煤矿，作为社队副业为当地服务。有极少量煤炭被镇域以外地区单位购买运走。一般情况，镇域内每个公社有煤窑 1 个，部分村庄 1 村 1 个。当时，农村以农为主，农产品价格较低，农民们收入较低，小煤窑成为有煤窑村的经济支柱。

20 世纪 70 年代，部队在火村开煤矿，沿河城等乡在大杏树洼联合建清水五联矿，煤炭产业呈发展趋势。1974 年统计，斋堂公社有煤窑 7 个，产煤 21955 吨；军响公社有煤窑 5 个，产煤 15570 吨。

1983 年，国务院批准煤炭部《关于加快发展小煤矿八项措施报告》，地方办矿在域内蓬勃发展，以乡办、村办、个体集资联办、合资办等多种形式出现开采煤矿热潮。煤矿数量增多、规模增大、从业人员增加，甚至从四川、福建、安徽、河南等省招徕民工，以补充当地劳力之不足。1984 年，域内原煤产量从 1978 年的 5.7 万吨，增至 1984 年的 18 万吨。其中，军响向阳煤矿、杨家村煤矿、张家村煤矿、西斋堂村煤矿、柏峪煤矿、火村煤矿都是年收入 30 万元以上的煤矿。1985 年 4 月，杨家峪煤矿投产，当年实现收入 48.7 万元；吕家村煤矿同期投产，当年实现收入 39.3 万元；同年 7 月，斋堂井窝煤矿投产，当年实现收入 36.7 万元。煤炭生产收入成为镇域发展的经济支柱。

1990 年前后，门头沟区政府提出大干快上，有水快流，域内有执照的煤矿大增，总计达 125 座，其中军响地区 17 座、斋堂地区 108 座。1993 年，域内采煤业按照北京市提出的地方煤矿“安全、稳产、高效、长寿”的办矿方针，遵循统一规划、合理开采、保护资源、安全第一的原则，坚持集体办矿，改造小矿建大矿，推进煤炭生产上规模、上水平，新办联营矿 4 座，推行股份合作制煤矿 4 座，初步形成集体与联营为主的煤炭生产体系。截至 1993 年底，镇域（不包括军响地区）煤矿 68 座，煤炭产量 28.26 万吨，比 1990 年煤炭产量 22.7 万吨增加 5.56 万吨。

20 世纪 90 年代的后期，国家政策开始调整，斋堂镇落实国家“关井压产”政策，严格执行《中华人民共和国矿产资源法》《北京市矿产资源条例》等法律法规，认真开展矿产资源开发秩序治理整顿工作，从 1997 年至 1999 年底，关掉矿井 36 座，占总数的三分之一。进入 21 世纪，按照生态环保的发展要求，镇内首先关闭大部分煤矿，军响乡、斋堂镇只保留下几座煤矿、各乡镇相继关闭产量低、管理差、事故隐患多的一大批煤矿。到2002年镇内煤矿全部关闭，转入生态建设、修复期。

国有煤矿 1952年，北京市成立京西矿区政府，域内煤炭开采列入京西矿务局和京西矿务处发展规划。随着矿务局经济实力增强和国家煤炭发展计划需要，煤炭工业部118队（后改为北京矿务局地质勘探队）前往斋堂进行煤田勘测，在原有斋堂煤矿大建公司等旧矿窑遗址的基础上，恢复和兴建了西家峪斜井、青龙涧平峒和黑土港平峒及斜井，初步设计矿井生产能力为10万吨。由于地质资料不清，交通运输不便，对矿井建设规模没有确定，只是进行试探性生产。1964年，这3个煤矿相继下马。此时，黑土港已开采一个井下420米水平平峒和一个斜井360米水平，其中420米平峒已开采长度为420米。所遇煤层很不稳定，且开采高度小。停采后，黑土港煤矿矿井逐渐被水淹没，井口塌陷，巷道大部分塌冒。

1966年“文化大革命”开始后，北京矿务局产量下降，北京市缺煤严重，正常的供煤渠道被打乱。为解决煤炭供需紧张问题，北京矿务局抓紧国有煤矿生产，同时积极扶植支持地方煤矿生产。1970年，在原有下马的小煤矿的基础上，开始开凿黑土港、青龙涧、皇城峪等小矿井，年产煤3万至5万吨。加上斋堂地区的地方煤矿煤炭产量，年可达10余万吨。1971年10月，北京矿务局成立斋堂煤窑，下辖黑土港及青龙涧等矿井。由于对于斋堂地区的地质情况缺少调查，采煤投资很少，斋堂煤窑生产采采停停，处于维持局面。

1974年，北京矿务局与地质勘探队在原118队对黑土港普查地质报告的基础上，继续进行勘查，找到一块南北长1260米、东西宽940米、面积约1.3平方公里比较稳定的煤田。1975年，首钢炼铁急需喷粉煤，为确保首钢用煤急需，北京矿务局暂时放弃斋堂地区其他小煤矿生产，集中扩大开发黑土港矿井。

1976年11月，黑土港煤矿正式动工兴建。1978年5月6日，黑土港煤矿斜井破土动工。1981年8月，黑土港煤矿始建成，同年10月正式投入生产，共使用建设资金2074万元。

煤矿选介

黑土港煤矿 井田位于斋堂村南1公里处，面积约2.5平方公里，储量2155万吨，可采七层煤。煤炭出井后以汽车运往雁翅火车站外销。此后，黑土港煤矿建矿进行扩建，开采范围5.13平方公里，储量可达7446.4万吨。矿区面积达263.42亩。煤的种类为无烟煤和烟煤，以无烟煤为主。烟煤中以贫煤为主，少数为瘦煤。烟煤大致分布在马栏村一带，其他为无烟煤。煤炭炭化程度由浅入深，炭化程度逐渐变高。黑土港煤矿投产后，一直没有达到生产设计能力，从1981年至1985年，累计产煤137435吨。其中，1981年产煤18440吨；1982年产煤12479吨，吨煤成本312元；1983年产煤33222吨，吨煤成本96元；1984年产煤38255吨，吨煤成本90.30元；1985年产煤35039吨。1983年5月2日，因井下通风不良，黑土港煤矿发生瓦斯超限致1人死亡的事故。

1985年12月，根据门头沟区审计局对黑土港煤矿的调查，北京矿务局向煤炭工业部提出申请停办黑土港煤矿并核销其生产设计能力的报告。认为黑土港煤矿在“左”的思潮下建矿，资源不清，构造不明，盲目建设。煤层赋存条件不稳定，找不到经济合理的开采储量，且为高沼气矿井，形不成安全通风系统，不具备正常生产基本条件。黑土港煤矿停产，职工学习，井下仍继续送电、通风、排水。同时，北京矿务局利用黑土港煤矿建筑设施基础和矿井巷道，在黑土港建立安全教育培训中心，定期对煤矿段、队干部、生产班长及生产骨干办脱产安全技术培训班。

黑土港矿停产下马时，计开拓井巷工程28万米，在井田及其周围14平方公里范围内打钻探孔眼67个，计深3万余米。1986年4月22日，北京矿务局正式宣布黑土港煤矿停办，对井下机器设备开始拆除，对矿人员重新安排，保留主、副井筒及联络巷道作为教学之用。对井下支巷道、石门等砌密闭墙进行封闭，井口安设铁门上锁。至1986年6月20日，矿井拆除工作全部完成。地面设施不动，一部分作为留守处管理使用，一部分由局教育培训中心建分校使用。清理工作完毕，机器设备调拨矿务局其他单位使用，财产登记造册。人员分流。至此，北京矿务局在斋堂地区的煤炭开采工作暂时全部结束。

1986年8月6日，黑土港煤矿正式摘牌，后有北京矿务局教育培训中心，技工学校分校在原址正式挂牌。1993年4月，建立军训基地。

军响乡二矿　坐落在张家村旁，原属于张家村。1969年开采，初期名称为涝窝煤窑。1985年，经协商归属军响乡，建成军响乡二矿，属于乡办煤矿集体企业，矿年产量5万吨。煤矿储量有5000万吨，开采煤层为侏罗纪时期形成煤层，煤质属于甲级无烟煤，是军响乡政府主要经济来源，有200名劳力在此矿就业，2001年关闭。

张家村富民煤矿　张家村富民煤矿前身是上百年来开采的小煤窑，1980年正式扩大规模建成村办煤矿，开采煤层为侏罗纪时期形成的煤层，煤质属于甲级无烟煤。矿井年开采产量7万吨，煤储藏量达5000万吨以上，是张家村主要经济支柱，安排180多名劳力在此就业。此矿于2002年关闭。

1998年底斋堂地区煤矿一览表

表 9–1

序号	矿　名	矿　址	隶属关系	从业人员（人）	固定资产（万元）	煤产量（万吨）
1	北场煤矿	皇城峪沟北场	村办	23	10	0.7
2	大东坡煤矿	刘村西	村办	22	1	0.5
3	红岩煤矿	马栏村长榆子	村办	26	2	0.5
4	宏兴煤矿	马栏村南台子	村办	30	2	0.7
5	岭西安煤矿	马栏岭西安	村办	17	1	0.5
6	新华煤矿	马栏村塔院	村办	30	1	0.5
7	丰源煤矿	火村狼虎口	村办	30	1	0.5
8	井窝煤矿	斋堂井窝	村办	80	30	1.5
9	黄柏煤矿	黄岭西村乌龙	村办	30	1	0.5
10	三煤矿	马栏村黄金套	村办	40	40	1
11	青龙涧西矿	青龙涧村西	村办	27	20	0.7
12	马家坨煤矿	东斋堂村东北	村办	25	1	0.5
13	东云煤矿	东斋堂村东北	村办	29	50	0.8
14	鸽子沟煤矿	上岭鸽子沟	村办	24	1	0.5
15	清平煤矿	上岭鸽子沟	村办	22	5	0.5
16	松树坟煤矿	黄岭西	村办	30	2	0.5
17	黄龙港煤矿	黄岭西	村办	29	2	0.6
18	岭根煤矿	马栏岭根	村办	27	2	0.8
19	西头坟煤矿	马栏西头坟	村办	32	2	0.5
20	天福煤矿	西家岭沟	村办	24	2	0.6
21	北石沟煤矿	西斋堂村北石沟	村办	24	2	0.5
22	大斜坡煤矿	火村狼虎沟	村办	30	3	0.7
23	南场煤矿	皇城岭南场	村办	46	4	0.8
24	狼窝煤矿	狼窝沟	村办	45	2	0.5
25	北涧沟煤矿	西斋堂村北涧沟	村办	46	2	0.6

续表 9-1

序号	矿　名	矿　址	隶属关系	从业人员（人）	固定资产（万元）	煤产量（万吨）
26	大堰地头煤矿	黄岭西大堰地头	村办	20	1	0.3
27	筒子港煤矿	新兴村筒子港	村办	30	1	0.5
28	南流域煤矿	新兴村南流域	村办	26	1	0.5
29	西安煤矿	新兴村西安	村办	20	1	0.5
30	芦叶沟煤矿	新兴村芦叶沟	村办	19	1	0.4
31	枣园煤矿	西北山村枣园	村办	30	1	0.5
32	沙套子煤矿	西北山村沙套子	村办	29	1	0.4
33	北流域煤矿	西北山村北流域	村办	31	1	0.4
34	新兴煤矿	新兴村上芦叶沟	村办	28	2	0.6
35	东沟煤矿	上岭东沟	村办	24	2	0.3
36	后榆煤矿	马栏村长榆子	村办	28	2	0.3
37	东风煤矿	马栏村大槽	村办	36	2	0.5
38	猫头港煤矿	马栏村猫头港	村办	35	2	0.7
39	青里煤矿	火村青里	村办	25	2	0.5
40	大东煤矿	牛站村独角山下	村办	15	2	0.5
41	西洼煤矿	东斋堂村西家峪	村办	30	2	0.5
42	柏峪煤矿	青龙涧口内	村办	45	40	1
43	杨树煤矿	牛站村山脚下	村办	15	2	0.3
44	二青煤矿	西斋堂村跑马堰	村办	20	2	0.3
45	南沟煤矿	西斋堂村南沟	村办	45	2	0.5
46	大西台煤矿	西斋堂村北涧沟	村办	54	5	0.8
47	金窝煤矿	马栏村窝沟	村办	30	2	0.5
48	上梨园煤矿	马栏村上梨园沟	村办	17	2	0.5
49	港口煤矿	黄岭西村西港	村办	26	2	0.5
50	枣树窑煤矿	黄岭西村枣树港	村办	15	2	0.3
51	华安煤矿	白虎头村南	村办	20	2	0.5
52	里头沟煤矿	白虎头村里头沟	村办	15	2	0.3

续表 9-1

序号	矿　名	矿　址	隶属关系	从业人员（人）	固定资产（万元）	煤产量（万吨）
53	杏园煤矿	火村杏园	村办	25	2	0.5
54	新桥煤矿	马栏村新桥北	村办	26	2	0.6
55	宝兴煤矿	东斋堂村西家峪	村办	28	2	0.6
56	大港煤矿	牛站村西山脚下	村办	20	2	0.4
57	长榆煤矿	马栏长榆子	村办	18	3	0.4
58	港里煤矿	黄岭西村	村办	30	5	0.7
59	虎头煤矿	双石头村虎头	村办	25	2	0.5
60	下梨园煤矿	下梨园沟	村办	30	2	1
61	鹏飞煤矿	马栏村南	村办	40	5	0.7
62	马栏村西煤矿	马栏村东港	村办	30	5	0.8
63	万福煤矿	马栏村长榆子沟	村办	25	2	0.5
64	龙鑫煤矿	西斋堂村皇城峪	村办	24	5	0.5
65	安顺煤矿	西斋堂皇城峪	村办	20	5	0.5
66	峪祥煤矿	西斋堂村峪子沟	村办	21	5	0.6
67	水峪口煤矿	西斋堂村南水岭子	村办	21	5	0.7
68	大煤港煤矿	黄岭西村后港	村办	21	2	0.5
69	黑宝煤矿	马栏村罗人沟	村办	23	2	0.6
70	江坡煤矿	西斋堂村江坡煤矿	村办	30	10	0.7
71	大煤港煤矿	黄岭西村西涧口	村办	21	2	0.5
72	宏远煤矿	青龙涧村	村办	21	8	0.7
73	永兴煤矿	黄岭西村西涧	村办	15	5	0.6
74	来财煤矿	马栏村南涧沟	村办	21	3	0.5
75	宏田煤矿	西斋堂村南沟	村办	17	3	0.6
76	杨树港煤矿	西斋堂村南沟	村办	20	7	0.7
77	水峪子煤矿	西斋堂村南沟	村办	21	3	0.5
78	东兴煤矿	西斋堂村皇城峪	村办	20	3	0.6

续表 9-1

序号	矿　名	矿　址	隶属关系	从业人员（人）	固定资产（万元）	煤产量（万吨）
79	杨树港煤矿	杨树港里	村办	22	7	0.7
80	峪杰煤矿	西斋堂村南沟	村办	23	4	0.5
81	河洋铺柏峪煤矿	河洋铺	村办	45	5	0.7
82	和顺煤矿	西斋堂村利园	村办	21	4	0.6
83	杨树林煤矿	新兴村杨树林	村办	22	3	0.4
84	弗子地煤矿	西北岭弗子地	村办	15	3	0.3
85	皇城峪煤矿	皇城峪东顺沟	村办	21	4	0.4
86	沟口嘴子煤矿	黄岭西村沙嘴子	村办	22	5	0.5
87	新荣煤矿	火村大斜坡	村办	30	10	0.7
88	鑫源煤矿	黄岭西村	村办	30	8	0.6
89	火村兴隆煤矿	火村狼虎沟	村办	20	4	0.4
90	振兴煤矿	火村水子沟	村办	21	7	0.4
91	好运煤矿	西斋堂村南沟	村办	32	20	0.8
92	增益煤矿	马栏村梨园沟	村办	20	3	0.7
93	宝地煤矿	新兴村宝地	村办	15	2	0.4
94	顺达煤矿	马栏村王家台	村办	10	3	0.1
95	北京安平煤矿	火村狼虎沟	村办	15	3	0.3
96	东源煤矿	青龙涧村	村办	50	10	0.8
97	双石头一矿	双石头村	村办	47	1	1
98	永鑫煤矿	灵水村北	村办	20	2	0.6
99	白墙煤矿	灵水村北	村办	25	2	0.4
100	向阳煤矿	灵水村道沟	乡办	60	40	1.5
101	合心煤矿	杨家村	村办	18	2	0.6
102	吕家村北煤矿	枝荆沟	村办	30	10	1.5
103	张家村裕利煤矿	枝荆沟	村办	60	10	1
104	张家村下坝子煤矿	下坝子	村办	50	10	1

续表 9-1

序号	矿　名	矿　址	隶属关系	从业人员（人）	固定资产（万元）	煤产量（万吨）
105	张家村百崖子上口煤矿	百岩子	村办	15	5	0.5
106	张家村富民煤矿	牛道	村办	80	40	2
107	张家村东角头煤矿	东角头	村办	20	10	1
108	煤窝煤矿	张家村南	乡办	50	50	2
109	杨家村联一煤矿	梨树台	村办	20	10	0.8
110	军响乡安顺煤矿	杏堰	村办	30	20	1
111	杨家村联二煤矿	麻石沟	村办	80	100	4
112	张家村张家铺煤矿	吕家村	村办	25	5	0.5
113	吕家村旦牛石煤矿	旦牛石	村办	30	5	1
114	灵水瓦窑煤矿	灵水村瓦窑	村办	20	5	0.5
115	灵水村清水煤矿	灵水村西	村办	12	5	0.2
116	东胡林双龙家煤矿	东胡林村南涧沟	村办	10	3	0.1

第二节　加工制造业

建筑建材加工

石材加工　镇域石灰石资源丰富，清水河北岸石灰岩出露最多，各条沟域都有。人们开采石料、石灰石，主要用于刻凿街条石、柱脚石、腿子石等建筑材料，以及碑刻用料。塔岭沟、桑峪北山沟、清水北沟是主要石灰产地，有下水碾灰窑、塔岭沟桑峪三四队灰窑、金刚腿桑峪一二队灰窑、捏门子口桑峪大队灰窑、双石头灰窑。烧制石灰，在房屋建设、防洪设施建设、基础设施建设等建设中使用。还可用于病虫防疫等。

花岗岩主要分布于沿河城一带，有白羊石虎花岗岩体、鸽子坨花岗岩体、碾台花岗岩体等。颜色有浅红、斑黑、奶白。花岗岩石有数十年开采历史，大块毛石用于港口建设，板材供应首都市场。1976 年，沿河公社建采石厂。1985 年，沿河城乡在石羊沟，建立大理石厂，主营建筑用石加工厂，生产茶几、桌面等。1992 年，石羊沟建花岗岩采石场，后来扩建为万利达石材有限公司。2003 年，斋堂镇投资上千万元，购置设备扩建厂房，增加 7 台大锯，进行材料加工，后又逐年扩大，采掘山场，增加运输设备，半机械化采掘。

主要产品有蘑菇石、街面石等几十个品种。有职工200人，生产能力年产2万立方米石料年产值1500万元年利税800万元。2006年总投入1300万元，年生产大理石材1万立方米。2010年，石材开采政策性关闭。

烧制砖瓦　明代镇内修筑长城时，就地取材，烧制长城用砖瓦。镇内几乎各条沟域，凡有黄土的地方都曾有砖窑。柏峪村现保留着修建长城时烧制城砖的百座砖窑遗址。烧制砖瓦开始用稍子（荆条）当作燃料。干稍子火头大且猛，一般一窑砖瓦，一个星期就能烧好。后来改为用煤。原始制砖用土窑，到近代发展成为盆窑，现在一般是轮窑。

中华人民共和国成立后，部分村落制砖业发展良好。进入20世纪70年代，镇内建立几个规模较大的砖厂，并且采用机械制砖。其中，桑峪砖厂、军响砖厂、西胡林砖厂、东斋堂砖厂等都是镇内较有规模的砖厂。1998年，镇内建立煤矸石天正则砖厂。2000年，建设部发文限时禁止使用黏土砖，镇内黏土制砖厂逐渐关闭。

筛砂石料　清水河流域河道宽阔，是一条天然的砂石料场，人们在这里筛沙、取沙作为建筑材料。109国道整修时，将石灰直接撒到河道上，用铲车、钩机将其与河道上的沙石料混合，直接用作公路混合料，上面再铺上柏油。

2002年，军响在清水河南岸山上建起砂石料场，有料石、水洗砂等。后料场政策性关闭。

生产用具制造

明代桑峪村就有“铁匠之乡”之称，最繁盛时有铁匠铺上百家，而且家家都有活儿干，生意红火。旧时，镇域内较大的村子大多有一两家铁匠铺，其制品以农具和民间生活用品为主，如锄耙、锹镐、刀斧、犁耧、刀剪等。清代时，东斋堂、沿河城等地都有铁匠铺子。

灵水村刘记铁铺，开办于清光绪年间（1875—1908），在20世纪二三十年代因资金不足，而与谭德官、铁匠友儿三家合股经营，抗日战争爆发后关张，抗战胜利后恢复了。

沿河城的谭记铁匠铺是1900年从灵水村迁去的，由谭吉占、谭瑞明、谭锡增三代人经营了68年，直到1968年谭瑞明去世才停办。谭瑞明（小名老禄）经营时生意红火，“铁匠禄”的手艺闻名四方，河北省怀来、涿鹿、蔚县都有人慕名来买他打制的锄耙、锹镐、刀斧。

中华人民共和国成立后，1969年，军响修配厂在区农机厂的支援下上马小农具加工车间，生产小农具供应全区、全市农村。同时，镇域内还有一些铁匠炉，供应农户小农具。20世纪70年代，随着农业机械化的发展，北京市政府提出农机具小修不出社，大修不出区，镇内相继建立了沿河城机械厂、军响修配厂、斋堂配件厂等较大农机修配厂，主要加工修理拖拉机、水泵等，同时修理脱粒机、扬场机、花橘炮、装包机、两行播种机、四行播种机、七行播种机、收割机等。根据镇域特色，生产一些煤矿设备及备件，包括手推车、大罐、山木小台车等。市政府成立工业支援农业办公室，支援农村修配厂，技术工人及工程师常年住厂与修配厂工人同吃、同住、同劳动、一起进行技术革新，使镇内修配厂的发展逐渐成熟，生产出有竞争力的新产品。军响修配厂生产的强力磁盘，获优质新产品，推向全国；斋堂修配厂生产开关配件，使修配厂有了发展空间，规模不断扩大，水平逐年提高。到 80 年代，许多农机修配厂发展成为具有竞争力的工业厂家，军响修配厂发展成为北京新明灯具厂，主要产品自动照明应急灯获部优产品；北京新明开关厂，主要产品低压开关柜行销全国；斋堂修配厂发展成为北京开关配件厂。

生活用品制作和加工

中华人民共和国成立前，镇内有许多银匠专为居民制作和加工各种首饰。东斋堂有李记首饰楼，沿河城有“宝立成”首饰楼。桑峪村张克用家世代打制首饰，外出卖艺经营。铜匠和锡匠不多，主要制作铜旋子（盆）、酒嗉子、茶盘子等。有的铜匠还兼做和修理铜首饰。镇内有走街串巷的小炉匠，砸制铁皮烟筒、换铁壶底、洋瓷盆（脸盆）换底、锔碗箍漏锅等。小炉匠每个人均有不菲的收入，京西有句俗语，“要想挣得多，锔碗箍漏锅”。

桑峪村杨家铸造也叫（翻砂），明清时期就有，生产犁铧、种角、铁锅、炉口、碾脾西、炉条等产品，供应整个斋堂川。20 世纪 80 年代，镇内有多家铸造厂先后建立，不少厂家是给对口支援的工业企业加工产品配件。其中，军响铸造厂，主要产品有刹车毂、井盖、地滚、开关帽、螺母、接线盒等。

镇内木匠分工很细，有专做柁檩房架的，有专做木器家具的，有专门打造大车和排子车的，有专做棺材的，还有走街串巷修理桌椅板凳的小木匠和专门为家具、隔扇、门罩雕花的。沿河城木匠师义浦，开了一家木器店，生意很兴隆。石匠主要制作并出售石制器物，如碾子、石磨、砘子、碌碡、水槽、井口、石臼、蒜臼幡竿座、石锁、石碑等。泥瓦匠为农家打土炕、搭高炉、砌炉坑、盘大灶、垒牛槽。

镇内寺庙很多，对香的需求量大，一般人家敬神、祭祖、家人去世等也需要烧香。清末民国初时，灵水村谭达斋兄弟 3 人各有一盘水碾，并且还在八里庄等地开有香坊。东斋堂也有广聚香坊、永和香坊等。旧时，清水流经军响一带，水位落差明显加大，灵水村谭达斋便利用流水落差在此修建水磨香房。

鞍子房又叫鞍子铺，是制作大牲口鞍子及其相关装备的地方。鞍子房还缝制套包子、制作笼头及鞭子等。东斋堂有贾鞍铺，军响有福顺诚鞍铺，黄岭西等村的鞍子匠铺相当有名。

此外，镇内还有编制各种生产、生活用品的，如荆笆、笊篱、背筐、篓子、鸡笼、篮子、摘筐、粪箕子、粮囤、笼驮、炕席等。元代就有记载，传承至今。

改革开放后，域内相继建立斋堂开关配件厂，沿河乡霓虹灯厂、汽车靠垫厂、毛衣厂，军响新明灯具厂、鑫建腾达电器厂、新明华电厂，桑峪村峪安服装厂、鞋垫厂、丝毯厂、旅行包厂等。沿河城有毛衣厂和沿河城活动房厂。

食品加工

镇域内豆腐生产自古就有，以黄豆、黑豆为原料制作的卤水豆腐是镇内特色品牌之一。20 世纪 70 年代，东胡林村建腐乳厂，生产酱豆腐、臭豆腐及豆制品。20 世纪 80 年代，斋堂乡建豆制品厂，生产豆腐干等系列产品。至 2020 年，斋堂、东胡林、沿河城、军响、桑峪等村还有不少以此为业的农户。

加工山茶是传统的茶业生产，山毛尖、黄芩、苦丁、酸枣叶都是上好的茶叶原料。黄芩茶原始工艺七蒸七晒，保留至今。镇内瓷茗缘、神州百草公司等都是规模生产山茶的厂家。至 2020 年，黄芩已经大面积种植，成为旅游业招待客人的主要饮料和旅游产品。

20 世纪 50 年代，区供销社在斋堂村东建有小型糕点厂及斋堂酿造厂，生产黄酱、酱油、醋、饼干、桃酥、江米条、萨其马等。1983 年，军响乡和斋堂粮库合办面包厂，同时生产加工冰棍。东胡林村生产杏皮醋，火村开办了饼干厂。1985 年，沿河乡利用刘家峪塘坝建了沿河汽水厂，以优质的山泉水为原料生产汽水；火村建水木华苏打型天然矿泉水厂；东胡林村建了糖果厂，生产巧克力酒心糖果。西斋堂、东胡林等村建立冰棍厂。1993 年，火村大队与台湾商人共同投资兴办“市门食品有限公司”，为域内第一家合资企业。1985 年 5 月至 1988 年 12 月，沿河城汽水厂关，1989 年 7 月改养羊场。

第三节　运输、化工和金属、非金属制造

运输

1951 年至 1952 年，东斋堂村王建国开办“福隆汽车行”， 由汽车行出资，将雁翅至斋堂的土路经过简单修理，发展运输。福隆汽车行有 2 辆汽车，在原来“德生裕”后面租用 2 间东房，开办货物运输。首次将山区的核桃、杏扁、煤炭等货物用汽车运往山外。

改革开放后，域内煤炭开采业兴起，促进了相关服务产业的发展。域内建立多支汽车运输队，如沿河城汽车运输队、军响乡汽车运输队。其中，军响乡从日本购进十几辆五十铃汽车成立运输车队，专门从事煤炭运输。域内也有私人购置卡车从事运输。

1980 年后，随着运输业的发展，域内汽车修理行业迅速发展，出现一些修补内胎的私人作坊。军响修配厂建立补胎车间，以热补为主。沿河城建立汽车装具服务部，军响村、桑峪村、西胡林村、火村、斋堂、高铺等沿 109 国道两侧先后出现有十几家补胎门市。

化工

1958 年，镇内建立活性炭厂。20 世纪 80 年代，军响乡建立北京新明杀虫剂厂、沿河乡建立黏合剂厂、斋堂乡建立玻璃纤维厂。

金属、非金属制造

1990 年，建立沿河城金刚石厂，主要产品有叶蜡石制品、叶蜡石粉压块、密闭环、人造金刚石、切割锯片等。

1992 年，中国科学院力学所和军响新明灯具厂联营创建高科技公司，主要生产金刚石 μ 量级《多晶金刚石粉末》和钕铁硼金属粉末，以及不锈钢、铝等多种金属粉末。公司研制成功并投入生产的气动雾化钕铁硼制粉，是“八五”国家科委科研项目。

进入 21 世纪，随着镇域功能定位的调整，相关企业相继关闭。

1995 年斋堂镇域工业基本情况统计表

表 9-2

乡　镇	企业（个）	职工（人）	总产值（万元）	营业收入（万元）	利润总额（万元）
军响乡	12	817	1571	1523	277
斋堂镇	39	1063	1884	2845	212
总　计	51	1880	3455	4368	489

第十章 商 业

辽金时期，镇域内大的村落已形成，商品交易逐步发展。明代沿河城、斋堂城修建后，有了服务于官兵的私商。1938年前，除去食盐官卖之外，域内全部是私营商业，没有专门的管理机构，官府设卡收取商业捐税。1938年，宛平县抗日民主政府建立，镇域各村组织合作社，为镇域公营商业的开始。至中华人民共和国成立前，商业中心斋堂村，商业发展门类已比较齐全；古代军事防御中心沿河城地区是镇域另一商业中心，商业铺号种类齐全，与矾山堡、沙城等地的贸易往来比较密切。中华人民共和国成立后，1956年，对个体工商业通过合营过渡到国营或合作商业，从1964年至1978年改革开放之前，域内只有国营商业存在。改革开放后，国有、集体、私营等多种经济成分共同发展，促进了域内商业繁荣。进入21世纪，镇内商业网络逐渐完备，形成以外来大型商贸自选商场、专卖店和本地农贸市场为骨架，零售商店、连锁店为支脉，私营个体商业为补充的商业格局。

第一节 经营体制

私营商业

镇域内私营商贸活动历史久远。明代在域内修城设关后，有专门为官兵服务的私商。到民国时期，域内有字号的店铺达数十户，遍布各村。坐商一般的都是在临街有一处三五间的房子做门店，养一把（5匹）骡子，资金在2000元（大洋）左右。店内平时三五人，忙时（收购核桃、杏核等山货季节）雇人帮忙。这种店铺经营的品种主要有布匹、百货、油盐酱醋、烟酒、茶糖、米面等。特别是处在“上矾山、下城子”的京西古道上的村庄，商业更是发达。

位于京西古道旁的灵水村，买卖铺号有十几家，素有灵水“八大家”之说。“八大家”指灵水村八户有钱的富人人家，他们是“德茂堂”的刘增广、“三元堂”的谭天元、“济生堂”的谭达斋、“吉庆堂”的刘天吉、“全义兴”的王子焕、“荣德泰”的谭锡爵、“三义隆”

的田志义、“大清号”的刘天奎。“八大家”生意做得都比较成功，有的甚至把买卖做到了天津。例如，谭德昌在灵水创办“荣德泰”后，到天津开办商号；刘永茂、刘永盛兄弟也把“永茂公”核桃干果店开到天津。刘明政的5个儿子刘瑞吉、刘瑞祥、刘瑞和、刘瑞意、刘瑞杳被称为“一门五举人”，但全部经商。刘明政在矾山堡买了不少地产，开办以粮酿酒的“忠清号”，清末时改为“吉庆堂”。谭瑞龙家利用当地资源，除在清水河畔开办4家香厂外，还在矾山堡、下花园、阜成门外八里庄等地开有香厂。举人刘静则在自家院子开办卖香的铺子。

川底下村坐落在天津关古道之上，是商贩、驮队歇脚住宿之地。村中开有商旅住宿的骡马店、钉马掌铁匠铺、收购倒卖货物的店铺、制作烧饼麻花的饭铺及负责运输的驮队，形成一个完整的商业体系。清代中末期，村内瑞恒堂、瑞庆堂、三义堂、保全兴、义善堂、广聚永、德隆玉、厚德福商号，称为“八大堂”。“八大堂”主要经营油、盐、酱、醋、布匹、农具等日常生活、生产必需品和土特产的集散，还将京城的百货及当地的土特产运往河北省张家口地区及山西、内蒙古等地。再将塞外的皮、毛、粮、油等物品，运到当地及京城。抗日战争全面爆发后，侵华日军占领斋堂川，村中商道与商业逐渐萧条。

沿河城村原名三岔村，万历六年（1578）建守备城后，军民聚居城内，陆续有买卖人家。1937年抗日战争爆发前，沿河城内仅较大坐商就有隆兴裕、正明堂、隆玉成、广兴德、裕丰厚，另外还有一些小门小店及行商小贩。每家坐商有六七人，流动资金约2000元（大洋），固定资产约1000元（大洋），养一把骡子负责运输。进货路线，一是到涿鹿县的砚山堡进货，二是到怀来县沙城进货，三是到门头沟镇进货。不论由哪条路进货，骡驮往返一趟都得4天的时间。除坐商外，还有几户做季节性买卖。他们没有固定的店铺，到季节就赊购山货（杏核、核桃等），雇人砸成仁，装筐到天津出售。村中还有豆腐坊、麻花店、首饰楼、棺材铺、修鞋摊、小炉匠等，各业兴旺，生意兴隆。正月初五到二月初二，街上热闹非凡，台上唱戏，台下进行商品交易，看热闹的、买商品的人群摩肩接踵笑语喧天。石羊沟内龙王庙旁，曾有一家铁匠炉，是灵水村人谭吉占于清光绪二十六年（1900）迁去所建，历经三代，闻名四方，直至1968年孙辈谭瑞明去世才停业。日军侵华后，村中商业逐渐萧条。

东斋堂村除了清水河岸边有“东大块、西大块，柳树行子，西门外”几大块平地外，其余多是山地。杏扁、核桃家家都有，是商家经营的两大宗山货。村中有3条东西走向的主街道，3条南北走向的主巷道。人口最多时有400余户1000余人。清末到民国抗战之前是东斋堂村商业发展的最好时期。据统计，有杂货铺7处、客店2处、骡马店3处、药店3处、豆腐坊3处、羊肉铺2处、小吃店2处、铁匠炉2处、鞍子房1处、兽医站2处、香坊2处、首饰楼1处、修鞋铺1处。村中商业店铺布局合理：骡马店、铁匠铺、修鞋点以及一些噪声较大、有碍卫生的行业在东西门外；商店、豆腐房、药店在城内前街方便群众。

1937年前东斋堂村商业、服务业、加工修理业一览表

表10-1

商号	行业	业主	估计		地点
			资金（元）	从业人数（人）	
骡马店	旅店	张姓	1000	3	东门外路北东头
广玉铁炉	铁炉	于广玉	500	3	东门外北骡马店西
刘家鞋铺	修鞋	刘永宽	100	2	东门外路北铁铺西
谭家骡马店	旅店	谭　姓	1000	3	东门外路北老爷庙东
广汉铁铺	铁炉	于广汶	500	3	东门外路北老爷庙西
广聚香坊	制香	广　聚	2000	6	东门里路南
石儒药店	医药	石　儒	1500	2	后街路北
文成兴商店	杂货	韩文明	2000	2	前街路北
贾鞍铺	加工	贾洪增	1000	2	后街路南
兽医站	兽医	宋国秀	1500	2	后街路北
玉斌药店	医药	贾玉斌	1500	2	后街时家胡同西
豆腐坊	加工	王氏斌	300	3	前街路南
刘家小店	旅店	刘　姓	1000	2	前街路南
韩家小店	旅店	韩凤生	1000	2	前街过街桥路南
德生玉商店	杂货		2000	5	前街路北
义兴隆商店	杂货	杜　姓	2000	5	前街路南
大成兴商店	杂货	王成亭	2000	5	织布胡同西路南
李家首饰楼	加工	李　姓	1000	2	织布胡同西路南
国范兽医站	兽医	宋国范	1000	2	前街路北
贾氏豆腐坊	加工	贾　氏	300	3	韩家胡同口路北
谭家豆腐坊	加工	谭厚卿	300	3	前街路南
庚记号商店	杂货		2000	5	前街路北
永和香坊	加工		2000	6	大官井东侧
万聚兴商店	杂货	刘万元	2000	5	时家胡同西侧
贾家药店	医药	贾华臣	1500	2	大官井胡同往西
万源峪商店	杂货	谭景兆兄弟三人	4000	12	前街路南
贾家肉铺	肉类	贾聚珍	1000	2	前街路南
杨家小吃店	饮食	杨文海	1000	2	西门根路南
义源骡马店	旅店		1000	3	西门外路南
合　计		29户	38000	199	

说明：表内空格表示无数据

京西古道途经的煤窝4村、西胡林村、桑峪村、军响村、西斋堂村等，日军侵华前，都是商业繁荣的富裕村。仅清道光四年（1824）《大寒岭毗卢寺添建文昌阁碑记》中就记有军下台上（村）复兴厂，军下台下（村）隆顺当、恒益隆、义盛馆、永顺铁炉、谦聚店、元兴店、悦升店、天兴店、新隆店、杨铁炉、天增茂、公和号，灵水村三成号，西斋堂德隆帽局、合意号，东斋堂隆玉当、仁德堂、天泰当、永兴号、金成居、永盛公、天成号、天泰永，千军台村天德窑、桑峪村聚泰帽局、万顺号、永成号等窑、厂、商号。

1937年卢沟桥事变后，大多数私人商业倒闭。1938年，抗日政府在斋堂川建立后，到中华人民共和国成立前，域内主要发展集体所有制性质的合作社。

中华人民共和国成立后，域内虽有部分私营商业发展，但数量很少。1956年，北京私营商业改造实行全行业公私合营，域内私营商业在“改造”的高潮中都交照转了农业。供销合作社成了农村唯一的商业组织，负责粮食以外的全部购销，大部分农产品实行计划收购、订购、派购等政策。

党的十一届三中全会召开以后，1979年，个体工商户开始发展。最早是发展集市贸易，允许个体商业发展，允许农产品不通过供销社直接向用户销售，打破供销社独家经营的格局。棉布、棉花取消计划供应，一些农产品改为议购，生猪取消了派养、派购。

1992年开始，在商业系统推行以“经营范围放开、价格放开、分配放开、劳动用工放开”为主要内容的“四放开”改革，商业企业成为“自主经营、自负盈亏、自我约束、自我发展”的经济实体。改革分配和用工制度、改革商业管理体制，转变企业经营机制、推进企业资产重组，加快个体商业发展。随着“四放开”改革的拓展，镇内个体商业蓬勃兴起。镇内建起斋堂大市场，吸纳来自八方的商户入驻；允许和鼓励在斋堂大街两侧开设店铺，使整个大街商店林立，从西向东有斋堂乡亚利贸易公司、迎春饭店、新华饭馆、志泉修车部、兴隆饭馆、斋鑫修表店、应运综合小卖部、新颖服装店、斋堂零售部、木器家具店、斋堂副食部、小百货部、宝林饭馆、斋堂商店、颖时百货店、民众服装店、芸城商店和门城商店等18个商号，还有个没有字号的买卖铺子，整个街面几乎全是门市部。行业齐全，商品丰富，满足机关单位和居民的生活需要。1996年，镇内（不含军响地区）商业网点108个，比1993年的67个增长61.2%。至2000年，商业网点增加到320个。

合作、集体商业

1938年，县抗日政府组织域内各村成立合作社，解决群众日常生活之所需。村民把小米、玉米、杏仁、核桃等农副产品作为股金集资，建立集体所有制性质的合作社。合作社负责把农副土特产品收购起来，运出去换回村里缺乏的食盐、土布、黄酱、针头线脑儿等生活日用品。1940年秋后，侵华日军占据斋堂镇域，很多村合作社把一些商品藏在山洞里，利用夜间偷运到山上，供给军民急用。合作社职工背篓串山为群众送货，冒着生命危险到敌占区采购商品。由于敌人的经济封锁，合作社存货卖完之后无法进货，有组织的商业活动停止，只有少数私商偷运点盐、布，群众用小米、玉米或核桃与之交换，十多斤玉米换一尺小土布（一尺宽），没有其他商品。群众吃油、点灯都用自制的核桃油或杏仁油。火柴买不到，就用火镰取火。当时货币不能通用，巩固村用晋察冀边区发行的边区票，敌占区用日伪政府发行的联合票，而游击区二者均有，但不能通用。唯一的办法就是用粮食去换，人民生活非常艰苦。日伪军为解决自己的生活供应，办起所谓的“合作社”，经营日用杂品、布、酒、食盐、煤油等。日军为封锁根据地用盐，凭条按户供应，每人每月一斤。域内群众省吃俭用，把节省下来的食盐送给八路军和县、区干部，坚持斗争共渡难关。

1943 年，不少村庄成立了医药、挖煤、烧炭、收售及综合经营等不同类型的合作社。宛平县联社机关改为民生商店，在西斋堂设立门市部。1945 年，在沿河城建立联村社。

1947 年土改后，各村合作社职工由群众选举产生，半年或一年公布经营成果，入股的可以分红。门头沟地区被国民党占领后，合作社改变过去的进货渠道，转由涞水县南成寺、石亭进货。每次人背、畜驮，职工报酬一天 1 公斤小米，出差的多补半斤。西斋堂村的曹安有、桑峪村的张守孟等都是农村合作社的积极分子。

中华人民共和国成立初，基本上是以村建社，一社一点的较多。1952 年 9 月，京西矿区供销合作分社在东斋堂、军响、沿河城分别成立供销联社。1953 年，实行计划经济后，商品从一、二、三级批发到零售，全是分配制，并且有固定的进货渠道，不准私自从非计划单位进货。紧缺商品实行凭票、证供应。三年困难时期，实行凭票证的商品达 100 余种，除粮食外，供销合作社是镇内唯一的商业组织，负责粮食以外的全部购销。大部分农产品，实行计划收购、订购、派购等政策。1958 年 8 月，实行人民公社化，农村没收自留地，限制了土特产品的生产。商品收购量越来越少，大宗农产品等由生产队直接卖给供销社，群众手里没有零用钱，只能等年终结算，商品经济效益很低。同年 10 月，区供销合作社在镇域内成立供销部，下设中心店。增设驻京采购站和工业品、副食品、生产资料、服务 4 个经理部及废品收购站。1959 年，镇内农村网点企业，由集体所有制改为全民所有制。1963 年初，门头沟区供销社正式恢复，在镇内设立基层社，供销社合理分配不足商品，安排农民的生产生活，帮助群众渡过难关。

“文化大革命”期间，供销社工作受到冲击和干扰。1969 年，供销社并入商业局，镇内供销工作归商业局农村科。农村商品流通严重堵塞，镇内居民生产生活受到严重影响。1973 年 5 月，重新恢复供销合作社。

党的十一届三中全会以后，按照多种经济形式，多种经营方式，多条流通渠道，少环节的原则，调整商业经济结构，进行商业流通体制改革。商品流通实行计划经济与市场调节相结合，发展集市贸易，允许个体商业的发展，允许农产品不通过供销社直接向用户销售，打破了供销社独家经营的格局。1985 年，基层社进行合并，镇内斋堂、军响、沿河城 3 个基层社合并为斋堂供销社。1987 年初，重新恢复成斋堂、军响、沿河城 3 个供销社，采取全员风险抵押，实行多种形式的承包责任制，对小门店实行租赁经营。1993 年 12 月，沿河城供销社并入斋堂供销社。1995 年 7 月，军响供销社并入斋堂供销社。同年，供销社体制实行转轨，斋堂供销社由集体经营转为个体经营。

进入 21 世纪后，供销社尝试着各种改革，农村连锁药店遍布镇内各个村。2005 年，发挥优势开展农资连锁工作。2009 年，开展专业合作社建设，发展农业生产资料现代经营服务网络，发展农村日用消费品现代经营网络，发展农副产品现代购销网络。截至 2020 年 12 月，合作和集体商业依然是镇内商业发展体系中的一员。

国营（国有）商业

1945 年抗战胜利后，斋堂川内国营商业兴起，平西专署开办大有商店，中共宛平县委开办公聚永商店，县政府开办永和商店，县公安局开办光明商店，这些商店分布在较大的村庄，活跃了镇域的商贸经济。

中华人民共和国成立后，1958 年 11 月，公私合营的核算单位、门市部及合作商店，全部过渡为全民所有制，域内供销合作社改为商店。1961 年，贯彻调整方针，国合商业分家。供销社专门负责农村商业，国营商业从域内退出。党的十一届三中全会以后，商品流通体制改革，打破了供销社独家经营的格局。2003 年，物美便利超市建成接待顾客。2017 年 8 月，ET 保税北京斋堂店开业。ET 保税店由高铺村第一书记介绍引进，为周边居民和游客提供食品、酒水、护理用品等百余种高品质、低价格的进口商品。与其他 ET 保税店不同的是，店内 6 名店员均是域内低收入村民，并将镇内香椿、核桃、蜂蜜、红杏、草药等多种农副产品推广至市、区等市场。

第二节　商品购销

生产资料供应

1938 年抗日民主政府建立前，生产工具是比较原始的锄、耙、锨、镐等，由私营小作坊制作卖出。抗日政府建立后，域内合作社担负起供应生产资料的任务。中华人民共和国成立初期，政府组织农民办小型烘炉，打制工具供应农民。1958 年后，增加新式步犁、双轮双铧犁、三齿耕锄、割草机、玉米脱粒机、电动机、锅驼机、水泵、水管、电线、收割机、播种机等农机具的经营。农机具由国合商业从国家规定的渠道进货。20 世纪五六十年代，农药供应主要有鱼藤精、硫酸铜、硫酸亚铁、硫黄、666 粉、1059、1605、DDT 等。20 世纪 70 年代，开始试用化学药剂除草、化学药剂叶面喷肥。

20 世纪 50 年代以前，农业生产用肥主要是有机肥。20 世纪 60 年代初，使用碳酸氢铵、硫酸铵为主的化肥。20 世纪 60 年代末，使用方便，价格低廉的氨水，后推广固体化肥，品种有尿素、复合肥、磷肥、钾肥等。

改革开放后，实行土地承包，生产资料由承包者根据需要自行购销。

生活资料供应

中华民国初年，镇域内私营商户供应日用杂品、布匹、油盐酱醋、烟酒、茶糖、粮食等。1938 年，域内各村建立中华合作社，解决当地军民的生活资料供应问题。

中华人民共和国成立后，国营商业兴起，形成国营、合作社、私营三种流通体制。1953 年，开始发放布票。1954 年至 1956 年，粮油实行统购统销。1956 年，对私营工商业进行社会主义改造后，域内只存有国合商业体制。国合商店开始经营自行车、收音机、手表、呢绒服装等贵重商品。1959 年至 1962 年，国家对部分副食、日用工业品采取凭票、限量、定点供应办法，限量凭票品种由 1958 年前的 4 种，增加至 1962 年的 102 种。1961 年，贯彻调整方针，国合商业分家，域内生活资料供应由供销社负责。同时，域内恢复农村集市贸易。1963 年，部分商品敞开供应。

1979 年 4 月，北京市政府提出“国营、集体、个体”一起上的方针，打破国合商业的一统格局。1982 年 11 月至 12 月，停止使用购物券，取消使用布票，日用工业品等全部敞开销售。1988 年 5 月，肉、蛋、奶、菜 4 种主要副食品价格变动出台。同年 7 月，肉、蛋、糖、油从凭证改为凭票供应，13 种名烟和 13 种名酒价格放开。1990 年，肉、蛋、糖、油几种副食品定量供应，大量副食品敞开销售，高档消费品电视机、冰箱、洗衣机、录像机走进百姓家，生活资料供应全面放开。

土特产品收购

1938 年前，因交通不便，域内产出的核桃、杏核等大多数产品，由私营商户收购，再驮运到北京等地销售。抗日民主政府成立后，县政府及各村成立合作社，合作社负责为群众送货。中华人民共和国成立后，供销社担负收购任务，实行合同制收购，少数品种赊销定购。1953 年，实行指令性计划。为鼓励农民向国家交售土特产品，制定发放扶持生产资金和收购奖售政策，调动农民生产的积极性。

20 世纪 70 年代以后，供销社帮助农民发展果品生产，委派技术员协助管理，提供农药对果树进行病虫害防治，提高果品质量，使核桃成为镇内主要出口产品。

1986 年，土特产品收购市场，由国营、合作社独家经营变为合作社为主，集体、个体为辅的多渠道经营。1991 年，实行多种经济成分并存，多条渠道流通的市场竞争机制，打破国合商业一统天下的格局。

第三节　集市贸易

1947年、1948年，宛平县政府在黄城峪试办2次物资交流大会。中华人民共和国成立后，1954年、1956年、1957年，在斋堂东门外城隍庙前举办3次物资交流大会。1966年“文化大革命”前，在东斋堂村沙坑举办1次物资交流大会。几次物资交流大会受当时条件的制约，举办形式大体相同，主要以购销农副产品、农具、粮食、布匹、牲畜、棉花、生活用品为主，附带有小手工业产品。交流大会涉及的人员有河北省涞水县、房山县及斋堂川各村的人员，最多人数可达3000人。为了烘托交流会会场气氛，每天都举办地方戏、拉洋片的、要猴的、说快板书等文艺活动。“文化大革命”开始后，物资交流活动停止。

1992年，域内开办门头沟区第一个农副产品交易批发市场，占地面积4亩，设固定商亭21间，活动商亭16个，大棚351平方米，可容纳150个摊位售货，结束了斋堂地区农副产品买卖难的历史。开市2个月，交易额达到50余万元。1993年，交易额达到315万元。1994年4月，举办第一届商品交易会，有17个厂家、150户个体商贩参加交易，交易额达40万元。1999年，对斋堂农贸市场进行扩建。一期工程竣工后，部分商家开始入住。全镇商业网点达320个，是1996年160个的2倍。1999年，社会商品零售额达到4767万元，比1996年的3067万元增长55.4%。至2020年，斋堂农贸市场仍然是门头沟山区最大的农副产品交易批发市场。

第十一章　旅游业

20世纪70年代末，区、乡政府开始对镇内旅游资源进行开发，发展旅游事业。珠窝水库、川底下村相继被开发为旅游景区。20世纪90年代后期，旅游作为一种产业发展起来。镇政府着力培育以旅游业为主导、多点支撑的生态产业体系，将旅游文化休闲产业确立为主导产业，推动乡村旅游业不断发展。2005年，斋堂镇获北京市旅游局《最佳旅游目的地》称号。2007年，获“国际户外运动中心”称号。2008年，被北京市旅游局、北京电视台评为“京郊特色旅游观光镇”。2010年，被北京市确定为“古村落古道文化旅游产业集聚区”，入选首批“全国特色景观旅游名镇”。截至2020年12月，全镇有5家国家AAA级旅游景区，各景区共接待游客150万余人次，旅游综合收入达9800余万元。

第一节　旅游开发

镇内旅游业始于改革开放以后。20世纪70年代末，珠窝水库、川底下相继被开发为旅游景区。20世纪90年代后期，旅游作为一种产业发展起来。

“九五”时期，门头沟区政府将旅游开发建设列为“五大基地”之一，镇域旅游业全面发展，旅游基础设施配套，环境改善，接待能力提高，观光旅游、生态旅游和乡村旅游逐渐形成规模。

“十五”期间，区政府重新编制旅游业发展规划，引入市场机制，开发建设新的景区景点。域内开发以“农家乐”为主要形式的旅游休闲产业，形成以火村为代表的档次较高、设施较完善的“农家乐”旅游休闲产业村。随着区域功能定位和产业结构调整，域内关闭煤矿，大力发展旅游产业。先后有珍珠湖景区、川底下村、马栏村、法城村、黄岭西村、沿河城村、向阳口村、灵水村、桑峪村、柏峪村等对外开放，塔岭山庄、珍珠山庄、斋堂山庄、广电中心等旅游服务设施相继建立。

“十一五”期间，斋堂镇政府培育以旅游业为主导、多点支撑的生态产业体系，将旅游文化休闲产业确立为主导产业，推动乡村旅游业不断发展。2005 年，获北京市旅游局“最佳旅游目的地”称号。2006 年，开始进行旅游集散中心规划，并取得了市规划委的批复。经过几年的奋斗，全镇涌现出一些成熟的景区。拥有爨柏景区、双龙峡景区、黄芩仙谷景区 3 家国家 AAA 级旅游景区；珍珠湖景区一家国家 AA 级旅游景区；有灵水举人村、八路军邓华支队司令部、马栏挺进军司令部陈列馆等众多旅游景点，为开展山水游、村落游、古道游、关隘游、红色游等多种形式的生态旅游开拓了广阔前景。2007 年 4 月，制定镇域总体规划，确立生态旅游的发展方向。2008 年，斋堂镇被北京市旅游局、北京电视台评为“京郊特色旅游观光镇”。2010 年，被北京市确定为“古村落古道文化旅游产业集聚区”，由住房城乡建设部、国家旅游局授予首批“全国特色景观旅游名镇”称号。9 月，在斋堂镇举办首届“北京国际山地徒步大会”，来自 33 个国家和地区的近万人参加。

截至 2020 年 12 月，全镇有爨柏景区、双龙峡景区、黄芩仙谷景区、灵水景区、马栏景区 5 家 AAA 级景区，各景区共接待游客 150 万余人次，旅游综合收入达 9800 余万元。计有民俗户 211 户：川底下村 48 户，向阳口村 20 户，黄岭西村 18 户，马栏村 9 户，火村 24 户，桑峪村 13 户，灵水村 40 户，双石头村 12 户，沿河城村 16 户，东胡林村 4 户，柏峪村 3 户，东斋堂村 1 户，西斋堂村 1 户，白虎头村 1 户，西胡林村 1 户，其中有五星级民俗村 1 个（川底下村）、五星级民俗户 7 户、四星级民俗户 21 户，三星级民俗户 27 户。

第二节　景区建设

爨柏景区

位于镇域西部，是以传统村落文化为主要观光的景区，总面积 46.6 平方公里，包括古迹山庄——川底下村、京西石头村——双石头村、军户古村——柏峪村、百姓人家——黄岭西村 4 个传统村落。

古迹山庄—川底下村，是爨柏景区的

图 11-1　古迹山庄——川底下村（2012 年摄）

中心，整个村落保留了比较完整的古代建筑群，有明清时期的四合院70余套、500余间房。20世纪80年代，村落得到社会各界的关注，许多名人名家、文人墨客，先后到这里参观、游览。各大媒体以及影视拍摄人员，来这里采风、拍摄作品，留下了不少题字和优秀的诗歌散文。著名专家罗哲文先生讲，川底下古山村是一颗中国古典建筑瑰宝的明珠，它蕴含着深厚的北方建筑文化的内涵，就其历史、文化艺术价值来说，不仅在北京，就是在全国也属珍贵之列，公之于世，功莫大焉。

村中有丰富多彩的民俗、地方戏曲和正月十五转灯会，是吸引游客的乡土文化和人文景观。特别是春节过大年，村里家家户户张灯结彩，做豆腐、泡豆芽、炸年糕、贴对联等山村情趣，备受游客青睐。到川底下村过大年，品农家饭、观花灯、放鞭炮、听村戏已成旅游时尚。

除了古院古宅、清代壁画、清代捷报、二战时期被日军烧毁的房屋、抗日哨所遗址、20世纪五六十年代的标语、古碾、古磨、古井、古庙等人文景观外，还有着丰富的自然景观。川底下村被大山围裹，其地质构造是典型的“穹窿”，四面有威虎镇山、金蟾望月、蝙蝠献福、神龟啸天、一线天峡谷等景观，《侠女十三妹》《关东大侠》《太极宗师》《无言的爱》《手机》等几十部影视剧曾选择这里作为拍摄的外景地。川底下村已成为影视剧的拍摄基地。

川底下村几乎都是客栈，不仅可以品尝到山村农家特色食物，还可为游客提供住宿，并有山区特色外卖。每年5月至10月为旅游旺季，节假日住宿紧张。

军户古村——柏峪村，位于爨柏景区最北端，是一个集观光、旅游、住宿、就餐、度假、休闲、民俗娱乐和革命传统教育于一体的旅游度假村。柏峪村遗存的老宅门楼、影壁、

图11-2　军户古村——柏峪村（2020年摄）

石阶上，保留着雕工精湛、造型完美的石雕、砖雕、木雕。村东二三里的“百窑”，残存着7座明代修建长城时烧砖用的砖窑；村北古道旁的山崖上遗存有明代修建长城的石刻。村中传唱几百年的秧歌戏，是北京市非物质文化遗产。

京西石头村——双石头村，位于爨柏景区最南端，是进出景区必经之路。景区以石头文化为主，景区内石头巨大，成双成对，不仅有名字，而且有传说、有故事。整个村落依山而建，石上有房、有庙，有石块砌筑的高墙，有青石铺的巷道，还有石臼、石碾、石房、石灶、拴马石等，是一片石头的天地。

图 11-3　京西石头村——双石头村（2011 年摄）

百姓人家——黄岭西村，位于爨柏景区南端，不在主路上，是一个位置特殊、景色宜人的景区。村落环境优美，曲径通幽，柏树、绿谷、红岩、花椒，呈现一幅幅美景。进村遍地是景，处处是故事。村民配合旅游组织了演出队，以唱红歌为主，打出品牌。

图 11-4　百姓人家——黄岭西村（2009 年摄）

2009 年，注册成立北京爨柏景区管理中心并正式对外开放。2010 年被评为国家 AAA 级旅游景区。

双龙峡景区

位于镇域东南火村南 3.5 公里处，是由村民集资兴办的自然风景区。景区在青山翠谷之中，由峡谷、溪流、瀑布组成。峡谷深 15 公里，水资源丰富，小流域气候温暖潮湿，林木繁茂，动植物物种丰富，植被覆盖率达到 95%。最高峰老龙窝海拔 1646 米，山泉水处海拔 960 米。2 个塘坝蓄水 1 万余立方米，形成 29 米以上的大瀑布 2 个。第一瀑布至第二瀑布山谷内，溪流与山交错，藤蔓植物与灌木、乔木纠缠盘结，形成约 5 公里长的天然植物走廊，阴郁葱茏，号为“藤萝谷”，为双龙峡第一奇观。随山涧自然形成的仙女潭、一线串珠、八仙观洞、响水潭、双龙戏龟等诸多景点和 30 余个小瀑布，天河、水潭、绿谷、红岩，组成一幅幅靓丽的美景。春天山花烂漫，夏日溪水潺潺；秋天云高气爽，冬日冰瀑如玉。景区入口处海拔 480 米，旅客可乘坐小火车进入景区。景区建有接待站，村中有农家乐十几户可为游客提供住宿。2010 年被评为国家 AAA 级旅游景区。

图 11-5　双龙峡景区（2020 年摄）

珍珠湖景区

位于镇域北部向阳口村东，是以永定河珠窝水库为资源开发的景区。景区处于满山青翠的环抱之中，似珍珠碧玉般晶莹剔透，被人们誉为“珍珠湖”。珍珠湖湖区呈狭长状，长 9.5 公里，两岸是陡峭的悬崖。最窄处仅 120 米，最宽的地方 480 米 ~ 500 米。景区沿岸有锁龙峡、金刚峡、映珠峡、杏花村、棋盘山、白龙洞、杏花村、三仙洞、双柳岛、同心岛、并蒂峰、55 公里的湖畔小站、24 洞鸣铁龙、亚洲第一桥、石舫桥、横流湾、野营岛等众多景观。湖内景点星罗棋布，美不胜收。

景区1986年开始接待游客，1998年正式对外开放。2001年被北京市旅游局评定为国家AA级旅游景区。2007年，景区投资建设珍珠山庄，可容纳400人同时就餐。经过多年建设、开发，至2010年，景区拥有88座豪华双层游船1艘，52座豪华单层游船2艘，7座快艇5条，12座快艇3条。2006年至2010年，总收入近510万元。2015年被区旅游景区质量等级评定委员会评为国家AAA级旅游景区。2020年9月，由于饮用水源保护，景区各类基础设施和服务设施拆除，国家AAA级旅游景区被摘牌，不具有接待能力。

图11-6　珍珠湖景区（2013年摄）

黄芩仙谷景区

位于镇内旅游创意产业园区中心位置，背靠斋堂水库，是国家级“黄芩种植培训示范基地”、中国黄芩加工非物质文化遗产传承地、全国唯一以黄芩文化为主题的国家AAA

图11-7　黄芩仙谷景区（2020年摄）

级旅游景区。占地面积2000余亩，2012年开园。景区入口处是汉白玉桥和仿古门楼，门楼右侧是文化长廊，左侧是旅游接待区。景区内建有仿古四合院，入内能看到黄芩加工工艺、黄芩展厅和各种特产。景区设有生态颐养区、中医药植物园、山地休闲度假区、中医药祖敬拜区等。游客可欣赏黄芩、采摘黄芩，也可以徒步登山，观看斋堂水库全貌。

灵水景区

2000年，灵水村利用村里丰厚文化遗产，以“京西灵水举人村”的名义，开发旅游产业。2005年11月，荣获第二批全国历史文化名村称号后，旅游产业更加发展扩大，利用村中古民居、灵水八景、八角龙池、宗教寺庙等众多自然和人文景观景点，打造文化品牌，吸引游客，成为旅游名村。2016年，景区被评为国家AA级旅游景区。景区管理开放，村内的民居提供住宿，有红薯饭、榆子饭、糗糕米等特色农家饭可以品尝和核桃、红杏等特色物产外卖。2019年，景区被评为国家AAA级旅游景区。

图11-8　灵水景区（2020年摄）

马栏景区

位于斋堂镇南部马栏村。1939年10月，冀热察挺进军司令部移驻马栏村。1981年，冀热察挺进军司令部旧址被公布为门头沟区第一批文物保护单位。1990年，马栏村将“挺进军司令部”原址建成博物馆，供人观瞻，开展革命传统教育。1995年，冀热察挺进军司令部旧址列为北京市级文物保护单位。1996年8月，冀热察挺进军司令部旧址陈列馆揭牌，是北京市青少年爱国主义教育基地、北京市文物局注册博物馆。1997年7月正式开馆，占地面积130平方米，实物100余件，照片近200幅，分4个展室，集中展示挺进军在抗战中的战斗历程。2020年5月，景区正式被评为国家AAA级旅游景区，列入国家级抗战纪念设施、遗产名录。

图 11-9 马栏景区（2020 年摄）

第三节 旅游服务

服务设施

民俗旅游接待村 2003 年 9 月 25 日，川底下村被公布为首批市级民俗旅游接待村。2008 年 9 月，向阳口村、柏峪村被公布为第六批市级民俗旅游接待村。截至 2020 年，镇内有 15 个民俗旅游接待村（川底下村、向阳口村、黄岭西村、马栏村、火村、桑峪村、灵水村、双石头村、沿河城村、东胡林村、柏峪村、东斋堂村、西斋堂村、白虎头村、西

图 11-10 民俗旅游接待村——桑峪村

胡林村），其中川底下为五星级民俗村。2020 年 9 月，川底下村入选全国乡村旅游重点村名录。

民俗旅游接待户　2002 年，公布第一批北京市首批民俗旅游接待户，全区 32 户，其中斋堂镇 8 户。2003 年 9 月 25 日，公布第二批市级民俗旅游接待户，全区 80 户，其中斋堂镇 21 户。2007 年 9 月，公布第六批市级民俗旅游接待户，全区 40 户，其中斋堂镇 2 户。2008 年 9 月，公布第七批市级民俗旅游接待户，全区 99 户，其中斋堂镇 72 户。2009 年 12 月，公布第八批市级民俗旅游接待户，全区 51 户，其中斋堂镇 16 户。截至 2020 年，斋堂镇计有旅游接待户 212 户，其中星级接待户 55 户。

图 11-11　旺山民宿（2020 年摄）

图 11-12　爨舍客栈（2020 年摄）

2020 年斋堂镇星级民俗旅游户一览表

表 11–1

序号	单位	经营名称	评定年份	地址	法定代表人或经营者	日常联系人	经营状态	是否住宿	类别
1	北京灵岳山庄	北京灵岳山庄	2015	东斋堂村丰家坨	闫翠平	王爱云	正常营业	是	五星级
2	北京福字院旅游服务中心	福字院	2015	川底下村43 号	周黎明	周黎明	正常营业	是	五星级
3	北京爨下古宅客栈	古宅客栈	2015	川底下村10 号	韩纳新	韩纳新	正常营业	是	五星级
4	北京河西小院客栈	河西小院	2015	川底下村	王秋华	王秋华	正常营业	是	五星级
5	北京虎跃四季兴农庄	漫山庭	2016	白虎头村西 100 米	贾秀娟	贾秀娟	正常营业	是	五星级
6	北京驿清晨客栈	驿清晨客栈	2015	川底下村4 号 2 号院	尚元森	李清翠	正常营业	是	五星级
7	北京爨舍客栈	爨舍		川底下村	韩孟宽	韩永聪	正常营业	是	五星级
8	北京爨底下城堡客战	城堡客战	2015	川底下村	韩孟星	韩孟星	正常营业	是	四星级
9	北京爨底下爨宝客栈	爨宝客栈	2015	川底下村30 号	韩秀英	韩秀英	正常营业	是	四星级
10	北京爨底客栈	爨底客栈	2015	川底下村19 号院 4 号	韩　跃	韩　跃	正常营业	是	四星级
11	北京韩怀英旅游服务部	爨韵客栈	2015	川底下村	韩怀英	韩孟林	正常营业	是	四星级
12	北京爨底下韩卫国客栈	东苑驿站	2015	川底下村	韩卫国	韩卫国	正常营业	是	四星级
13	北京古堡茗苑旅游服务部	古风苑客栈	2015	川底下村	韩孟亮	韩孟亮	正常营业	是	四星级
14	北京连久芳旅游服务部	涵苑小居	2015	川底下村	连久芳	连久芳	正常营业	是	四星级
15	北京爨底下韩孟铁客栈	韩家老客栈	2015	川底下村	韩孟铁	韩孟铁	正常营业	是	四星级
16	北京爨底下恒德瑞客栈	恒德瑞客栈	2015	川底下村	韩春生	韩春生	正常营业	是	四星级

续表 11-1

序号	单位	经营名称	评定年份	地址	法定代表人或经营者	日常联系人	经营状态	是否住宿	类别
17	北京爨底下厚德福客栈	厚德福客栈	2015	川底下村68号	韩晓发	韩晓发	正常营业	是	四星级
18	北京厚德福老宅旅游服务中心	厚德福老宅	2015	川底下村	韩革立	韩革立	正常营业	是	四星级
19	北京韩波旅游服务部	佳佳乐	2015	川底下村19号院2号	韩　波	韩　波	正常营业	是	四星级
20	北京爨底下隆鑫客栈	隆鑫客栈	2015	川底下村	陈玉花	陈玉花	正常营业	是	四星级
21	北京片石居旅游服务中心	片石居客栈	2015	川底下村62号院1号	周金锁	周金锁	正常营业	是	四星级
22	北京韩建东旅游服务部	如意客栈	2015	川底下村15号	韩建东	韩建东	正常营业	是	四星级
23	北京韩晓文旅游服务部	四合古宅	2015	川底下村	韩晓文	韩晓文	正常营业	是	四星级
24	北京秀色韩川客栈	秀色韩川	2015	川底下村	周云华	周云华	正常营业	是	四星级
25	北京迎贤庭旅游服务中心	迎贤庭客栈	2015	川底下村	杜文云	杜文云	正常营业	是	四星级
26	北京爨底下悦来客栈	悦来客栈	2015	川底下村6号	韩局生	韩局生	正常营业	是	四星级
27	北京爨底下新远客栈	新远客栈		川底下村24号	张秀霞	张秀霞	正常营业	是	四星级
28	一隅（北京）旅游文化发展有限公司	北京有关民宿	2018	黄岭西村77号	王永兴	王永兴	正常营业	是	四星级
29	北京锦乡逸轩客栈	北京锦乡逸轩客栈	2015	柏峪村163号	谭秀霞	谭秀霞	暂停营业	是	三星级
30	北京瑞和堂农家饭庄	北京瑞和堂农家饭庄	2015	柏峪村	陈世东	陈世东	暂停营业	是	三星级
31	北京庆芝苑客栈	北京庆芝苑客栈	2015	柏峪村124号	李永庆	李永庆	暂停营业	是	三星级
32	北京丰年渡客栈	北京丰年渡客栈	2015	向阳口村	李长芬	李长芬	正常营业	是	三星级

续表 11-1

序号	单位	经营名称	评定年份	地址	法定代表人或经营者	日常联系人	经营状态	是否住宿	类别
33	北京梦溪小阁客栈	北京梦溪小阁客栈	2015	向阳口村	韩淑清	韩淑清	正常营业	是	三星级
34	北京仙舟堂客栈	北京仙舟堂客栈	2015	向阳口村	张秀仙	张秀仙	正常营业	是	三星级
35	北京向阳明忠农家饭庄	向阳客栈	2015	向阳口村 110 号	蔡明忠	蔡明忠	正常营业	是	三星级
36	北京鱼水乡情农家饭庄	水乡农家院	2015	向阳口村 98 号	蔡永禎	蔡红柳	正常营业	是	三星级
37	北京韩孟起旅游服务部	财主院客栈	2015	川底下村	韩孟起	韩孟起	正常营业	是	三星级
38	北京韩勇客栈	大勇客栈	2015	川底下村 19 号	韩　勇	韩　勇	正常营业	是	三星级
39	北京栋梁客栈	第一楼客栈	2015	川底下村 40 号院 1 号	韩栋梁	韩栋梁	正常营业	是	三星级
40	北京怀录顺旅游观光处	福禄客栈	2015	川底下村	韩怀禄	韩怀禄	正常营业	是	三星级
41	北京高台阶客栈	高台阶客栈	2015	川底下村 98 号	王守英	王守英	正常营业	是	三星级
42	北京斋堂赵正四旅游信息咨询部	古巷客栈	2015	川底下村	赵正四	韩建东	正常营业	是	三星级
43	北京韩晓宝旅游服务部	古源居客栈	2015	川底下村	韩晓宝	韩晓宝	正常营业	是	三星级
44	北京韩怀生旅游服务部	吉祥客栈	2015	川底下村	韩怀生	韩怀生	正常营业	是	三星级
45	北京捷报家园客栈	捷报家园	2015	川底下村	田元凤	田元凤	正常营业	是	三星级
46	北京聚鸿老宅客栈	聚鸿老宅	2015	川底下村	董　柘	董　柘	正常营业	是	三星级
47	北京韩永利旅游服务部	老龙头客栈	2015	川底下村	韩永利	韩永利	正常营业	是	三星级
48	北京黄志明旅游服务部	明清古宅客栈	2015	川底下村	黄志明	黄志明	正常营业	是	三星级
49	北京韩延雪旅游服务部	农家客栈	2015	川底下村	韩燕雪	韩燕雪	正常营业	是	三星级

续表 11-1

序号	单位	经营名称	评定年份	地址	法定代表人或经营者	日常联系人	经营状态	是否住宿	类别
50	北京爨底下王慧兰客栈	夕阳红客栈	2015	川底下村	王慧兰	王慧兰	正常营业	是	三星级
51	北京爨底下韩永彬客栈	乡肴客栈	2015	川底下村	韩永彬	韩永彬	正常营业	是	三星级
52	北京萧萧梅园旅游服务中心	萧萧梅客栈	2015	川底下村14号	陈晓梅	陈晓梅	正常营业	是	三星级
53	北京爨底下悠然居客栈	悠然居客栈	2015	川底下村2号	韩小裕	韩小裕	正常营业	是	三星级
54	北京友善缘旅游服务中心	友善客栈	2015	川底下村16号院1号	韩建国	韩建国	正常营业	是	三星级
55	北京谭怀琴旅游服务部	古村客栈	2017	川底下村	谭怀琴	谭怀琴	正常营业	是	三星级

说明：表内空格表示无数据

2020 年斋堂镇内精品民宿一览表

表 11–2

序号	所在村	名称	客房数（间）	餐位数（个）	床位数（床）	可接待人数（人）	是否有会议室等公共活动空间	是否营业
1	黄岭西村	北京有关民宿	9	18	11	18	是	是
2	白虎头村	朗诗乡居白虎头精品民宿	11	30	22	30	是	是
3	川底下村	北京爨舍客栈	29	150	29	70	是	是
4	白虎头村	漫山庭	26	60	56	70	是	是
5	柏峪村	柏桐客栈	13	30	19	38	是	是
6	灵水村	丰源客栈	7	50	7	13	否	是
7	白虎头村	虎田山居	3		3		否	是
8	军响村	北京大有民宿	6	20	20	20	是	是
9	川底下村	财主家福字院	4	100	20	20	否	是

说明：表内空格表示无数据

宾馆饭店　斋堂山庄，位于镇域东南，109 国道 74 公里南侧，是中坤集团以军响乡政府机关建筑为基础投资建设的一座四星级多功能山庄酒店，占地面积 3 万余平方米，有客房170套，同时可接纳400人用餐，是一个集住宿、餐饮、会议、娱乐于一体的旅游度假山庄。山庄整体采用中式皇家园林建筑布局，亭台楼阁与溪水山色相映成趣，庭院别致、溪水涓涓，是商务、会议、休闲度假的理想之所。京西广播电视培训中心，位于镇政府东侧，是二星级饭店，是集学习、会议、旅游、度假、休闲于一体的服务性单位。培训中心背靠九龙头果园，可领略自然风光，体验民俗风情。中心地处通往爨底下、龙门涧、百花山、珍珠湖、双龙峡、斋堂水库、灵山等旅游景区的中心地带。有标准客房50余间（楼房42间，平房9间，高间2套）， 中餐厅可供140人同时就餐，提供风味小吃、野菜山珍。另有大小会议室、教室、歌舞厅、棋牌室，有乒乓球、台球和多种健身器具。是旅游度假、召开中型会议及休闲娱乐的好地方。

塔岭山庄，位于镇域东南，109国道74公里处北侧，是斋堂镇与北京合力集团联合筹建的度假山庄，占地1万平方米，由部队军营改造而成，因位于塔岭沟的沟口，故名。有客房80余套，同时可接待200人住宿就餐。山庄内有棋牌室、歌厅等服务设施。山庄广场可开篝火晚会。是一座集旅游、会议、休闲、度假、娱乐于一体的度假山庄。山庄环境优雅，园林绿化，平房建筑，是休闲度假的好去处。

弘鑫源山庄，位于西胡林村西，有床位50张。山庄环境优雅，面向清水河，一次性就餐可容纳100人，并有烧烤。

金水饭店，位于109国道75公里旁边，有20多年的历史，一次性接待游客就餐可容纳100人。

桥头饭馆，位于斋堂粮库院内，有25年历史，主要有涮羊肉、麻辣火锅、家常菜、羊蝎子等，一次性接待达150人。

特色饮食

炸油香　白面掺和适当比例的玉米面加适量白矾水（如今已经改用碱面和小苏打代替白矾），做成约10厘米长菱状薄面片，用杏核油或核桃油炸，炸至鼓胀泡起，外观焦黄，香脆可口。这是新春佳节或其他节日的传统食品。

图11-13　炸油香（2020年摄）

炸甘菜　大红枣经温水泡展去核，洗枣核后水留用，枣肉和面粉相掺，用洗枣核的水和面。和面至软而不流，放入笼屉拍平，厚二指许，先以大火蒸熟，然后微火馏至面为红色时，切成4厘米大小的菱形面块，放入沸油中，炸至金黄，出锅装盘，撒白糖食用，外焦里嫩，香甜可口。因为是甜食，所以称甘菜。

大碴子粥　也称秫黍米粥。将玉米粒用凉水浸泡 1 小时，用碾子去皮后，碾碎成四五瓣，沸水入锅，用旺火煮开。然后用微火煮，煮至散发香味、黏稠，即可食用。多在节日、盖房时才做。现为旅游接待的上好食品。

图 11-14　大碴子粥（2020 年摄）

压饸饹　用饸饹床子（一种专用厨具）将和好的面压成面条，面条粗细由饸饹床子上的金属圆孔大小决定。饸饹面条可以用白面、荞面、豆面、玉米面（玉米面要掺上榆皮面，以 10 ∶ 1 的比例掺匀）和好，分成约 4 寸（约 13 厘米）长的圆柱体，饧面后放置饸饹床的装填孔中，用木杵压制。压好的面条直接倒沸水中煮熟，捞出过水，长长的、滚圆的、滑滑的，再加上肉丝黄花木耳鸡蛋卤，另配豆芽菜、炸酱。

烙黄　传统风味食品，又称摊黄、炉糕。原料以小米和玉米碾成面，加水浸泡待发酵后，以碱去酸。使用专用厨具黄铛（又称黄帽子，生铁铸成，三足支撑，由铛和盖组成，铛当中凸起），先将黄帽子烤热至烫，倒上面糊，约一二分钟可听见吱吱的响声，三声过后将烙黄取出，即可食用。烙好的烙黄中间薄边上厚，所以也叫“边肿”。

图 11-15　烙黄（2020 年摄）

搅拿糕　用玉米面、杂粮面混合在一起（也可只用玉米面），加土豆块，少许食盐，入锅，上锅煮，上面撒上榆树叶继续煮。当土豆块八成熟时，榆树叶也煮软了，等到锅里的水快干时用铁勺连搅带杵，直至搅匀杵粘，便可食用。此食品虽叫搅拿糕，却不能拿，要用筷子吃，佐以泡菜、辣子酱等食用。

蒸（炸）年糕　原料为黍子（俗称大黄米）或小黄米（俗称黏小米）。将原料浸湿碾成面粉，过罗，罗成面。小豆煮成八成熟待用。在大铁锅笼屉上先铺上小豆，将面粉加水攥成团，一层一层地撒在笼屉上。边撒边烧柴，面撒到2厘米厚时，再在上面撒一层小豆。蒸30分钟，然后将年糕出锅，反扣在面板上，用铁铲将豆与年糕拍实，切片，或炸，或蒸，加糖食用。炸糕时，将蒸好的糕合成面团，掐成剂子，用手捏皮，添上红糖、豆馅等馅料，揉成圆形或捏成饺子形，放在油锅中炸至金黄色食用。

图11-16　炸年糕（2020年摄）

压肉　熟猪头肉切大薄片、豆腐皮或整海带条煮熟、核桃仁泡展去皮待用。豆腐皮或几片相连的海带放在豆包布上铺平，将猪头肉回锅炒，加入葱、姜、蒜末，加大料粉、味精、精盐佐料，猪头肉炒至出油后放在豆腐皮或海带上，摆平，均匀地放上核桃仁，再摆一层肉，再放一层核桃仁，一般放四五层，最上一层放肉。将豆腐皮或海带撩起包住肉，最后用豆包布严实包紧，上放平板，平板上放百斤重石块重压，压至次日即可食用。压肉香而不腻，荤裹素，素包荤，软中有脆。

图11-17　压肉（2020年摄）

臭鸡子　柴鸡蛋文火煮至八成熟(亦可生腌)，晾凉入坛，加泉水没过鸡蛋，放适量大盐、花椒，后盖好封泥。七八个月后，开坛取食。闻着臭，吃着香。在斋堂镇有民谚：“臭鸡子，就白酒，越喝越吃就越有。”

糟酸菜　苦荬菜、杏树叶、萝卜叶、小白菜等叶菜洗净，焯熟(不要软)。用山泉浸泡凉后，捞出放入小米汤内(小米煮熟澄出米汤)，要常搅拌，泡至发酸加精盐即可食用，十分爽口。

蒜拌山药　山药煮熟去皮，切成块。蒜砸成蒜泥，越细越好，然后加水、盐、味精、香油调匀，浇在山药上拌匀食用。

野猫丸子　是斋堂川一道珍贵野味。“野猫子”，是野兔的别称，以其骨肉砸制而成的肉丸，即是野猫丸。斋堂镇几乎家家都有一块砸成坑的丸子石，把抓到的野兔剔骨，先把骨头放在石上砸成肉泥，再把肉剁进去，继续砸，直砸得骨头比肉还烂为止。然后，再配以适当的葱末、蒜末、淀粉、白豆腐、白菜心，也有添少许小米饭、山药丝、荞面的。放全佐料搅动拌好以后，就可以放在盆里，留待以后慢慢品尝。这丸子，可以汆着吃，也可以蒸后烩着吃。吃一个核桃大小的丸子，其味道鲜美，确实回味无穷。野鸡丸子做法类似。

榆子干饭　早春五一前上山采摘榆树叶，晒干后将榆叶收藏待用。小米饭蒸至八成熟时将洗净的榆叶放在粥状的米饭上面，再继续蒸，同时撒微量的盐。蒸至榆叶变软，再与饭搅匀，再用微火馏，至馏出香味即成。

杏汤粥　旧时，山里多用杏核碾碎后熬油，做食用油。熬油后，用其渣（杏仁酱）加水，再放入小米、玉米糁及豆类一起煮，也可放白薯、土豆、倭瓜等杂粮和菜一起煮用，大火烧开，小火熬制黏稠即可食用。

山茶　镇内山茶种类很多，有枣芽、山里红、山杏干、刘寄奴（阴阳草）、黄芩等20余种。枣芽茶品位介于绿茶、花茶之间，被称为“伏地龙井”；山杏干茶别具一格，富有诗韵，雅称“踏雪访梅”；黄芩茶一则茶色金黄，二则不仅具有南茶主要作用，而且还有泻火、清瘟热之功效，可治瘟病发热、肺热咳嗽、湿热黄疸、泻痢、胎动不安等症，并有抗菌、解热、降压等作用，极其珍贵，故曰“黄金茶”。黄芩茶因制作简单，也成为大家常用的一种山茶。将采回来的黄芩用清水洗净沥干，切成不到1厘米的小段，堆放在干净的苇席上，喷洒些清水，发酵，待达中温即可。然后，在蒸笼中反复蒸腾，以去草味，降其苦涩。蒸毕，风凉干，放入封闭的器皿中，再加入刺梅、茉莉、丁香、闻香果、红霄梨等芳香花果，待一周后，便可冲沏饮用。如口干舌燥，可在茶中加放少许白糖或蜂蜜，一二日便能柔润自如；大便不利，一般当日便可疏通；烟酒过量，几杯黄金山茶下肚，痛苦即可缓解；时值盛夏，大汗淋漓，气喘吁吁，两杯山茶过后就心静气爽。

旅游产品

灵水核桃　产于灵水村，因此得名。其果形有圆形、长圆形和元宝形；个大皮薄，果仁黄白色至深黄色，出仁率平均为46.65%，粗脂肪含量平均为67.07%，粗蛋白含量平均为13.47%，风味浓香。

火村红杏　产于火村村，是红杏中的精品。果个大，外形黄中透红，香甜适口，肉不沾核，核仁甘甜，营养丰富、富含多种营养成分和人体必需的微量元素。1996年至2010年，先后开发出杏茶、杏脯、杏干、杏酱、杏罐头等多种产品。2010年，该村红杏种植面积500亩。

法城蜂蜜　产于法城村，法城村养蜂业有400余年的历史，是北京市首家“无公害蜂产品生产基地”，法城蜂蜜甜而不腻，品质纯正。

白虎头小枣　产于白虎头村，村内有近千亩红枣基地，被开发为观光园区。白虎头小枣果实圆形、长圆形，成熟后由绿变红。枣核有大小，果肉有厚薄，形状多样，味道不同。脆熟期间，红绿相间，称为“花红枣”；晒干后可拉出金黄色糖丝，故称“金丝枣”；500 克干枣有 170 余个。

图 11-18　法城蜂蜜（2020 年摄）

柏峪扁　产于柏峪村，是京西名优特产中“三扁一帽”中的一“扁”。柏峪扁系甜仁。其仁白如玉，可生食，可炒熟；可食用，可入药；可做小吃，可当凉菜；可脱皮，可通用；可熬油，可做粥；其肉皮还可制成杏干，泡制高醋。

第四节　旅游线路

区域旅游线

斋堂镇中心区游览：接待中心—传统商业街—东斋堂传统风貌街（东城门、戏台）—天仙庙—西斋堂古村落商业街（西斋堂古村、八路军司令部、老八区政府、传统院落）—宝峰寺。

环线游览：以斋堂城为核心，斋堂城—沿河城—向阳口—珍珠湖（可从雁翅珠窝进入）—向阳口—沿河城—沿河口—龙门口—柏峪—川底下—双石头—斋堂城。其中斋堂城、沿河城为集散中心，柏峪、双石头可作为民俗居住接待点。

放射线游览：包括军响渠台—法城，军响渠台—桑峪—灵水，斋堂—马栏，斋堂—火村双龙峡，斋堂—斋堂水库—大三里，斋堂—王家山—灵岳寺—徐、刘村，斋堂（军响渠台）—杨家峪，斋堂（军响渠台）—东胡林—西胡林—通州峪等线路。

特色旅游线

红色旅游：平西抗日根据地—斋堂川斗争史展览—冀热察挺进军司令部旧址陈列馆—王家山惨案纪念碑—宛平抗战烈士纪念碑。

山水风光游：双龙峡景区—黄草梁—珍珠湖

民俗村落游：灵水景区—爨柏景区

长城文化游：斋堂城—沿河城—沿河口—黄草梁

田园采摘游：火村红杏基地—白虎头村小枣基地—林子台红提基地

京西古道游：桑峪古道—天津关古道—西奚古道

第十二章　教　育

据《顺天府志》记载，明洪武八年（1375），桑峪村开始设立社学。此后，私塾、义学、讲学堂、家馆等相继建立。至清末，私塾、家馆等遍及镇内较大的村庄。1938 年抗日民主政府建立后，废除旧式教育，除开办初小、高小外，扫盲班、识字班等社会教育兴起。中华人民共和国成立后，教育制度逐渐完善，至 2020 年，镇内学前教育、普通教育、职业教育、成人教育等体系完备，教育设施齐全。

第一节　学前教育

1912 年，桑峪天主教会建若瑟院，招收附近村落 6 岁左右学龄前儿童入院念书识字，开启镇域内的学前教育。

图 12-1　斋堂小学幼儿园（2020 年摄）

中华人民共和国成立后，1958 年，镇域内大的村建立托儿所，开展对入所儿童进行学前教育。“文化大革命”期间，学前教育受到干扰。“文化大革命”后，学前教育开始恢复。20 世纪 80 年代，为了使学前教育与小学教育相衔接，缓解儿童入托难的压力，镇域内较大的小学都陆续开设学前班，招收 5 岁以上儿童入学。

2001 年，镇内建立斋堂中心小学附属幼儿园，占地面积 7460 平方米，建筑面积 2475 平方米，室内共有 6 个专用教室，室外集运动、休闲、探索于一体的户外动区域，最大限度满足幼儿的发展和成长需要。2006 年，幼儿园通过北京市规范化验收，2007 年，通过北京市早期教育示范基地的验收，2008 年，获“北京市示范性社区早期教育基地”称号。2010 年 6 月，被评为北京市一级一类幼儿园。至 2020 年，幼儿园开设大、中、小班各 1 个，在园儿童 60 名。

第二节　初等教育

私塾

镇内私塾盛行于明清时期，至中华民国时，几乎村村有私塾，发达富裕的村庄往往是一村数校。私塾教材有《论语》《孟子》《中庸》《大学》《诗经》《书经》《礼记》《易经》《春秋》《三字经》《百家姓》《千字文》《名贤集》《弟子规》《列女传》和一些针灸、医药方面的教材。私塾形式主要有家馆、家塾、村塾、冬学、义学、讲学堂等，从教形式有自办私塾和延请教书先生 2 种形式。

家馆是有钱人家延师在家教读本家子弟。西北山村王金度曾在京师设馆教授达官贵人子弟，名噪京华。清末秀才王旭曾在东店马翰林家坐馆，教授马氏子弟。

家塾是教师在家足不出户，设帐授徒。王旭曾在家兴办“王旭学堂”，招收学生就学。沿河城师正聪，亦曾长期在家教授学生。

镇内多数是村塾，利用寺庙或宗族公产请教师教读蒙童，学生各交学费，以偿教师。沿河城村黄国珠、师正聪曾联手在“老君堂”教书；刘福堂在圣人庙教书。清光绪二十一年（1895），后桑峪村天主教会在教堂后公产田建私塾学馆，经费由天主教会筹集，学生免费入学。

冬学是冬季北方农闲，一是学生临时直接插入村塾、家塾中上冬学；二是将教师请来教授子弟读书。冬去春来农活一忙，塾师转往他处。冬天复至，塾师再到另一村教书。

义学是以募捐或宗族公款招收贫寒子弟入学的一种办学形式，也称义塾。斋堂义学早在元代就有。斋堂宋氏家族在元延祐四年（1317）所立的“宋氏孝行之碣”碑文中记有“扶危困，有尧夫之志；设义学，习尧振之风”之语。据明天启四年（1624）沿河城所立石碑载，沿河城也办有义学。

讲学堂由后桑峪村天主教会开办，明嘉靖十三年（1534），后桑峪村天主教会创办讲学堂，招收本村 7 岁以上男童入学。由教会向入学儿童家长筹集学费，聘教师 1 人，教古文和珠算。

1932 年前，王旭之子王树仁创办树仁学院，招收国民小学高小毕业生、中学毕业生、师范毕业生及教师 30 余人，学习《左传》等，前后延续几年。

20 世纪 30 年代中期，王旭开办女子学堂，招收十几名女生，在王家后院单独开班。每期每人收三五元不等，分甲乙 2 班。所学课程除四书五经外，还有算术与文学等。文学以《镜花缘》等为教材，宣传提高妇女地位、反对男尊女卑、同情妇女、尊重女权的思想。

1935 年，西斋堂村王存忠据王旭提议建立王户义学，王存忠任校长。王户义学设有董事会，董事由本门有名望、有文化的人担任。教师杜砚田，师范毕业，学识渊博，素有名望。王户义学不收学费，男女生兼收，不经考试直接入学，共收学生 30 余人。女生仅有王树增、王秀云、王树芳、王增云、杜德琴（教师杜砚田之女）5 人。学校经费靠王氏公产提供。义学开设课程有算术、国文、自然、历史等。

1937 年抗战爆发后，私塾停办。

小学

明洪武八年（1375），宛平县在桑峪社设立社学，系地方官学。由官府聘请教师，以教民间子弟。村民儿童 15 岁以下者可入学读书，学习婚冠丧礼节，兼读“御制大诰”及“本朝律令”。学有所成者，可补儒学生员资格。

清宣统二年（1910），后桑峪天主教会将所办私塾学馆改为初级小学，即后桑峪小学，开设国文、算术、尺牍、修身、音乐、图画课，并增设女校，学生增至 70 余人。与之毗邻的西胡林村亦效法建校。1912 年，前桑峪村儿童到后桑峪小学上学，学生增至 100 余人，校舍扩建为 5 间。

1914 年至 1916 年间，斋堂当地乡绅派王树仁、陈世贞、杨文波等到北京梁家园小学观摩考察，学习私塾改良办学情况。考察返回时，带回一套连体桌椅，并请木匠依样制造 40 套连体桌椅，在斋堂开办小学。此后，小学在镇内兴起。

1933 年，沿河城村开办小学，中共党员李茂田到小学任教。沿河城村成立由王学忠、索玉伦等人组成的学董会，借用老君堂东厢房为教室，以村西柏山寺的庙产、香火地的房地租作为学校经费，以村东圣人庙中的古树为木料做成桌椅。

1935 年，宛平县教育科在斋堂小学召开斋堂地区 58 个村办小学观摩会，后桑峪小学在各科竞赛中获文科第一名，总分第二名。 1939 年侵华日军将后桑峪小学和教堂焚烧，学校从此停办。

1938 年春，宛平县抗日民主政府设立教育科，小区公所设置教育助理，各村公所设立教育委员会。镇域内的教育统一在中国共产党的领导之下，各村办小学统一改为公办。

县教育科成立后，要求各村请教员恢复由于七七事变的战乱而停办的学校，同时提倡招收女生入学，实行男女同学制。

1939年春秋两季，先后在马栏村、清水村举办2期教师培训班，每期培训2个月，共培训学员150余人。培训结业后，学员们分赴各村小学任教。

各村学校大多因陋就简，校址选在破庙之中。把青灰抹在墙壁上做成黑板，粉笔用白土子、白灰代替，把长短不齐的木板用石头支起来当课桌，学生自带小板凳。学校开设的课程有语文、算术、常识、唱歌、体育等。所用教材均由县政府组织人员编选、誊写、油印、装订。教材中增加了爱国主义、革命英雄主义，革命传统教育、革命理想教育的内容。镇内学龄儿童的入学率达到85%以上。

教师身兼数职，每月挣37斤半小米、2元边区票。除教课外，还配合各时期中心任务，带领学生在本村及邻村参加各种社会活动，宣传党的方针政策，拥军优属。白天在学校教学生，晚上到夜校进行社会教育，办妇女识字班，发动妇女做军鞋。学生放假后，教师在村里当文书、会计、粮秣干部、部队管理员。为部队迎来送往，接待、号房、人吃马喂、慰问伤病员，偕同部队进行扩军宣传，写墙报、打霸王鞭，踩高跷、扭秧歌，自编自唱自演小节目。

1940年秋，侵华日军侵占斋堂川，教育工作遇到困难。日军据点内的小学大多停办。日军在据点内推行奴化教育。

在游击区，师生采取一校两套课本教学，一为抗日政府油印抗日教材，一为敌伪教材或私塾教材。敌人来，把抗日教材藏起来；敌人走后，再将抗日课本拿出来继续上课。

距敌较远的村落，采取游击巡回式教学，将学生化整为零分散教学。教师按学生家庭临时住址把学生分成若干学习小组，每组三五人不等。不论严寒酷暑，教师跋山涉水到各片各小组巡回教学。距离太远的小组隔天送教。教师不来上课时，采用大学生教小学生。天寒地冻时，课堂搬到炕头上；天气暖和时，树荫下、山崖旁、河沟边都是课堂。师生以锅底灰和水代替墨汁，以石为凳，以膝代桌，捧书而诵。写字多用石板、石笔。教师走到哪里，便吃住到哪里。吃一顿饭，开一张饭条，老乡可以凭饭条代交公粮。

1946年初，燕家台、灵水高小汇集到西斋堂村，正式建立宛平县立高级小学，开设国语、算术等，校长由贾伯瑜先生担任。同年秋，高小迁至西达摩庄。1947年，高小迁至西北山村。中华人民共和国成立后，1950年秋，高小迁至白虎头村王家台。

中华人民共和国成立后，镇内普及小学，大一点的村庄都设立初级小学、高级小学。“文化大革命”期间，普通教育事业遭破坏，许多教师被批判，教学设备被毁坏，教学质量严重下降。

党的十一届三中全会以后，1985年，中共中央做出《关于教育体制改革的决定》。

1987年，乡辖小学全部实行乡办乡管，结束了教育单一由国家管理的体制，形成区、乡、村三级办学，区、乡两级管理的格局。1989年，通过《关于建立门头沟人民教育基金的决议》，所筹集教育资金全部用于改善中小学办学条件。斋堂中心小学、沿河城中心小学等小学的教室进行重建。1990年，镇内在北京市率先开办小学寄宿制学校。1991年，斋堂镇被评为市级教育先进乡镇。1992年，新建东斋堂小学，建筑面积800平方米。为寄宿制学生配备面包车，并改善食宿条件。镇内中小学全部达到《中华人民共和国义务教育法》基本标准的要求。1994年至1997年，新建斋堂中心小学综合楼，完成沿河城中心小学供暖工程和向阳口小学新建工程。

改革开放后，山区劳动力向城市流动，山区孩子进城读书，山区学校生源不足，从20世纪90年代起，山区小学逐步合并或撤出。1997年，门头沟区政府按照“科学调整布局，优化资源配置”的总体思路和“小学就近入学，中学相对集中，扩大高中优质资源教育供给，实施适度规模办学”的原则，先后对镇内规模小、条件差、生源少的中小学进行了撤并。至2010年，镇内仅存斋堂中心小学和军响中心小学。2020年12月，镇内小学入学率100%，巩固率、毕业率、升学率均为100%。

学制与课程设置

中华民国初期，小学修业年限6年，分初、高两级，称“四二制”。前4年为初级，可单独设校；后2年为高级。中华人民共和国成立后，“四二制”一直沿用至1966年。“文化大革命”期间，小学一律实行5年一贯制。1980年，小学逐步恢复6年制。从1983年开始至2020年，小学修业实行6年制。课程设置全国统一，为语文、算术（数学）、自然、历史、地理、体育、图画、音乐。1983年后，增加品德、手工、劳动等课程。1994年7月，增加外语、社会等。2004学年度至2005学年度开始，镇内各学校开始实行国家课程、地方课程和校本课程三级课程相结合的教学工作，制定校本课程开发方案，各学校开始有计划组织学生到斋堂传统教育基地进行综合实践活动。

小学选介

斋堂中心小学　建于1956年3月。1993年后，连续多年被评为区级先进单位。1993年被评为北京市百所特色先进校，2001年被评为门头沟区国防教育先进校、首都先进少年军校。2010年，学校有教职工54人，其中专任教师40人；专任教师中，小学高级职称16人，小学一级职称19人，小学二级职称2人，未评定职称3人。学校占地面积5920平方米，建筑面积3662平方米。图书15852册，固定资产735.68万元。毕业生49人，招生41人，在校生242人。

至2020年，校园占地8875平方米，全校教职工43人，有教堂楼4幢，综合楼1幢，设有师生图书室和阅览室，存有图书15852册，下设附属幼儿园1所，现入园幼儿120余人。同年4月26日，被认定为北京市第二批义务教育学校管理标准达标学校。

图 12-2 斋堂中心小学（2020 年摄）

军响中心小学　创办于 1914 年，原名宛平县前桑峪村小学。初期为村办初级小学，有 4 个年级，1 个复式班，30 余名学生，2 名教师。1945 年与后桑峪村小学合并。1946 年增设高小，学生 200 余人。1956 年附设初中班，改为中心小学。1972 年增设高中班，1981 年撤销。1990 年与煤窝中心小学合并后。至 2020 年，军响中心小学占地 14427 平方米，建筑面积 25256.4 平方米，有 63 年办学历史。有教职工 22 人，其中专任教师 15 人，本科学历 7 人，专科 10 人，中专 5 人，小学高级 9 人，初级 8 人，无职称 5 人，区级骨干 2 人，校级骨干 3 人。有学生 82 人，其中借读生 22 人，就读学生来源于当地 10 个自然村，服务半径约 10 公里；有住宿生 11 人，来自较远的 6 个自然村。学前班 26 人。根据生源现状，基本维持在 90 人左右。

附属幼儿园 1 所。2018 年，占地面积 560 平方米，教职工 6 人，教师 6 人，2 个班级，幼儿 10 人。

煤窝中心小学　1916 年在杨家峪创办，1958 年建立中心小学，设初中班。1975 年增设高中班。1980 年中心学校建新校，1981 年高中撤销，1990 年初中撤销。2010 年小学撤销，并入军响中心小学。

沿河城小学　1933 年由村里创建小学，1938 年更名沿河城小学，1946 年建高小，1949 年高小迁并灵水小学。20 世纪 50 年代重新建小学，1992 年并入斋堂中心小学。

川底下小学　1912 年，在大庙西厢房开办国民中心小学，设一至四年级和高小补习班，在校生 20 名。抗日战争爆发后，学校从大庙搬到韩义广、韩巨礼家，以民房为校舍继续开办，时有在校生 74 名，其中男生 34 名、女生 40 名，教师由 1 名增加至 4 名。宛平县抗日民主政府成立后，政府委派教师在小学任教。1940 年 10 月日军占领斋堂川，小学变为游击小学，教师采取游击式教学，爨宝峪阶子石塘、麻花沟石塘、陈家坟曾是当时的临时校址和课堂。1945 年 4 月斋堂川解放，学校恢复正常教学。

中华人民共和国成立后，1986 年对校舍进行装修，改善教学条件。1992 年小学停办，学生统一转入斋堂中心小学。

黄岭西小学　中华民国时创建，中华人民共和国成立后，1950 年改为公立全日制学校。学校校址在灵泉庵旁，学生人数在 30 余人。1986 年后小学重建，规模扩大，学生人数增加，最多时学生达到 80 余名。学制为一至五年级，开设的课程有语文、数学、自然、思想品德、音乐、美术、体育等。1990 年小学停办，学生统一转入斋堂中心小学。

西胡林小学　中华民国初年创建，中华人民共和国成立后，学校由政府统一管理。1969 年至 1978 年，一度设初中班，称“戴帽中学”，学生人数最多达 300 余人。后因生源减少和教学水平限制，初中班停办。20 世纪 90 年代，因学龄儿童减少，小学停办，学生到就近小学学习，每天有校车接送。

灵水村小学　1914 年春季创建，校址在灵泉寺。1935 年，灵水村联合附近的几个村，开办高等小学。1940 年后高小停办，只留初级小学。1948 年重建高小。中华人民共和国成立后，1952 年初小和高小合并，改称为“京西矿区第十三中心小学”。1958 年小学改名为“灵水完全小学”。1960 年小学开办初中班，1979 年初中班撤销。

桑峪高小　1946 年由宛平二区开办，校址在戏台底下大庙，后来搬到打席铺，1947 年迁到东胡林，因国民党轰炸东胡林，高小 1948 年迁到灵水村。中华人民共和国成立后，1956 年附设初中班，改为中心小学。1958 年桑峪高小附设初中班，定名为“桑峪中心小学附设中学班”。1959 年桑峪中心小学迁回桑峪村。1992 年中、小学正式分开。桑峪、煤窝 2 处小学合并称为“军响中心小学”。

第三节　中等教育

普通中学

1916 年 5 月，王旭在西斋堂村开办师范传习所，开启镇域内中等教育。斋堂师范传习所属于临时性的，由本地私塾学馆改办，无明确的学制和固定的招生时间。课程仅设有国语、算术、教育理论，以讲授国语为主。讲课内容无统一规定，由教师依据需要自行决定。招生对象主要以有一定文化基础、自愿从事乡村小学教育的青年学生和文化水平较低的村办私塾教师为主。经过一定时期的学习培养，即赴附近村办小学应聘从教。

师范传习所设备简陋，课程设置不全，经费不足，创办人王旭坚持经营，选聘多年从事私塾教学、治学严谨、有一定声望的老教师任教，保证教学质量。1920 年，传习所学生杜砚田参加宛平县政府组织的会考，获第一名，受到县长亲自嘉奖。王旭非常重视师范班的实习课，王户义学以及高小班都是他的实习基地。抗战爆发后，师范传习所停办。

中华人民共和国成立后，1951 年 8 月，宛平县政府教育科责成贾伯瑜在东斋堂天仙庙（天仙行宫）创建“宛平前期师范学校”。1952 年更名为“北京市初级师范学校”，并试办 1 个初中班。1951 年、1952 年、1953 年连续招收 3 届学生，5 个班共 250 余人。同时招收短师、小学教师轮训班 90 余人，总计为 340 余人。1954 年该校停招师范生，改招初中生，更校名为北京市第六十八中学（斋堂中学）。1958 年增设高中班，成为一所寄宿制完全中学。同期，镇域内有条件的高小也设置初中班。20 世纪六七十年代，镇域内又先后建立桑峪中学和沿河城中学。

“文化大革命”开始后，整个教育系统陷于瘫痪，许多教师遭批斗。1967 年 10 月，学校陆续“复课闹革命”，主要组织学生学工、学农、学军，教育质量低下。高中停止招生。

中共十一届三中全会后，恢复正常的教学秩序，随着教育体制改革和中学规模压缩，1991 年，区委印发《关于调整农村中小学布局加强寄宿制学校管理的意见》，2008 年，全区实现每个乡镇设一所中学和一所中心小学的目标。至 2020 年，镇内只有斋堂中学一所中学。

学制与课程设置

20 世纪 50 年代，镇域内中等教育学制均为 6 年制，初中 3 年，高中 3 年。课程设有政治、语文、数学、外语、历史、地理、物理、化学、生物、体育、音乐、美术等。“文化大革命”期间，设有政治、语文、数学、革命文艺、军体、工农业基础知识、史地、卫生常识、外语等。课程内容减少一半左右。

1970 年至 1982 年，学制改为 5 年制，初中 3 年，高中 2 年。1983 年后，恢复 6 年学制。

6 年制中学课程设置教学计划一览表

表 12–1　　单位：个

科目	初一	初二	初三	高一	高二	高三	总课时
政治	2	2	2	2	2	2	384
语文	6	6	6	5	4	4	1000
数学	6	6	6	5	5	5	1060
外语	5	5	6	5	5	4	932
物理		2	3	4	4	4	532
化学			3	3	3	3	372
历史	3	2		3			266
地理	2	2			2		234

续表 12-1

科目	初一	初二	初三	高一	高二	高三	总课时
生物	2	2				3	220
生理卫生			2				64
体育	2	2	2	2	2	2	384
音乐	1	1	1				
美术	1	1	1				
并开科目	10	10	10	8	8	8	
选修课				4	4	240	
周课时数	31	31	31	29	27	27	5468
劳动技术	2 周	2 周	2 周	4 周	4 周	4 周	每学年

说明：表内空格表示无数据

中学选介

斋堂中学　始建于 1951 年，初址设在东斋堂村西“天仙庙”，属河北省宛平县建立的一所师范学校，即宛平前期师范学校，招收 2 个班，近百名学生。1952 年试办 1 个初中班。1954 年停招师范生，改招初中生，更校名为“北京市第六十八中学”。1955 年，30 多名第一届初中毕业生响应党的号召，到甘肃省支边。1958 年增设高中班，成为一所寄宿制完全中学。1959 年更名为“斋堂中学”，沿用至今。

图 12–3　斋堂中学（2008 年摄）

1996 年，斋堂中学高中班合并到育园高中。1998 年高中撤销，仅留下初中，成为一所普通中学。

2009 年 9 月，与北京八中联合办学，更名为“北京八中分校斋堂中学”，为寄宿制初中校。有 4 层综合楼 1 幢，4

层宿舍楼 1 幢，2 层简易教堂楼 4 幢，400 米标准跑道操场 1 个；理化生实验室、书法教室、多媒体教室、体育活动室、图书室、心理咨询室等各类专业教室一应俱全，并建有校园网和远程教育平台。至 2020 年，有教职员工 38 人，区级骨干教师 3 人，高级教师 8 人。

军响中学　1958 年，桑峪高小开办初中班，招收初中学生 2 个班、100 余人，定名为“桑峪中心小学附设中学班”。初中班建立后，因校舍紧张，遂在紧邻药王庙东的蚂蝗园农田增建一些教室。随着学生人数的增加，边增边建。小学及各办公室在原址，中学教室基本在新址。1966 年，初中在校生 200 余人，教职工约二三十人。

“文化大革命”开始后，停课约一年半。1968 年初，学校筹备复课，校名统称为桑峪学校。人们口头上分称为桑峪小学、桑峪中学。

1973 年至 1981 年，学校开办高中班。初时，高一班百人有余，升至高三时剩 80 人左右。初一、二、三年级各 2 个班。

20 世纪 80 年代末期，桑峪中学因教育教学工作成绩突出，每年被师范、幼师、技校录取的学生数量名列山区前茅，前来就读学生增加，各年级都是 3 个班，学生总人数 400 余人。学校除修建有办公区、教工宿舍、家属宿舍，还建设食堂、学生宿舍。食堂就餐人数 150 余人，住宿学生达 120 余名。图书室、仪器室、实验室、卫生室等配置齐全。

1992 年，中、小学正式分开，桑峪中学更名为“军响中学”。同时，煤窝、桑峪两处小学合并称为“军响中心小学”。1999 年秋，军响中学撤销，师生并入斋堂中学。

沿河城中学　20 世纪 60 年代成立初中学校，1971 年设立高中。1977 年，为解决部分学生上高中的问题，学校试办农业中学。1980 年学校高中学生并入斋堂中学，仅有初中学生。1992 年初，沿河城中学撤销建制，学生并入斋堂中学。

第四节　成人和职业技术教育

冬学

1938 年，抗日民主政府成立“冬学委员会”，以《反法西斯课本》为政治教材，以《识字课本》为文化教材，组织青壮年学习政治、文化，开展群众性的冬学运动。冬学教材有《生产课本》《识字课本》《日用杂字》《应用文》和政治教材《组织起来》等，除教授文化课外，还教授卫生常识和珠算等。政治教材还增加了参军、补军工作教育，劳工政策，宽大政策，婚姻政策，继承政策和土地政策等。

中华人民共和国成立后，宛平县教育科对冬学的教育内容做了规定：老区文化课、生产知识课各占 40%，政治课占 20%；新区政治课、生产知识课各占 40%，文化课占 20%。1954 年，农民业余教育以冬学和民校为主，结合实际，多种形式办学，形成平稳发展的趋势。

扫盲教育

1938年抗日民主政府建立后，农村广大群众开展抗日救亡运动的同时，在群众中开展文化扫盲。中华人民共和国成立后，扫盲教育迅速发展。1952年成立区识字运动委员会，推广速成识字法。“文化大革命”开始后，扫盲教育遭破坏。

改革开放以后，1989年，镇域内成立扫盲工作领导小组，把扫盲工作及其他形式的农民教育工作纳入领导工作成绩的考核内容之一，并对扫盲对象进行摸底调查。1990年，完成扫盲任务的98%。同年12月，被市有关部门验定为基本扫除文盲单位。1993年10月，市政府督学室对斋堂镇“基本普及九年义务制教育，基本扫除青壮年文盲”进行检查，重点抽查军响和向阳口2村。同年，扫除文盲工作告一段落。在扫除文盲工作中，斋堂乡被评为出席市政府扫除文盲先进单位，奖励1000元。

职业技术教育

1938年，抗日民主政府开展文化扫盲运动，在文化扫盲的课本中加入农业技术教育的内容，文化教育和农业技术教育成为农民教育的两大内容。技术教育随着扫除文盲教育的展开逐渐发展起来。在1943年的冬学教材中，有晋察冀边区委员会编印的《生产课本》20讲。1946年11月，宛平县政府编印的《识字课本》包含着技术教育的内容，其中第22课有“织布并不难，只要用心学，经线粗，纬线细，布要织密边要齐，学会织布和纺线，才是边区好妇女”的技术知识。

中华人民共和国成立后，1954年，宛平县教育科规定，在冬学的教育内容中生产知识课要占40%，内容包括庄稼调茬、选种、施肥、防虫害等。1958年，为落实“教育为无产阶级政治服务，教育同生产劳动相结合”的教育方针，中、小学普遍开展勤工俭学活动，同时开办半工半读班。每周用一半左右的时间学习文化知识，其余时间主要从事工农业生产劳动。1959年进行调整，把每周劳动时间控制在2小时之内，

图12-4 2018年“钉钉”气象平台远程培训（2018年摄）

把劳动课列入课表，指导教师负责劳动和劳动技术教育。至1964年，镇内80%的民校开设了农业技术课。“文化大革命”开始后，职业、技术教育受到破坏。

改革开放以后，职业、技术教育全面恢复和发展。1991年后，镇内巩固2个农校长班，坚持长班不断，增加实用技术培训。同时开办职业高中教育。2004年，北京广播电视大学门头沟分校在镇内启动“一村一名大学生计划”，开办园艺专业大专班，为北京市首批“一村一”试点单位。2000年，斋堂职业高中与职教中心学校合并，部分教师编制归为职教中心学校。

图12-5　2018年“美食在乡村”特色农家菜创意制作培训（2018年摄）

2006年至2008年，落实门头沟区成教中心实施培养新型农民3年行动规划，镇内开展新型农民培养教育工作，先后开展对果农、电工、个体工商户、乡村医生及医护人员、平安奥运志愿者、护林员、水管员等多个专业的人员培训。

进入21世纪后，镇内开展农民学历教育，举办各类成教培训。围绕《门头沟区农民教育培训五年行动计划（2011—2015）》，开展新型农民培养和新型农民带头人培训工作。主要是开展“订单式”培训，让富余的劳动力就地转化成产业工人，实现“零距离”就业。争取市区资金支持，开展“阳光工程”（特色种植养殖）培训，围绕镇域主导产业，对旅游景区开展企业文化、服务接待礼仪、餐饮服务等系列培训；对全镇民俗旅游户开展餐饮、服务礼仪等培训。

截至2020年12月，镇内成人和职业技术教育以训代培，不设学校。

第五节　教师队伍

镇内从明洪武八年（1375）创办社学开始，至中华民国初年新学的兴办，旧学教育延续500余年。旧学教师多为镇内寒窗苦读、通晓经书，却科举无望的读书人。中华民国初年，新学渐兴，但学校与私塾并存时间较长，教师多由改造的私塾先生充任，或由校董、校长聘任。

1938 年，抗日民主政府设教育科举办教师培训班，一些投奔抗日根据地的青年学生及其他一些有文化的人，投入域内教育工作。

中华人民共和国成立至 1956 年前，域内除留用旧学校教师外，大部分来源于北京市初级师范学校。1958 年，部分部队转业人员及北京幼师、一师、北京师范学院等校毕业生分配到域内工作。1961 年后，门头沟区师范学校毕业生逐步补充域内教师队伍。

“文化大革命”期间，因盲目普及高中，师资短缺，招收一批社会青年及插队学生补充教师队伍。

1980 年后，门头沟区每年委托师范或其他大专院校代培师资。1991 年至 1995 年，每年招收“高师预备班”，5 年共招收 220 名。1993 年起，在斋堂中学开办定向中学师资班，开辟山区中学师资来源新渠道。2003 年，区教委制定“没有山区工作经历教师必须进山工作一年以上，才能够晋升高一级职称”的意见，自年度内开始，没有山区工作经历教师开始进山支教工作。2006 年至 2009 年，门头沟区教委组织教师到镇内支教。2009 年，区教委启动城镇优秀退休教师赴山区任教工作，制定《关于鼓励城镇教师赴山区学校任教的意见》，选拔 3 名优秀退休教师到斋堂中学任教。

第六节　教育管理

经费

中华人民共和国成立前，域内各村所设私塾，有村办、民办和塾师设馆。办学经费来源由村镇地方政权筹措，或几户共同出资和学费收入。有的动员乡绅、富户、煤窑、商号等捐资，以补经费不足。

1938 年抗日民主政府建立后，域内各村小学改为公办，由县政府统筹教育粮，解决教师薪金和办公费用。各村负责校舍修建和设备增添。1947 年 6 月，由于全力支援前线，县政府停拨教育经费（粮），各村划给学校耕地，由教师自种自收，作为薪金收入，实行“生产养学”。1948 年初，县政府恢复拨发教育经费（粮）。

中华人民共和国成立后，经费由市（省）、区财政下拨，并随着国民经济好转，经费逐年增加。“文化大革命”开始的 3 年，教育经费实际支出减少。1981 年至 1983 年，每年以 15% 左右的速度增长。“七五”期间，教育经费以平均 16% 的速度增长。学生人均占有教育经费由 1986 年的 291 元上升至 548 元。其中，小学生人均 375 元，中学生人均 748 元，师范生人均 1958 元。

1962 年开始，为了补充教育经费，使学杂费收入抵支，门头沟区实行学杂费收入抵支经费的办法。1962 年至 1966 年，年学杂费收入全部抵支教育经费。1967 年至 1968 年，学杂费全部上缴区财政。

改革开放后，全区乡村集资 46 万元，用于改善教学设施，教育经费来源主要由政府投入、公办民助、社会赞助三部分组成。政府投入教育经费连年增长。教育经费支出主要用于人员经费支出、公用经费支出。其中，公用经费支出主要用于投资建设和改善办学条件。

进入 21 世纪，按照北京市中小学办学条件基本标准，为镇内完小投资改善办学条件。为加强镇内中小学教育教学现代化建设，采取集团采购，教委付款 1/3，学校自筹 2/3 的付款方式，为镇内中小学建设计算机教室，购置学生教师用计算机，建设局域网和多媒体网。此后，陆续投资对学校进行危房改造、校园美化、危电改造、防雷工程、冬季取暖工程。

校舍

中华人民共和国成立前，各村所设私塾、馆舍多是寺庙、公产及民宅。房屋管理和修缮一般归村、镇承担，也有乡绅、富户捐助。

中华人民共和国成立后，学校校舍改由市、区教育部门统一管理。校舍的修缮、改建、扩建、新建由市、区统筹拨款。1959 年至 1962 年，域内年久失修的旧校舍得到整修、改建。党的十一届三中全会后，随着教育事业的发展，学校校舍建设的投入大幅度增加。1989 年，区人民代表大会通过《关于建立门头沟区人民教育基金的决议》规定。从 1990 年起，连续筹集三年，行政辖区内党政机关、企业、事业单位（包括中央、市属、驻军及合资企业）的干部、职工，农民，个体户及有子女在中小学就读的外区县职工，均为筹集对象。1990 年至 1992 年，共筹集人民教育基金 1065 万元。1993 年，印发《关于继续筹集门头沟人民教育基金的决定》，把筹集的资金全部用于校舍改造工程。2008 年，形成“农村最好的房子是学校，最美的环境是校园”。

设备

中华人民共和国成立前，各村所设私塾教学设备简单。一般馆内有一至两条大炕，炕上放几张小书桌。这些书桌有的是村、镇购置，有的是学生自备。

中华人民共和国成立后，随着教育经费的逐年增加，学校教学设备逐步改善，配齐课桌椅，增添图书、仪器、音响和文体器材。完小、中心校和中学的教学设备初具规模。

“文化大革命”期间，学校的教学设施遭到严重破坏。有的学校图书、仪器、器材荡然无存。

党的十一届三中全会后，学校恢复正常教学秩序。区政府增加教学设备购置费，更新课桌椅，增添教学仪器、电教器材、文体器材等教学设备；规模较大的中小学、职业高中修建阅览室、仪器室、实验室，有的还修建电化教室、计算机房、语言教室和阶梯教室。

第十三章　文　化

元代，熊梦祥在域内修著《析津志》，是北京现存较早的志书。清代举人王金度晚年所著《齐家司志略》为后人研究斋堂镇历史留下珍贵的资料。抗战时期，域内出现抗日文学创作及活动的热潮，产生出《杀鬼子》《江水红》《汉奸自首》《劝夫参军》等一批反映八路军、根据地人民战斗、生活的民谣和歌曲，带有十分鲜明的时代特色。斋堂镇素有戏曲之乡的美誉，村戏是流传久远的民间艺术，域内流传的戏曲主要有山梆子戏、秧歌戏和蹦蹦戏。

中华人民共和国成立后，作家和文艺工作者深入到域内生活，创作出许多反映时代发展的文学艺术作品。特别是改革开放以后，域内文化活动深入展开，各种文化活动不断翻新，图书、影视作品的繁荣促进了人民的文化生活。

镇内文物古迹等级高、品种全、数量多，是北京市文物重镇之一。截至 2020 年 12 月，登记在册的不可移动文物共 115 处，已公布的共 24 处，其中 3 处被公布为全国重点文物保护单位，3 处被公布为省市级保护单位、18 处被公布为区级保护单位。

第一节　史志编纂

地方志

元代，熊梦祥隐居斋堂村，广泛采集镇域乡土民情，贯穿百氏，修得《析津志》，是最早记述北京地区的志书，书中多有斋堂镇域自然人文风景的介绍。作者熊梦祥，字自得，号松云道人，江西富州人，元代著名学者，杰出的方志家、诗人、书法家、画家和音乐家。他博闻强记，广览群书，博学多才，以“茂才异等”被荐任白鹿书（在江西庐山）山长，后来到大都（今北京）任大都路儒学提举、崇文监丞，得以接触大量的内府藏书和文献资料，并有机会广泛历览北京城郊山川名胜，了解其史地风物。他的著作很多，晚年与道士张中举隐居西斋堂村，将广泛收集的官修史书、志书、内府文献、他人文集，诗集、墓志、碑文、行状等资料进行分门别类，列卷分目，并在各目、子目前冠以序文。通过比较对照，以及通过自己实地考察所获得的新材料对文献进行甄别取舍和增补，并在志文中加以批注，有的在文章末尾缀以跋语。同时对斋堂地区的史地风物进行深入的考察，订正和充实以前文献中的失误和缺陷，使该部分内容翔实而细致，具有很高的史料价值。

清代举人王金度，世居斋堂东北山村，在京师设馆教授达官贵人子弟，名噪京华。晚年奉府谕编纂《齐家司志略》，书中详细介绍斋堂川的山川地貌，物产特产，风土人情。把“数里一村，大村仅二百户，小村十数家”的斋堂川58村风土民情详尽叙写，成为主要记述镇史镇情第一本史志专著。清光绪年间，西斋堂村王旭撰写《齐家司续志略》附于王金度所著《齐家司志略》之后，使《齐家司志略》一书更完整，史料内容更丰富，为后人研究斋堂镇历史留下珍贵的资料。

中华人民共和国成立后，特别是改革开放后，镇内外史志作家先后编辑出版了《川底下村志》《北京门头沟村落文化志·斋堂镇》《煤窝志》等多部涉及斋堂镇的志书。

斋堂镇部分志书一览表

表13-1

书　名	作　者	内容简介	出版社	时间
《析津志辑佚》	熊梦祥	最早介绍北京地区的志书，对斋堂川的山川地貌，物产特产，风土人情有较多记述	北京古籍出版社	1983年
《齐家司志略》	王金度	介绍了斋堂川的山川地貌，物产特产，风土人情		
《齐家司续志略》	王　旭	补充完善了《齐家司志略》的内容		
《川底下村志》		北京市正式出版的第一部村志，详细介绍川底下村的历史沿革，山川地貌，物产特产，风土人情	中共党史出版社	2009年7月
《北京门头沟村落文化志·斋堂镇》	北京永定河文化研究会	简要记述斋堂镇各村的基本情况	团结出版社	
《北京古镇图志——斋堂》	段柄仁 师昌璞	记述斋堂古镇的历史文化遗存，长城关隘，教育宗教、民居、特产及民俗风情	北京出版社	2010年10月
《煤窝志》	北京永定河研究会 张广林、杨金坡	全面记述了煤窝地区的自然风光、历史沿革，人文历史、文物古迹、文化卫生、古今人物，以及人们的生产生活习俗等各方面的历史资料	团结出版社	2021年5月

说明：表内空格表示无数据

镇村史料

20世纪60年代，在“社会主义教育”运动中，“四清”工作组组织域内各公社、各村进行公社和村史编写。受“阶级斗争为纲”指导思想影响，所编写的史料内容基本以阶级斗争、忆苦思甜为主，并且没有留下完整的资料和作品。改革开放后，镇村史料的编写进入快速发展期，先后有《在门头沟的版图上——沿河城》《在门头沟的版图上——军响乡》《古今斋堂》等数十部镇村史料编辑印刷，成为域内文化发展的成果之一。

部分镇村史料一览表

表13-2

序号	书　名	作　者	内容简介	出版社	时间
1	《在门头沟的版图上——沿河城》	门头沟政协文史委 斋堂镇沿河城办事处	较为全面地介绍了沿河城的农业、林业、寺庙、经济等等古今历史资料		1995年10月
2	《北京古山村——川底下》	业祖润等	从村落建筑角度介绍川底下村的图文资料	中国建筑工业出版社	1999年6月
3	《京西风物琐谈——黄草梁》	赵永高、赵国章	记述黄草梁地区的自然风光、从方景观、风土人情、抗战纪事、民俗物产等	奥林匹克出版社	2000年6月
4	《京西举人村——灵水》	门头沟政协文史委	汇集了灵水村的风土人情、文物古迹、村容村貌等各方面的资料		2001年12月
5	《在门头沟的版图上——军响乡》	赵永高、张旋里	全面记述军响乡的村落，文物人物、历史要闻、民间文化、物产及诗文资料		2001年12月
6	《古今斋堂》	斋堂镇党委、政府 门头沟政协文史委	全面记述了斋堂地区的自然风光、人文历史、文物古迹、文化卫生，以及人们的生产生活习俗等各方面的历史资料		2002年12月
7	《品味京西丛书——北京古山村门头沟斋堂川》	万钦、彭世强	斋堂川古村落风貌图画	中国文联出版社	2005年8月
8	《北京斋堂古村落群》	万钦、孙克勤、李慧愿	图说斋堂镇14个古村落特色	中国画报出版社	2006年5月
9	《皇都古镇——斋堂》	斋堂镇政府 《建筑创作》杂志社	图文介绍斋堂镇九支文化	天津大学出版社	2006年6月

续表 13-2

序号	书　名	作　者	内容简介	出版社	时间
10	《柏峪燕歌戏》	区文化委员会、文学艺术界联合会　谭怀孟	记述柏峪燕歌戏的发展历史及剧目	北京燕山出版社	2007年12月
11	《京西斋堂话》	区文委、区文联张万顺	系统记述斋堂话的特点、传承、语音声调特征、构词特征、词汇类别及斋堂话的成因和现状	北京燕山出版社	2007年12月
12	《文脉兴旺千年的举人村——灵水》	中共门头沟区宣传部	主要介绍灵水村举人文化	中国和平出版社	2009年12月
13	《风貌依旧的明清山地民居群——爨底下》	中共门头沟区宣传部	主要介绍川底下村的民居建筑文化	中国和平出版社	2009年12月
14	《军户村落——柏峪》	赵永高 门头沟民俗协会	记述柏峪村军事文化、红色文化、民俗风情，历史人物及新村建设		2009年7月
15	《话说京西丛书——林子台》	赵永高 门头沟民俗协会	记述民俗风情，历史人物及新村建设		2009年10月
16	《玉河古城——东斋堂》	赵永高 门头沟民俗协会	记述西斋堂村文物古迹、民俗风情，历史人物、物产及风光资料		2010年9月
17	《广平宝地——西斋堂》	赵永高 门头沟民俗协会	记述西斋堂村历史文化、红色文化、民俗风情，历史人物等		2010年10月
18	《斋堂川》	区人大 北京永定河文化研究会　李慷云	全面记述斋堂川人文历史、自然风貌、风土人情的资料	团结出版社	2011年1月
19	《斋堂文化丛书》	赵永高、万钦	丛书共分八册，分别从地质（刘德泉编者）、生态（杨德林编者）、军事（石建山编者）、民居（安武编者）、民俗（赵永高编者）、商贸（安全山编者）、宗教（师菖璞编者）史料（易克中编者）方面系统记述了斋堂镇的地情资料		2011年8月
20	《西山明珠——桑峪村》	赵永高、杨德林	全面记述桑峪村自然地理、政治、经济、军事、文化、民俗、民风及村落发展的历史资料		2012年12月
21	《千年古村——杨家峪》	张万顺	全面记述杨家峪村史志和村落发展的资料		

续表 13-2

序号	书　名	作　者	内容简介	出版社	时间
22	《京西关隘系列丛书——沿河城》	门头沟政协文史委	全面记述沿河城守备防线的古军事资料		2015 年 12 月
24	《京西古村系列丛书——火村》	门头沟政协文史委	记述火村文化、文物、民俗、民风及村落发展的历史资料	北京艺术与科学电子出版社	2016 年 6 月
25	《京西历史村落——军响村文化资料选编》	区文联、斋堂镇军响村、京西古道文创工作室	全面记述军响村自然地理、政治、经济、军事、文化、民俗、民风及村落发展的历史资料。		2019 年 12 月
26	《话说京西丛书——法城》	赵永高 门头沟民俗协会	记述法城村文物古迹、民俗风情、历史人物、物产及风光资料		

说明：表内空格表示无数据

第二节　文学创作

诗歌

元代熊梦祥隐居时，友人欧阳原功为此送诗：

豫章熊自得，携所著书入都城西山斋堂村。山深民淳，地僻俗美，隐者之所宜居。崇真张宜相真人偕往，作诗送自得，兼柬宜相。

先生去隐斋堂村，境趣佳处如桃源。
西出都门二百里，山之周匝水浩亹。
一重一掩一聚落，一溪十渡深而浑。
羊肠险迳挂山腹，蜂房小屋粘云根。
立当厄塞若关隘，视人衍活同川原。
市朝甚迩俗尘远，土产虽少人烟繁。
锄畲秋陵宜菽麦，树栅作圈收鸡豚。
园蔬地美夏不燥，煤炭价贱冬常温。
前年熊郎入卖药，施贫者药人感恩。
熊君携笈今就子，绕舍木叶书缤翻。
重真真人又继往，况是偓佺之子孙。
紫箫夜吹辽鹤至，林响谷应松风喧。
登高东望直沽口，海日涌出黄金盆。
应怜曼倩恋象阙，坐羡庞君归路门。

元代尹志平秉承师命在距斋堂咫尺的燕家台修建通仙观时，长时间在斋堂川常住修行，奔波往来于京师至斋堂之间，留下许多脍炙人口的诗篇。

西江月·入西山路

石径云梯路险，攀萝揽葛难行。
洞天深处水山明，远却尘寰视听。
土洞安眠稳坐，松岩耳静心清。
不须更羡许由名，便是超凡入圣。

瑞鹧鸪·咏西山

西山深处道人家，养道修真何处加。
九夏高眠无暑气，三秋结实有新瓜。
乱山坡下宜禾黍，浑水河边长桑麻。
四季平和人事少，三餐终日是生涯。

明代巡抚保定都察院右佥都御史贾三近，巡视沿河防护时，在沿河守备府挥笔写《边塞诗》：

诸镇拥兵万马蹄，六龙遥望瑞烟低。
云中法驾随鸾鹤，塞上军书净鼓鼙。
隐隐河山三辅北，潇潇霜露九陵西。
悬知圣主秋禋日，满谷嵩呼拜舞齐。
重叠高峰曲绕城，戍楼秋色雁来声。
山从上谷连关远，水自桑乾入塞平。
边月一轮澄浩宇，朔云千里护神京。
诸臣夙抱平戎略，愿竭愚忠答圣明。

明代曾佩曾留诗《过斋堂村晚宿沿河口寺》：

山行旬日外，仅见一平村。
垒石分畦畛，编茅立户门。
种豆人耔午，归樵叟负云。
休予僧氍毹毛，静坐月黄昏。

民国时期，周肇祥、傅增湘、凌直支、江翼云、傅沅叔等结伴游历斋堂川，留下许多咏叹斋堂川的诗篇。

吕家村

江翼云

荒荒破屋孤灯下，闻说全村属吕家。
土榻温留初烬火，海棠红放隔垣花。

室空屡苦兵戈扰，市远先忧客愿奢。
莫怨仆夫投宿早，君看林际有归鸦。

煤窝四村

周肇祥

傍岭煤窝有四村，族居勤俭古风存。
杏仁收罢胡桃实，生计无愁饱与温。

东西护驾林

周肇祥

一水中分护驾林，东西村落昼深深。
乡间初夏闲人少，尚有书声出树荫。

傅增湘

过东斋堂城

煤田收获胜山田，牛铎驼铃走朔边。
绾毂连村三十六，孤城斗大独雄专。
地接三坡盛古风，山林荜路不为功。
谕民谁布新条教，惊倒田家百岁翁。

傅增湘

过大汉岭

辽宋山河一线分，雄关刁斗压寒云；
霸图衰歇寒芜盛，血染桃花烂夕曛。

游山杂诗

凌直支

……

树杪荒城俯碧空，斋堂村市别西东。商人未读香山句，愁绝山中卖炭翁。
不让西湖北坞妍，马兰村上足流连。千林尽受龙潭洗，苔径层层响碧泉。
正羡山容壮且奇，为谁还作美人姿？妆成染尽冤禽血，珍重风狂雨骤时。

……

萧克进入斋堂川创建冀热察挺进军时，抑制不住抗战必胜的信心，写下《百花山在望》和《登百花山》两首著名诗篇。

百花山在望

北渡拒马河，百花山在望。
建立挺进军，深入敌心脏。
放眼冀热察，前程不可量。

军民同协力，胜过诸葛亮。

抗战虽持久，笑我力正壮。

登百花山

百花山上百花开，六合英雄冒雨来。

夜瞰故都云烟暗，反攻一会到燕台。

1939 年，抗联一大队二中队因反“扫荡”有功荣获政治模范连奖旗，挺进军战士、诗人刘力生赋诗一首。

马栏村“八一”大会一大队二中队荣获政治模范连奖旗

战场杀敌人，驻地军民亲。

家家缸满水，院院地无尘。

说话多和气，干活尽劳辛。

乡亲有疾病，医药送上门。

老弱抗烈属，助炊供柴薪。

春雨助劳力，梯田耕入云。

秋风庄稼熟，抢收昼夜勤。

大娘啧啧夸，战士笑吟吟。

名扬斋堂镇，誉满马栏村。

荣誉是鞭策，竿头百尺新。

中华人民共和国成立后，各地各界的诗人作家深入斋堂，用诗的语言歌颂斋堂镇的发展变迁。

斋堂川

张文茂

斋堂川革命的川，它是平西中心点。

七七事变遭大难，黎民百姓受涂炭。

浴血奋战整八年，人民抗战起烽烟。

日寇铁蹄尸骨堆，村村户户血泪染。

斋堂川难忘的川，千峰万岭情不断。

爹铸地雷娘做鞋，窝铺热炕养病员。

盐水伴着糖菜香，战士忍饥打东洋。

青山为证流芳在，怀念那子弟兵团。

斋堂川美丽的川，千里奇峰清水滩。

百花万丈灵山腰，燕京胜地龙门涧。

花香果硕牛羊壮，梯田铺向彩云间。

今日重唱抗日歌，唤起子孙爱家园。

黄草梁

马淑琴

象鼻子吊卷叠嶂层峦
烽火台回忆昨日硝烟
古长城　依山傍险
延绵于四百年风雨的
要塞边关
十里长坪　蹄声渐远
战地黄花　百里璀璨
举目远眺峰岭相连
低头凝望绿浪滔天……

游记

中华民国时期，清末举人周肇祥等两次游历斋堂川。他们将游记、题记及诗汇编成《游山专号》，成为最早介绍镇域风光旅游的专著。其中凌文渊在《说游百花山》中留下这样的记述：……考门斋铁路本由门头沟至斋堂共一百三十里，是为干线……不过此路运输的目的，是在斋堂之煤，现闻清水涧以上干路，无力继续，故自斋堂运煤而出，还是先用骡马运到永定河青白口，改用轻便铁路运上清水涧的火车到门头沟，遂使煤的运输不甚发达，以致路的生活大受影响云。……到了千军台，忽见山木成荫，涧中有水，尤其是雪白的海棠花，到处盛开，间有桃花乱落如红雨一般，一直到大寒岭皆是这样的美艳可观。岭路很窄，山轿不能回转，大家步行到岭腰，又因泉声震耳，香风扑鼻，精神陡振，直达岭巅，又见长松苍秀，独立于毗卢寺前，看他的凌风落落，俯视一切的气象，好像是隐逸，好像是古君子，又好像是英雄豪杰。……养庵说："这大寒岭古称大汉岭，或是从前辽宋分界的地方"，又闻去岁奉晋两军对于此岭大作争夺战，可证此岭在军事地位上确有价值。我们看过他的形势后，急转直下，五里到岭脚，宿在吕家村杨宅。吕家村为岭北的四村之一，连同杨家村、张家村、杨家峪的三村，名为煤窝4村。我们今天由北平到此先行一百三十五里，绝不疲倦。一入杨宅大睡土炕，大咬锅盔饼，大与一手胝足胼的杨宅的老夫妇周旋，领略这种山村的生活，直觉淳朴可爱，并且他家的卧房直对青山，院中雪白的海棠花也是盛开得如岭南一样，更觉山村生活受尽了天然美观的供奉，即此一端，已叫我们城市中人看他们真似神圣。

第二天早餐后出发，过煤窝两岔口、七里河等处，十五里到军下。从煤窝到七里河，步步下行，山景的美观和山家的生活状态，皆比岭南好得多。不过这一路的山径，更比岭南弯曲得多。我们在这里走了十五里，左右前后步步都为四山包围，不知转了多少弯子，实觉转得沉闷万分，正在神气不出的时候，忽见豁然开朗，出了七里河口，看见一条既长且阔的斋堂川，夹着南北山峰横在七里河口，川流不息，叫我们的沉闷之气因此泄尽了。土人叫斋堂川为清水涧，殊属大误。这条斋堂川北通龙门涧，直西通小龙门，而南通塔河田寺，各有山泉涌出，汇于上清水村，成为一壑。再由清水村东下经过斋堂、护林村、军响、七里河口等处，四十五里从清白口入于永定河。我们看这川流清澈见底中“石子粼粼”“游鱼可数”，而南北两山脚下的各村庄，皆架板桥以备过渡。当我们初出七里河口的时候，一眼看见军下台上数百家的房屋，高高下下如重叠的楼台，俯视长川，像由“蜃气”所成，绝不料北方山中居然有这样的美观！及从此沿着川流，向西十五里到斋堂，中间经过东、西护林两村，处处水木明媚，山色含青，尤比军下格外的幽秀可爱。

我们在斋堂经过的时间很短，因对斋堂应游的名山竟未能游，真是可惜。例如斋堂城北巍然独尊的白铁山，青翠连云，美丽无极，听说山腰忽然展开三四顷的平原，内有唐朝创建的灵岳寺，至今还为一乡的巨观。如上山游到该寺，可以下看斋堂川碧水溶溶，纡回如带，东、西斋堂在其左右，像是两庑，所以要论百花山东路的胜景，当以斋堂为最。不但此也，我们看东斋堂前山的烽墩三座，并闻黄草梁顶的烽墩七座，皆是完好如故。在明末的时候，这里驻的防兵很多，因为斋堂西北境的天津关、龙门涧、梨园岭、洪水口、小龙门等名为五口，皆是对于口外的咽喉要地。然而明末在这里屯师防御，终不能救其亡，可见形胜亦是可靠而不可尽靠的东西。到了民国十七年九月间，晋奉两军开战的时候，晋军乃避开京绥、京汉两路，出一奇师，间道而从洪水口进来，直赴斋堂，攻其不备，虽为奉军所败，但晋军终能牵制奉军，不能在京绥、京汉两路上活动，因此促成统一。可见斋堂形胜，在军事上、历史上真有价值。像那样雄厚的奉军，入关数次，驻守京绥、京汉两路的部分又很久，何以对于这种历史上的形胜，还不知道呢？不过奉军不知守此而失利，与明军知道守此而失利，却不可以一例论。总之西北形胜，是为过去的帝国主义者，据险而守的要地，自古已然，不必说“表里山河”能作春秋霸者的根据地。就照这里形胜而言，亦早为唐时的燕之重镇。在那闭关时代的野心家看来，自足顾盼自雄。无怪五代的军阀刘仁恭破梁而后，就在大安山筑宫室选美女，又与道士炼丹药以求不死，并凿山藏钱，不使人知，以致促成他的儿子守光帝制自为。然而刘氏父子终为晋王所杀。那么，徒恃地险的军阀永当引为车鉴了。我们想要考察刘的宫室遗址在哪里，虽不能得，可是大寒岭下的大安村常有古钱出土，已可发现刘仁恭秘密藏钱所在的地方，当为考古学家所乐闻。此等钱谱，养庵已在他中国画学研究会所办的艺林旬刊第一期中登载过了。

我们在斋堂午餐后，向西行，八里过马兰山的马栏村，村上树阴的绿色，层层欲滴，泉流的水花，又层层欲飞，一种幽深而秀丽的美观，不料在这里又如入西湖的花坞了。并闻村南有个南涧，虽在盛暑还是坚冰不解，土人称他为万年冰。又十五里过妙庵岭，岭则如故，而在前人所说的“篱径石垣”的妙庵，虽没有看见，可是岭前的樱花，同岭后的杜鹃花，均在这种绝无人迹的荒山中，一齐开得如火如荼，刚巧碰着我们来游，或许不算辜负此花嘛！我看北方的山容，因无林木，多是富有刚气，很难令人对他发生爱不可离的情感，像这妙庵岭居然如此的艳绝，岂非北方山容的变态吗！所以我们在此不得不多多的流连了。既而又远看云景，像是大海无边，万山皆沉，这种不可思议的幻化，尤为难见。独有百花山的云气，一片一片地像是白鹤飞舞空中，超出那些大海似的云景之上，更为可贵……

周肇祥在《六日山行记》中写道：北平之西，皆山是也，愈深则愈奇……大寒岭，古称大汉岭，越岭而南，渐入汉地，岭之得名，必于辽宋时也。一径盘曲，蹑登而上，多白海棠，方盛花，夭桃未落，红白相映，光艳照人。涧水潺潺可听。登道盘曲，数十折至岭头，有毗卢寺，意即古大士殿遗址。清康熙十八年，詹事府正沈荃碑称，大方上人澄翼，不食五味，刺舌血书华严，宴坐岭间，诵经为业，感里人为构数椽，后成名刹。道光四年，兵部主事李涵，撰添建文昌阁记，则云寺建于前明，是其地本有寺，或岁久颓废。澄公募缘修复。长安可游记，岭上高松如盖，出天际，今寺有松拳曲，高仅出檐，惟隔墙一松崢峙，骨干尤古，枝枝矢矫，有严峻之观，在明时已见称，其阅世可知矣。下岭五里煤窝，即古泥窝，有四村焉，曰吕家村、杨家台、张家村、杨家村。时已薄暮，舆夫况瘁，因止宿吕村杨姓家。居民八十户，杨姓二，余悉吕族，问住此几世，不能对语。音重浊，迥异北平，山深土厚故耳！产胡桃杏仁，胡桃味甘滋益，欧美人喜食之，秋季入山收购者相属，水旱无忧，坐以待价，真乐土也。得黍米鸡卵充晚餐，各出所携，相与杂食。沅叔燃烛校顾亭林诗，尽一卷。

二十六日，卯正行。三里两岔口，杏村（树）繁密，连山被谷，层累相接，直至平地，迟来十日，花时已过，嫩叶疏阴，犹可把玩。东望一山，迤迤高旷，朱甍绿树，俨披画图，疑即杨家台村。七里新立屯，五里军峪（响）下村，一里上村。山不高而方广如列屏扆，人家依山结屋，稠叠峻整，清溪前横，崇岭远楫，气象开朗，宜其富庶，自王家山发脉，节节脱卸，护夹交缠，体格足贵。王家山有铜矿，未采。九里东胡家林，又五里西胡家林。一水中分，村落修洁，今名护驾，不知何本。村民种芥，黄英烂漫，如南中菜花时也。三里见道人伺道旁，询之乃韦姓，莲花山遣以相迓者，自得入山讯，昨已来候斋堂矣！二里东斋堂，有元女庙。入村，饭于村董王敬之家。斋堂山水窟，元时豫章熊自得偕崇兴张真人来居，撰燕京志（即《析津志》），欧阳原功、张仲举，皆有诗送之。仲举称其贯穿百氏，惜所著不传，今补志燕京者，殆无其人。益深景慕，斋堂分东西二村，各三百余家，有学校一，旧设平罗营把总，与巡检司同驻守御城。城建于明代，地近边障，沿河设烽台，资扼守。自蒙古内附，塞北设县，而边患遂息，人民不睹兵革者二百余年。庚子之役，西山深处，未尝苦兵。前年晋军出奇，从间道入洪水口，袭斋堂，以撼北平，奉临以重兵，鏖战经旬，晋军始撤退，至今谈者色变，其战斗之烈可知矣！山多煤矿，无烟者良于晋产，有烟煤近方试采，以朱家峪为佳。舆夫狡懒，早行故迟迟，抵此已亭午。王城峪有古灵严寺，不及游。余欲取道清水，以达山坡，转从秋林铺至百花山，商之诸君，未许可，乃变计，逾妙庵岭达瑞云。途长路阻，买燃炬（火把），挟之行，渡河。源出高窝铺，经小龙门，挟诸山之水，下流至清白口，而入于永定河。三里马兰山，曲折上坡，中平敞若台，故曰马兰台，问法幢庵，无知者。五里马兰村，在山壑间，烟霏岚翠，朝暮阴晴，瞬息变异，泉水自龙潭流出，清冷如冰，云树深密，脉落交萦，穿田坠涧，耳不暇听，目不暇接，小息掬饮。空巷出观，妇女大髻巨耳珰，虽髫年皆缠足。夫缠足苦事，而山乡女子甘受不辞，以今日劝放之难，知往者劝缠非易，由勉强而成自然，其锢蔽盖已久矣。三大士阁，十丈高松，皆无可踪迹。村尽涉登，鸟道盘旋，高入云表。舆夫望而畏沮，遇难行，则舍舆徒步。路绝而岭，岭转复路，数回不可尽。倦而稍休，北望斋堂诸山，俯伏阈外，马兰村若在甍底，天末连山簇拥，腾踔奔走而南趋。下瞰崖谷，丛灌蔽亏，山樱桃盛花，如荼如火，吾辈方玩其华。舆夫乃盛称柴薪之美焉，赋诗悼之……

碑文记事

沿河口修城记　辽金以来，北京成为历代王朝的京城，京城西北的张家口、宣化、云州等成为守卫京城的重要门户，蓟州成为天然屏障。而镇内沿河山口成为交通要道。附近村落至今还保留着沿河口、王龙口、向阳口等军事关口的村名。明万历皇帝六年（1578），蒙古铁骑经常进犯中原，从这里进犯关口，危及京城，皇帝派副都御史张卤视察长城，主持修建沿河防御城城堡工程。张卤命令长城沿线附近各敌台守口官兵、各衙门官吏士卒等全体动员，参与修城工程。工程数月竣工。修城之后，“再无赤羽之警”“平居不复忧盗”，附近山民陆续搬到城中居住，渐成五业兴旺，人烟辐辏的山间小城。山西提刑按察司副使北海冯子履撰文并书写《沿河口修城记》，以记守城将领和军民的修城功绩。

沿河口修城记

国家以宣云为门户以蓟为屏而沿河口当两镇之交东望都邑西走塞上而通大漠浑河汤汤襟带其左盖腹心要害处也

今皇帝六年御史中丞张公来抚畿南按行兹土则询其将吏曰是固宜有城今邑落郊保皆城而兹阙如也对曰先抚臣请于朝矣而未竟也公曰夫业已得请奈何玩岁视荫而稽成命守土之谓何则命吏具畚锸积储偫期期而不具罪之命将校督吏杂分工而作期期而不就罪之将校及吏士奉约束惟谨凡数月告成事

上闻而嘉之晋公副都御史留填抚如故赐将吏各有差余惟设险守国戒于易而宋儒以为重门击柝为待复世之意小康之事耳夫岂惟小康即天子有道守在四夷下岂能遽忌备哉然则戍㕍牢去下阳春秋无讥矣先是虏阑入塞民闻警溃散去保匿山谷间士之属櫜鞬出捕虏者志死绥而犹以内顾分其锐病在无城且地当万山中潢池桴鼓时时而有百姓未能帖席卧也不能备盗何论备虏假令之役以坚城当其冲虏即深入则狼顾而恐□其后此其利害较然矣今士民赖主上神武大虏内附无赤羽之警籍公筹策以其间为此城也平居不复忧盗即一旦有缓急急入

收保凭坚城而守据河上流为天堑而壮士挽强赴敌人人自坚无二心西扼虏东护三辅诸郡国燕台易水之间可高枕而无忧虏此其为国家计久远岂惟一城天下无事边臣不复修备即修备尔不复见功□者虏哄于西陲而言者始扼腕谈御虏事练甲缮塞凛凛不暇给余从宜指周视关城未有如沿河口之壮者也夫惟远计顾书之臣见未形而备不然语曰众心成城价人维藩是城也实于辇毂称藩篱惟公之经略以及于此也故知设险守国要惟在任人哉公名卤别号浒东河南仪封人余则公礼闱中所取士云

万历十九年辛卯夏四月吉日

赐进士第中宪大夫奉敕总理紫荆等关保定等府地方兵备兼理马政驿传山西提刑按察司副使北海冯子履撰并书

魏氏先茔碑记　明代，江苏省淮安府邳州睢宁县魏氏，先祖魏興早年在山东济宁卫军队中升为小官。随部队南征北战，家属随行，其后代随军戍守沿河城地区。看到这里地势丰饶，曲水青山，与江南老家有异曲同工之妙，便在此修建房屋，并把老家江苏淮安的亲属接来，一起安家落户。同时，又请风水先生占卜，在沿河城村东南选定阴宅。此后，魏氏家族在此守边防务，建功立业。明正德八年（1513）七月，魏氏子孙镌刻魏氏先茔之记碑，以记先人功德。

魏氏先茔

夫闻天地之间循环迁变古今亦然存之则慕亲之礼亡之则葬服之理书云从四事不毁为德之本三事无违以孝为先父母生子传体相续人伦之道矣

惟其所自原籍淮安府邳州睢宁县人也有祖魏兴役得济宁卫小旗次曾祖魏真功升总旗调济州卫实授百户伯父魏政嫡男魏启累次功升指挥守备之职一有祖父魏敬祖巡游西山顺天府宛平县离京百余之里地名青白口社沿河三岔村地势丰饶人物淳朴敬祖于县寄籍差约而修房饰以为居址则成事业命卜择选于村东南之山曰城子砣高儿港曰震巽风雷增益之处清幽高远之地堪可置祖先茔向脉培壊次续宗派安厝各位弃世灵窀由是敬祖子魏思志忻然率弟思敬思明克功志孝必诚必信建墓植树搜土刻石修茔往来路径一一无碍乃有重孙魏瑞系署都指挥佥事领敕听奉王命久役于外享祭不便每怀追祖崇宗之念不忘其本丁今有思忠嫡孙魏杲等一然踊跃既是孝子顺孙克宗奉祭于正德八年七月吉日竭力刻镌片石具载存亡其名于后命子魏璟赴京博求名公文字有瑺弟魏瓒踵予门而索之予不可不为之序也

赐进士出身兵部主事莆田郭清撰

大明正德八年岁次癸酉秋月望日立

毛将军墓志　明代末期，蒙古少数民族经常侵扰，尤其后金（清）部落的崛起，大举进攻明朝廷，长城沿线各关口纷纷告急。毛立芳将军临危受命到沿河城接防。毛立芳，浙江余姚人，曾经在皇廷锦衣卫镇抚司效力，为人仗义武艺高强。后来调任易州（今河北易县、涞水等地）兵宪任职，把守长城紫荆关等重镇军守卫京师。崇祯二年(1629)七月到沿河口接防。崇祯三年（1630）孟春，后金大军又一次大规模来袭，毛将军率兵驰援洪水口，在老营凹激战被俘后，拒绝投降，拔剑自刎。毛将军牺牲后，前任永宁参将、都指挥刘灏撰文记述其尽忠报国之事。

皇明忠烈毛将军墓志

将军讳立芳，浙之余姚人、镇抚武科效劳于……易州兵宪幕下。缘沿河中统乏人，籍将军扬麾镇之，将军之治沿河也，以崇祯二年七月授事，拮据营务，殚厥心力，迨仲冬□东□奴敌人来犯，……威震京都散掠攻围，内外不通者，殆几两月。将军防守甚固。三年孟春，……洪水口、小龙门悉报虏警，将军帅众出御，曾不逾时，与同官守口张炳、张桂奇合兵出战，方出口至老营凹，布阵未定，虏已驰数骑冲我军，将军急拒之。继而，虏齐至，跳梁齐斗扬……尘，昏惨眯目，冰雪难行，士卒失利，将军与二张同被掳。

……挟将军降，诱以厚利，期为先驱，同入洪水口。将军怒骂，自刎而卒。……退，裹革返辕，本地士民争捐资购棺殓之。……佛事，冀以幽冥资之，而谈元复捐爽　之地以葬，且持牍请于道府，期为代……题旌扬，而朝议尚有待而未果也。

其内阃勾氏……自，而矢志不移，邻里士女昼夜……之，□涿□□悉经其□□，仲春竣其葬事。

将军两嗣，长宝奇，次金果，俱在幼龄，……西，诸士民复以墓碑请，予复嘉其意而叙其颠末，予固代守戍事者，……恨不能挽为题之九原也。然虏虽将军之生，追歼于牛角岭，将军之愤少伸，而忠……魂亦可瞑目矣。之为记。

捐墓地人谈元、谈朴。

巡抚保定标下听用，署马水路参将府事，前任永宁参将，都指挥刘灏撰。

时崇祯三年岁次庚午仲夏端阳之吉立。

齐家庄巡检司王老爷功德碑记　清代举人、《齐家司志略》的作者王金度，为歌颂齐家庄巡检司王老爷功德，而撰写了碑文，碑中记述了齐家司清查户籍，保障地方安全，以防匪患。但不法官吏借此敲诈勒索百姓，为时已久，百姓苦不堪言。王鸣皋力除此弊，深得斋堂川百姓的拥戴，立此功德碑。功德碑是镇内发现的唯一一通碑关于户籍管理碑。

齐家庄巡检司王老爷功德碑

宛邑齐家司地隶籍神京风气古朴乡民俱系土著士农工商各有专业并无无籍游民户口素称清白查系遵照定例岁终各村乡约具造户口清册呈司送县以凭查核故虽十数年来各直省贼氛窜扰而京西一带安堵如故良由上下实力奉行贼匪无处潜踪法甚善也故立法所以剔弊而弊因以而生至有不孝胥役藉端勒索名为丁钱每逢年终穷民迫于迫呼于（吁）县尊司主不知也即知之而相沿已久亦不能革兹逢明司王大老爷台甫鸣皋悯愚民之无知惩胥役之不法张贴告示力除此弊并令将所出告示刊刻于石永远遵照而舞弊弓役一并斥革永不许复充此诚盛事也因书此以志不忘

戊午科举人王金度撰宛平县童生连升阶书

董事人贾春景王良政候选卫千总贾广文国学生杜绍彭九品顶戴贾春荣李奉呈

东护驾林蔡家岭黄岭西双塘涧黄安村鸡儿台青土涧灵水村灵岳寺四村青龙涧燕家台黄塔村马栏村史家营村桑峪前村王家山双石头李家庄艾峪村大三里桑峪后村庄头村爨底下梁家庄台下涧成村达磨庄秋林铺军向台下白虎头柏峪台梁家庄台上杜家庄田寺村鸳鸯水军向台上牛战村柏峪村上清水张家庄梁家铺□林水抱地洼火村西北山下清水齐家庄塔河村西斋堂煤窝四村西护驾林东北山高窝铺塌拉台龙窝村东斋堂公立

灵水村石工王福生王福禅

白羊石虎村军民诉讼告示碑记　镇内白羊石虎村是历史上军事要地，沿河营在此驻军。清光绪十五年（1889），本地百姓状告军队私征粮食，加重人民负担，一纸诉状告到宛平县衙，县官经过勘察了解，最后调解解决，并立碑公告。

军民诉讼告示

碑阳

对石港沟山民索显发谭云从等联名呈控告沿河营私征粮石一事而发布的告示将本地石港龙门段木十字四沟土地重新丈量定章每年宛平县征收粮十五两。并不准再行私垦

碑阴

惟查沿河营现在情形异常艰苦可否将此项粮石折价征收拨解沿河营……山民如再滋举口控情加倍认罪已由该县责令姑免深究……兵民永远相安各无争执有宛平县执照者地亩交银十五两……四沟山地未领县执照者之军余计屯田三顷四十八亩则仍就近向沿河营按年交纳粮银每年收十月一日为期交清后即给予刊刻印信收票……永远相安毋再生衅

重修石记　碑镶嵌于灵水村火龙王庙院墙上，清康熙三十年（1691）立，碑文内容是保护八角龙池村民公约，是北京地区发现较早的乡村环保公约。

重修石记

大清康熙岁次辛未，仲夏初旬，合村聚会，稽古龙池，灵水祥瑞，世久年深，砖损石坠，公议重修，捐工如队，石土灰泥，即时全备，仅月成功。皆欲书勒，庙前池边，标上污秽，堆粪洗衣。鸣钟议罪，罚供祭神。使之警畏。凡我村居，均相劝诲。刻铭于右，流传后辈。池内三禁：凶顽泼投，愚顽搅混，儿童汗溺。池台三禁：宰杀腥膻，饮畜作践，浆衣洗菜。

民间传说

以民间传说故事为主的口头文学在镇域内传承久远，主要内容有村落起源及村名来历类的牛战与白虎头、白羊石虎、马栏村、爨底下等；有史事传说类的兄妹创世、东胡林宁家老家、韩甫金落户爨底下、桑峪村进香的传说等；有自然风物类的老龙窝和黄龙峪、双石头村的石头、灵水村的海眼、斋堂的大槐树等；有人文景观类的清泰寺、白虎头山神庙、盖不严、柏峪燃灯庙等；有生活轶事类的因城字引发的故事、偷龙王爷求雨、红眼露指甲

的故事等；有地方人物类的起死回生的谭瑞龙、救人济世的谭德斋、知府行医的刘增广、谭体仁佚事、黄岭西村姑娘替公主出家等。诸此种种，内容丰富而庞杂。1987 年，门头沟文化馆曾经编辑了几十万字的《中国民间文学集成·门头沟卷》，其中收集镇内的部分传说故事。2014 年，经进一步挖掘、搜集、整理后，由门头沟区政协编纂出版《日下传闻录》，将镇内的民间传说故事进行了分门别类地整理。其中，傅三倌的故事在斋堂川广为流传。

傅三倌故事以“拉家”的形式，在镇内传承了几百年。“拉家”，即聊天、话家常、讲故事，是镇内一种独特的、传承久远的艺术形式。相传，傅三倌出生在斋堂川一户穷人家里，有兄弟三人，他排行老三，习惯称“三倌”，因无固定职业，曾为有钱人家死后充当过“哭丧班”，于是就有了“哭丧倌”的外号。哭丧倌是什么时代的人，无考。有人说，哭丧倌是山里人的魂，“附在哪朝是哪朝，附在哪代是哪代，附在哪人是哪人”。

傅三倌的故事不是人物传奇，讲的也不只是斋堂镇内的故事。这里既有傅三倌自己的故事，也有傅三倌讲给别人的故事；既有斋堂镇内的故事，也有斋堂镇外的故事。但所有故事以突出平民百姓聪明才智、诙谐幽默为主题，展示京西的风物物产，民风民俗。每个故事描写的主人公，生活是真实的，所以，傅三倌被称为“京西的阿凡提”。傅三倌的故事在斋堂川传承数百年，各朝各代所讲述故事都有雷同和创新，每一个讲述者即是传承者，也是编创者。2007 年，傅三倌的故事入选门头沟区非物质文化遗产名录。截至 2020 年，傅三倌的故事已录制成音像和文字。

部分民间传说一览表

表 13–3

序号	名　称	序号	名　称
1	关于牛台石人的传说	12	黄岭西一亩十三堰的传说
2	关于牛家村的传说	13	黄岭西九龙庙一夜迁走的传说
3	爨宝玉沟的传说	14	双石头村双龙迁徙
4	川底下村址的变迁的传说	15	双石头村巨石成双
5	川底下村卧虎岭、龙头山、睡佛山的传说	16	双石头村鸳鸯石
6	川底下村金蟾山、神龟山的传说	17	双石头村姊妹石
7	川底下村月仙池、护法台、龙王庙的传说	18	双石头村双悬石
8	川底下村笔架峰、蝙蝠山、插关岭子的传说	19	双石头村祖宗石
9	黄岭西的顽童神医	20	双石头村恋人石
10	黄岭西清泰寺的由来	21	双石头村金马驹的故事
11	黄岭西灵泉洗目的由来	22	双石头村恋棋银洞湖

续表 13-3

序号	名 称	序号	名 称
23	西斋堂村寺僧潜逃的传说	54	白羊石虎的来历
24	西斋堂村九龙头的传说	55	龙门沟“长虫印”的传说
25	西斋堂村四品带刀指挥的传说	56	沿河城的落水石窟
26	东斋堂村九龙二凤	57	沿河城塔湾与山城
27	东斋堂村乱杂坟的传说	58	“盖不严”的传说
28	蔡家岭村名的由来	59	向阳口村棋盘山的传说
29	徐、刘、李、宋四个自然村形成的传说	60	向阳口村龙凤寺的由来
30	灵岳寺石虎的传说	61	向阳口村石板庵的传说
31	西北山村清朝文秀才安布衣	62	龙王爷自己跑到庙里
32	后坡尖建山神庙的原因	63	鬼石头赌钱的故事
33	马栏村龙女庙的传说	64	草帽山的由来
34	马栏村的一棚伞	65	西胡林村尤将军的传说
35	马栏村的五龙传	66	大掌柜发家
36	天火烧了东马栏	67	红眼露指甲的故事
37	马栏村改造懒汉	68	灵水村的东山石人
38	关于马栏村的传说	69	灵水村鼓斩蛟龙的故事
39	火村红杏的传说	70	“起死回生”谭瑞龙
40	火村口塔台子的来历	71	“救人济世”谭德斋
41	火村鸽子崖的传说	72	“知府行医”刘增广
42	火村仙女湾的传说	73	谭体仁佚事
43	白虎头村名的来历	74	灵水村五举人的传说
44	哥布哥的传说	75	后桑峪村名医张福胜
45	白虎头村山神庙的传说	76	护国将军张文轩的传说
46	白虎头村“响石堂”的传说	77	斋堂六个庄的故事
47	白虎头村一对金鸽飞走了	78	军响村莫合老祖的故事
48	白虎头村村名传说	79	西瓠子沟的传说
49	牛战村耆老的传说	80	斋堂的大槐树
50	牛战村与灵水村的历史渊源	81	东胡林就一户姓宁的
51	牛战村啜泣的古庙	82	解葱与铃兰
52	牛战村不朽的古松	83	东斋堂贾家老姑娘的传说
53	沿河口村大虎石的传说	84	兄妹创世

续表 13-3

序号	名　称	序号	名　称
85	莫合老祖的故事	114	灵水古地道
86	沿河城的三大老	115	灵水村的“里”与“礼”
87	罗汉抗日	116	灵水村棺材“飞”过河
88	八路军才是神兵哩	117	灵水村关公护村
89	龙门金马	118	灵水村施恩得报
90	雕窝铺与蝎子草	119	灵水村巧言护母
91	大悲岩古刹的碾子	120	灵水村最风光的人
92	老龙窝和黄龙峪	121	桑峪村猪头龙
93	斋堂村和黑龙潭	122	灵水村八角龙池的传说
94	斋堂村的大槐树	123	塔岭沟大石门金马驹子的传说
95	盖不严的传说	124	桑峪村张大脚，杨奔奔进城的传说
96	塔湾与山城	125	关于元代末期，杀家达子的传说
97	落水石窟	126	桑峪村进香的传说
98	军响村的来历	127	黄岭西村姑娘替公主出家的故事
99	鸽子崖	128	娘娘庙的传说
100	二郎神的脚印	129	牛站村村名传说
101	高铺村和神雕	130	牛战村与灵水村的历史渊源
102	东马栏的传说	131	灵水村举人刘增广讲击鼓斩蛟龙的故事
103	灵水的石人山	132	灵水村海眼的传说
104	长虫印	133	柏峪燃灯庙传说
105	牛战与白虎头	134	韩永山孤身息争斗
106	山葱与铃兰	135	韩甫金落户川底下
107	柏抱榆、柏抱桑	136	韩奉德代帝出家
108	黑龙潭的传说	137	巧堆元宝山
109	斋堂村名的由来	138	刘伯温降龙安边关的传说
110	好快的马	139	城子台的传说
111	接生奇遇	140	吕家村五虎的故事
112	刘懋恒家的传说	141	法城的来历
113	灵水村老槐树的传说	142	救了千军万马

第三节 艺 术

戏曲

山邦子戏 镇内山梆子戏是秦腔、山西梆子、河北梆子与镇域内地方小曲相结合而产生的一种地方戏剧种，在东、西斋堂，马栏，煤窝地区广为流传。早年，这些村庄都有自己的戏班子，其中较有名的是京都六合班、喜顺班。煤窝地区由4个村合成，因过去交通便利，张家村、杨家村都有山梆子戏班。这一地区的山邦子戏始于房山大安山麻来喜和斋堂六合班的赵大黑、任成兴传授，属京城一脉。清末曾受北路燕家台赵喜奎传教，后受保定梆子剧团陶氏夫妇调教。后经张德兰、张德庆哥俩传授到柏峪、马栏等村。京西的梆子戏传教过程，几乎都与京都六和班有传承关系。

西斋堂村梆子戏也称“山梆子戏”，是在北京西部山区分布范围广、影响较大的地方戏盛行剧种。“山梆子”是与“京梆子”相比较而言，是当地人对此剧种的泛称，主要分布在斋堂川一带。西斋堂山梆子戏由陕西、山西传入山陕梆子而起。明末，李自成进京过程中，由手下官兵将家乡的西秦腔带到京西斋堂川。西秦腔与当地的方言、文化相结合，逐渐形成山梆子戏。西斋堂山梆子戏与其他梆子腔剧种一脉相承，其唱腔和板式是旧时山陕梆子韵调及原始形态与当地小调、民歌、方言的融会贯通。戏中道白既不是山陕话，也非京韵话，而是地道的斋堂地方话，属于板腔体。整个戏曲的音乐，有板有眼，板胡伴奏抑扬顿挫与急切嘈杂，凸显剧中人物的激动与内心的紧迫。所体现出的独特韵味都集中在一个“山”字上。山梆子戏的行当分为生、旦、净、丑四类，主要突出生旦行当，重视运用花脸行当。生旦行当主要以庄重的角色为主。传统剧目丰富，既有传统的杨家将的故事，又有民间百姓的家庭故事，还有根据革命历史编创的现代故事，剧情曲折复杂，内容精彩丰富，具有一定的广泛性和

图 13-1 杨家村山梆子演出（2014 年摄）

实用价值。剧种及戏具文物有较高历史价值和艺术价值。

西斋堂村山梆子戏以“京都六合班”为传承主体，1937 年卢沟桥事变后，六合班停止演出活动。中华人民共和国成立后，西斋堂村又组建了戏团。所演剧目都是京都六合班的传统剧目。“文化大革命”开始后，戏团的活动被迫停止。

改革开放以后，西斋堂剧团在党支部、村委会的支持下，重新恢复并开始活动。2004 年，由西斋堂村出资，添置了新服装、乐器、音响。剧团正式命名西斋堂六合班，除逢年过节在本村演出外，还经常到附近的村子慰问演出。2007 年 4 月，“西斋堂梆子戏”列入北京市非物质文化遗产名录。2008 年 11 月 18 日，应北京联合大学文理学院邀请进京演出。2009 年史孟书被评为斋堂山梆子戏传承人。

柏峪村山邦子戏传入较晚，中华民国年间，煤窝张家村的张国清、张国兰兄弟二人在柏峪教戏而传承下来。柏峪村的山梆子戏唱腔高亢嘹亮，带有山西梆子和河北梆子的一些韵味。2020 年柏峪村山梆子戏入选门头沟区非物质文化遗产名录。

秧歌戏　也称燕歌戏，源于明代嘉靖年间，距今约有 400 年的历史，系由秧歌演变而来。柏峪村秧歌戏是由明代在天津关守口的将士从河南老家带来的一个地方小剧种传入后，与当地的方言、山歌小曲，以及其他剧种相结合形成的，具有当地风味的剧种。因为主要演出场地是柏峪村，故名“柏峪秧歌戏”。

柏峪燕歌戏是门头沟区特有的剧种，经长期演化，同当地语音、民歌、小调相融合而成的。它是一种舞台剧，有行头、唱腔、道白、武打、伴奏等，又称“大秧歌”。柏峪燕歌戏以文戏为主，武戏不多。以“四股子”胡琴为文场主奏乐器，唱腔明快、节奏紧凑；唱腔丰富，号称“九腔十八调”；道白与京剧相近，分京白、韵白两种，用地道的斋堂方言。柏峪燕歌戏生、旦、净、末、丑行当齐全，每看一场戏，愁中有逗，冤情和调侃并存，号称南腔北调。因旧时女人不能上台演戏的规矩，戏中旦角都是由男人扮演的。

图 13-2　柏峪燕歌戏（2016 年摄）

柏峪燕歌戏没有剧本，一直采取“子弟班”的形式，口口相传。靠耳濡目染、老少相传进行传播，心领神会而学成。当时有“传内不传外、传男不传女、口传不笔记”规矩，因而至今也只有柏峪村人才会演唱。柏峪燕歌戏与元曲有着一定的联系，唱词、唱段有不少使用的是与元代杂剧中的散曲、小令相同的形式，燕歌戏现存的曲牌也显露着元杂剧的影子。故此，被北京市戏曲研究所的专家称为“戏曲文化的活化石”。

柏峪燕歌戏最红火的时候是清末民初时期，当时村里的戏班子每年都要唱上几次戏。戏班子根据不同的节令、不同的情况，演出不同的剧目。剧目原来有300余个，到抗日战争之前，还有剧目100余个，抗日期间丢失了一部分。1964年之前还有56个。此后，由于艺人老龄化严重，加之人员外流严重，秧歌戏几乎面临灭绝。2004年，柏峪村党支部集中人力、财力，整理剧目15个，排练剧目4个，成立了“柏峪社员剧团”。2005年3月，正式注册。2006年，经专家机构论证，柏峪燕歌戏被列入“北京市级非物质文化遗产名录”。

图13-3 柏峪燕歌戏剧团参加斋堂镇“山乡戏韵”戏曲演出周活动（2017年摄）

蹦蹦戏 又名“评腔梆子戏”，简称“平戏”，是镇内传统戏曲艺术。行头简便、角色少、不需戏箱，只用几个包袱皮儿就可以把戏装收拾停当，人们习惯称其为“软包戏”。镇内以川底下、灵水两村的蹦蹦戏最具特色。

清代及民国时期，川底下村的戏班子主要以演蹦蹦戏为主。由韩臣璞、韩晓豁等人牵头，组织村里的20余名青年学戏，从淤泥坑请来老师到村教戏。蹦蹦戏曲调婉转，乐器以唢呐，小锣为主。当年所上演的剧目主要有《王大娘锔缸》《李桂香砍柴》《傻柱子进京》《后妈打孩子》《老妈开店》《三娘教子》《赵连弼借粮》《马虎眼上当》《黄爱玉上坟》《马寡妇开店》等。村里流行着有关当年唱戏的顺口溜：“唱得精韩晓耕，唱得对韩晓瑞，扮得俊韩晓印，唱得瞎韩晓花。”最后的一个戏班组建于1930年，戏台搭在村西头的空地上，男女老少相扶而来，台上的台下的戏一同演唱，相互呼应，其乐融融。

曲艺与音乐

民国初期，在沿河城地区流行大鼓，大多数艺人以此糊口谋生。说唱段子几乎全是传统段子，如《呼延庆打擂》《白蛇传》等。演唱基本上以说唱为主（说中夹唱、唱中夹说），伴奏乐器为三弦、鸳鸯板、大鼓。大鼓的曲调与西河大鼓相同，口甜、声脆、吐字明快清晰，幽默风趣。至今逢年过节时，仍有艺人在村内献艺。

从古至今镇内流行的快板多以民间故事、民歌、民谣以及顺口溜为主要题材，会说快板的艺人分布在杨家村等地。

民间音乐在镇内源远流长，民间小曲、抗战民歌遍及山乡。民间歌曲包括山歌、号子、民间小曲、宗教歌曲，以及大量的抗战歌曲，其中代表性歌曲有《王家山小调》《鬼子修据点》，为单一部曲式，歌词为叙事性结构。民间小曲《磨金刀》《后娘打孩子》等反映了民间百姓风俗故事。

旧时，镇域内民间器乐组织很多，围绕镇域及周边妙峰山、百花山、九龙山3处庙宇众多的村子，都有进香走会的传统活动，在这些进香的花会中大部分都有一档叫“音乐会”的会档。音乐班，又叫“吉祥会”“音乐班子”“老道会”，原本是武会的文场，是为花会表演伴奏的，但也可以独立出来，成为一个独立的会档。单独去朝顶进香、踩街走会、进行表演。音乐会都是吹打乐，适合在行进中进行表演。乐器一般有：单皮、九音锣、鼓、镲、钹、唢呐、笙、管子、笛子等。其中，火村音乐班最为有名。中华人民共和国成立后，庙会活动逐渐消失，民间器乐组织不复存在。

民间工艺

中华人民共和国成立前，镇域内民间工艺主要有刺绣、剪纸、编织、花灯制作等。民间刺绣是民间妇女传统工艺，包括绣花、绣鞋面、绣老虎枕头、荷包等。民间剪纸比较普及，一般乡村都有几个会剪窗花的人。这种手艺一般是代代相传，因而一些窗花的样式也具有传承性，如宝葫芦连锁、喜鹊登枝、剪蝎子图、各种蝴蝶图案。随着时代的发展，剪纸艺术内容也具有了时代感，出现拥军、送水、工农兵形象等作品。花灯的制作有悠久的历史。镇内传统灯会活动所用各种各样的花灯均为村民自己制作。民间还有利用倭瓜、西瓜等果实雕刻图案、制成倭瓜灯、西瓜灯的。

编织是利用荆条、秫秸秆、玉米皮等物进行编织制作各种用品的技艺，在镇内传承历史久远。苇编主要是编席，用于铺炕、作粮囤、苫房顶、搭大棚等。永定河及清水河边很多地方长有芦苇，临河村都有编席匠。有的是自种芦苇自编席，有的是买苇子原料开席铺。旧时，镇内百姓家家火炕上要铺席，以防止皮肤直接接触炕土，百姓俗称“炕上无席如同脸上无皮”。桑峪村杨德林家就是席匠世家之一。

秸秆编织是用高粱的秫秸秆（俗称个档儿）编制锅盖、缸盖等。也有用高粱秆的外皮或苇子劈开成篾条编成蝈蝈笼子的。

荆编的材料是荆条，元《析津志》中记载："荆条器：笆、筐、笊……"旧时，荆编为农业生产和生活服务，主要制作荆笆、笊篱、背筐、篓子、鸡笼、篮子、摘筐、粪箕子、粮囤、笼驮等。时至今日，荆编还在镇内传承着，不过荆编作品由生活用品转变为荆编艺术品。

镇内还有一种特别的编织工艺，叫"张马尾箩"。旧时，农户是吃不上白面的，就把玉米、谷子、豆类用碾子压成面粉，再用箩筛后，做成各种面食。箩子是用山柳板或竹片做成圆圆的框子，再用马尾长鬃编织成的网（孔很小），安装在内圈、外围的圆框上做成"箩子"。农户家几乎都有这个用具，后来改用铜丝和钢丝网的了，现在因各种打碎机、面粉机的出现，很少有人用马尾箩了。

镇内庙宇的壁画、泥塑佛像及一些石刻佛像、木刻、风筝、盆景、根雕等也属民间工艺的一种。中华人民共和国成立后，这些民间工艺大多保存下来。

第四节　文化团体与文化设施

民间剧团

京都六合班　清道光年间，有一个"老醯（xī）儿"（姓名失传）进京教戏，功成身退，途经斋堂，受人之请，到西斋堂史家教戏，成立以西斋堂为主，东斋堂、桑峪、西胡林、马栏、高铺村有钱出钱，有力出力组建的戏班子，百姓称之为"斋堂六合班"。

六合班中，山陕梆子和老调融合成一种新的腔调，占了主导地位，唱红了许多村镇。六合班传到史长山、史长秀兄弟掌班时，是戏班最兴盛时期，人员发展至 60 余人，戏箱就有三四十个，还有十几匹专门运输的骡马。戏班先后到过房山、涞水等地演出，辉煌时曾进京城皇宫内演出。演出剧目以全套杨家将、三国戏见长。咸丰末年，御赐金字牌匾一块，上书："敕封京都六合班"，并发文照："除京门外，可到附近州、县演出。"到光绪三十年（1904）左右，戏班子因故解散，史长山回村中以教书为业，戏班成员分散到京西各地传播山梆子戏。

1931 年，一批青年人在王存秀的指导下，恢复六合班。为了和老六合班区分，取名新六合班。经过几年努力，学习 40 余个剧目，把老六合班的艺术继承下来。1937 年，抗战爆发后，戏班解散。1947 年土改时曾一度恢复。

东斋堂同合班　光绪三十年（1904）左右斋堂六合班解散后，东斋堂艺人贾宏录、刘老牛、贾双宝等回村，并去张家口外请回艺人贾世观，组建东斋堂戏班，名称为"东斋堂六合班"。1931 年西斋堂六合班恢复，为区别名称，东斋堂六合班，更名为"东斋堂同合班"。同合班一直发展到"文化大革命"时结束。20 世纪 70 年代，东斋堂村组织文艺宣传队，表演节目和戏曲，至2020年一直坚持戏曲演出。

沿河城六合班　咸丰年间就有沿河城六合班活动，曾多次进京演出。光绪后期，在天桥附近唱戏，轰动一时。后戏班遭人暗算，食物下毒，损坏主角的嗓子，戏班衰落后，将所有行头道具廉价卖给柏峪村。

喜顺和班　杨家村张来喜，早年随母到房山青土涧村生活学戏，1913年回杨家村成立戏班，传教梆子戏。为补戏班经费不足，将村北后台的一棵4人合围的大松树伐倒卖掉。1916年首场演出成功，班内的演员杨文福文武俱全、功底扎实，1918年参加八宝山庙会，一唱成名。在京城演出时，被著名京剧演员杨小楼看中，收为弟子，并为戏班起名为“喜顺和”，一同进宫唱过“堂会”。喜顺和班曾到过大安山、房山、八宝山、北京城里演出。戏班全盛时，有演员50余人。抗战时，排演过现代戏《血泪仇》。抗战胜利后，演过《小二黑结婚》《白毛女》《三里湾》等。至1964年“四清”工作队进村，戏班才停止活动。“文化大革命”期间，喜顺和班的戏装、乐器等被毁。1979年，村党支部出资5000元购置戏装恢复戏班。截至2020年12月，戏班活动一直延续。

柏峪社员剧团　明代，王姓和一批戍守关口的将士在柏峪村定居后，柏峪秧歌戏开始在村中传唱。村内爱好演戏的村民们组成戏班子，在村里演唱，自娱自乐。王家几代人都是戏班子的班主。从王家祖先算起，柏峪燕歌戏在他们手上传承20余代。燕歌戏在柏峪村十分普及，无论大人小孩，无论男女，每个人都能唱上几段儿。

清末民国初，是戏班子最红火的时期。每逢春节，戏班子从正月初一到初五在村里演出，歇人不歇台。从白天演到黑夜，全天演唱。村里家家户户都住满亲戚朋友前来看戏的。从初六开始，戏班子应邀到石景山、海淀、昌平、延庆以及斋堂川西部河北省的怀来、涿鹿、赤城、蔚县及内蒙古草原等地演出。从初一到十五共演15天，剧目也不重样儿。民国年间，老艺人们曾到北京戏院唱过戏。抗战爆发后，由于战乱戏班解散。

2003年，柏峪村党支部集中人力、财力，整理剧目15个，排练剧目4个，成立“柏峪社员剧团”，2005年3月正式注册。2004年至2008年多次参加门头沟区文化节地方戏调演。2014年，完成北京博睿立方文化传播有限公司举办的燕歌袅袅活动演出19场。2020年，举办柏峪燕歌戏艺术节。

火村音乐班　火村音乐班是民间器乐组织，成立于20世纪30年代，由火村李万举发起，成员不足10人，除行香走会之外，一般还为村里红白喜事服务。凡本村村民办事，一般不收费，是纯义务。后服务拓展到其他村庄，逢年过节或有大的活动都有演出。乐队有大鼓、锣、唢呐、管子、音锣、笙等十多种乐器。乐谱有《三番赞》《花得胜》《过街令》《方码》《一封书》《苏武牧羊》等。为丰富演奏活动，又学习坐腔折子戏。戏名《采桑》《大登殿》《汾河湾》等。抗战爆发后，由于战乱音乐班解散。1945年8月日军投降以后，音乐班又开始活动。中华人民共和国成立后，音乐班继续为当地乡民服务。1955年6月，北京群众艺术馆组织全市民间调演，音乐班曾被京西矿区选送到北京演出，而且还专门为其录音。1957年冬，北京大学下放干部进村时，音乐班吹吹打打为其接风。随着镇内文化活动的丰富，音乐班逐渐解体。

斋堂乐班 斋堂乐班抗战前就有，抗战爆发后，音乐班的成员大多投入抗日救亡工作中，1940年侵华日军侵占斋堂后，音乐班停止活动。抗战胜利后，音乐班恢复活动。中华人民共和国成立后，参加过1955年北京群众艺术馆组织的全市民间调演。此后，逐步停止活动。

西斋堂剧团 改革开放以后，在党支部、村委会的支持下，成立西斋堂剧团，恢复戏曲演出活动。2007年4月，“西斋堂梆子戏”被列入北京市非物质文化遗产名录。2008年，应北京联合大学文理学院邀请，西斋堂剧团进京，步入高等学府，成功演出《穆桂英挂帅》。至2020年12月，剧团成员达40余人，经常演出的剧目有《双官诰》《算粮》《大登殿》《二进宫》《南阳关》《破洪州》《穆桂英挂帅》《打金枝》《空城计》《辕门斩子》。

文化设施

中华人民共和国成立前，镇内文化设施主要是各村的戏台。有长期的，也有临时的，戏台周围是村文化活动的主要场所。中华人民共和国成立后，有些村的戏台依然存在，灵水村、沿河城村、马栏村、柏峪村、军响村、川底村等还在利用戏台进行文化演出。

1953年，北京市文化事业管理处在斋堂建立文化站，工作范围涉及整个斋堂川。工作内容包括图书借阅、报刊阅览、象棋、克朗棋、扑克等；农村俱乐部、图书室、农民识字班、夜校的辅导；为农民放映幻灯、举办图片等各种展览；开展时事、政治宣传、普及科学文化知识等。

1956年，斋堂兴建农村文化网，文化站干部抽调参加文化网建设，站内工作停止。1980年8月，斋堂文化站重新恢复，设专职人员3人。文化站藏书1.2万册，连环画600册。图书室发放借书证250个，办集体借书证2个。自成立之日起，采用收取租金的办法借阅图书和连环画，其中看连环画每册押金1元，租金1分，所收款用于购买新书。1981年，文化站举办斋堂地区春节文艺会演。北京电台和门头沟区广播电台对斋堂文化站的工作，做了数次专题报道。

1997年，在东斋堂建立镇文化活动中心，设有文化活动室、卡拉OK厅、台球室、图书阅览室和电影发行放映分站，利用新配备的文化设备，开展形式多样的文化活动。1999年，建立九龙峪文化活动中心，小康村普遍建立图书室、活动室。2006年10月，镇文化中心开工，建筑面积1200平方米。2014年，在镇文化广场建设一个固定的露天的公益电影场。截至2020年，镇级公共文化设施有综合文化中心，28个村居建立综合文化室、电影放映室、图书室等文化服务设施。镇政府投入10余万元用于柏峪燕歌戏文化艺术节活动，拨付5万余元用于全年文化演出、设备维护更新，拨付4万余元用于开展文化工作。

第五节　文化活动

村戏演出

村戏在群众文化中地位很高，在村民眼里，戏子不是“下九流”，而是村民的佼佼者。旧时，村民苦于田间劳作，文化生活很少，村戏成为村民文化娱乐的最好方式。久而久之，唱戏、演戏、看戏成为村民生活中不可或缺的一部分。

戏班子在各村轮番演出，互相切磋，自娱自乐，丰富村民的文化生活。因各村的特色不一，也被百姓归纳成俗语。如“黄岭西的戏，不用看，头宿黑家（夜里）大登殿”；“柏峪的戏不用瞧，头天准是《金水桥》”等，这些俗语记录的是不同村落不同戏班子的互相调侃，虽有揶揄，但也是友好的，大家一说一笑一过，从来没有为这些红过脸，闹过别扭，更不用说彼此拆台。

逢节唱戏成为传统，“正月初三戏开头，一直唱到龙抬头，家里吃的是压饸饹，看见草青才罢休”。除此之外，三月三、四月二十八、五月端午、六月十三、七月十五、八月十五、十月一等民间节日均要唱戏。若逢天旱求雨、有病还愿、红白喜事等还要“请戏”。一村唱戏，多村亲友前来投奔看戏。有戏台的村子在戏台上唱，没有戏台的村子采取现搭台的方式，由村里的乡绅里正带着一干张罗人，现从各家起木头、苇席、地毡等来搭台。

图 13-4　村戏演出（2017 年摄）

镇内许多村落都有自己的戏种，因村民喜欢一直传承至今。有的人爱戏成瘾，爱戏如命。村里演戏，有时候演员比观众还要多，因为是自娱自乐式的演出，又不卖票，所以他们不管观众多少，照样演出，只图一个欢乐。当地人如果唱不上几句村戏，就会被村里人视为“外人”，或者被人笑话。

唱戏不仅可自演自娱，还是传播知识，潜移默化地影响村民的日常生活。受戏剧的影响，村里的邻里关系都很和谐，大家相帮相衬，礼尚往来。村民受村戏的耳濡目染，虽未上过学，但熟背中国历史的村民大有人在。

村戏演出在镇内延续几百年，即使抗战爆发后，村戏依然为坚持宣传抗战进行演出。中华人民共和国成立后，村戏演出不断，1982 年在西斋堂村镇内开展为期 3 天的地方戏比赛，2000 年 1 月 28 日，门头沟区举办第十届文化艺术节活动期间，与柏川旅游中心共同举办“柏川民俗旅游节”，在柏峪村礼堂进行山乡戏曲折子戏和文艺节目的联合演出。2008 年至 2010 年，门头沟区连续三年举办戏曲周演出活动。至 2020 年 12 月，镇内柏峪村、杨家村、西斋堂村等许多村都有一定规划的戏班子，常年活跃在镇内文化舞台上。

图 13-5　东胡林文化中心落成演出（2017 年摄）

传统花会表演

1937 年全面抗战爆发前，镇内的文化活动除了各村戏班演出外，主要是传统花会表演。凡是逢年过节、庙会、喜庆欢愉、重要庆典、大型活动时，人们会利用传统花会形式，营造欢庆祥和的氛围。传统的花会有牛战村、白虎头村的大鼓会、川底下村香会、火村的音乐班等。花会表演是群众喜爱的民间表演艺术，其中包含了戏曲、歌唱、器乐、舞蹈、体育、杂技、武术、曲艺等诸多方面的内容，形式多样，欢乐明快。全面抗战爆发后，传统花会配合抗日救亡工作进行抗日宣传表演。

中华人民共和国成立后，传统花会表演依然活跃在镇内文化活动中。特别是改革开放后，传统花会以不同形式融入群众文化中，丰富着镇内群众的文化生活。

宣传抗日救亡

1938年抗日民主政府建立后，成立县文化救国会，负责组织镇内文化活动。不少村由青救会成立的俱乐部，除组织青年学习外，也进行文化娱乐活动。文化活动除活跃生活外，主要是结合形势和中心工作采取各种文化形式进行宣传和鼓动。开展文化活动依靠青救会、妇救会等群众团体和八路军挺进军剧社。

文化活动内容丰富，开展歌咏活动是最广泛的形式，《救亡进行曲》《义勇军进行曲》《九一八小调》《长城谣》《五月的鲜花》《卢沟桥对唱》等抗战歌曲流行极广。不少民谣，是由文化人你一句我一句编出词，再套用民间流行曲调而成，有反映妇女解放、反对缠足的《妇女解放小调》《妈妈娘你好糊涂》；反映参军热潮的《送郎参军》《送哥哥》《叫老乡》，反映妇女承担做军衣、军鞋任务的《做军装歌》《做衣服》等。镇内流行的秧歌舞，扭扭唱唱，大家参与。挺进剧社进行专业舞蹈表演，《镰刀舞》《儿童舞》《团结舞》等给人们留下深刻印象。镇内不少村有戏班子，除组织演出一些本地山梆子、大秧歌戏外，还多用旧行头编演新戏、话剧和活报剧，几个人一起讨论剧情，然后分配角色，上台后根据剧情发展，自编台词和进行表演，效果很好。县委宣传部组织演出过古装话剧《卧薪尝胆》。挺进剧社演出过歌剧《亡国恨》，哑剧《铁蹄下的反抗》和活报剧《团结抗战》。1940年春，诗人田间到镇内协助工作。在他的倡导下，曾大力开展“街头诗”活动。1940年秋后，日军侵占斋堂川，抗日救亡文化活动受到破坏。

火村红杏采摘节

相传清代康熙年间，灵水村举人刘懋恒在山西临汾当知府时，有一年夏巡视民情，发现一个村中的红杏特别好吃。翌年早春遂责成衙役到村中取强壮树码子数百支，将其插在大鸭梨中，遣快马送到家乡，分发到灵水村及周边的村，实施嫁接。东岭村、杨家峪村、火村等村因水土条件适宜红杏发展成为本村特产。火村红杏是红杏中的精品，在曾经的红杏评选中名列三甲，它具有抗寒、耐旱，适应性强，极丰产、稳产，果个大，外观美，易贮运，是鲜食和加工兼优品种。村内有红杏总面积500亩，一般年产10万公斤。每年阳历7月初红杏成熟，各地前来采摘的人络绎不绝。以采摘为主，兼游双龙峡景区。

法城蜜蜂文化节

法城村有着丰富的蜜源植物资源，村民养蜂已有300余年历史，家家养蜂是镇内一景。2003年7月，村子利用蜂蜜特产，举办第一届京西法城蜜蜂节活动。活动内容有“蜂情万种”，即做一天蜂农，体验甜蜜的事业，辛勤的劳动；“捕蜂捉影”，即拍蜂农、拍蜜蜂、拍法城摄影比赛；“蜂国探秘”，即蜜蜂文化展室、车间、养殖基地参观；“蜂富人生”，即法城最佳蜂农评选；“蜂品展卖”，即展卖蜂蜜、蜂王浆、花粉、本地特产、文化纪念品。

图 13-6 法城蜜蜂节（2007 年摄）

北京国际徒步大会

2010 年 9 月，首届北京国际山地徒步大会在斋堂镇正式开幕，来自世界 20 余个国家和地区的徒步运动爱好者及北京市民约 1 万人一起参加徒步纵走。北京国际徒步大会是经北京市政府批准的第一个国际化山地品牌活动，地点设在斋堂镇，每年举办一届，截至 2020 年，北京国际山地徒步大会共举办 11 届，参与人数 10 万余人。大会期间，除安排徒步比赛外，还有各种文化展演，成为镇内旅游文化活动的盛会。

第六节 文物古迹

古迹遗存

考古发现，黄草梁天仙背洞、沿河城大东宫及沿河城西大台等地处陆续发现的新石器时代古人类生活遗迹，距今约 1 万年至 20 万年前，其中天仙背洞发现的第四纪上更新世晚期古人类生活遗迹，被考古学家贾兰坡认定为周口店“北京人”遗址第 25 地点。桑峪、东胡林村附近，发现 11 万年前在镇内活动的“前桑峪人”遗迹和约 1 万年前的“东胡林人”墓葬遗址。狮子沟、白羊石虎地区有春秋战国至秦汉时期的文物遗存。

据明《宛署杂记》载，灵水村灵泉寺，也称灵泉禅寺，建于汉代。20 世纪 80 年代初，东斋堂角楼出土箭镞 125 根，被鉴定为汉代兵器。

唐代在白铁山建灵岳寺，在万柏山下修建了柏山寺，古称白铁山院。灵水村龙王庙，也称南海火龙王庙，创建不晚于金代。

遗存的元代古迹有壁画墓、龙王观音禅林大殿、杨居士墓志、宋氏孝行之碣、东胡林村鞑子寨遗址等。

明清时期，随着镇域军事防御功能的加强，长城等军事防御设施增多。现在的长城、关城、城堡多属这一时期的文物古迹。

进入民国以后，镇内烽火连天，许多文物古迹毁于战火，而战争留下的军事指挥所、驻军司令、战斗及惨案发生地则成为现代文物遗址留存下来。

2020 年 12 月斋堂镇已公布的不可移动文物一览表

表 13–4

序号	文物名称	级别 公布时间	地点	年代	类别	是否对外开放	管理使用单位
1	明长城北京门头沟段	国家级第五批 2001.6.25	雁翅、斋堂、清水	明	古建筑	否	镇政府
2	川底下村古建筑群	国家级第六批 2006.6.1	川底下村	清初	古建筑	是	村委会
3	灵岳寺	国家级第七批 2013.4	岳灵寺村	唐贞观	古建筑	否	镇政府
4	八路军冀热察挺进军司令部旧址	市级第五批 1995.10.20	马栏村	1939 年	近现代	是	村委会
5	宛平县人民抗日战争为国牺牲烈士纪念碑	市级第五批 1995.10.20	九龙头	1945 年	近现代	是	村委会
6	八路军平西司令部第一驻地	区级第一批 1981.12.12	西斋堂村	1938 年	近现代	否	村委会
7	大悲岩观音寺及碑刻	区级第一批 1981.12.12	向阳口村	明	古建筑	否	村委会
8	斋堂东城门	区级第一批 1981.12.12	东斋堂村	明	古建筑	否	村委会
9	龙王观音禅林大殿	区级第二批 1985.12.3	马栏村	金	古建筑	否	村委会
10	龙王庙、戏台及柏抱榆、柏抱桑古树	区级第二批 1985.12.3	灵水村	明	古建筑	否	村委会
11	大寒岭关城	区级第二批 1985.12.3	煤窝村	明	古建筑	否	村委会

续表 13-4

序号	文物名称	级别 公布时间	地点	年代	类别	是否对外开放	管理使用单位
12	密檐宝塔	区级第二批 1985.12.3	狼窝港	明	古建筑	否	村委会
13	东胡林村新石器人类居住遗址	区级第二批 1985.12.7	东胡林村	新石器时期	古遗址	否	村委会
14	沿河城与敌台	市级第三批 1984.5.24	沿河城村	明	古建筑	否	村委会
15	宝峰寺	区级第四批 1998.11.23	西斋堂村	明	古建筑	否	村委会
16	冀热察区党委	区级第四批 1998.11.23	大三里村	1939 年	近现代	否	北京电视台拍摄基地
17	挺进军十团团部	区级第四批 1998.11.23	马栏村	1939 年	近现代	否	村委会
18	石甬居	区级第四批 1998.11.23	川底下村	清	古建筑	否	私人居住
19	广亮院	区级第四批 1998.11.23	川底下村	清	古建筑	否	私人居住
20	双店院	区级第四批 1998.11.23	川底下村	清	古建筑	否	私人居住
21	关帝庙	区级第四批 1998.11.23	川底下村	清	古建筑	否	村委会
22	柏峪砖窑遗址	区级第四批 1998.11.23	柏峪村	明	古遗址	否	村委会
23	杨家峪古村落	区级第五批 2005.9.7	杨家峪村	清	古建筑	否	村委会
24	灵水古村落	区级第五批 2005.9.7	灵水村	清	古建筑	否	村委会
25	灵水村 6 号民居	在册	灵水村	清末 民国初	古建筑	否	私人居住
26	灵水村 84 号民居	在册	灵水村	清末 民国初	古建筑	否	村委会
27	灵水村 65 号民居	在册	灵水村	清末 民国初	古建筑	否	村委会
28	灵泉禅寺遗址	在册	灵水村	汉	古遗址	否	村委会

续表 13-4

序号	文物名称	级别公布时间	地点	年代	类别	是否对外开放	管理使用单位
29	重修观音禅林大殿碑	在册	马栏村	清	石窟寺及石刻	否	村委会
30	魏氏先茔碑	在册	沿河城村	明	石窟寺及石刻	否	村委会
31	马栏村 226 号民居	在册	马栏村	清末民国初	古建筑	否	村委会
32	军响村庵庙	在册	军响村	不详	古建筑	否	村委会
33	马栏村戏楼	在册	马栏村	清	古建筑	否	村委会
34	向阳口村和尚坟	在册	向阳口村	不详	古墓葬	否	村委会
35	向阳口村砖窑遗址	在册	向阳口村	不详	古遗址	否	村委会
36	宛平怀来交界孤山刻石	在册	沿河城村	清	石窟寺及石刻	否	村委会
37	桑峪村古人类遗址	在册	桑峪村	旧石器代	古遗址	否	村委会
38	东斋堂村壁画墓	在册	东斋堂村	不详	古墓葬	否	村委会
39	杨家峪村龙王庙	在册	杨家峪村	清	古建筑	否	村委会
40	东胡林村鞑子寨遗址	在册	东胡林村	元	古遗址	否	村委会
41	西胡林村 71 号门楼	在册	西胡林村	清末民国初	古建筑	否	私人居住
42	西胡林村王增君宅院门楼	在册	西胡林村	清末民国初	古建筑	否	私人居住
43	西胡林村石建秀宅院	在册	西胡林村	清末民国初	古建筑	否	私人居住
44	西胡林村谭秀全宅院门楼	在册	西胡林村	清末民国初	古建筑	否	私人居住
45	西胡林村 129 号民居	在册	西胡林村	清末民国初	古建筑	否	私人居住

续表 13-4

序号	文物名称	级别公布时间	地点	年代	类别	是否对外开放	管理使用单位
46	火村北过街楼	在册	火村	清	古建筑	否	村委会
47	火村南过街楼	在册	火村	清	古建筑	否	村委会
48	西斋堂村古塔	在册	西斋堂村	清	古建筑	否	村委会
49	王家山惨案纪念碑	在册	王家山村	1997	近现代重要史迹及代表性建筑	否	村委会
50	双石头村关帝庙	在册	双石头村	不详	古建筑	否	村委会
51	灵水村娘娘庙	在册	灵水村	清	古建筑	否	村委会
52	灵水村戏台	在册	灵水村	明	古建筑	否	村委会
53	灵水村八角龙池	在册	灵水村	不详	古建筑	否	村委会
54	东斋堂村天仙庙	在册	东斋堂村	明	古建筑	否	村委会
55	东斋堂村戏楼	在册	东斋堂村	明	古建筑	否	村委会
56	桑峪村过街楼	在册	桑峪村	清	古建筑	否	村委会
57	柏峪寺	在册	黄岭西村	不详	古建筑	否	村委会
58	黄岭西村菩萨庙	在册	黄岭西村	清	古建筑	否	村委会
59	灵泉庵	在册	黄岭西村	清	古建筑	否	村委会
60	桑峪村沟子瓦窑遗址	在册	桑峪村	不详	古遗址	否	村委会
61	柏峪村摩崖石刻	在册	柏峪村	明	石窟寺及石刻	否	村委会

续表 13-4

序号	文物名称	级别公布时间	地点	年代	类别	是否对外开放	管理使用单位
62	牛站村刘氏家族碑	在册	牛站村	1915	近现代重要史迹及代性建筑	否	村委会
63	重建团山禅寺宝地四至碑	在册	桑峪村	明	石窟寺及石刻	否	村委会
64	桑峪村军沿道路碑	在册	桑峪村	民国	近现代重要史迹及代表性建筑	否	村委会
65	刘增广墓	在册	军响村	民国	近现代重要史迹及代表性建筑	否	村委会
66	东岭城墙遗址	在册	沿河城村	明	古遗址	否	村委会
67	沿字 1 号敌台遗址	在册	沿河口村	明	古遗址	否	村委会
68	沿字 2 号敌台遗址	在册	沿河口村	明	古遗址	否	村委会
69	沿字 2 号敌台墙体遗址	在册	沿河口村	明	古遗址	否	村委会
70	沿字 3 号敌台	在册	沿河口村	明	古遗址	否	村委会
71	沿字 4 号敌台	在册	沿河口村	明	古遗址	否	村委会
72	沿字 5 号敌台	在册	沿河口村	明	古遗址	否	村委会
73	川底下村神驹蹄窝古道	在册	川底下村	不详	古建筑	否	村委会
74	黄岭西村 72 号院民居	在册	黄岭西村	清末民国初	古建筑	否	村委会
75	黄岭西村古井及石槽	在册	黄岭西村	不详	古建筑	否	村委会
76	黄岭西村 15 号民居	在册	黄岭西村	清末民国初	古建筑	否	私人居住
77	黄岭西村 5 号民居	在册	黄岭西村	清末民国初	古建筑	否	私人居住

续表 13-4

序号	文物名称	级别公布时间	地点	年代	类别	是否对外开放	管理使用单位
78	黄岭西村 8 号民居	在册	黄岭西村	清末民国初	古建筑	否	私人居住
79	黄岭西村 3 号民居	在册	黄岭西村	清	古建筑	否	私人居住
80	黄岭西村 1 号民居	在册	黄岭西村	清末民国初	古建筑	否	私人居住
81	黄岭西村 6 号民居	在册	黄岭西村	清末民国初	古建筑	否	私人住
82	黄岭西村 31 号民居	在册	黄岭西村	清末民国初	古建筑	否	私人居住
83	黄岭西村 11 号民居	在册	黄岭西村	清末民国初	古建筑	否	私人居住
84	黄岭西村 32 号民居	在册	黄岭西村	清末民国初	古建筑	否	私人居住
85	黄岭西村 60 号民居	在册	黄岭西村	清初民国初	古建筑	否	私人居住
86	沿河城村 149 号民居	在册	沿河城村	不详	古建筑	否	私人居住
87	沿河城村 151 号民居	在册	沿河城村	不详	古建筑	否	私人居住
88	沿河城村 152 号民居	在册	沿河城村	清末民国初	古建筑	否	私人居住
89	黄岭西村 73 号院民居	在册	黄岭西村	清末民国初	古建筑	否	私人居住
90	黄草梁 7 号台南兵营遗址	在册	柏峪村	明	古遗址	否	村委会
91	柏山寺	在册	沿河城村	明	古建筑	否	村委会
92	南山烽火台	在册	沿河城村	明	古遗址	否	村委会
93	黄草梁敌台及墙体	在册	柏峪村	明	古遗址	否	村委会
94	黄草梁钱数岭营遗址	在册	柏峪村	明	古遗址	否	村委会

续表 13-4

序号	文物名称	级别公布时间	地点	年代	类别	是否对外开放	管理使用单位
95	东斋堂村二郎庙遗址	在册	东斋堂村	不详	古遗址	否	村委会
96	沿河城修城记碑	在册	沿河城村	明	石窟寺及石刻	否	村委会
97	斋堂镇桑峪村 138 号民居	在册	桑峪村	清末民国初	古建筑	否	私人居住
98	斋堂镇桑峪村 115 号民居门楼	在册	桑峪村	清末民国初	古建筑	否	私人居住
99	斋堂镇桑峪村 146 号民门楼	在册	桑峪村	清末民国初	古建筑	否	私人居住
100	斋堂镇桑峪村 114 号民居北房	在册	桑峪村	明	古建筑	否	私人居住
101	斋堂镇桑峪村 111 号民居	在册	桑峪村	清末民国初	古建筑	否	私人居住
102	斋堂镇桑峪村 129 号民居	在册	桑峪村	清末民国初	古建筑	否	私人居住
103	斋堂镇桑峪村 120 号民居	在册	桑峪村	清末民国初	古建筑	否	私人居住
104	斋堂镇桑峪村 181 号民居	在册	桑峪村	清末民国初	古建筑	否	私人居住
105	斋堂镇桑峪村 135 号民居	在册	桑峪村	清末民国初	古建筑	否	私人居住
106	双石头村 8 号院民居	在册	双石头村	清末民国初	古建筑	否	私人居住
107	刘玉昆故居	在册	柏峪村	民国	近现代重要史迹及代表性建筑	否	私人居住
108	柏峪村陈氏宅院	在册	柏峪村	清末民国初	古建筑	否	私人居住
109	灵水村 142 号民居	在册	灵水村	清末民国初	古建筑	否	私人居住
110	灵水村 92 号院	在册	灵水村	清末民国初	古建筑	否	私人居住
111	灵水村 177 号民居	在册	灵水村	清末民国初	古建筑	否	私人居住

续表 13-4

序号	文物名称	级别 公布时间	地点	年代	类别	是否对外开放	管理使用单位
112	灵水村 78 号院门楼	在册	灵水村	清末 民国初	古建筑	否	私人居住
113	灵水村 114 号民居	在册	灵水村	清末 民国初	古建筑	否	私人居住
114	灵水村 98 号民居	在册	灵水村	清末 民国初	古建筑	否	私人居住

文物保护修缮

修复长城关隘　2003 年，《北京市长城保护管理办法》正式实施。此后，门头沟区政府根据长城遗存的具体状况，多方筹集资金，先后对斋堂镇域的长城关隘进行保护性修缮。2013 年 4 月，由北京市财政投资 900 余万元启动对沿河城修缮工程。修缮工程遵循“不改变文物原状，修旧如旧”的文物修缮原则，按照设计方案对需修缮部位进行全面修缮：东门拆除城门基址上及距离城门较近的临时建筑约 50 平方米，重建城门。南门补配缺失门枕石，恢复原有板门、门龙，恢复原有铁质门闩。北门补配券洞内碎裂、走闪、风化严重的下碱条石约 50 %，补配缺失门枕石，恢复原有板门、门龙，恢复原有铁质门闩。四周城垣墙体补砌坍塌、破损较为严重的毛石砌体。修复北侧城墙上残存毛石制式跺墙约 40 米。2014 年 1 月 8 日工程竣工，并经北京市文物工程质量监督部门验收通过。

2013 年 4 月，由北京市财政投资启动沿字 1 号敌台至沿字 8 号敌台修缮工程：清理杂草及碎石，降土至原地坪；剔补打点、局部补砌风化、残损、缺失的小台条石；补砌敌台原有大城样砖墙，背里碎石填心，大城样砖糙墁敌台地面。2014 年 1 月 8 日，修缮工程竣工，并经北京市文物工程质量监督部门验收通过。

灵岳寺保护修缮工程　2006 年至 2007 年，灵岳寺列入人文奥运文物保护工程，北京市文物局拨款 187.72 万元，后期避雷设施投入 30.56 万元，消防、电路投入 94.13 万元，启动灵岳寺保护修缮与复建。修缮工程尝试原真法，对所有部件，包括每片瓦的位置都进行编号和记录。除必需的加固和保护外，修缮均使用原材料、原工艺、原做法，尽量多地保留原构件，完全不能再用的部件，也都原状记录。对古建筑只做清扫加固，而不进行重新油饰彩绘，最大程度修旧如旧。2019 年，区政府投资 65.4 万元，对灵岳寺配殿实施修缮工程。

复建顺河宝塔　顺河宝塔原建于火村村口，分黑白 2 座，其中黑塔建于 1086 年。2 座塔毁于“文化大革命”期间。2004 年 5 月 19 日开始修复，历时 7 个月完工，共投资

18.9 万元。

修复“宛平县人民八年抗战为国牺牲烈士纪念碑” 此碑建于 1946 年，立于斋堂中学内，“文化大革命”中遭破坏，1980 年 2 月，修复，并加装护栏。1997 年，北京市门头沟区在斋堂镇九龙头山上兴建“宛平抗日烈士纪念园”。1998 年 5 月底，“宛平县人民八年抗战为国牺牲烈士纪念碑”从斋堂中学院内迁至斋堂镇九龙头“宛平抗日烈士纪念园”。1998 年 6 月 9 日通过验收。

修缮马栏观音禅林大殿 马栏村观音禅林大殿，创建于元代，依山势建山门，两厢有配殿，顺数十级台阶可登大殿。大殿较好地保存了元代建筑遗风，1985 年 12 月，被公布为门头沟区第二批文物保护单位。2006 年至 2007 年，北京市文物局付工程设计费、工程款 62.4 万元。

重点文物介绍

明长城北京门头沟段 包括长城墙体、敌台、守御城城堡等防御设施，2001 年 6 月，公布为国家级第五批文物重点保护单位。城墙分布于门头沟区雁翅镇、斋堂镇和清水镇三镇范围，其中镇内明长城坐落在镇域北部、沿河城断裂带上，大体东西走向，依山势起伏，是明代真保镇长城北京界内现存最好的一段，长度数千米、敌台 12 座、守御城堡 2 座及长城附属烽火台、挡马墙等。由于受地形地势所限，墙体与敌台多为单体建筑，互不连接，各自与山体结合，山即是墙，墙即是山，依山就势，时断时续，其走向、高度、宽度视地形条件而定，上窄下宽，一般在高七八米，宽五六米。墙体多为两层构造，用块石干垒，石灰抹缝，垒石就地取材，部分墙体所用城砖，在当地烧制。墙体依山势而建，多处以险

图 13-7 沿字 4 号、5 号敌台（2011 年摄）

为障，以崖代墙。黄草梁长城是镇内保存最好的一段长城城墙，总长现存约 974.2 米，横亘在黄花坨山顶，是防御通往柏峪和榆木沟道路的第一道防线。因墙体与 7 座敌台相连，也被称为“七座楼”。

镇内明长城敌台于明隆庆五年至万历二年（1571—1574）期间节次建成，以单体结构著称。敌台通高约 15 米、边长近 10 米，为环形筒拱四柱式空心结构的四眼敌台。沿字 1 号敌台和 2 号敌台，位于沿河城村西北沿河隘口处，为沿河守备防线的起始点。沿字 3 号敌台、4 号敌台和 5 号敌台，位于沿河口村石羊沟口，品字排列。沿字 6 号敌台至沿字 11 号敌台，位于黄草梁之上，与黄草梁长城城墙相连，扼守河北省怀来县通往北京的交通要道。

图 13–8　明代沿河城西门（2020 年摄）

明长城北京门头沟段有 2 座守御城堡，均坐落在镇域内。沿河城在镇域北部峡谷中，是多条山谷与永定河主河道汇聚的地方，自古为内蒙古通往京师交通要冲。沿河城于明万历六年（1578），由沿河守备张卤主持修建。沿河城呈弓形，城墙依山势而修，北低南高。东、西、北三面城墙为直线，南面城墙傍山为弧形。城墙以条石和巨型鹅卵石砌就，城墙上有马道、雉堞女墙。整个城南北宽 250 米、东西长 500 米，城周 1182.3 米。沿河城有东西南北四门，东门面向京城，名为“万安”；西门面对塞外，名为“永胜”；南北 2 门均为券形水门。城四角有炮台，是一座标准的以山为城，以河为池的守御关城。

斋堂城　坐落于斋堂镇中心、清水河谷地最宽阔之处，明万历二十五年（1597），由沿河口守备李化龙主持修建，以为沿河城防线之掎角。斋堂城长宽各 500 米，有东南西 3 个城门，因北侧靠山，仅在天仙庙下有一个小圈门。东门为“廓清”门，西门为“辑宁”门。

清嘉庆六年（1801），镇内发生洪水灾害，斋堂城南城门和南城墙被冲没。抗战爆发后，侵华日军侵入斋堂城，将斋堂城西门拆毁。现斋堂城城垣大部已毁，仅存东城门及部分东城墙。

图 13-9 明代斋堂城东门（2007 年摄）

灵岳寺　灵岳寺位于镇域北部白铁山半山坡地，坐北朝南，始建于唐代盛世贞观年间。五代时，道士蔡先占据，毁佛像、伐古松，古刹毁于一旦。辽金时期，对寺庙进行修缮，辽称“白贴山院”，金称“灵岳寺”。蒙古宪宗八年（1258）皇帝下旨，将有争议的庙产赐予灵岳寺僧人。此后，灵岳寺进行大规模修缮，终成巨刹。斋堂名称，即因时有大量善男信女到灵岳寺进香在此斋会，聚落成村后而名。2013 年 4 月，灵岳寺被公布为第七批全国重点文物保护单位。

图 13-10 修缮后的灵岳寺（2009 年摄）

川底下村古建筑群　川底下村古建筑群坐落在镇域西北，现存70余套500余间传统民居，多为明清建筑。这些传统村居就地取材，分布在山坡之上。民居分台而筑，以点、线、面三种形态相结合的空间结构方式，按地形高低变化、传统的“礼制”次序和多种功能的需求，组织村落的环境空间和建筑群体的组合，建筑空间充满自然生机的环境特征，被专家学者誉为，“建筑艺术瑰宝”，建筑史上的“活化石”。2006年6月，川底下村古建筑群，被公布为第六批全国重点文物保护单位。

图13-11　川底下村古建筑群（2012年摄）

宛平县人民八年抗战为国牺牲烈士纪念碑　位于东斋堂村九龙头。1946年，由宛平县人民政府修建。初建于东斋堂村村西（现斋堂中学院内），因为在这里曾有不少共产党员、八路军战士、地方干部和各界爱国志士惨遭敌人的杀害。

1946年7月7日，宛平县人民八年抗战为国牺牲烈士纪念碑落成之日，全县党、政、军、民各界万余人参加了揭幕仪式。自此，每值清明、7月7日均奉行祭悼。1976年粉碎江青反革命集团后，门头沟区人民政府对纪念碑进行维修，并设栏予以保护。

纪念碑坐北朝南，呈方形屋檐式结构碑楼建筑，高7.75米，首层四面各宽2.2米，底座为正方形，总面积5平方米，高0.40米。全碑着铁灰色，象征着宛平县人民抗战的钢铁意志；金黄色圆形塔顶象征着烈士们的功绩与日月同辉；方形碑体表示宛平人民一年四季怀念为国捐躯的烈士。四块碑石镶嵌着宛平县93个村光荣牺牲的482名烈士的英名、职务及出生乡里；南面碑石，碑额分两行横刻“豪气长存，英名千古”，中间竖刻“宛平县人民八年抗战为国牺牲烈士纪念碑”18个大字，两侧竖刻碑文。

1995年10月，纪念碑被公布为北京市第五批文物保护单位。1998年4月，中共门头

图 13-12　宛平县人民抗战烈士纪念碑（2018 年摄）

沟区委经北京市文物局同意，将烈士纪念碑迁移到地势高耸、场地宽敞的斋堂镇九龙头。纪念碑前方是宽敞的祭奠广场。2005 年 1 月，被命名为门头沟区爱国主义教育基地。

八路军冀热察挺进军司令部旧址　位于马栏村。1996 年，为纪念挺进军所创建的革命业绩，马栏村党支部倡议全村村民集资捐款、捐物，筹建“冀热察挺进军司令部旧址陈列馆”。开馆之日，萧克带领 20 余位原挺进军的将领参加纪念馆落成典礼，萧克亲自为纪念馆揭幕。整个陈列馆共设 4 个展室，展览面积 130 平方米，实物 103 件、图片 175 幅，全面介绍挺进军的抗战历史和马栏村民配合挺进军与侵华日军浴血抗争，维护民族尊严的

图 13-13　八路军冀热察挺进军司令部旧址陈列馆（2007 年摄）

光荣历史。冀热察挺进军司令部旧址陈列馆是北京市第一家村办革命纪念设施。1997 年，被列为市级文物保护单位。

大悲岩观音寺及碑刻　大悲岩观音寺及碑刻，位于镇域北部向阳口村北 4 千米的深山中、人迹罕至之处。始建年代无从考证，现最早记载为明正德八年（1513）刻碑《大悲岩记》。大悲岩观音寺坐北朝南，背倚高山，面临深壑，有“悬空寺”之称，因供奉观音菩萨而得名。

图 13-14　大悲岩观音寺（2013 年摄）

大悲岩观音寺分东、西两院，规模宏大。明清时期集佛教、道教于一体，供奉观音、玉帝、关帝等众神，香客极多，香火很旺，在镇内是一座十分有地位和影响的寺院。1981 年 12 月，大悲岩观音寺及碑刻被公布为门头沟区第一批文物重点保护单位。

图 13-15　东胡林发掘现场（2005 年摄）

东胡林村新石器人类居住遗址　东胡林村新石器人类居住遗址位于东胡林村西侧、清水河左岸（北岸），地质学家称为“二级阶地”上，占地面积 28 万平方米，是国内保存完整的新石器遗址之一。同时，在中国新石器时代早期遗址中，“东胡林人”遗址也属于比较早的。

图 13-16　东胡林村新石器人类居住遗址（2022 年摄）

1966 年 4 月初，北京大学地质地理系学生在东胡林村实习时偶然发现一处墓葬，内有 2 个成年男子和 1 个少女的人骨化石。经中国社会科学院古脊椎动物与人类研究所鉴定，其墓葬距今约 1 万年，属于考古学上所称的新石器时代早期的墓葬。1995 年、2001 年至 2006 年、2016 年，该遗址又有新的发掘成果问世。

1985 年 12 月，东胡林村新石器人类居住遗址被公布为门头沟区第二批文物重点保护单位。

第十四章　医疗卫生

唐代，灵岳寺有僧医。元代，已有郎中在镇域内行医，法国传教士在后桑峪等地区传教兼行医。明清时期，民间中医坐堂行医，奔赴乡里。劳动人民在生产生活实践中，摸索、发现、积累许多防治病伤的方法和经验。针灸、拔罐、推拿、采集中草药治病防病，流传民间。1938 年抗日民主政府建立后，镇内建起乡村医药合作社，军民以中西医结合方法救治伤员。中华人民共和国成立后，普遍建立医疗预防站。1958 年镇内建立斋堂医院，各乡建立乡卫生院，医疗设施逐渐得到完善。至 1966 年，各公社、各村基本建立村医务室（站）。1969 年起，建立合作医疗制度。改革开放后，各村建立农村卫生室，合作医疗以乡为单位“乡办乡管”，打破了几十年的“村办村管”模式，建立新的农村合作医疗制度。至 2020 年，全镇 29 个建制村获得医疗机构许可证并投入使用的标准化卫生室 30 个，乡村医生 28 人。

第一节　医疗机构

个体医疗机构

1938 年抗日民主政府建立前，镇内民间中医坐堂行医，开设的均为个人诊所，采取针灸、拔罐、推拿、中草药治病防病，医生和药铺多为祖传、承师，也有自学者。看病主要以望、闻、问、切，辅以偏方，成本低又方便易行，多为义务互助，即使收费也极其微薄，有的只以酒食相待即可。偏方治病是人们在生产生活实践中摸索出来的防治疾病的措施，至今民间还在应用。

除土法、偏方看病外，有一种易学针灸“翻气学”，是古人以巫术为形式，并以某物模拟疾病之症状确定疾病名称：胸部以上疾病为上翻；肚脐以上至心口为中翻；肚脐至肛门为下翻。症状如驴叫，头上仰为“毛驴翻”；体黑青肿如乌鸣，谓“老鸹翻”；腹疼并从皮下挑出羊毛一样纤维状物，谓“羊毛翻”；还有“蛐蜒翻”“哑巴翻”等共 72 种。

随着医学的飞速发展和人民健康素质的提高，72 翻所指疾病多已绝迹，残存者也由现代科学所替代。

抗日民主政府建立后，成立县医药工作者联合会，鼓励各乡村建立诊所。由于战事纷繁，镇内坚持行医的有沿河城村的黄国珠、李兴元、刘海沿、索振祥；灵水村的谭大斋、刘怀聚父子；斋堂村的贾子会；煤窝村的杨正芳、杨耀庭父子、杨兴昌、张福堂；桑峪村的李华亭父子；川底下村的韩怀普；黄岭西村的曹氏兄弟；灵岳寺的和尚王宝来；东西斋堂村的杜家、贾家、宋家、韩家等。1945 年斋堂川解放后，县药社在西斋堂村建立固定社址，租占民房 10 间，黄国珠任药社主任，石儒为医生，工作人员多来自清水河南岸宛平四区，群众称药社为“南山堂”。后来，药社发展到 30 余人。县药社开设东斋堂药社、沿河药社。黄国珠牵头组织县医药工作者联合会，并亲任会长，培训医务人员，开发本地中草药资源，研制中成药，鼓励各乡村建立诊所，改善了镇内医疗卫生状况。

中华人民共和国成立后，1951 年冬，医疗人员并入各医疗卫生系统，收购销售及药材加工业务归入商贸系统，并在各小区建立医疗预防站，药社不复存在。据 1952 年不完全统计，镇内开设个体诊所和行医的医生有沿河城村利民诊所刘海言（供销社药部），双石头村王九香，灵水村刘怀聚，前桑峪村李华亭，张家村刘芳莆，西胡林村石明经、赵金鉴，川底下村韩怀普，黄岭西村曹有广、曹友敬、曹有库，灵岳寺村王宝来、李庆增，杨家村杨耀庭，马栏村杨奎英（女），西斋堂村杜宏奎，东斋堂村高明德、贾佩（供销社药部）、朱春林、韩丰庆、贾全昆。

半农半医的有西大台村李复国，双石头村王春林，林子台村王学纯、李兴长，刘家峪村贾秀竹，龙门口村李银祥，灵水村刘文明，后桑峪村张广泽、杨文利、张进财，军响村李志吉、李瑞堂，张家村张廷祯，西胡林村王培印，柏峪村王汉池、谭英举，火村尚元英、李春贵，川底下村韩晓臣、韩晓和，黄岭西村王希俭，白虎头村李全贞、郝有贵，吕家村吕永禄，大三里村李万生，高铺村杜春超，牛战村刘维庸，蔡家岭村贾恩录，西斋堂村刘金玉，东斋堂村贾宏远、韩庆明、石儒。

1956 年，医疗卫生人员走合作化道路，镇内建立联合诊所及分诊所，个体行医不再存续。

改革开放后，虽有医生获取个体行医资格，但镇内医疗卫生机构完善，群众就医买药便利，个人诊所行医市场不大。

乡村医疗机构

1956 年 2 月，在农业合作化中，军响、煤窝、沿河城等地建立联合诊所。1958 年人民公社化后，军响、煤窝联合诊所改称乡医院。1961 年，煤窝乡医院改为大队医务室，军响乡医院改为卫生所。1965 年“四清”运动时，军响、煤窝卫生机构全部解散。1966 年，各村基本建立村医务室，村医生被称“半农半医”。在医务室的基础上建立合作医疗制度。

1969 年，军响、沿河城公社（乡）分别建立卫生院，卫生院实行合作医疗，村医生被称“赤脚医生”。

改革开放后，新建、改建各村医疗基础设施。1982 年沿河城乡建立新的卫生院，设内科、外科、妇科、中医等科室。1990 年底，军响卫生院占地 1250 平方米，房屋 32 间，工作人员 9 名。院内设内科、外科、妇科、中医等科室，设病床 3 张。医疗器械有 X 光机、洗胃机、引产机、产床、牙科综合治疗机等。1994 年沿河城乡并入斋堂镇后，卫生院人员大都调走，只剩 4 人。2003 年沿河城卫生院关闭。2007 年建沿河城社区卫生服务站。2010 年军响乡并入斋堂后，军响卫生院撤销，改建军响社区服务站。军响、沿河城社区服务站为医保定点单位，隶属斋堂医院社区服务中心。

截至 2020 年，依据国务院《医疗机构管理条例》和北京市卫生局“实施细则”要求，经过审核，为达到标准的村卫生室发放“医疗机构执业许可证”。全镇 29 个建制村卫生室，获得医疗机构许可证并投入使用的标准化村卫生室 13 个，除林子台村、吕家村无乡村医生外，其余 27 个村均有乡村医生，共计 28 名。

斋堂医院

斋堂医院是门头沟区西部山区一所区属综合性医疗机构，也是镇内唯一一家医院。1956 年在东斋堂村建立斋堂门诊部，1958 年 9 月扩建为斋堂医院。1960 年 10 月，将清水门诊部合并到斋堂医院。医院设有内科、外科，有房屋 21 间，病床 10 张，另有捷克产旧 X 光机 1 台、显微镜 1 台。

1965 年，医院发展到 28 人，20 余张病床。化验室虽有房间和部分设备，但技术设备不配套没有开展工作。11 月，市友谊医院由李秀、李玉岩、林胡春等组成的医疗队到医院，加强了医院的技术力量，院内各医疗科室逐步完善，人员增至 40 余人。技术力量增强后，外科胆囊切除，脾切除，普通骨科，妇科剖宫产，儿科重度休克、流脑等都能接治，化验、输氧、麻醉水平提高。

斋堂医院成立后，为整个地区培养了大批乡村医生，实现小病不出村、大病不出乡、重病到斋堂。同时，接治来自河北省涞水县、涿鹿县及怀来县的病人，约占全年接诊量的 20%。斋堂医院曾多次组织医疗队到涞水县锣鼓台、庄里、北边桥一带巡回医疗。

1969 年底至 1970 年初，修建斋堂水库，民工万余人集中在斋堂附近。区政府对斋堂医院重新选址进行扩建。1971 年扩建工程竣工，占地 6000 余平方米，建筑面积 3430 平方米，房屋 120 余间、1900 余平方米，设有 30 余张病床。增设 7 个医疗科室，共 92 人。为斋堂医院添 1 台汽车，以保障修建水库民工医疗之用。

扩建后，医务人员中，大学本科毕业生 2 人，专科毕业生 19 人，中专毕业生 69 人，高中以下学历 25 人。全院共 115 人，80% 以上为本地人，外埠医疗技术人员已为数不多。同时调入同仁医院的下放干部，如著名外科专家戴世铭、沈尔镜、范东坡，内科专家姚金调等。在同仁医院专家的指导和培养下，医院的医疗技术水平快速提升，除接收本地区病人就诊外，河北省涞水、涿鹿两县部分危重病人也到院治疗。

图 14-1　斋堂社区卫生服务中心（2008 年摄）

改革开放后，医院为适应新的形势，决定走出去面向基层，面向缺医少药的农民。1984 年 4 月，医院派一支医疗小分队入驻河北省涞水县镇厂区罗古台公社罗古台村临街的一个大院里，共 10 间房子，携带心电图机、30 毫安 X 光机各 1 台，显微镜及常规化验仪器，外科、妇科常规手术器械和常用的中西药品、抢救设备、氧气瓶、洗胃器等基本能完成农村常见病治疗及抢救任务的医疗器械。半年后，医疗队从罗古台撤回。

2001 年，医院通过北京市医院评审委员会二级医院评审验收。2004 年 7 月，医院急诊科成立斋堂 120 急救站。2006 年 12 月，医院挂牌斋堂镇社区卫生服务中心，承担镇内的预防、医疗、保健、健康教育、康复、计划生育技术指导等服务功能。中心下设军响、中门寺、沿河城 3 个社区卫生服务站。2010 年 7 月，中门寺社区卫生服务站撤销。

截至 2020 年 12 月，斋堂医院占地面积 5123 平方米，建筑面积 4552 平方米，医疗用房 3032 平方米，编制床位 100 张，开放床位 60 张，拥有万元以上设备 30 余台 / 件。设置有急诊科、内科、外科、妇产科、五官科、中医科、防保科等临床科室，护办、药剂科、功能检查科、办公室、总务科等辅助科室。在岗职工 92 人，其中，副高级职称 2 人，中级职称 15 人。

第二节　妇幼保健

妇女保健

清末民国初，妇女分娩沿用土法接生。抗日战争及解放战争期间，抗日民主政府设妇女组织，在开展妇女解放运动中，宣传妇女卫生保健知识。

中华人民共和国成立初，镇内培训妇幼保健人员，开展妇女常见病普查，普及新法接生，开展妇女围产期保健。1958 年，妇女保健由生理范围扩大到生产劳动卫生保健，实行妇女经期挂牌制度，对乳母、孕妇、经期妇女在生产中适当安排照顾。

改革开放后，卫生院均配备妇幼医士，统一使用孕产妇检查卡法，新法接生 100%。1995 年后，门头沟区卫生局、民政局制定《关于开展婚前医学检查实施办法》，在斋堂医院设置婚前检查点，为镇内未婚男女青年提供了方便。开展镇域内妇女病普查。门头沟区妇幼保健所改为妇幼保健院，是全区妇幼保健业务指导中心和技术培训中心。

进入 21 世纪，妇女保健推广紧急避孕技术，提高育龄妇女生殖健康水平。

统一使用母子健康档案，取代原有的《围产保健手册》，系统记录从孕妇怀孕到孩子上学之前的保健状况。开展“两癌筛查”，为 25 岁 ~ 65 岁妇女做宫颈癌免费筛查，为 40 岁 ~ 60 岁妇女做乳腺癌筛查。截至 2020 年，镇内妇女“两癌筛查”率均达 100%。

图 14-2　妇女体检（2016 年摄）

儿童保健

1956 年，镇内举办农村保健员学习班，为中小学生进行体检。1964 年至 1974 年，实行计划免疫，注射百白破疫苗，口服小儿麻痹糖丸，未发现白喉及小儿麻痹两种病。

改革开放后，儿童保健工作实行规范化管理，卫生院建立保健科，负责学生的预防接种工作。卫生院开放儿童保健门诊、儿童计划免疫门诊，先体检后接种，制定了一套完整的登记表册和统计报告制度。1995 年起，斋堂医院推广新生儿疾病筛查技术，筛查苯丙酮尿症（PKU）与甲状腺功能减退（CH）两种疾病。设立出生缺陷监测点，对 1997 年 1

月1日后住院分娩的孕28周至产后7天的围产儿进行出生缺陷监测。1999年，制定门头沟区儿童系统管理办法，统一规范新生儿访视、儿童体检、五官保健等儿保工作。

进入21世纪，开展儿童听力筛查，为6岁以下儿童提供早期教育，实施免费为新生儿进行先天性甲状腺功能减退（CH）、苯丙酮尿症（PKU）、先天性听力异常、先天性心脏病、先天性髋关节脱位等先天性疾病的筛查，免费为学生接种流感疫苗。

第三节　卫生防疫

地方病防治

碘缺病亦称“地甲病”，是镇内发病率较高的地方性疾病。1955年，刘家峪乡有67人患“地方甲状腺病”，占全乡人口的22.3%。1957年进行重点村“地甲病”调查后，在斋堂进行供应手工湿式加工碘盐试点，采取食盐加碘为主要方法的综合防治。1956年、1961年、1963年，分别在斋堂、军响等地区发现散发病例。此后，无病例报告。至1995年，“地甲病”患病率在1%以下。至2020年，镇内居民户合格碘盐食用率均在90%以上，达到国家规定标准。

传染病防治

中华人民共和国成立后，对新生儿、学龄前儿童、3年未种痘者、新迁入镇内者，进行种痘。1961年，天花在镇域内绝迹。1981年春，停止对婴幼儿牛痘接种。

1996年，建立区卫生防疫站为主，各镇、街道社区卫生服务中心（含卫生院）为依托，村卫生室和社区卫生服务站为基础的三级疾病预防控制网络，开始对麻风腮及肺炎疫苗接种工作查漏补种；组织实施风疹疫苗、流行性腮腺炎疫苗接种；乙肝疫苗纳入全市计划免疫范围，对新生儿免费提供乙肝疫苗；实施结核病登记转诊制度；开展糖尿病高危及患者干预项目；开展国家免疫规划“四苗”接种。

2003年春，传染性非典型肺炎（以下简称“非典”）在北京市流行。镇党委、政府利用各种媒体多渠道开展“非典”预防知识宣传教育，组织逐级培训并根据疫情形势和“非典”研究进展调整培训内容，多渠道组织消毒药品货源，对进镇车辆全部监督检查，给予消毒并发放消毒证。“非典”期间，镇内各村、工地、学校、医务人员均无感染。同年开始，每年对集中用工单位外来务工人员实施流脑、麻疹疫苗接种。

2004年起，实行传染病网络直报，将肺结核病人纳入网络管理系统。斋堂医院设置流感样病例监测点，在斋堂镇社区卫生服务中心设立免疫接种门诊，配置办公设备、冷链设备、接种器材等，免疫门诊全部投入运行，免疫预防规划信息化建设达标，实现儿童预防接种信息网络共享。

2009 年镇内开展大规模防控甲型 H1N1 流感工作，应急接种流感疫苗及甲型 H1N1 流感疫苗。截至 2020 年 12 月，镇内无脊髓灰质炎和白喉病例发生，无百日咳、炭疽病、天花、狂犬病病例报告。

创建卫生镇

中华人民共和国成立前，镇内许多村庄有水池“三禁”、猪羊圈养等卫生环境保护意识。中华人民共和国成立后，县政府成立防疫委员会，各村设卫生委员，开展注射防疫疫苗，改善饮食卫生，大搞环境卫生等活动，1958 年曾进行全民“除四害”运动，举办卫生红旗竞赛，对农村的食堂管理员和炊事员分期办卫生培训班。

20 世纪 70 年代起，永定河水质恶化明显。1987 年采取综合指数法，选取 8 个参数，对山峡段水质进行评价，珠窝水库水质属中度污染。

进入 21 世纪，全镇开展创建市级卫生镇活动。2005 年制定《斋堂镇创建市级卫生镇（村）工作三年规划》，开展环境综合治理和沟峪治理工程，拆除违章建筑，硬化道路，修建上下水管网，无害化垃圾处理，厕所革命等。同时组建了 213 名卫生保洁员队伍和 31 支志愿服务队、4 支环境巡查检查队伍、30 名日常巡查联系员。每月选择一个村居进行巡察，对发现的问题集中解决。2006 年起，镇内各村先后完成消毒设备用房建设，水源周边厕所改造，村中管网、蓄水池和泵房、消毒间建设，水源封闭加固，污水处理等安全饮用水工程。至 2020 年，镇内完善垃圾中转和处理体系，建成镇级垃圾填埋场 1 处，垃圾中转站 8 处，垃圾日处理能力达到 60 吨。建成农村污水处理站 22 座，镇中心区域污水处理厂处理能力提升至每日 1000 吨。

2016 年后开展蓝天保卫战，治理大气污染，制定《斋堂镇蓝天保卫战 2018 年行动计划》《斋堂镇扬尘污染精细化管理专项控制方案》《斋堂镇裸地治理方案》《空气重污染应急减排清单》《斋堂镇贯彻落实北京市环境保护督察反馈意见具体问题整改措施清单》《2018 年斋堂镇农作物秸秆综合利用方案》，推进实施“减煤换煤、清洁空气”行动，关闭天正泽制砖厂、沿河城大理石加工厂等污染企业。对道路遗撒、渣土车辆密闭运输、露天烧烤、露天焚烧、施工扬尘等问题每日巡查。2020 年，全年空气质量 $PM_{2.5}$ 平均浓度为 24 微克每立方米，排名在全区前三。29 个村顺

图 14-3　2017 年控制空气污染工作部署会（2017 年摄）

利通过市级农村人居环境整治验收，其中 7 个村获得满分，在全区排名第一。

第四节　合作医疗制度

1966 年，镇内各公社、各村基本建立村医务室（站），实行以村医务室（站）为基础，采取社员合作互助、生产大队公益金补贴的合作医疗，保障群众的基本医疗。合作医疗是农村社员自筹资金、互助互利的集体医疗制度。其组织形式多样，一般在建立时由个人出资一两元，大队公益金再按每人拨一两元，全部资金由大队医疗站使用。农民在大队就医，根据大队经济情况免收或部分免收医疗费用，需在外求医，经大队医疗站同意，到指定医院就医，大队按药费比例报销。初期的合作医疗制度是“村办村管”，使社员医疗有了基本保障。

20 世纪 80 年代，农村实行经济承包，镇内合作医疗制度逐渐解体。1997 年，区政府提出合作医疗以乡镇为单位的“乡办乡管”工作方案，镇内实行合作医疗村庄 7 个，有 14 村设置医疗点。

2003 年 1 月，门头沟区第十二届人民代表大会第七次会议提出“建立新型农村合作医疗制度”，10 月，正式批准区卫生局制定的《门头沟区建立新型农村合作医疗制度实施方案》。方案规定政府投入占主体，市人民政府每年为每人补贴 20 元，区人民政府补贴 10 元，镇人民政府补贴 5 元。村集体和村民个人出资合并计算，设两个级别由村民自选，一级出资 25 元，二级出资 15 元。资金全区统筹使用，根据住院支出费用，按不同比例报销。每人全年最高限额一级为 1.50 万元，二级为 8000 元。2004 年开始，镇内进行新型农村合作医疗试点，制定《斋堂镇 2005 年新型农村合作医疗制度实施方案》，镇内农业户口的村民，中学毕业由农业户口转为城镇户口尚未参加工作的居民，父母为农业户口而本人为城镇户口的新生儿童，近年在小城镇建设中由农业户口转为小城镇户口、但没有享受北京市基本医疗保险、也未享受北京市城镇低保的农村居民，小城镇转户人员在享受“大病统筹”待遇由原村管理、18 岁以下的在校学生、婴幼儿，已参加“北京市中小学生、婴幼儿住院医疗互助”、又自愿要求参加合作医疗的，凡符合以上 1 条至 4 条者，均可以参加新型合作医疗。最初，此项工作由镇计生办承办，2009 年社保所承接此项业务。2009 年全镇有 5368 人参合，纯农业人数 4573 人、居民人数 795 人。截至 2020 年 12 月，镇内参加农村合作医疗覆盖面达 98% 以上。

第十五章　民间习俗

斋堂镇地处北京西山腹地，旧时交通不便，崇山峻岭关山阻隔，信息不畅，民众在长期的生产生活中养成的习惯，世世代代沿袭着。清代《齐家司志略》记载，本地先民之风是“石田山陇稼穑难，人以奢丽为大戒，男子不饰边幅，妇女不施脂粉，布衣濯浣以为礼。孝友慈睦，意实退之，而不力靡文。户空乡僻垠，诵声咿唔，近数十年，童试及乡试者甚众，语云大努力信然”。镇域虽然地瘠民贫，但民风淳朴，直言快语，崇尚节俭，重视教育。民众勤于农事，不善经商，交往共事，讲求信誉；婚丧生育，请客送礼，一家有事，四邻参与。中华人民共和国成立后，移风易俗，破除迷信，继承发扬优良传统，逐步革除封建陈规陋俗，形成崇尚讲文明、讲礼貌、尊老爱幼、尊师重教、助人为乐、见义勇为的新风尚。

第一节　生产经营习俗

农业生产习俗

斋堂镇山高地远坡田多。村民天刚亮就开始田间劳作，早饭通常都在地里吃。赶上农忙，午饭也安排在地里。做饭、送饭由家庭妇女承担。主食一般是小米饭、窝头，还有用豆面做的疙瘩汤。用沙豔子盛饭，沙罐子盛汤，饭和窝头都是放在篮子里挎着，手提着沙罐子，将饭送到地头。

每年果品坐果以后、庄稼成熟期之前，生产队要增派人手昼夜看护，称为“看青”。看青的目的是“哄贼”，并不是抓贼。虽然有“惩罚制度”，但大多是本村或邻村的孩子们，看青的也不好十分认真，大多喊两嗓子，吓唬吓唬。

食品匮乏的年代，捡庄稼是镇内农村流传已久的乡俗。捡庄稼的规矩，要等收获后的庄稼全部运走并捡完后。大秋时，要等到白薯地、花生地耕完之后才许可入地捡拾。庄稼地的“解除禁锢，任由捡拾”的民俗，称之为“放茬儿”。

采矿业生产习俗

民间采煤过程中，窑工下窑空煤篓子最忌口朝下底朝上，意思是这座窑已经没有煤可背了，诅咒煤窑该关张了。窑工们把老鼠当作窑神崇信，在煤窑里看见老鼠绝对不许打，即使是老鼠偷吃了窑工的干粮也不能打，甚至还会用自己的干粮去喂老鼠。在煤窑里忌讳有怪声怪气出现，如果有人吹口哨，会受到窑工们的痛骂。窑工认为口哨声代表着哭声，窑里会死人的。不许妇女进煤窑，一种说法是背煤的窑工大多穿得很少，叫妇女看见了不体面；另一种说法是妇女身上不干净，进窑场会冲了窑，使兴旺发达的煤窑衰落。窑工家里忌讳小孩倒趿拉鞋，在斋堂地区只有家里死人，出殡的时候儿女们才倒退着走出院子。遇到倒趿拉鞋的情况，孩子要挨打，大人这一天也不能下窑去干活了。旧时，诸如此类忌讳很多。

窑口供奉着窑神爷，是窑主和窑工们的“财门”，窑工的女眷无论在家里还是在外面，都不准向着窑口的方向撒尿，怕把财路冲断。每逢窑神生日、节日、开窑、煤窑复工等，窑业工人都要祭祀窑神。

镇内采石生产，是靠山吃饭，要供奉山神爷，同时还要供奉土地和财神。采石场在农历腊月二十七举行的祭祀活动称为“祭山”，给山神爷过年。祭山后不再生产，直到来年正月初五以后复工。正月初六、初九也会到山神庙烧香。正月初十，传说是石头的生日，除一人在山上留看守塘里的工具外，其他人都不上山，放假一天。

商业服务业习俗

亮招牌是商号、摊贩、游商标明自己经营项目的方式，经商者使用的招牌不同，坐商用幌子、牌匾，游商用唤头，摊贩靠吆喝。

商家买卖开张前一天要“亮张”，挂好幌子或牌匾，披红挂彩，商品摆上柜台，但这一天并不营业，主要是招待前来道贺的同行、亲友。第二天正式营业，叫作“开张”，也叫“开市”，是商家的喜庆之事，要在店铺门前贴出“××商号、吉日开张、诸亲贵友、免赐花红”的广告。凡是东家的亲友以及同行，这时候都会前来送礼。凡是前来贺喜的客人，东家都要酒宴招待。民国后，又增加了开张“剪彩”仪式。

商号开张之日要祭祀财神，供奉祖师爷。商家供奉的是春秋时期大夫范蠡。各行业也有本行业的祖师爷，俗称为“号神”。经营文房四宝的供奉文昌帝君；经营茶叶的供奉茶神陆羽；药铺供奉药王爷孙思邈等。

相传，商家的祖师爷范蠡给后人留下了“商家十八忌”：忌懒惰、忌含糊、忌奢华、忌滥出、忌滥入、忌潦草、忌歪邪、忌混淆、忌散漫、忌马虎、忌托误、忌糊涂、忌懒怠、忌暴躁、忌妄动、忌粗糙、忌浮躁、忌妄托。这 18 条禁忌是商家牢记的金科玉律、作为学徒的必须背诵的条文。

商家还有忌讳有人踩在或者坐在门槛上，不准伙计以及顾客玩弄柜台上的算盘或者把算盘倒放着，不允许伙计在柜台上坐卧。最不能容忍的就是有人在门口附近小便等许多具体的禁忌。

对于进店来化缘的和尚老道和要饭的叫花子，任何一家店铺也不敢轻易地把他们赶出门去，生怕进店来的是“神仙下凡”和藏龙卧虎，稍不留神就会给店铺带来麻烦。

出外经商有“逢七不出门，逢八不回家”之说，因为俗话中有“七折八扣”“七长八短”之类的词语。俗语有“要正月，玩二月，君子无钱过六月，年年有个烂九月，赚钱全在十二月”之说，意思是说要根据季节确定商品，组织货源，不可乱来，盲目经营。

旧时在春节、端午节、中秋节进行讨债，其中以春节为最甚。讲究在除夕夜之前要“结账还债”。一些小的店铺、摊贩所经营的商品大都是从货栈、大商号那里赊来的，有“欠债不过年”之说，所以在过年之前要一一清算结账。镇内有一句俗话，“送信儿的腊八儿，要命的糖瓜儿，救命的煮饽饽”。是说一到了腊八，讨债的就快要来了。腊月二十三，是讨债最吃紧的时候。吃上大年初一的饺子，年关就算过去了，债主和躲债之人即使见了面，也是互相道一声“恭喜发财”，不愉快的话就暂时不提了。

小商贩是个体经营，也有许多约定俗成的规矩。在店铺门前摆摊做买卖，要守店铺的规矩，特别是卖小吃的，必须有铺保，避免所卖的食物把人吃坏了一跑了之。

第二节　生活习俗

饮食习俗

旧时，镇域土地贫瘠，“靠天吃饭”，一日三餐通常是两稀一干，一碗糊涂粥度日。生活虽简朴，但当地民众偶尔也会利用丰富物产，制作各式各样的美食，丰富生活。山里人日常生活饮食节俭，外出上学、务工常用一种细而长的布口袋带饭，当地人叫“翻羊肚儿”。里装满较为干硬的小米饭和一个煮熟晾得半干的老咸菜疙瘩作为一周的饭食。每顿饭一点一点翻着布口袋吃，就像翻羊肚儿。

图 15-1　传统饮食——贴饼子（2020 年摄）

饭菜一锅成，也称“合菜饭”，在小米饭中加入自家采摘的蔬菜和少量食盐蒸煮而成，主要的有蔓菁饭、山药（土豆）饭、萝卜饭、榆子（榆树叶）饭、豆角饭等。

旧时，在迎来客往或节假日之际，为增添待客之礼，烘托节日气氛，常用粗粮加工一些稀罕食物，成为特色小吃，有炸油香、压饸饹、烙黄、搅拿糕、炸年糕等。

还有一些特色乡村菜品，用熟猪头肉、核桃仁等制作的“压肉”，用柴鸡蛋制作的“臭鸡子”，用苦荬菜等制作的“糟酸菜”，等等，现已成为“农家乐”必备的食物。

镇内富饶广阔的山场，为民众提供食物来源，用枣芽、山里红、山杏干、刘寄奴（阴阳草）、黄芩等自制的山茶，既可自用，又能待客。

居住习俗

镇内民居以平房为主。旧时，修建房屋宅院讲究风水，正房多坐北朝南，其他厢房、耳房、厕所，根据实际需要安排。用料就地取材，以木料、毛石、黄土为主。地基打好后要经历一个夏天，沉半年，使之稳固。

新宅院要先起正房。正房地基比厢房高一尺以上，并且进身大，木料和其他建材质量好，规格大。先起木架，再起大墙、压边、瓦房。

房子立架一般都是在大清早，请左邻右舍中年轻力壮的人帮忙上梁。整个木架子立好后往正檩、正梁上贴“春条”，上写“千年永固”“抬头见喜”“出入平安”等吉利话语，并放鞭炮以示庆祝。

主体完工后，清理现场，称为扫房。扫房子一般由房主的儿子或侄子来完成。房子扫净了，瓦房的工程就告结束，房主人要请帮忙的所有人洗手喝酒吃饭。

图 15-2　传统民居（2012 年摄）

屋内以灶、坑为主体，当地取材，以 3 间五檩北房为上头房。院内有圈，圈门内有影壁，门口有镇宅石。盖房贴对联，立柱择吉日，乔迁 3 日后外人方可串门。崇尚青堂瓦舍，独门独院。

第三节　人生礼俗

生育习俗

生儿育女，家庭大事，添丁进口，人人为喜。悬红布是在“月子屋”门上挂红布条，孕妇产后休养的一个月称“坐月子”。月子屋有五忌：一忌男性长辈入房；二忌巨大震暴响；三忌配偶宿其屋；四忌病人、戴孝之人进屋；五忌外来人闯入。

认干亲多为生下来娇贵或体弱的孩子找多子多孙人家认干爹、干娘，以避灾祸。还有在道士跟前“寄名”之说，成其弟子，但不出家，每年都要看望师父。

起小名，是孩子未成年时的非正式名字，亦称“小字”“乳名”，与“学名”“官名”相对。当地人们起名，男多金银财宝、福禄祯祥，女多芝兰梅菊、花香芬芳之类，带有吉祥寓意。有的按龙虎牛马羊狗属相起名，有的按时节、生日起名，有的按长相起名，有的按排行起名。“赶乱”“抗美”“援朝”“跃进”“卫星”小名带有鲜明的时代标记。

婚嫁习俗

旧时，婚姻由父母包办，男婚女嫁，遵循“父母之命，媒妁之言”。联姻与婚礼之事，由说合人或主事人经办。联姻程序大体为议婚、定婚、成婚3个阶段。

议婚需要经媒人介绍说合，双方父母查明门庭、家况，男方请先生合“八字”“属相”后，选定日子定婚。

定婚根据双方议定，确定良辰吉日为婚期，男方备彩礼，女方办嫁妆。成婚前一日，男方家备礼至女方家，谓“催妆”。女方家为女儿用红绿丝线绞去脸上的汗毛，剪齐额发，修整眉毛，谓“开面”。

成婚是婚嫁中最重要的，也是最热闹的环节。这一天，新郎要披上挽有绣球的红色丝绸，与接亲的、吹鼓手一同前往迎亲。到新娘家的村口要放鞭炮以示迎亲人到了。打扮好的新娘在上轿之前要哭哭啼啼，称为哭轿，以表示难舍难离。旧式结婚新娘子有坐花轿的，有的人家穷，雇不起花轿，便把八仙桌子翻个个儿，上面蒙上红布，桌子腿儿上捆绑上2根杠子，因陋就简权充花轿。有的村落山路崎岖交通不便，新娘子可以不坐花轿改骑毛驴。如果新娘子所嫁之村在山上，山高路陡，毛驴都骑不了，那就得人背。背新娘子有一番讲究，过去“男女授受不亲”，需要男方家雇“背手”（背运人）用木制的背架子背新娘子。新娘子与背手背对背，坐在背架子上，中途不得歇脚。

男女相爱，现在叫恋爱，过去叫缘分，“缘”与“盐”谐音。旧时，盐在生活中占有特殊地位，在婚姻习俗中也占一席之地。柏峪村男方到女方家接亲时，要带上1斤白面，并由女方做成一张大烙饼，交给男方带回去。这张饼很特别，起码要放上半斤盐。这样做出的烙饼，里层和外面都泛着白花花的盐花。男方将饼带回家后，家中所有亲属都要吃上一口，并说“盐分真大”，其谐音就是“缘分大”，预祝新人能白头偕老。新娘子下花轿前，男方家里人会端上一碗盐水，新娘子象征性尝一点儿，求一个“盐分”与“缘分”的谐音，预示百年好合。

新娘子下轿后，脚不能沾地，要从地上铺的红毡子上走过去。有钱人家把红毡子从大门口一直铺到新房门口，而没钱的则用3块小红毡子往前倒，就是把新娘子刚刚走过的红毡子立马移到前面去，继续让新娘子踩，不让新娘子脚上沾上土，这被称为“倒毡”。

新娘子刚进院门时，男方家的一个小男孩还会把一个木墩子扔向新娘子，并且说上一句“扔墩子，抱孙子”之类的吉祥话。

在婚礼开始之时，要“唱嫁妆”，司仪要逐一高声介绍新娘家陪送的东西，最后说到红掸子、红漆木箱。

旧式婚礼仪式上要由主持人唱喜歌，部分唱词如下：

眼看帅府在京州，里挂绒帘外挂绸。
赶考公子登金榜，天配仙女喜王侯。
好！好你个喜王侯。
正念喜，抬头观，斗大喜字两边粘。
八抬轿，大换班，绮罗满伞遮满天。
头里打着喜报鼓，后边吹的是喜报三元。
走喜街，越喜巷，来在阁楼喜门前。
卡喜顶，拉喜杆，放喜炮，崩喜鞭。
喜鞭崩得粉粉碎，一年四季保平安。
好！
新人下轿贵人搀，手拿宝瓶倒红毡。
倒绒毡，倒纱毡，倒的倒，搀的搀。
一会儿搀在华堂内，宾朋云集语声喧。
那边站着天仙女，这边站着武状元。
一拜天，二拜地，三拜公婆长在世，
四拜妯娌多和美，五拜五子登科万万年。
一撒金，二撒银，三撒骡马共成群。
人生大喜天作美，派我前来撒金钱，
金钱撒在天堂内，富贵荣华万万年。

婚礼讲究“连三席”，这是婚礼喜宴的3种不同席面，是下马饭、邀席和正席的合称。下马饭又叫新人席，是新娘子过门后在婆家吃的第一顿饭，新娘子要坐在正席，由别人侍候。下马饭的席面有子孙饽饽（饺子）、长寿面，取儿孙满堂和幸福长寿之意。正席是招待新亲（即娘家送亲的宾客）的，又叫新客席。邀席，也叫偏席，是招待参加婚礼的亲朋好友的。正席和邀席是吃用粘谷面制成的炸糕。新人席和新客席摆8副碗筷，但只许坐7个人，留下一个空位子，是给老祖宗预备的，意思是请老祖宗回家来同喜同乐。正席又称“十二八”，讲究12个盘子、8个大碗。菜肴有素和荤，有凉有热。

旧时，婚嫁中还有“闹新房”“戏姐夫”等习俗。随着社会发展，婚嫁中的陋俗也逐渐消失。

寿诞礼俗

祝寿亦称“做寿”，是为老人生日举办的庆祝活动。活动繁简视生活条件及寿星身份而定。老人过生日要扎红腰带，有的还要在衣服的腋下缝上个装满五谷和朱砂的红色三角包，以示祛邪、增寿。一般要送寿礼、饮寿酒、吃寿面。有名望的要送寿联。旧时，镇内只有富贵人家做寿，一般劳苦民众只是改善一下伙食而已。家中养有女儿的，均视为掌上明珠。家长随着年龄的增长，对出嫁女儿不免思念。因山区交通不便，女儿情况不明，于是便生成“六十六，要吃闺女一刀肉”的习俗，借此，让女儿提肉回家。一刀肉是女儿买的肉，无论大小，分量轻重，要一刀取肉，不能再割第二刀，以体现女儿对父母的一片孝心。女儿提肉回娘家，不能直接进门，要娘家人从窗户放下绳索，把肉拴上提上去，女儿才能进家门。通过家人提肉的感觉来了解女儿的孝心和家境状况。

中华人民共和国成立后，随着生活日益改善，孝敬老人，为老人祝寿成为习惯。

丧葬习俗

旧时，镇内皆为土葬，一般按装裹、停尸、报丧、吊孝、送三、入殓、出殡、埋葬、圆三、过七等 10 个步骤进行，并依死者家庭经济状况决定繁简。老人高龄病危时，子女要围绕床前送终，穿上“装老衣裳”，称为“装裹”。装裹不分时令，均穿棉衣。要搭灵棚，摆灵桌，置祭品、香炉、油灯于前，由孝子贤孙日夜守灵。家人将死讯告知亲友，称“报丧”。亲友陆续前来祭奠，称“吊孝”。人死后当天晚上到五道庙或村口烧纸，称“报庙”。过世第三天晚上，到五道庙或村口烧纸钱、纸扎，称“送三”。将逝者放入棺材，封棺钉盖，称为“入殓”。

逝者入殓后下葬前，在家门口或大街宽处，举行丧仪，孝男孝女，亲朋好友，依次排列，于鼓乐声中，向死者磕头大哭致祭。执事人将棺顶的瓦盆摔碎，称为“摔丧锅子”。起灵至村口，大部分送葬者就此止步，由至亲及好友送灵于坟地下葬。3 日后，由孝子、亲友上坟祭扫，摆供，并将坟头用石头修整圆满，是为“圆三”，亦称“圆坟”。

中华人民共和国成立后，镇内丧葬礼仪逐步改革，仪式从简，封建迷信活动被革除。20 世纪 70 年代起，沿 109 国道两侧的村庄推行火葬。

互助习俗

镇内民众讲做人要正直、老实、本分，人们常说的一句话叫“你敬我一尺，我敬你一丈”。盖房在农村是大事，俗话讲“娶媳妇盖房，大家帮忙”。大多数人家盖房从备料开始，就有亲友帮忙。备料来自多方，自己背石头、背土，叔家给个柁，姑家送条檩。不是亲戚，只要讲明要盖房，用不着的东西匀出去也不会出高价，有大伙凑份子的习俗。

出份子，也称凑份子、随份子，随礼，在交往礼仪中是常见的一种礼仪。出份子的场合很多，除了男婚女嫁之外，还有小孩子“办满月”“抓周”“过生日”，为老人“祝寿”

及“喜迁新居”等。份子的说法也不大相同，参加丧礼叫“上供”，开业大吉叫“助兴”等。份子的种类也不同，旧时有几尺布、几升玉米、几升豆，后改为现金。

过去人们吃包饺子等较好食物的机会很少，成年累月吃些玉米面窝头、小米饭，偶尔改善一下生活，做一些饺子、炸糕都要给同院或附近家的小孩送上一碗或一盘，叫小孩尝尝解解馋；如果宰了猪，炒了半锅肉或血豆腐，也向邻居家小孩送上一小碗，从不关上门吃独食。

过去村民很难吃到肉，于是有吃肉搭份子的习俗。谁家有猪要卖，想要肉的户搭份子，合伙把猪留下。猪宰完后，将肥肉、瘦肉、头蹄、下水，按份数搭配好，抓阄儿或大家情愿自己挑选。取肉后立即把钱给猪的主人，也有的人家当时没钱，主动跟养猪户说一声，晚几天再还肉钱也行。

第四节　岁时节令习俗

过大年

过大年，也称“大年禧”，是指农历正月初一至十五。过大年一般是从腊月就开始准备了。腊月十五以后愈加热闹，有民谣：“到十五做豆腐，到十六拉猪肉（自家杀猪也在此日），到十七杀公鸡，到十八把面发，到十九去剃头，到二十拜老师，二十一去赶集，二十二买年画，二十三糖瓜粘，二十四写对子（这天贴年画、对联等），二十五炸豆腐，二十六炖猪肉，二十七洗疚疾，二十八洗邋遢，二十九全都有，三十儿拜大神，年禧到放鞭炮。”

腊月初八这天除了喝腊八粥外，吕家村有腊八打冰的习俗。冬天，村西沟溪流自下而上开始结冰，周围的儿童多坐冰床或荆垫，顺冰而下，称“打刺”。腊八这天，村民带尖镐、大锤、背篓顺沟而上凿取冰块。回家后，把冰块放在大门、二门，以示门户冰清玉洁；放在囤子、花篓、水缸里融化，以示家庭温暖可战胜严寒和困难，喜迎新年。

农历腊月二十三是祭灶日，镇内民众称为“小年禧（农历腊月二十三至三十）”，又叫“过小年”。家家祭灶神。这一天，富户院中立竿，上挂天灯，祭品除糖瓜、糖饼外，还有各类食品；贫困人家，则用荸达根熬水做饧，黄豆代替糖瓜之类食品。

除夕是农历最末一天，又称年三十。这天家家户户都贴上了门神、春联、年画，大人孩子纷纷穿上了新衣互相辞岁。三十晚上，各家要请祖宗，敬请先人回家过年，在条案正中供上“亡疏（写给故去者的书信或慰问信）”，供上果品糕点，以及晚饭的第一盘饺子。居民有守岁的习俗，守岁从吃年夜饭开始，年夜饭要慢慢地吃，从掌灯时分入席，有的人家一直要吃到深夜。守岁所备的糕点瓜果，也要讨个吉利的口彩：吃枣表示春来早；吃柿饼象征事事如意；吃杏仁成为幸福人；吃长生果就会长生不老；吃年糕一定一年比一年高。

每户人家还要做一大锅接年饭，年前烧好，也叫作“隔年饭”，是年年有剩饭、一年到头吃不完、今年还吃昔年粮的意思。隔年饭一般用白玉米粒和小米混合起来煮，俗话叫“二米子饭”，是为了有黄有白，这叫作“有金有银，金银满盆”。

正月初一吃饺子，当地称煮饽饽。饺子多在三十午夜开始包，天明即食，以求顺利。

过大年，除了“热闹”“庆祝”的含义之外，“供祖宗”“送亡疏”是传统的祭祖活动。“初一初二吃好的，初三初四请老的”则是加强亲人团聚的活动。

正月初五前，一般家里忌讳动扫帚，避免扫财出门。初五，也称“破五”，这一天要接财神，将垃圾扫地出门。出嫁女可以回娘家，亲戚朋友也可相互宴请了。商家开始营业，年前的债主开始讨债，戏班子开始唱大戏为村民增添喜庆。

过年期间，传说诸神会降临人间，禁忌很多，不得胡说八道，不得说晦气的话等等。旧时，各村禁忌不一，林子台村妇女讲大年初一动了针线就会长耳朵底子；川底下村除夕这天人们在换新衣服前，必须剃头、洗脚，“三十晚上洗洗脚，倭瓜豆角吃不了”。煤窝4村打春（立春）这天出嫁的姑娘不许在娘家住宿，否则对娘家兄弟一年不吉利。吕家村出嫁的姑娘，过节以后才能回娘家等。

元宵节

正月十五是元宵节，又名元夕节、灯节、上元节。这天为满月，即“望”日，象征团圆美满，吃元宵是应节的食品。一般用黏高粱面、黏谷面包元宵。

图 15-3　川底下村灯阵（2007 年摄）

旧时，元宵节也称灯节，有观灯、摆灯阵、猜灯谜的习俗。正月十三至十五，村中筑起灯台，高处设观灯台。各家门前挂灯，村中男女老幼点燃各式花灯走街串巷，称闹花灯。大的村坊也有转灯场习俗，其中灵水村、川底下村最有特色。灯节期间，摆设万字灯阵，村民在自娱自乐的同时，也在祈求全村兴旺、阖家平安。2007 年、2020 年，斋堂转灯场习俗、川底下村转灯场入选门头沟区非物质文化遗产名录。正月十五唱大戏，也是元宵节的重要习俗之一。

清明节

清明节，又名鬼节、冥节。清明节是祭祖扫墓之日，也叫“上坟”，为祖先和新亡人的坟培土、祭拜、烧香、烧纸、送挂钱纸、烧祖、植树等。

镇内上坟有许多规矩，多数村有闰年不动土的习俗。而到坟地祭扫的时间又有不同，有上新坟和上老坟的区别。新坟早一天，老坟晚一天。具体上坟时间各村也不尽相同。川底下村清明节前两天去上坟扫墓；马栏村有大小清明之说，清明当日为大清明，前一日为小清明；斋堂村是公历4月1日上新坟，2日上老坟；马栏村是4月2日上新坟，3日上老坟；杨家村有杨、王两大姓氏，都说杨家老祖宗嘴馋，杨姓在清明节前3天上坟，比王姓早一天；吕家村清明节先把老祖宗请回家（写亡疏），到上坟那一天，后辈们带上供品到坟上去挂纸钱（祭祖）。各姓有自己扫墓的日子。现在在外工作的年轻人，多选周六、日上坟，灵活祭祖渐成趋势。

斋堂镇是老革命根据地，许多优秀儿女为国捐躯，每逢清明，学校师生前往英烈纪念碑缅怀先烈，祭奠英灵，已经形成习俗。

清明节期间正值四月，春光明媚，冷暖宜人，斋堂镇内漫山桃花、杏花竞相开放，人们把扫墓与踏青结合在一起，既祭祖扫墓又赏明媚春光。

清明正是植树造林的好时节。民谚有“清明不栽柳，死了变成狗”的说法。清明节前后，人们在清水河两岸插柳植树。现如今还专门设立了“植树节”。

清明期间，许多村有打悠千（荡秋千）的习俗，意为强身健体。俗语说“大清明、小清明，打了秋千不腰痛”。

三月三

农历三月初三，俗称上巳节，桑峪村有“共同祭祖先，同吃蚕丝面”的传统民俗。每年农历三月三，桑峪村民都要举行隆重的祭祀黄帝、蚕神娘娘嫘祖和张、杨两姓列祖列宗的活动，以全村人同做“蚕丝面”、共吃“蚕丝面”的形式祭奠先祖，祈愿家族人丁兴旺、枝叶繁盛。参加活动的人员主要来自内蒙古、河北及附近各乡镇张、杨两姓的亲朋好友。活动中，还有许多文化演出，是镇内重要的民俗文化活动之一。

端午节

五月初五端午节，也称端阳节，镇内有插艾蒿、吃粽子的习俗。川底下村家家悬朱符；张家村各家都要去河边或坡上拔艾蒿插在大门或屋门的门鼻子上，村里有一种说法：“五月当五不戴艾，死了变妖怪。”龙门口村五月初五给小孩子系上五彩绳。胡林村吃粽子多用大黄米、枣裹以苇叶。糗糕米（做黄米糕），镇域内不产糯米，产黍子，农历五月初五，村民吃黄米糕。

立秋

镇内民众对立秋十分重视。立秋之日，通常要吃厚味美食佳肴，以肉为主，目的在于弥补盛暑夏日体魄的消耗。灵水村秋粥节习俗是村里一种特殊的风俗，每到“立秋”，村民们就会在街道上支起大锅，各家各户把年中收获的各种谷物和核桃、甜杏仁、大枣、豆子等五谷杂粮一起放在锅里熬成粥，俗称“秋粥”。然后，全村人一起共喝秋粥。因共喝秋粥习俗是由纪念村里举人刘懋恒赈济灾民之事而起，故秋粥也被称作“举人粥”。这种习俗在灵水村已经流传了300多年。2007年，灵水村秋粥节习俗入选门头沟区非物质文化遗产名录。

图 15-4　共喝秋粥（2012年摄）

中秋节

农历八月十五是中秋节，也称团圆节、丰收节。民谚说：“七月十五定旱涝，八月十五定收成。”此时丰收在望，人们赏月庆丰收。全家人聚在一起吃团圆饭，还要给孩子买特殊的玩具兔儿爷。村民吃月饼，亲朋之间交往也送月饼，表示团圆。

民众过中秋节，中午时糊窗户。旧时，镇内多为老式民宅，窗户上没有采光用的玻璃，而是用纸糊在木制的窗户框上。经过了一个夏天，风吹雨淋，窗户纸大多破烂了。到了八月十五，天气转凉，人们就撕去旧窗户纸，换上新纸。据说，八月十五糊窗户能把老爷儿（太阳）糊在屋里，一个冬天屋里都暖和。

许多村有在院中祭月亮的习俗，供上茶水、毛豆、点心等食物，意在纪念玉兔与嫦娥。过中秋，新粮入库食不愁。东胡林村八月十五前后有唱戏的习俗，拜龙王，祭五谷之神。

寒衣节

又称冥阴节，时值农历十月初一，民谚有“十月一，鬼穿衣”之说。农历进入十月，天气骤冷，人们想到去世的先人也该添加御寒衣服了，于是，民间有个寒衣节，送上孝心。这种习俗在明代就开始有了。这一天，人们买来红、黄、蓝、白、黑、粉等各色彩纸，剪成衣服的形状，一套一套地配好，放在簸箕里，把剪下来的碎纸片也收拾进簸箕里，当作零布头，做补丁用。天黑之后，由主妇端出院子，在路口点燃，嘴里念叨着，“给某某某送寒衣来了”，同时也焚化些纸钱。随着社会的发展，人们逐渐简化了送寒衣方式。

第五节　语言习俗

镇内民众讲的是斋堂川特有地方语言，俗称“斋堂话”，也称斋堂方言。它整体从属于北京官话范畴，但在语音、语调、语序及词汇上都与北京及周边地区不同。按《中国民俗志·北京·门头沟区卷》载："斋堂话这一方言岛地域面积八百平方公里，占全区面积的 60%。门头沟西部的一百多个自然村落，共四万余人均使用这一方言，占全区农村人口的近 50%，全区总人口的 17.3%。"

斋堂方言有着个性特色，无论是描述自然现象还是社会现象，甚至表达思维都具有独特的地方。北大中文系教授谢冕，20 世纪 60 年代初挂职下放到斋堂川。他给斋堂话总结了两大特点：一是艮，发音不脆不靓，音色缺乏音乐感，所以听着不悦耳。二是直，发音直来直去，节奏不明显，缺少圆转柔和，所以听着不美。

斋堂话，是一种独特的语言语系，有古幽燕语的遗留，如"发送"意为办理丧事，"约莫"意为估计，"拉家"意为聊天，等等。有语音上的特色，如"小子（男孩）"的"小"音"写"。有特色称呼，如称"猫头鹰"为"呱呱鸟"，称"野兔子"为"野猫儿"。斋堂话与普通话比起来有较大区别。如"仁儿"与"瓤儿"。斋堂镇人称"核桃仁儿"为"核桃瓤子"，称"杏仁儿"为"杏瓤子"，称砸核桃、砸杏核为"砸核桃瓤子""砸杏瓤子"，称装核桃仁儿、杏仁儿的荆条筐为"瓤子筐"。再如，斋堂川里的老人把"烧 (shāo) 火"说成"说 (shuō) 火"，把"开水焯 (chāo) 菜"说成"开水戳 (chuō) 菜"，"牛"说成"倒嚼 (jiáo)"，等等，出现了有音无字或字不达意的难题。

斋堂话以形象著称，如"啄木鸟"被称为"锛锛凿凿"，把此鸟凿树食虫、为树治病的过程展现了出来。又如"拉拉秧"俗称"拉拉蒿"，把此蒿食后能利尿的药用价值说得淋漓尽致。而在斋堂话中，有不少带有数字的俗语，其特点不在形象，而在内涵。如对一些不懂事物的人称为"四六八不懂"，赞扬某人的技艺、力气，爱说"二八个的"，等等。

斋堂方言是特殊的历史时期，由特殊人群在斋堂这个特殊地理地域上产生发展起来的，具有强烈的乡土气息。随着社会的发展，斋堂民众的生活环境发生着翻天覆地的变化，斋堂方言也受到了时代的冲击和挑战。伴随着现代交通、现代多媒体的日新月异，斋堂方言正从年轻一代的生活中消失，即使是一些中老年人之间说斋堂话，也不像以前那样纯正了，渗入了很多普通话的音素。斋堂方言中许多词汇已经消失。斋堂方言作为一种语言研究的"活化石"，2013 年正式入选门头沟区非物质文化遗产名录。

普通话与斋堂话对照一览表

表 15–1

普通话	斋堂语	例　名
焯 (chāo) 菜	焯 (chuō) 菜	焯 (chuō) 木兰芽。
嚼 (jiáo) 舌根	嚼 (juó) 舌根	背后嚼 (juó) 舌根；嚼 (juó) 你那大牙哩！
浇 (jiāo) 地	浇 (juō) 地	浇 (juō) 地哩。
脚 (jiǎo) 板	脚 (juǒ) 板儿	大脚 (juǒ) 板子；脚 (juǒ) 手架子，大脚 (juǒ) 丫子
搅 (jiǎo) 面	搅 (juǒ) 面	搅 (juǒ) 点面去！
哭叫 (jiào)	哭叫 (juò)	别叫 (juò) 啦！
雀 (qiāo) 子	雀 (quō) 子	黑雀 (quō) 子
缲 (qiāo) 扣门儿	缲 (quō) 扣门儿	自己缲 (quō) 扣门儿
悄 (qiāo)	悄 (quǒ)	悄 (quǒ) 没声的吧！
劁 (qiāo) 猪	劁 (quō) 猪	劁 (quō) 猪骟马割驴蛋
荞 (qiáo) 麦	荞 (quó) 麦	荞 (quó) 麦皮
翘 (qiáo) 棱	翘 (quó) 棱	翘 (quó) 棱啦！
家雀 (qiǎo) 儿	家雀 (quǒ)	家雀 (quǒ) 子；雀 (quǒ) 盲眼
鞍鞒 (qiáo)	鞍鞒 (quó)	鞍鞒 (quó) 子
撬 (qiào) 棍	撬 (quò) 棍	找撬 (quò) 棍去！
饶 (ráo) 命	饶 (ruó) 命	饶 (ruó) 喽我吧！别不依不饶 (ruó) 啦！
绕 (rào) 弯子	绕 (ruò) 弯子	别绕 (ruò) 弯子了！
捎 (shāo) 信	捎 (shuō) 信儿	捎 (shuō) 信儿的来了！
烧 (shāo) 火	烧 (shuō) 火	烧 (shuō) 火做饭
少 (shǎo)	少 (shuǒ)	他的多，我的少 (shuǒ)。
削 (xiāo)	削 (xuō)	削 (xuō) 铅笔
消 (xiāo) 灾	消 (xuō) 灾	消 (xuō) 灾免祸；消 (xuō) 磨时间
销 (xiāo) 脏	销 (xuō) 脏	销 (xuō) 脏灭迹
小 (xiǎo) 子	小 (xuǒ) 子	小小 (xuǒ) 子；小 (xuǒ) 龙门；小 (xuǒ) 偷；小 (xuǒ) 字辈；小 (xuǒ) 肚鸡肠；小 (xuǒ) 姑子；小 (xuǒ) 炉匠；小 (xuǒ) 舅子等
笑 (xiào) 话儿	笑 (xuò) 话儿	说笑 (xuò) 话儿
吆 (yāo) 喝	吆 (yuō) 喝	有啥吆 (yuō) 喝的？
腰 (yāo) 疼	腰 (yuō) 疼	闪了腰 (yuō) 啦！

续表 15-1

普通话	斋堂语	例　名
灰窑 (yáo)	灰窑 (yuó)	垒灰窑 (yuó)
疟 (yào) 子	疟 (yuò) 子	发疟 (yuò) 子
吃药 (yào)	吃药 (yuò)	非得吃药 (yuò) 不行！
要 (yào) 去	要 (yuò) 去	非要 (yuò) 去不行！要 (yuò) 饭的来了！差一点儿没要 (yuò) 了我的命！
钥 (yào) 匙	钥 (yuò) 匙	钥 (yuò) 匙链
耀 (yào) 武扬威	耀 (yuò) 武扬威	你甭耀 (yuò) 武扬威！
糟 (zāo) 践	糟 (zuō) 践	不要随便糟 (zuō) 践人！
造 (zào) 孽	造 (zuò) 孽	孩子从小没了娘，真造 (zuò) 孽呀！
睡着 (zháo) 了	睡着 (zhuó) 了	一上炕就睡着 (zhuó) 了；别着 (zhuó) 急；着 (zhuó) 凉了；找不着 (zhuó)；为难着 (zhuó) 窄

第六节　庙会　祈雨习俗

庙会

庙会是旧时镇内主要的民俗活动之一。围绕对九天娘娘和碧霞元君的崇拜，形成影响深远的祭祀娘娘的庙会活动，其中斋堂天仙庙娘娘庙会影响较大。每年农历的四月二十八，是东斋堂的“天仙行宫”（娘娘庙）庙会，各村民间花会和文艺演出团体纷纷参加庙会活动。花会主要来自斋堂城附近马栏、火村、青龙涧、白虎头等。进香队伍从各村出发，汇集到清水河边后，进入斋堂城。在庙会这一天，附近村的人很早就把中幡靠在东西城门外的城墙上排队。城门打开以后，排队进城。幡旗招展，鼓乐喧天，场面壮观。

图 15-5　天仙庙会活动地（2007 年摄）

传说，东、西斋堂二村的娘娘是姐妹，每年二村的香会（花会）要进行互访。这也是重要的花会活动期。每年的正月十三到十五，在东斋堂天仙庙和西斋堂娘娘庙举行庙会。正月初九，东斋堂村先到西斋堂村进香。正月十三，西斋堂村到东斋堂村进香。正月十四、十五两天，则有附近的马栏、火村、北山村、黄岭西村的香会轮流到东、西斋堂进香。

庙会活动的第一拨是大鼓会，四、六、八面大鼓配十多副锅子（小钹），有的配社火班（武术队），为开路会。第二拨是法器，打的是铙和小钹（西斋堂法器传人史孟山还在）。第三拨吵子班，是吹唢呐加锣镲。第四拨是音乐班，笙、管、笛、云锣等。这是伴驾的，随后是娘娘轿（娘娘驾）。庙会期间还唱大戏，戏班都是各村的。

庙会活动成为人们交流信息、沟通感情、活跃生活的一种喜闻乐见的形式。传统的庙会活动在民间变成了约定俗成的节假日活动，是镇内文化交流盛会。抗日战争爆发后，庙会活动停止。如今，许多村正在着力恢复这一传统文化形式，以助推地方经济文化社会的发展。

祈雨

镇域十年九旱，主管降雨的龙神，是民间奉祀最主要的神灵之一。旧时，各村几乎都建有龙王庙。每逢天旱不雨，就有民间祈雨活动。因各村村民对龙王的崇信有不同的差异，从而形成各具特色的祈雨活动。

川底下村每年农历六月二十二祭龙王，在大庙的龙王像前供奉整猪一口，全村人齐跪在庙院西侧，由村中长者主持公祭。如果久旱不雨，村民们首先在庙外搭上芦棚，把庙里的水母奶奶请出来，供奉在芦棚内整日里烧香磕头，数日不息。过往路人至此，也要摘下草帽，以表崇敬。如果下雨了，人们就抬着水母奶奶像，在村里转一圈，之后送回大庙。

马栏村、吕家村求雨是让 12 个寡妇拿着柳枝和簸箕去水浒港涮簸箕取水。黄岭西村是有名的“干巴村”，有“分水民谣”说：“爷们儿一桶（木桶）娘们儿一筲，出嫁的姑娘该不着，新娶的媳妇两大瓢。”水贵如油，所以祈雨成了村中的一项重要活动。由村中的乡约绅士组织村民敲锣打鼓，抬上“娘娘架”浩浩荡荡直奔清泰寺龙王巷子的灵泉（山泉）奏乐跪拜，再用一个盛水的葫芦放入灵泉中让它自然灌水。带上取来的水返回到村中，把水一股脑倒入村中的古井之中，这场“取水”祈雨活动到此结束。

石河村是驻屯在幡杆岭上敌台及其哨卡上的军兵及其家眷组成的军户村。他们求雨的方式比较特殊，他们是宰一只羊，把羊皮扒下后，趴着放在桌上供起来，人们跪拜“老天爷”，求发善心，下点雨。或者把宰后的羊背到山神庙供上，再跪拜，求雨。

镇内有偷龙王的习俗。大旱之年，缺雨的村子打听到哪村的龙王爷灵验，就准备去那个村子偷龙王。实际上，偷龙王的村子会事先告知那个村子，他们准备什么时间去偷龙王，被偷的村子不但不会去阻止，相反还会像待客一样准备茶点招待他们。偷龙王的人到龙王庙行跪拜之礼，焚香祷告之后，抬着龙王往回走。这时被偷的村子拿着棍子、棒子虚张声势地做做追的样子，就回去了。

偷到龙王之后，村里的人们为龙王再塑金身，油漆彩绘粉饰一新。在龙王神像前摆放的八仙桌上，摆满水果、糕点等各类供品，除孕妇和卧病在床者外，全村村民都要前来虔诚地焚香礼拜，并有民间花会为龙王献演。得雨之后，会把龙王神像再次油饰一新，然后组织人员抬上，敲锣打鼓地送回原村。

在各村形形色色、千奇百怪的祈雨活动中，最负盛名的是东斋堂村发起的斋堂川“58村（包括清水镇和斋堂镇）龙王大会”。旧时，“58村龙王大会”也是镇域内的文化盛会，五颜六色的龙王塑像从庙里被抬出来，从军响娘娘庙湾一直排到斋堂城东门外，十几里路上人山人海，加上做买卖的，比过大年还热闹。

抗日战争爆发后，民间祈雨活动逐渐消失。

第十六章　规划　建设

1984年，开始制定镇村总体发展规划。1991年，被北京市政府确立为22个乡镇建设试点之一，1994年，确定为10个小城镇建设试点之一。2010年，镇内5项农村基础设施完备，建制村全部实现“四通”，小城镇初具规模，被确定为北京市古村落古道文化创意产业集聚区。至2020年，斋堂镇已成为楼房林立、交通便利、通信快捷、环境优美、人口集中、商业繁荣、市政各项设施齐全的现代化小城镇。

第一节　规划

1984年以前，镇域无建设规划。1984年，门头沟区规划部门集中全区村镇建设助理员，制定包括斋堂镇域在内的15个乡镇建设规划和部分村庄规划。此后，规划进行过数次完善与修改，镇域内建设步入按规划有序进行阶段。

1990年，斋堂镇被北京市政府确立为22个乡镇建设试点之一，镇九届五次人代会通过斋堂镇第一部总体规划《北京市门头沟区斋堂镇总体规划》，规划范围2.1平方公里，分为工业区、公共建筑区、林果区等。规划实施后，镇域社会服务及基础设施建设快速发展。

1994年，斋堂镇被确定为北京市10个小城镇建设试点之一，沿河城乡域并入镇域，同时，编制了小城镇总体建设规划，规划范围仅24平方公里。按照“总体规划，分步实施，综合开发，配套建设”的原则，斋堂小城镇建设启动。规划提出1994年至2000年建设分两步走，完成9项工程：道路建设工程、绿化建设工程、市场建设工程、城市配套设施建设工程，环境卫生建设工程、市容市貌整治工程、旅游开发建设工程、石龙工业分区建设工程、福利事业建设工程。

2001年，军响乡域并入斋堂镇，镇域空间格局和经济格局都发生了变化。

2003年后，川底下和灵水村相继被评为中国历史文化名村，黄岭村、沿河城村、马栏村、西胡林村相继列入中国传统村落名录。为适应转型发展的需要，2007年，制定第二部《斋堂镇总体规划（2006—2020）》，同时完成镇中心地区控制性详细规划，镇区路网改造建设规划，斋堂沟峪生态治理建设规划，生态修复规划，中国历史文化名村保护规划，柏峪村、川底下村、灵水村等15村建设规划。确立延续文脉、整理地脉、和谐人脉的整体发展思路，坚持塑造山水城镇特色、保护生态、防治污染、可持续发展和强调节约土地、合理利用空间资源的指导思想和原则，继承自然和文化两大遗产，着力塑造镇域核心竞争力，培育生态、文化型产业，打造休闲、度假、旅游、服务中心镇的发展定位。按照建设“一个中心辐射带动6条沟峪经济产业带”的发展格局，把斋堂镇建设为门头沟区次中心、京西生态屏障的组成部分、历史文化古镇、京郊新型休闲度假目的地。

编制新的斋堂镇总体规划包括斋堂镇镇域规划、斋堂镇中心区规划。斋堂镇域规划行政管辖面积为392平方公里，镇中心区规划范围为231.4公顷。

至2010年，先后完成《门头沟区斋堂镇镇区控制性详细规划》《门头沟区斋堂镇旅游集散中心控制性详细规划》《斋堂镇土地利用总体规划修编》《古村落保护规划》以及全镇29个村的村庄规划。同时，还编制完成了《市政管网规划》、《城镇景观设计规划》、《生态修复与农业发展规划》、《红色旅游规划》、《爨柏景区规划》、《胡林谷景区规划》、《灵岳寺景区规划》。斋堂镇成为北京市编制乡村规划的典范和示范镇。

2020年，根据北京市《北京市城市总体规划（2016年—2035年）》提出的“一核一主一副、两轴多点一区”的城市空间结构和《北京市门头沟区分区规划（2017年—2035年）》的各项要求，斋堂镇政府组织编制了《门头沟区斋堂镇国土空间规划（2020年—2035年）》，将斋堂镇定位为“京西古村落文旅休闲名镇”、引领带动深山区发展的辐射型小城镇，最终达到建设生态文明示范镇、京西古村落传承地、京西文旅目的地、山区民生共享服务芯四大发展目标。

第二节　小城镇建设

基础设施建设

交通客运　中华人民共和国成立前，镇内公路交通以先民留下的穿越镇域的京西古道为主。这些古道在镇域密织如网，因没有现代交通工具和设施，交通不便直接影响着人们的出行和地区经济、社会的发展。中华人民共和国成立后，1958年2月，国家投资修建斋堂公路，市、区干部群众和当地驻军5700人参加修路。1959年5月，斋堂公路竣工。斋堂公路沟通了镇域与外地物资交流，镇域交通闭塞状况得到改善。1967年11月，斋堂公路并入109国道，斋堂公路之名不复存在。109国道沿清水河谷纵穿镇域中部，东接首都，西通山西、内蒙古、西藏，是镇内、外联络的主要交通设施。

图 16-4　1959 年斋堂公路通车大会（1959 年摄）

1994 年小城镇建设开始后，道路建设为其首要工程。至 1996 年，先后完成北山路、中心路、黄城峪路、居安路、斋堂大街、“四路一街”建成开通。2003 年，完成斋堂大街拓宽改造工程。2005 年，国家投资启动双大路（双塘涧村—大村）修建工程，道路穿越镇域北部，是继 109 国道之后修建的第二条贯穿镇域东西的交通道路。2007 年 9 月一期工程竣工。起点双塘涧，与 109 国道相接，终点柏峪村，与斋柏路相接，全长 23.9 公里，标准山区三级路，路基宽 8.5 米，路面宽 7 米，速度 40 公里每小时。

图 16-5　斋堂大街（2020 年摄）

小城镇建设前，通村公路建设发展缓慢。1980 年，在区政府和区公路部门支持下，镇内采取民办公助方式，修建沟通镇村的地方公路，一般为砂石路，少数为柏油路。同年，高沿（高铺—沿河城）公路建成通车。小城镇规划实施后，通村公路建设加速，2002 年镇内实施村村通工程。至 2009 年，先后完成法城路、火村路、爨柏路、灵水路、沿向路、青龙涧路、西胡林路、沿刘路、杨家峪路、黄岭西路、斋新路、斋北路、马栏南沟路、沿东路、龙门口支线、沿河口、东岭至杨树地断头路、高铺东路、胡林谷路、柏峪台路、柏黄路等道路修筑。总长 70 公里的村级公路网络完成，实现村村通公路目标。

1959 年斋堂公路竣工后，同年 6 月，北京市人民汽车公司开通了雁翅至斋堂山区客运路线。1972 年 3 月，北京市长途汽车公司在门头沟河滩建立长途汽车站，开通了河滩至斋堂镇的长途客运。1990 年 4 月，开通河滩至斋堂的小公共汽车路线。小城镇规划实施后，先后开通了苹果园西经斋堂镇至双塘涧村 929 公交支线，河滩至沿河城村、吕家村，苹果园至马栏村等多条镇内客运路线。2010 年 11 月 27 日，斋堂客运换乘中心建设项目竣工，总投资 2000 万元，建设规模为客运枢纽二级站，占地 1.69827 万平方米，建筑面积 1760 平方米，可供 50 部中型客运车辆停泊，连接 12 条线路，服务斋堂镇、清水镇 61 个建制村，3 个办事处，解决镇内百姓出行难问题。

图 16-6　通村公路（2020 年摄）

小城镇铁路主要为丰沙铁路（丰台至河北省怀来县沙城），位于镇域北部。1943 年日本侵华时期，为掠夺大同煤炭，修建同塘铁路线（大同至塘沽），丰沙铁路是其中一部分。中华人民共和国成立后，人民政府决定在原丰沙铁路修筑的基础上，继续修建。1952 年 9 月 21 日，丰沙线全线开工。1955 年 6 月 30 日，丰沙线建成通车。丰沙线经过镇域北部，设有沿河城站、沿河城西站，均是四等车站。

水电供应　小城镇建设开始后，实施新打机井，建泵房、蓄水池，安装消毒设备、水质处理设备、入户水表，铺设管道，建设单村水厂、联村水厂等措施，解决人畜饮水困难。2008 年，斋堂水库下游水位下降，造成清水河沿线 13 个村饮水困难。为此，以清水河斋堂水库蓄水作为水源，实施斋堂水库下游联村供水工程，建成日供水规模为 3100 立方

图 16-7　斋堂客运中心（2020 年摄）

米的净水厂1座，解决清水河沿线8000人饮水问题。至2020年，镇内中心供水以斋堂水库为水源，建有地表联村水厂1个，为镇中心区及109国道沿线13个村供水。其余村庄自设小型供水系统，取用地下水，供水到户。所有供水设施的供水水质，均应符合国家饮用水标准。小城镇建设前，镇内有斋堂供电所1座。小城镇建设开始后，1996年建立900平方米的变电站。1997年建成高铺35千伏变电站，分斋西路、军响路、沿河城路、柏峪路和清水路6路供电。至2020年，35千伏变电站已扩容至110千伏，完全满足镇域人民生产生活用电需求。

供热供气　镇内传统供热为土炕。1995年，镇域完成集中供热中心建设工程。镇中心区以集中供热为主，其他有条件的中心村，发展集中供热。2013年，斋堂镇与华电集团发电运营公司签订《镇域集中供热项目合作协议》，在斋堂镇中心区东北部，建设热源厂1座、热力站9座。到2019年3月，集中供热总面积11万平方米，其中居民住宅供热面积5.78万平方米，公共建筑供热面积5.22万平方米。随着镇域采煤业的关闭和生态发展的需要，镇内燃煤和木柴取暖被取缔，先后推广节能吊炕和煤改电工作。截至2020年，工作尚在进行中。

2009年，门头沟区政府实施送气下乡工程，镇内居民每月享受一瓶50元政府补助石油液化气。截至2020年12月，镇内建有二级瓶装液化石油气换瓶站，负责全镇30个村居送气换气工作。

邮政电信　明万历年间（1573—1620），镇域内有传递信函的铺舍数处。当时，普通信件及文书晓行夜宿送到，送往沿河城等边关的军机急件，要昼夜行驶。清代，邮驿制度继续延续。民国时期，有了专职邮差。抗日战争时期，抗日军民在镇内建立交通站及数条交通线，传递各种信件。解放战争时期，域内各小区政府设立一二名通信员，专门负责通信工作。1946年，宛平县委在斋堂建立邮政中心局，负责报纸、邮件及各种秘密文件转运、接送。1948年12月，斋堂中心局与宛平县邮局合并。中华人民共和国成立后，1950年1月，河北省邮政管理局在斋堂设立斋

图16-8　丰沙铁路沿河城车站（2010年摄）

堂支局。1956 年，京西矿区邮局在沿河城原关帝庙建立邮政所，每天为沿河城地区各村送报纸、信件。至 2020 年，镇内设有中国邮政斋堂邮政支局。

1935 年，国民党宛平县七区公所从青白口接线，经碣石、书字岭、东岭到沿河城，在沿河城安装电话。1941 年，侵华日军从珠窝接电话线到沿河城。

1938 年抗日政府在斋堂建立后，在域内建立电信网络。1939 年秋后，挺进军在马栏村设立电信网络中心。

中华人民共和国成立后，1955 年，北京市电信局门头沟营业处在域内设立斋堂电话站。1956 年 10 月，改名为斋堂邮电支局，编号为 68。1959 年，域内建立有线广播，同时设了电话，电话线与广播线共用，域内实现村村通电话。1969 年 12 月，门头沟区电信局在域内设立斋堂支局。

小城镇建设开始后，无线电信发展迅速，1995 年斋堂程控交换机开通，1997 年斋堂增容 2000 门。2000 年 1 月，原煤窝 240 门 UMC、军响 480 门 UMC 分别改扩建为 512 门和 1000 门接入网设备。2007 年 7 月 5 日，斋堂程控支局与门头沟区地税局、金盾出版社在川底下村联合举办“支援农村公共文化建设，新农村公益网苑、宽带村、农家书屋”颁牌启用仪式。同月 12 日，龙门口村开通固话悦铃，是门头沟区第一个固话悦铃村。至 2020 年 12 月，镇内设有门头沟区电信局斋堂分局，宽带互联网覆盖率达到 100%，有线电视网络覆盖率达到 100%，普及高清晰度数字电视、数字广播。

调整发展布局

1994 年，北京市确定斋堂镇为全市 10 个小城镇试点单位之一，按照“总体规划，分步实施，综合开发，配套建设”的原则，斋堂小城镇建设启动。小城镇以镇政府驻地东斋堂村为中心，分居民住宅区、旅游服务区和城镇公用基础服务区进行规划建设，通过土地一级开发，实现镇区城镇化。至 2000 年，初步建成具备吃、住、行、游、购、娱功能的小城镇。

进入 21 世纪，斋堂镇被确定为中心城镇，按照“科学规划，合理布局，突出特色”的发展思路，确立小城镇建设的空间布局为综合服务核心区、城镇建设拓展区和村落文化保护区。2007 年，制定并开始实施第二部镇域总体规划。2008 年，镇内实施 5 项农村基础设施建设，实施新型农民培养 3 年行动计划，开展农民教育培训，配合基础设施建设，实施村村通柏油路、街坊路改造、安全饮用水、综合文化中心广场建设、险村搬迁、自来水管网建设、垃圾填埋厂建设、环境综合整治等重点工程、重点项目。到 2009 年，镇内路网建设完成斋堂西大街、东斋堂至高辅路、东西斋堂后街环路和西环路建设，道路总长度 6131 米；建制村村村通柏油路、有线电视全覆盖、街坊路面全部硬化、开通数字广播工程全面启动。2010 年，先后完成农村街坊路、安全饮水、污水处理、垃圾消纳、厕所改造 5 项工程建设，镇内无害化厕所普及率达 98.06%，饮用安全达标水普及率达 100%，清洁能源使用普及率达 55.3%。建制村实现“四通”（通柏油路、通邮政、通电话、通有线电视）。

2011 年，小城镇建设按照“一带两线四点多组团”产业空间布局，围绕旅游文化休闲产业，进行基础设施建设和景区升级改造，支持古村落修缮保护，把旅游优势转化为经济优势。与中坤集团公司联合成立北京斋城旅游开发有限公司，13 个村以不动产资源入股，与斋城公司合作开发乡村旅游。利用新农村建设的政策，根据各村资源状况确定基本功能和产业布局，实施产业结构调整，形成西斋堂村、马栏村、火村肉鸡养殖专业村，法城村、龙门口村、沿河口村柴鸡养殖专业村，高铺村和林子台村红提专业村，火村、桑峪村和杨家峪村红杏专业村，东胡林和柏峪杏扁专业村，沿河城村、王龙口村、龙门口村、沿河口村、白虎头村和桑峪村小枣专业村，军响村和沿河城村苹果专业村，龙门口村和沿河口村薄皮核桃专业村等 “一村一品、一村多品”产业发展格局。2013 年，以创建国家级卫生镇为契机，打造宜居小城镇，与华电集团发电运营公司签订《镇域集中供热项目合作协议》，兴建集中供热项目，满足斋堂镇中心地区群众集中供热需求。小城镇功能进一步完备，获“全国环境优美乡镇”荣誉称号，被授予“北京小城镇建设先进乡镇”。

2015 年，按照“一个中心辐射带动九条沟域经济带”的产业发展格局，引进社会资本，开发特色文化旅游项目，建设全国旅游集散特色镇、生态文明示范镇和北京斋堂古村落古道文化旅游产业集聚区。旅游集散中心一号地 A 地块完成上市交易，B、C 地块进入审批，9 条沟域开发建设进展顺利。

2018 年，启动创建全国文明城区工作，营造浓厚的“创城”氛围，拆除违法建设 533 处 10.28 万平方米；遏制农地非农化；完成国家公益林抚育 4.49 万亩，新增造林面积 9077 亩，完成 6394 亩退耕还林成果验收，镇域森林覆盖率和林木绿化率分别达到 45.97% 和 69.73%；完成镇中心污水处理厂提升工程，日处理能力达到 1500 立方米；实施斋堂文旅小镇项目，一号地 A 地块开工建设，京西古道研究院主体工程完工；实施传统村落旅游标识项目、黄芩仙谷中医药健康旅游示范基地项目、中国传统村落基础设施项目，提升旅游休闲产业发展水平。实施险村搬迁改

图 16−9　美丽乡村川底下村（2020 年摄）

造工程，持续改善农村人居环境，同步实施基础设施配套工程，建设干净整洁美丽新农村。

截至2020年，小城镇建设按照京西古村落文旅休闲名镇、生态文明示范镇、京西古村落传承地、京西文旅目的地、山区民生共享服务芯的方向持续稳定发展。

生态环境综合治理

历史上斋堂镇绿水青山，环境优美，是适于人类生活居住的地方，随着社会的发展和自然环境的变化，生态环境出现退化。为保持镇域的绿水青山，中华人民共和国成立后，镇域内从20世纪50年代开始进行水土保持，扶唇垒堰，植树造林、封山育林，保护生态环境。

改革开放初期，社会发展步伐加快，人们关注经济发展的同时，放松对生态环境的保护，生态环境遭受破坏。特别是采矿业发展，给生态环境带来灾难性的破坏。

为还镇域青山绿水，给人民一个良好的生态环境，2001年，镇域关闭所有的煤矿。煤矿关闭后，政府采取宜农则农、宜林则林的方针，引导人民走绿色生态发展之路，实施矿山地质环境治理工程、废弃矿山修复工程、土地综合开发工程、京津风沙源治理工程、永定河生态治理工程、小流域综合治理工程、农业综合开发工程，修复被破坏的生态环境。

2007年，按照“打黑养绿、禁煤复垦、疏堵结合、标本兼治”十六字方针，严格落实《采煤区生态修复与产业路径选择规划》，加强生态修复工程建设，重点从“山水林田路”5个层面入手，加快生态环境综合治理，完成军响煤窝沟土地开发工程，马栏沟矿山地质环境治理工程，西胡林马涧沟土地开发工程，火村狼虎沟生态修复工程，西斋堂黄城峪养殖小区基础设施建设工程，火村沟基础设施建设工程，水利设施建设工程，16村安全饮水工程，防洪减灾工程，牛战、白虎头庄头沟生态治理工程，东胡林山区小流域综合治理工程。人工造林4500亩，低效林改造800亩，水源林2000亩，爆破造林200亩，中幼林抚育25900亩，封山育草工程4000亩，封育围栏2000米，古树复壮21棵。至2020年，通过封山育林、荒山造林、土地平整及修建水利配套工程，治理面积41平方公里，全镇林木覆盖率达到81%，生态环境得到改善。

社会治安综合治理

1978年，镇内各公社大队普遍成立了民政、司法调解、治保会三合一体组织。1986年，综合治理工作纳入各乡政府议事日程，制定承包责任制，在百户以上的村设专职治保主任，其他村设立兼职治保主任。在乡队企业中健全治保组织，设立安全员。对外来人口登记造册，办理暂住证，1987年，打击与防范、整治相结合，落实社会治安综合治理措施，斋堂乡获区级综合治理先进乡。

1990年斋堂镇党委、政府建立后，制定“以法治镇”工作方针，开展普法教育，规范经济秩序，对外来人口管理，建立专兼职管理队伍，主要村配备协管员，建立健全治保队伍，规范爆炸物品和管理，打击涉爆犯罪和私挖滥采行为。组建煤炭检查站和治安联防队，整顿镇内经营摊点，实行“门前三包”，优化经济发展和社会环境。

进入21世纪后，镇政府加强专业队伍建设，建立预警、巡查、打击、考核机制，形成多维打击网络；成立镇综合治理委员会，建立维稳中心，建立健全信访接待首问责任制等信访制度，矛盾纠纷排查调处工作走向经常化、制度化、规范化；严厉打击刑事犯罪，全镇生产生活环境发生质的变化。2007年，捣毁非法熏口3113个次；清理非法煤场13个，收缴煤炭768吨；拆除和捣毁各类非法建筑和窝棚19间；截获非法运输车辆236辆，教育197人；销毁及收缴一大批盗采设备和工具。2008年，以“十项”专项治理工作为契机，捣毁非法熏口2270个次；收缴煤炭160吨；拆除和捣毁各类非法建筑和窝棚15间；截扣非法运输车辆15辆，抓获盗采人员93人；清理非法流动人口409人，处罚111人；销毁及收缴一大批盗采设备和工具。2009年，成立打非督察考核领导小组，认真排查隐患，全年处理熏口2297个次，拆除和捣毁各类房屋窝棚9处，抓获私挖盗采人员126人，查扣非法运煤车辆50余辆，收缴大量盗采用具，遏制了镇内非法盗采势头。

2010年，对外来人口、出租房屋进行专项综合整治，使流动人口、出租房与上年同比大幅度下降。定期开展外来人口数据及信息摸排，全面排查镇内群租房（出租房屋），发现的问题，严格按照“以业控人、以房管人、以证管人”的原则，流动人口总量控制在446人以内。

2018年，全面治理斋堂大街两侧占道经营、无证无照和开墙打洞行为，对辖区无证无照经营开展全面深入排查，加强无证无照餐饮经营单位限时管理；对低端产业疏解，进行人口调控。利用区级专项改造资金，打造西斋堂村商业示范街。

2019年，围绕《2019年平安门头沟建设工作要点》和“平安斋堂”建设总要求，进一步发挥“街乡吹哨，部门报到”机制优势，实现基层综合执法常态化。持续开展矛盾联调，调解229件纠纷，达成口头协议217份，履行协议229份。不断完善“接诉即

图16-10　社会治安综合治理工作会（2017年摄）

办”工作机制，2019 年，办理各类群众诉求 1200 余件。

从 2018 年起，对镇内系统平台台账记录的 5093 处 239042.356 平方米违章建筑进行拆除，至 2020 年，实际拆除面积约为 236101.14 平方米。镇内疑似违法建设图斑总量 1949 处，总面积 249867.73 平方米。纳入一般性违法 157 处，建筑面积 32924.7 平方米，占地面积 33886.6 平方米。通过图斑摸排新补录台账 10 处，建筑面积 1481.52 平方米，占地面积 1602.24 平方米。至 2020 年，“百日攻坚”违法建设图斑分类处置台账全部完成。

从 2015 年至 2020 年，斋堂镇强化专案办理，扫黑除恶，加强重点领域矛盾纠纷动态预警和调处化解，健全平安建设工作体系，持续做强区、镇、村（社区）三级综治中心，完成镇综治中心和 30 个村综治中心挂牌，建立健全治安联防、矛盾调解、事件联处、平安联创的工作机制，治安志愿者人数稳定在 499 人，实现了基层综合执法常态化。

第三节　新农村建设

2006 年开始，镇域开展社会主义新农村建设，按新农村建设“生产发展、生活宽裕、乡风文明、村容整洁、管理民主”的基本要求，2006 年，完成西斋堂村，桑峪村新农村建设试点村的村庄规划审查工作，并启动军响村新农村建设试点村的村庄规划编制工作，同时，对新农村建设试点西胡林村进行回访。

2008 年，全镇 29 个建制村村村通柏油路，有线电视全覆盖。川底下、马栏、火村和煤窝、沿河城地区通 929 公交线路。29 个建制村街坊路面全部硬化。完成村镇饮水工程改造升级。29 个建制村开通了数字广播，村村有图书室、文化活动站、数字影院，群众文化生活丰富多样。村村有医务室，实行新型农村合作医疗，农民参合率 99.2%。植树造林绿化美化村镇环境。至 2010 年，新农村建设的生态建设工程、产业发展工程、宜居城镇工程、民生保障工程稳步推进。新农村建设的街坊路、安全饮水、污水处理、垃圾分类、厕所改造 5 项工程完成；实施“三起来”（“暖起来”“亮起来”“循环起来”）工程，镇内 29 个村全部实现“四通”，即通公路、通邮政、通电话、通有线电视；进村道路全部实现硬化，村内主干道路全部亮化，被评为全市新农村建设先进镇，获“全国环境优美乡镇”荣誉称号。

2010 年至 2016 年，新农村建设探索多种模式，集成多项政策，加快实施险村搬迁改造工作，镇内人居环境持续改善。5 年共完成抗震节能房改造 438 户，农村居民危房改造 109 户；先后完成法城、龙门口险村改造工程，启动张家村、柏峪村改造工程，法城改造模式成为全市新农村改造的典范。

截至 2020 年，新农村建设继续向绿色村庄、生态村庄和最美乡村方向发展，人居环境不断改善。

第四节　文旅产业集聚区建设

资源匹配

古村落文化　镇内拥有一批文化底蕴深厚、建筑风格独特的传统村落，是北京地区绝无仅有的传统村落群。全镇 29 个村落中，除新村等几个搬迁村，其余村落均为民国前建村村落，其中有 2 个村入选“中国历史文化名村”，有 6 个村入选“中国传统村落”。这些传统村落坐落在镇域的山水之间，形成形形色色、令人目不暇接的山间古迹。过街楼、古戏台、石桥、石槽、石臼、石碾、石磨、古井、摩崖石刻、碑刻、奇珍异树等，山间小巧玲珑的四合院青堂瓦舍、鳞次栉比、错落有致，精美异常的石雕、砖雕、木雕荟萃云集，令人叹为观止。特别是山村建房造屋依山就势，高低错落，步步登高，村墙寨壁宛如苍龙蜿蜒起伏，颇为壮观。像川底下村、柏峪村等村，皆被誉为北京的“布达拉宫”。镇内古村落是农耕文明的精髓和中华民族的根基，蕴藏着丰富的历史文化信息和自然生态景观资源，是乡村历史、文化、自然遗产的“活化石”和“博物馆”，是传统文化和民族精神的重要载体，是开展古村落旅游不可多得的资源。

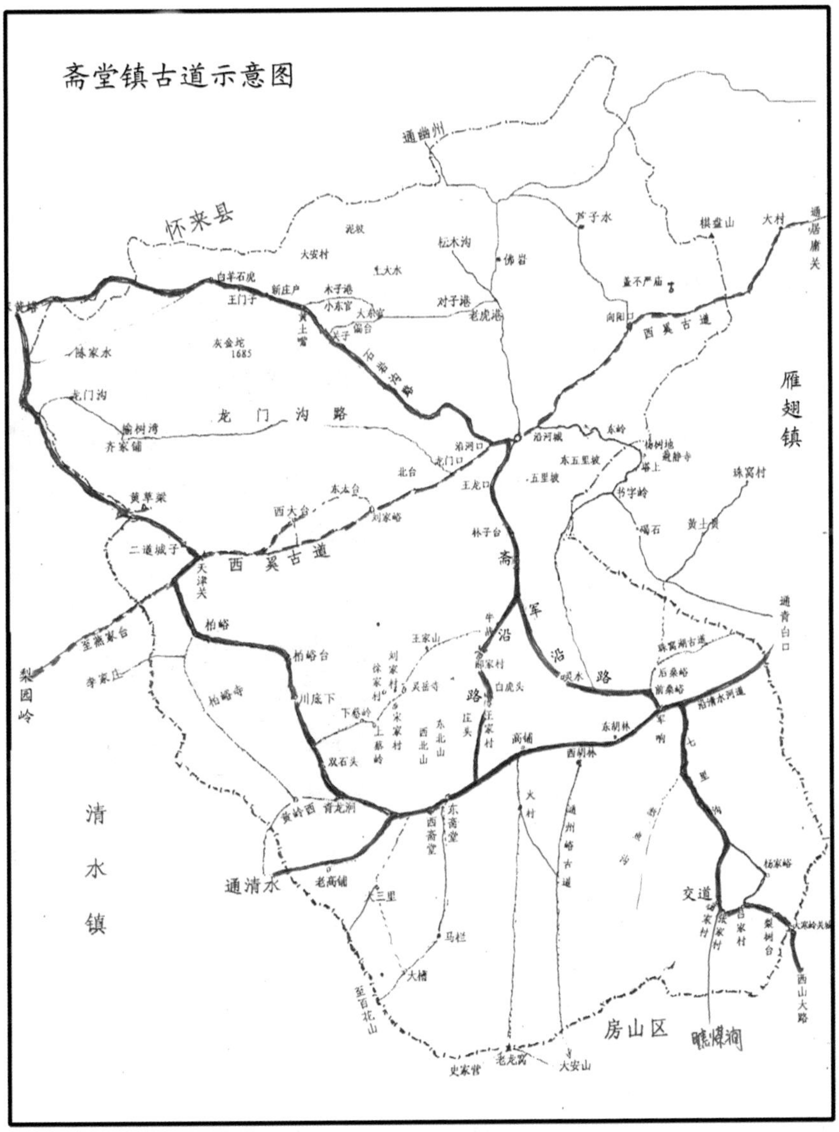

图 16-11　斋堂镇古道示意图（门头沟区档案馆存资料）

古道文化　北京西

部山区连接着华北平原和内蒙古高原，历史上是农耕民族与游牧民族交融交汇的地方。千百年来，人们为了生产、生活的需要，在大西山的沟谷川峡中开拓走出了一条条沟通往来的道路，这便是人们口中的“京西古道”。中华人民共和国成立前，京西古道是北京与山西、内蒙古沟通、联系的通关大道，也是斋堂镇民众交通运输、人员往来的必经之道。

镇内古道是由2条东西走向古道和多条南北走向古道编织而成的古道网络。两条东西向古道贯穿镇域，分别是位于镇域中部、以斋堂村为中心枢纽的清水河河谷通道和位于镇域北部、以沿河城为中心的西奚古道。镇内多条南北走向的古道，基本交汇或穿插于这两条古道之间，构成二横多纵的古道网络格局。以东、西斋堂村为中心的古道分布在清水河谷通道南、北两侧，古道南北走向为主。从中心由西向东依次排列有大三里古道、天津关古道（爨柏古道）、马栏沟古道、斋沿古道（灵桂川古道）、火村沟古道、通州峪古道、军沿古道（桑峪沟古道）、七里沟古道。以沿河城为中心的古道大多分布在永定河谷南侧，古道以西北—东南走向为主。主要有西奚古道、石羊沟古道、龙门沟古道、东岭古道、沿幽古道。这些在深山峡谷中断断续续的古道遗存，所展示出的不同时代、不同民族、不同风俗的丰富的、灿烂的、多元的历史文化，逐渐被当今社会认知，成为斋堂古镇不可多得的文化珍宝。

规划实施

1994年斋堂小城镇确立后，镇党委、政府对镇内的古村落先期做了保护规划，对抢救、保护、利用古村落的各种文化提出了要求。1995年川底下村正式接待游人。1997年7月，门头沟区政府发布1号通告，对川底下古村落实行保护。1997年至1999年，北京市文物局拨款90万元，修缮川底下村“知青院”，重建面积120平方米；修缮“广亮院”，重建面积120平方米；重建关帝庙配殿，面积30平方米。2002年，北京市文物局拨款30.14万元，修缮川底下村民居。2004年，北京市文物局拨款33.60万元，修缮川底下村沿街门楼。2006年，北京市文物局拨款59.15万元，再次修缮川底下村“知青院”。2007年，斋堂镇人民政府制定《川底下村古民居保护修缮方案》从保护修缮审批程序、保护修缮的范围、保护修缮的技术要求等多个方面提出要求。2008年，制定《斋堂镇旅游业总体规划》，镇域定位为门头沟区次中心、京西生态屏障的组成部分、历史文化古镇、京郊新型休闲度

图16-12　斋堂镇柏峪险村改造（2016年摄）

假日的地。

2010年，门头沟区申报北京市古村落古道文化创意产业集聚区（简称“集聚区”）获批，集聚区落户斋堂镇。11月19日，在第五届北京文博会重点项目推介签约暨集聚区授牌仪式上，北京市向集聚区授牌。集聚区规划总面积392.4平方公里。根据北京市发展规划和产业发展规划，斋堂镇全面启动总建筑面积20万余平方米、投资额达20亿元的旅游集散中心建设工程。按照“1+1+N”的发展模式，着力发展“一个中心服务功能区、一个核心项目区、N个重点项目，发展复合产业，多业并举”，包括山地运动中心、旅游商业区、主题酒店、房车营地、特色餐饮、分时度假会馆等16个项目。通过提炼镇域特有的建筑文化、商旅文化、科举文化、宗教文化、民俗文化、曲艺文化、军旅文化等文化脉络，系统展现京西文脉传承与古韵乡村的魅力，打造集聚区。加快旅游产业的发展，逐渐形成以西斋堂、东斋堂为核心区，以建筑与民俗曲艺文化组团、禅文化组团、国学与宗教文化组团、商旅文化组团、边塞军旅文化与水上娱乐组团、红色军旅文化组团、山地运动组团等六大组团为功能节点，形成一中心辐射带动6条文化旅游带的空间布局。同年，北京市文物局拨款242.65万元，修缮川底下村灯场。

2011年开始，集聚区建设全面启动，斋堂旅游集散中心一级土地开发得到批复，6条沟域经济产业带建设取得显著成效。2010年、2013年，门头沟区文化委员会先后制定和编制了《古村落保护办法》《门头沟区传统民居修建手册》，同时，区文委每年拿出100万元补助资金，对保存良好的古村落进行奖励，对集体产权古民居修缮实行全额补助，对个人产权古民居修缮补助20%，调动了群众文物保护意识。2004年5月，斋堂镇人民政府制定《关于斋堂镇灵水古村的保护办法》。2012年，区文化文物部门投入资金共644万元，对灵水村南海火龙王庙及天仙圣母庙实施文物修缮及安全技防工程，2013年，又合理利用门头沟区文物及古村落古民居保护专项资金，投入资金90万元，对灵水村戏台及八角龙池实施主体修缮。

2014年，区文委陆续投入资金110万元，实施天仙圣母庙、南海火龙王庙避雷工程及灵泉禅寺考古发掘项目，继续提升灵水村文物及文化价值。同时，对川底下村古建群进行文物主体抢险修缮、消防系统安装及历史环境要素修复等，排除古村落的安全隐患，恢复古村落的真实性和完整性。

2016年至2018年，门头沟区拨出2007万元专项资金以川底下2个古院落修缮为试点，启动川底下村整个修缮工程。整体工程涉及全村62个院落和一保护墙坡，总修缮面积5455.84平方米。在古院落修缮过程中，修补手法会尽量贴近原工艺，做到原汁原样，以求达到原汁原味，还其历史本来面目，确保颜色和质地接近一致，保持古民居的历史风貌。

2017年6月，灵水村整体修缮工程正式启动。工程总修缮面积达1839.53平方米，共涉及9套文物院落和211套民宅院落。至2020年，完成20处古村落院落改造、6处文物保护建筑修缮。

在古村落修缮保护的同时，充分利用镇内古道文化资源，开展北京国际徒步项目，推动集聚区建设。2020年9月，由中国中铁承建的国道109项目进场，项目部坚持“绿水青山就是金山银山”的理念，以制度保护前置化、环水保处理规范化、自查自纠常态化、问题整治深入化、施工作业文明化“五化”措施全面部署项目绿色文明施工，迎合了集聚区的打造趋势。截至2020年12月，川底下、灵水2个古村落整体修缮工程进展顺利，全镇有5家国家AAA级旅游景区，各景区共接待游客150万余人次，旅游综合收入达9800余万元。集聚区建设持续稳定推进。

第十七章　人民生活

中华人民共和国成立后，斋堂镇人民当家做了主人，在党的领导下，人民生活发生了翻天覆地的变化。发展经济，解决了温饱问题；改革开放，改善了居住条件；修路建桥，使交通出行更加便利；修复矿山，保护生态环境；发展旅游，促进经济转型；建立社会保障机制，推进和谐社会发展。镇内人民生活幸福，社会安全稳定。

第一节　生活起居

饮食

民以食为天。斋堂镇山多地少，坡地土薄，平地石头多，只能种植玉米、谷子等少数粮食作物，且产量低，粮食不足由来已久。中华人民共和国成立后，生活有了基本保障，粮食不足问题一直没有彻底解决，长期吃返销粮。村民日常饮食以粗粮粥、小米干饭为主，闲时吃稀，忙时吃干，糠菜半年粮。尤其是“粮棉油”实行统购统销。人们的油水少，买肉都喜欢买些肥的，以便能榨点荤油，用于日常烹饪。“粮票”，对于农村社员来讲更是难得一见。平常酱油、醋、盐的开销，靠养几只母鸡下的蛋去换。除住家户在房边地头种点倭瓜、豆角外，一年很难见到青菜，更不要说副食了。

20 世纪 70 年代以后，经过平整土地、兴修水利，粮食产量增加，但受自然条件的限制，一直没能改写粮食不足的历史。

改革开放后，随着市场经济的发展和产业结构的调整，村民收入的增加，主、副食比例、膳食结构悄然改变，主食在饮食结构中的比例逐渐下降，鸡、鸭、鱼、肉、蛋等副食品所占比例在陡然增加。膳食结构由追求温饱向营养健康转变，饮食质量有了相当程度的提高。

穿着

20 世纪 50 年代前，镇内百姓的衣服、鞋袜大多是自己缝制的。青壮年男子通常上身穿粗布对襟带纽襻袄褂，颜色多为靛蓝色或藏青色，俗称“粗布蓝衫”。用料便宜，淡雅实用，稍脏不显。填上棉花为棉袄，撤去棉花为单衣，四季可用。下身穿缅裆裤，缅裆裤是一种裤身和裤腰分为两个部分，裤腿宽、裤裆大、裤腰肥而高、没有口袋的裤子，有单有棉。没有前开门，男女样式相同，只能从所用面料花色上区分男女裤。颜色以青、灰、蓝为主，裤腰为红色或白色，没有内衣。夏秋干活儿时，多穿坎肩。青年女子夏天多穿红色或印花布制成的，带大襟的“汗褟儿”，贴身穿花布做的“肚兜儿”。男性的鞋大都是家中妇女自己缝制的，称作“家做鞋”，最常见的是“山鞋”，也称“钉鞋”“千层底”，用针纳鞋帮，麻绳纳底，在底上加钉加掌，鞋前包头，鞋后包跟。中青年妇女多穿扣袢鞋，缠足的老年妇女穿弓鞋（尖脚鞋），冬天穿毛窝，都是自己打袼褙，自己制作。

1958 年以后，人们参加更多的社会工作，除个别老年人外，村民基本不再穿缅裆裤、带大襟的衣褂，中青年男子流行穿中山装或制服衣裤。内衣有了秋衣、秋裤、毛衣等。20 世纪六七十年代，全民皆兵，男女老少流行穿着草绿色军装和工作服，也会用“的确良”“的卡”“人造棉”“斜纹”“平纹”“咔叽”“华达呢”等各种衣料加工服装。

改革开放后，棉袍、缅裆裤已在镇内绝迹，衣裤花式、款式日益繁多。除传统棉布外，各类化纤、混纺、毛、麻、羽绒、裘皮等中高档面料被人们广泛使用。市场上有了胶鞋、塑料底子鞋、皮鞋等以后，家“做鞋”也越来越少。20 世纪 80 年代以后，除特殊的鞋型外，如老太太的尖鞋市场无售，仍须自做外，一般都在市场上选购。20 世纪 90 年代以后，男式长短袖衬衣、T 恤，女式的各式各样 T 恤衫和便裙、连衣裙等开始流行。男女外套有西服、便服、中山装、牛仔服、运动服、夹克和各式的长短大衣。冬季，男女的保暖外衣有各式的棉袄、羽绒服和棉皮大衣。羊绒服装、保暖内衣等也开始流行。进入 21 世纪后，随着村民着装审美的变化，穿着更追求个性化，服装款式、色彩更加丰富。

家居陈设

旧时，镇内民众住房以平房为主，富裕的人家住山地三合院、四合院；困难的人家房屋简易，称“草铺”“窝棚”。抗日战争时期，战乱纷繁，百姓流离失所，各村房屋大多被日军烧毁，百姓躲进深山，住在山洞、石塘。

中华人民共和国成立后，人们生活安定，逐渐盖起砖瓦新房。但改革开放前，房屋内的陈设还是十分简陋的。房屋内的主体是土炕，一般家里都有一个三节木柜（卧柜），摆在明间靠后檐墙位置。木柜的上面通常摆放各种瓶、罐、樽及盆景、座钟等饰品。讲究一些的家庭，在木柜前放八仙桌，桌上摆放茶具，桌的两边各摆放一把太师椅。由于居住条件有限，房屋既是厨房，又是餐厅；既是卧室，也是客厅，吃喝、待客都在一个屋内。吃饭多用炕桌，坐小板凳。冬天可以将饭桌摆在热烘烘的炕上，夏天可将饭桌挪到院子里的阴凉下。

改革开放后，村民再建住房时，大多将卧室、客厅分开设置。老房中的土炕也被陆续拆掉，换成了各式各样的床具。立柜、组合柜、酒柜、高低柜，沙发、茶几等取代了先前的老式家具。吃饭用的小饭桌、小板凳儿，换成能大能小能折叠的餐桌，以及各式各样的座椅。20 世纪 90 年代后，又将厨房、卫生间纳入房屋整体设计，使得生活条件更加舒适方便。随着经济收入的提高，对房屋内外装修的档次也越来越讲究了，地面、墙壁、天花板、厨房、卫生间，所选用的装修材料越来越高级。进入 21 世纪以后，村民居住条件得到充分的改善，睡觉有卧室，来人有客厅，锅炉房、厨房、卫生间等一应俱全。冬天有锅炉供暖，夏季有空调送凉，村民的生活更加舒适方便。

出行

旧时，镇内人们出行，不管远近大多靠步行。年老力衰的老年人出门儿，必须雇佣脚力，骑驴、马出行。

中华人民共和国成立后，1958 年，修通斋堂到雁翅的公路，人们有了坐车出行的机会。20 世纪 60 年代后，自行车成为人们主要的代步工具，同缝纫机、手表一起，曾被列为当时的“三大件”，成为一个家庭财富的象征。80 年代，自行车得到普及，每个家庭最少拥有一辆，成了村民的主要交通工具。“飞鸽”“永久”牌加重型自行车，是人们最青睐的，一是结实，二是可以载物。

改革开放后，自行车被山地车、变速车、高档赛车、电动自行车等新式车型代替，载货汽车、私家轿车开始进入普通村民家庭。进入 21 世纪，更多的现代化交通工具进入镇内，私家汽车和公共交通给镇内人们出行提供了选择的空间和便利的条件。

休闲娱乐

中华人民共和国成立前，人们温饱尚无保证，无暇休闲娱乐。

中华人民共和国成立后，随着人们生活水平的提高，茶余饭后的生活逐渐活跃和丰富起来。农闲时节，大家会聚在戏台前或蹲在北墙根阳光充裕的地方，晒晒太阳、聊聊天，增进乡情，愉悦心情。有的“画地为牢”，对弈取乐；有的侃山说古，海阔天空；还有的聚在家中推推牌九，打打麻将。儿童的娱乐方式通常有踢毽、欻拐、跳绳、磕房子等。

改革开放后，人们的生活条件发生翻天覆地的变化，茶余饭后的生活更加丰富多彩，村民更加喜爱观赏影视节目、到健身房锻炼身体、报团旅游开阔眼界。

第二节　村民收入

从中华人民共和国成立到农业合作化以前，土地私有，收入归土地拥有者。人民公社建立后，实行工分制，强调先积累后分配，村民年终分到的现金收入很少。1983 年，实行家庭联产承包制，废除工分制后，农民人均所得逐年增加。1985 年后，域内逐步开展小村转迁工作，开发利用转迁村自然资源推动村民脱贫致富，按照区委“靠山、治山、养山、吃山”的8字方针，加大果品基地建设，提高村民收入。1985年比1984年农业总产值增长10.5%，人均收入增长44.2%。至1987年，镇内2个贫困乡的农民人均收入超过550元，达到市政府规定的脱贫标准。

20世纪90年代后，随着乡镇企业壮大发展和“个十百千”计划的实施，村民收入快速增加，1998年，军响乡村民人均收入达2553元、斋堂镇村民人均收入达2300元。

进入21世纪，镇内产业结构调整，村民收入稳固提高，2003年人均所得实现4248元，2007年人均5465元，2013年人均9945元，2020年人均19811元。

1978年域内农民收入一览表

表17-1

年份	单位乡镇	总额（纯收入万元）	劳动日值（元）	平均每人收入（元）	平均每户收入（元）	平均每个劳力收入（元）
1978	沿河城	39.8	0.72	122	454	370
	军响	73.1	7.8	120	451	298
	斋堂	89.6	8.1	126	455	394

1993年至2020年部分年份农村集体经济收益分配一览表

表17-2

年份	乡镇	总收入（万元）	利润总额（纯收入万元）	汇总人口（人）	人均所得（元）	分配人口（人）
1993	沿河乡	2210	552.5		1050	2760
	军响乡	5601.5	1773		1448	5576
	斋堂镇	5149.4	1654.7		1536	6356
1994	军响乡	10008	1713		1760	5454
	斋堂镇	12300	825		1775	8593
1995	军响乡	6033	1045		1812	5177
	斋堂镇	10350	244		1500	8622
1996	军响乡	6758	1096		2307	5118
	斋堂镇	11635	337		1650	8678
1997	军响乡	7390	1109		2347	5067
	斋堂镇	13850	1805		2100	8656
1998	军响乡	8039	1123		2553	4912
	斋堂镇	15765	2620		2300	8778

续表 17-2

年份	乡镇	总收入（万元）	利润总额（纯收入万元）	汇总人口（人）	人均所得（元）	分配人口（人）
2001	斋堂镇	22993	3844		3011	
2007	斋堂镇	55348			5951	
2009	斋堂镇	58785.1			7694.2	
2015	斋堂镇	85748	2440		11144.6	7234
2016	斋堂镇	1549	-975	12155	13844	
2018	斋堂镇	2609.4	-496.9	13009	16688.4	
2019	斋堂镇	3254.9	-629.8	13087	18820	
2020	斋堂镇	3696.1			19811	

说明：表内空格表示无数据

第三节　福利保障

军烈属优抚

1938 年，宛平县抗日民主政府成立优待抗日家属委员会，对域内无劳力或缺劳力的抗日干属、军属、烈属和荣誉军人实行拨工助耕。解放战争时期，对优抚对象实行代耕，帮助代耕户春耕、夏锄、秋收。

中华人民共和国成立初期，对家庭人口多劳力少的优抚对象实行代耕或助工劳动，对生活困难的组织群众资助或国家给予补助。“文化大革命”时期，优抚工作受到破坏。“文化大革命”结束后，普查镇内优抚对象，其中，斋堂公社有 374 户 459 人。

图 17-1　军民共建（2017 年摄）

1983 年，实行乡统筹现金优待，对义务兵家属普遍实行优待，优待标准不低于所在乡农民的人均收入水平，对烈士家属的优待高于义务兵家属的优待标准。

1990 年，镇内（不包括军响乡）优抚对象 386 户 524 人，社会救助对象 337 户 635 人，五保户 33 户 38 人。镇政府成立“社会保障委员会”，各村建立“使革命先辈安度晚年，让革命战士安心服役”的“两安”活动小组 26 个。1992 年，斋堂镇获区级双拥模范镇称号；1993 年，获市级双拥模范镇称号。

至 2020 年，镇内有优抚对象 106 人，均按照国家优抚政策享受补贴。

五保户供养

中华人民共和国成立后，对五保户实行集体供养、群众互助、亲友领养、国家救济和自我生活方式。1956 年，农业合作化以后，合作社开始对五保户实行保吃、保穿、保烧、保教、保葬的供养政策。人民公社化后，镇内成立敬老院，接收五保老人，资金主要由公社集体提取的公益金解决。后因经济基础较差，敬老院陆续停办。“文化大革命”期间，五保老人处于自我维持和集体帮助状态。

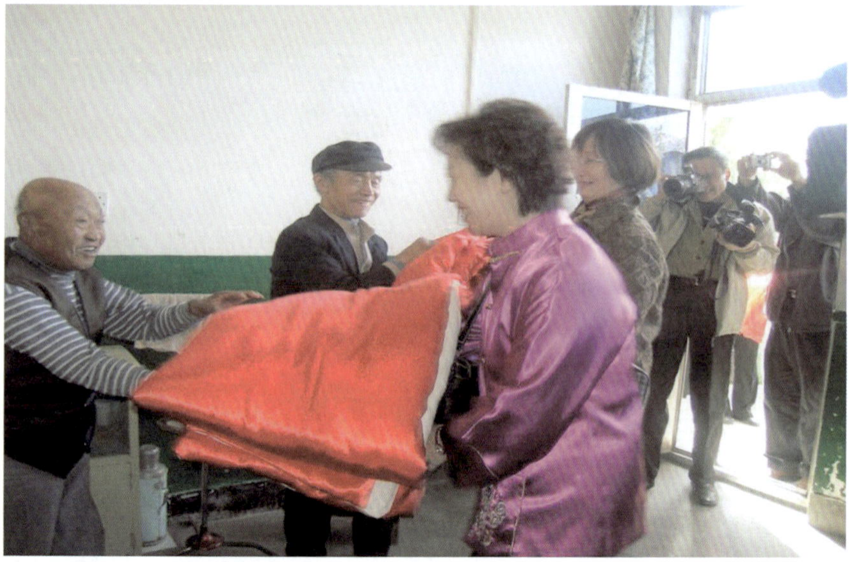

图 17-2　敬老捐赠活动（2006 年摄）

1978 年以后，五保户供养工作得到完善，主要采取集中供养、分散供养和国家救济等形式。1979 年，对五保户进行普查登记。1981 年，沿河城公社建敬老院，1984 年，军响乡建敬老院；1988 年，斋堂乡建敬老院；1990 年，斋堂敬老院投资 30 万元扩建房屋 12 间，增加各种生活服务设施。1993 年，斋堂敬老院入院老人比 1988 年增加 2 倍，被评定为市级敬老院。1994 年至 1997 年，斋堂敬老院投资 30 余万元扩建敬老院 280 平方米，解决 350 余户困难户生活问题和 32 户困难学生入学问题，连续 5 年获评民政工作先进单位。至 2020 年，镇内农村五保户 54 户 56 人，其中集中供养 22 户 24 人、分散供养 32 户 32 人。五保供养资金按月下拨，供养标准不低于当地居民家庭人均支出，五保对象的衣、食、住、医、教、葬得到保障。镇内有城市特困人员 17 户 17 人，其中集中供养 5 户 5 人、分散供养 12 户 12 人。

再就业

2006 年 12 月，区劳动保障局、区财政局联合出台《关于印发〈门头沟区街道（镇）在社区（村）设立劳动保障工作站有关问题的通知〉的通知》后，镇内各村建立劳动保障工作站。2010 年，落实《门头沟区促进就业再就业工作办法》，斋堂镇存档人数 1700 份，全面开展职业指导、职业介绍工作；完成各类就业 550 人。2014 年，城镇登记失业人员 262 人，实现就业人数 168 人，4050 就业困难人员实现就业 82 人，农村劳动力转移就业 42 人。初步创建镇公共服务中心平台，将社保所、民政、计生、残联等为民服务 60 个事项纳入平台管理。

2010 年至 2016 年，累计实现城镇登记失业人员就业 1210 人，帮助就业困难人员实现就业 405 人，农村劳动力转移就业 1003 人。

2017 年，通过与企业联系用工需求，帮助解决城镇失业人员再就业问题。按照公益性岗位优先安置、工程项目优先解决、适合岗位优先推荐、扶贫助残基地优先支持的“四优先”原则，提高低收入农户就业率，累计解决本地公益性就业岗位就业 447 人。同时完成技能培训 50 人次，发布招聘信息 33 期，提供就业岗位 125 个。2019 年，产业带动低收入帮扶项目 15 个，安置低收入劳动力公益性岗位就业 364 人。

2016 年至 2020 年，累计实现城镇登记失业人员就业 1210 人，帮助就业困难人员实现就业 405 人，农村劳动力转移就业 1003 人。

精准帮扶

2016 年至 2020 年，制定《斋堂镇低收入村低收入户帮扶救助办法》《斋堂镇临时应急救助实施办法》，开展低收入农户精准帮扶工作，2016 年认定低收入户共有 1052 户 2077 人，人均可支配收入 9561.09 元；2018 年底低收入户人均可支配收入达到 18522.9 元，同比增长 17.5%，提前一年实现所有低收入户超过现行低收入标准线。2019 年，实际监测低收入农户 762 户 1427 人。2020 年人均可支配收入 23434.5 元，同比增长 13873.4 元，增长率为 145.1%。发放各类救助帮扶资金 788 万元，救助 14500 人次，通过生态林管护员、管水员、全科农技员、河道管护员等生态就业岗位惠及 456 户低收入农户、1220 人次，户均增收 5880 元，带动全镇劳动力就业收入 727 万余元。加强与北辰集团、文投集团、国和中心及天桥街道帮扶对接，实施低收入产业项目 49 个，投入资金 3892.81 万元，全部实现脱低目标。

图 17-3　低收入村帮扶座谈会（2017 年摄）

养老

1999年，农村社会养老保险工作从区民政局转移到区劳动和社会保障局。2008年，为全镇739人办理“一老一小”大病医疗保险，为1813人申请办理无保障老年人福利养老保险，为1767人办理新型农村养老保险。2010年，有4000余人参加城乡居民养老保险。2012年，有3016人参加城乡无业居民养老保险。2020年，城乡无业居民养老保险参保人数达到3902人。

2020年10月，全镇有60岁以上老年人3653人。根据政策要求，为80岁以上老年人发放高龄老人津贴：80岁至89岁100元/月，90岁至99岁500元/月，100岁以上800元/月；为60岁以上符合政策要求的低保、低收入家庭发放养老服务补贴300元/月；为60岁以上符合政策要求的残疾人发放失能护理补贴，按残疾等级分为200元/月、400元/月、600元/月。

最低生活保障

中华人民共和国成立后，斋堂镇对城乡丧失或基本丧失劳动能力、无生活来源、生活困难的孤老残幼，家庭人口多、劳力少和意外事故造成生活困难的个人和家庭，分别给予救济。20世纪50年代初至60年代中期，采取以生产自救和互助为主，辅之以政府必要的救济等办法。1951年，每人每月3万元至7万元（旧币）。

1978年，中共十一届三中全会后，镇内社会救济工作得到加强。对“无依、无靠、无劳动能力” 的“三无”户实行定期定量补助，对发生意外造成困难的给予临时救济。1995年，每人每月30元。1996年，对困难家庭主要采取发放定期定量补助形式进行救济。

2000年12月，实施《门头沟区农村特困户救助办法》。2002年7月，镇内建立农村居民最低生活保障制度，印发《门头沟区农村居民最低生活保障制度实施细则》。11月，镇社保所成立，对城镇低保实施“应保尽保”政策，截至2002年，全镇共有低保家庭394户。2003年1月，根据门政发〔2002〕36号文件精神，建立和实施农村居民最低生活保障制度，共有农村低保174户。2009年1月，实施农村低保分类救助制度，按照一定的救助系数，加大对特殊困难人员的救助力度。历经5次调标后，低保标准由2002年的家庭年人均960元调整到2010年的2880元。全镇享受低保户1040户2513人。

2010年，全镇有农村低保人口352户586人。2017年，全面贯彻落实市区有关民生保障政策，做到应保尽保，关注低收入群体生产生活。2020年，低保全镇有城乡低保人口1624人，各类民生保障措施实现全覆盖。

第十八章　人　物

斋堂镇地处边陲，古为燕赵之地，多慷慨悲歌之士，历史上名人辈出，近代战争烽火锤炼了一代英雄豪杰；当代艰苦创业培育了时代典范。镇域内有革命烈士 496 名，有近百位中华人民共和国后受衔的将军曾在镇内浴血奋战；新民主主义革命时期，从镇内走出大批党政干部。据不完全统计，1949 年 10 月前，镇内北上南下的地师级干部有百余人。中华人民共和国成立后，镇内涌现出一大批在各条战线上做出突出成绩的劳动模范。

第一节　人物传

通悟大师

通悟大师（1185—1255），斋堂人，俗姓杨，讳祖玄，“通悟”是其师号，又称“龙溪老人”。

通悟大师生而敦实，赋性聪明，幼年随花严大师出家，赐号“通悟”。时值金元之交，战祸频起，民不聊生，通悟与其师慈悲为本，宽大为怀，普度众生救人急难，以自己的德行教化无数乡民，壮年游历四方。待兵荒马乱甫定，他受德兴府官众敦请，前去住持法云等寺，修复殿宇重新佛像。尚未完备之时，斋堂本乡官众韩曹诸公将通悟大师回到故乡，将

图 18-1　通悟大师修行地斋堂灵岳寺（2012 年摄）

灵岳寺古庙诸圣之法像装饰一新。又将珠窝、碣石的大明等寺进行修复。南宋淳祐八年（1248 年），通悟大师蒙受“紫衣”师号。待圆寂之时，他坦然辞其大众，遗颂曰：

七十有二载，虚度过一生。
五蕴已皆谢，地水及火风。
万法无实体，诸缘尽是空。
塌去便归去，明月与清风。

刘懋恒

刘懋恒(1631—1691)，字君常，号筠屋居士，居灵水村。刘懋恒出身富豪之家，自幼读书，但仕途不顺。其父刘应全，顺治初年大饥，捐家资数千金，以赈贫困，其事迹被朝廷所知，赐秩迪功郎。康熙七年（1668)，斋堂地区大水成灾、康熙二十一年（1682）大旱，刘懋恒继承其父之志，前后捐谷 3700 余石，救活百姓万余人，得到朝廷赏赐。后以明经考授内阁中书，例补刑部浙江司主事，进员外郎，从此踏上仕途之路。

图 18-2　刘懋恒故居（2009 年摄）

刘懋恒做官，性慈恕，既敏且谨慎，平反民间冤狱，惩治豪强。刘懋恒为人清正，名声很好。作户部员外郎任职满后，康熙皇帝在瀛台召见官员，考试各人的政见，刘懋恒关于“敬天钦民”的答对甚得康熙皇帝赞赏。一年后，被派到山西任地方官。康熙三十年（1691），山西粮食歉收，发生饥荒，刘懋恒带头拿出家财己资，赈济灾民，并且下令属下的地方官，清点受灾人口，开仓济民，受到赈济的灾民达 6 万余人。后因积劳成疾，死于回乡养病的归家途中。

刘懋恒遗体运回家乡后，葬于桑峪社大通坡(今白虎头口东坡)，文华殿大学士京江张玉书为其撰写了碑文。灵水村民为纪念刘懋恒赈灾义举，每逢立秋，全村村民共喝秋粥。

王金度

王金度（1828—1882），字式如，东北山村人，其父名文广。咸丰八年（1858）中举，为“戊午科举人”。此后在京师设馆教学。王金度立身行事，敦本尚德，平生处世稳妥。有暇则爱终日默坐、多思，待人接物善气迎人。事亲至孝，兄弟和睦。乡人有为不义者，唯恐先生知道；乡中有争论，听先生一言就化解了矛盾。他教学有方，教人不尚严急，为文阐发实义，寄托遥深，讲解精详，文名品望传誉京师，因此，他虽然出身穷乡僻壤，却跻身京师设帐，名噪京华，深得达官贵人赞誉首肯。因与冀京兆、太史忠斌、御史马云章等相与友善，志和情投，于是流连京师，一教数年，许多达官贵人的子弟，都得到金度教诲得以成才。

后王金度屡试不第，便不求仕进，离开京师，专心授徒，在房山的南窖、北窖、王平镇板桥村教学多年。晚年奉府谕编纂了《齐家司志略》一书。该书稿由巡检呈于府，周京兆赞不绝口，聘先生进府署助修诸志。聘书到时，王金度已去世。

谭景和

谭景和（1833—1890），字致祥，西胡林村人，从小敏而好学，咸丰四年（1854）考中秀才。此后，开始设帐授徒，一边教书一边继续学习，后屡试不第，专心教学。平生孝悌谦和，为乡人所敬，文章高下共赏，书法笔力遒劲，大有颜柳风规。乡人受谭先生影响教诲，乃人文蔚起，读书者渐多。谭景和训迪有方，诸生学业，一时人才多出其门，其弟子应孝廉，艺才中试者相接踵。数十年中应童子试及乡、会试济济多士。

谭瑞龙

谭瑞龙（1844—1912），灵水村人，从小就读书，中年专攻法律学，获国子监监生资格。精通《大清律》，善辞令，包打词讼，文笔极佳，擅写诉状闻名斋堂川，有“刀笔讼师”之称。谭瑞龙家祖传中医，几辈子都行医，谭瑞龙亦精通医术，国子监毕业后，回到了乡里闲居，行医治病。他为人正直，疾恶如仇，敢于仗义执言，扶弱抑强，深受人们信任和敬重。光绪三十二年（1906）修建木城涧玉皇庙时，他为发起人之一。

杜瀛洲

杜瀛洲（1845—1889），字日峰，西斋堂村人，10 岁时入私塾读书，14 岁补弟子员，考秀才时得中第一名。后来经 9 次赴考乡试，至 42 岁时才得中举人。第二年赴京到礼部科考，没有得中。此后生病，一直再未参加科考，便开始了亦教亦学的生涯。在家乡教学时间不长，长时间在房山河南、河北村设馆教徒，声名远播。杜瀛州教人善于启发，讲学要言不烦，罕譬而喻。他因材施教，因势利导，为文多纵横如意，不为题目窘然，不以教读而已。

杜瀛洲以孝道著称乡里，其父治家颇严，每当杜瀛洲的幼弟犯错时，其父要进行责打，杜瀛洲就脱下衣服，请求代替弟弟挨打。其父去世时，杜瀛洲悲痛欲绝，三日不吃不喝，由人搀扶前去送葬。其后竭力供养老母，敬兄爱弟，年终教学闭馆归家后，与家人共聚天伦之乐。乡里有不孝不悌之人，都请杜瀛洲前去教诲。清末《齐家司续志略》将其列入了“乡贤”。

王　旭

王旭 (1859—1940)，字晓村，西斋堂村人，清光绪年间秀才，成绩在前五名之内，后来在考举人时屡屡受挫，后因为意外的脏卷犯规而被黜，从此彻底放下仕进之心，转而回乡潜心治学。

最初在自家办私塾，以讲授五经四书、教授作诗答对、写文章为主。1913 年左右开始兴办新学，始办西斋堂高小，之后又开办“师范传习所”，为小学培训师资。1919 年在本村开办初级小学。1924 年至 1926 年，师范传习所和西斋堂高小先后停办。此后，王旭利用王氏家族公产收入创办“王氏义学”，王氏子弟可免费入学，又在自己家中创办一所女学。

王旭办学意在传授文化知识，不以营利为目的，自费盖了 15 间教室，购置操场和各种教学设备。其所办的新学推行白话文，并增设有教育学、心理学、体操、唱歌、手工、图画等课程，并编印辅助教材，允许学生看课外书，以丰富学生的知识，星期日还带学生外出游览。王旭具有强烈的爱国主义思想，敬仰民族英雄岳飞、文天祥，对学生的影响很大，特别是他对于近代日本的多次侵华事件极为愤慨。七七事变后，王旭坚决拥护共产党的抗日主张，在其影响下，他的许多学生都参加了共产党、八路军，投身于抗日斗争。

王旭曾撰写《齐家司续志略》附于王金度所著《齐家司志略》之后，使《齐家司志略》一书更完整，史料内容更丰富，为后人研究斋堂地区历史留下了珍贵的资料。

刘增广

刘增广 (1866—1943)，字心斋，灵水村人，生于富裕之家，少年时在斋堂念私塾，清光绪二十一年 (1895) 应顺天府科考，得中“甲午”科举人。此年正是康有为和 1300 余名举人“公车上书”，请求光绪皇帝变法维新之时，刘增广受到感染。光绪二十三年 (1897) 后，刘增广步入仕途，先后任山西左云县、静乐县知县，吉州知州和候补府官。

进入民国之后，刘增广还乡闲居，开有商号“德茂堂”。在此期间，刘增广倡导兴办新式学堂，在家乡兴办教育。木城涧玉皇庙兴办学堂时，得到了刘增广的支持。

刘增广医术很高明，他和谭瑞龙、谭德斋，号称“灵水三大神医”。刘增广倡导环境意识，提倡生活卫生，宣传生猪圈养，重申“水池三禁”并身体力行。

1937 年七七事变后，国民党卫立煌部支援南口抗战路过此地，十师师部就设在了刘增广家中。卫立煌部撤退时，刘增广随部队撤走，辗转于山西、北平等地，1942 年回到灵水村，1943 年去世，终年 78 岁。

刘朝伦

刘朝伦（1867—1932），东胡林村人，从小聪明伶俐，因家境贫寒，去了西胡林一家当书童。因为勤奋好学，考取了秀才。由于家里贫穷没能继续上学考取功名，当了教书先生。刘朝伦师德高尚，写一手好字，上下五邻村的人请他写春联、挽联、亡书、算账等他有求必应，从不计时间和报酬。尤其是对私塾里家境比较困难的学生特别的同情和关照，不收费或少收费，有时只收点小米。他为人厚道，受到村民的尊重。

贾存椵

贾存椵 (1891—1944)，革命烈士，东斋堂村人。七七事变后，参加抗日工作，1944

年任怀来县四区粮秣助理，负责八路军的粮食供给工作。同年秋，同两名青年干部到谷家房开展工作时，被矾山据点的日军包围。贾存嘏不顾个人安危，扑向首先进入院子的日军翻译，和敌人滚打在一起，同时命令另两名青年干部，“甭管我，快跑！”。当大批日军进入院子时，两名青年干部已经越墙脱险，而贾存嘏却落入敌手。贾存嘏被捕后，先后被关在矾山、沙城的牢狱里，敌人用尽各种刑具，对他进行长时间非人的折磨，直到挖掉他的双眼，妄图从他的口中获得共产党八路军的机密，但贾存嘏从始至终只有一句话：“不知道！”最后被敌人杀害。

黄国珠

黄国珠（1894—1957），字有光，沿河城村人，毕业于斋堂私立师范，后在沿河城村老君堂与师正聪联手办私塾，教新学。抗战开始，他农闲办学，农忙放假，为穷孩子办夜校，教珠算、杂学，不收学费，很受欢迎。他冲破封建礼教，招收女生入学，男女合班学习，亲自参与了边区抗日教材的编写工作。1940 年当选为宛平县议会副议长。当时宣传提纲的歌曲中有“七月里来高粱红，我们要选黄国珠先生，他忠厚公正有学问，能为我们办事情……”歌词。1943 年被评为宛平县模范工作者，晋察冀边区的参议员，出席过晋察冀边区群英会、议员大会，受到过聂荣臻等首长的接见。1947 年，加入中国共产党。中华人民共和国成立后，热心于农村的扫盲工作。

图 18–3　黄国珠

韩国库

韩国库（1900—1942），革命烈士，沿河城村人，中共党员，1938 年参加革命，曾任沿河城地区第一任农会主任。他带领农会开展减租减息，合理负担，组织群众开荒、养羊，办合作社，开展生产自救。1942 年，与另外 3 名同志在刘家峪开展工作时被敌人包围。在与敌人搏斗中壮烈牺牲。

王志贵

王志贵（1900—1943），革命烈士，沿河城村人，中共党员。1938 年参加革命，曾任小区模范队队长，带领民兵在沿河城一带与侵华日军周旋，开展打击侵略者的斗争。1943 年在矾山执行任务时被捕、牺牲。牺牲后，敌人将其头颅割下，悬首示众 3 天。

李文华

李文华（1900—1948），革命烈士，沿河城村人，中共党员。1938 年参加革命，曾任区小队队员，县大队中队长、第四野战军某部营长。1942 年到敌占区龙王堂子进粮 70 多石，解决军民粮食困难。1948 年在东北四平街战斗中牺牲。

杨运广

杨运广（1904—1939），革命烈士，桑峪村人，中共党员，1938 年参加革命，任桑峪村党支部书记。1939 年，在碣石村接受培训后，被派往涿鹿县开展工作。杨运广率领队员来到涿鹿县矾山，组建县委班子，建立红色政权。一天，杨运广矾山镇开展工作时，遭敌人突然包围。杨运广率领大家沉着迎战，打退敌人一次次进攻。战斗中，杨运广不幸中弹，英勇牺牲。

安玉阁

安玉阁（1905—1941），革命烈士，西北山村人。1938 年任村党支部书记。1940 年后，任一区区委组织委员、区代表会主席、八区区委书记。1941 年在蔡家岭活动时，被敌人包围，身负重伤被捕，关进斋堂侵华日军据点。敌人对其拉拢腐蚀施美人计封官许愿均未逞，遂用酷刑摧残折磨，烧、烙、打、吊。安玉阁几度昏死，誓不投降。敌人抽光他全身血液，将躯体丢给狼狗撕咬。安玉阁英勇牺牲。

杜存本

杜存本（1906—？），劳动模范，高铺村人，中共党员，抗日战争时期担任自卫队长，带领群众埋地雷、割电线，配合八路军作战。土改时任农会主任。互助合作化时期任合作社主任。人民公社化后任生产队长。在任期间，高铺大队 1962 年、1963 年 2 次被评为门头沟区先进生产队，杜存本也连续 2 年被评为“北京市农业劳动模范”。

陈文通

陈文通 (1906—1969)，柏峪村人，出身于贫苦农民家庭，20 岁时出外谋生，先后在张家口京绥铁路和天津站当小工，在门头沟煤窑挖煤，应招修建陇海铁路时，因工头侵吞工人工资后逃走，而流落到四川。1932 年，在万县参加工农红军四方面军，1933 年 1 月加入中国共产党。此后，随部队参加二万五千里长征。七七事变后，陈文通所在部队改编为八路军一一五师，开赴山西前线抗日，陈文通时任排长。在平型关战役中，光荣负伤，受到部队嘉奖。1940 年 8 月，陈文通所在部队参加“百团大战”，在一次战斗中，陈文通一人缴敌 2 支枪，受到上级奖励。在另一次战斗中，又一次身负重伤，成为残废军人。此后，陈文通转到后方医院，通过学习，成为一名医生。

1949 年 6 月，陈文通从部队转业到家乡工作，先后担任宛平县政府卫生科长、卫生所长和卫生院长。京西矿区成立后，他先后担任矿区政府卫生科长和卫生院长，创立联合医院。1969 年 3 月病逝。

王金官

王金官（1907—1950），东北山人，1938 年加入中国共产党，1940 年至 1945 年任村治安员，多次参加割电线、破坏交通等抗日活动。1946 年至 1950 年任中共小区委员兼村支部书记。1950 年 8 月 4 日，斋堂地区连日大雨，引发东北山村山洪，王金官不顾个人安危，在组织村民脱险中与14岁儿子遇难。王金官牺牲后，中共宛平县委号召全县干部、学员学习他舍己救人革命精神。

宋恩庆

图18-4 宋恩庆

宋恩庆（1907—2003），马栏村人，中共党员，1938年5月在平西党校学习，1939年初到上清水村一带负责根据地的恢复工作。1940年任昌宛县代理书记，1941年调任永定河北工委书记。其间，带七区组织委员崔兆春到各地检查工作，整顿组织；与高致民一起率队到里、外十三地区（现潭柘寺镇、永定镇地区）开展工作。1943年初，回到昌宛房县委任副书记。6月调往曲阳开展工作。此后，先后任平北民运部部长、组织部部长、昌顺联合县书记、沈阳市总工会生产部部长、辽宁省城建局副局长等职。

宋恩荣

宋恩荣（1907—1985），东斋堂村人，17岁在下清水村小学教书，后在达摩庄村、东斋堂村教书。1939年1月，参加革命工作，在宛平县抗日政府中心小学当教员。1940年7月，加入中国共产党，9月被选为宛平县议会参议员，历任驻会城工干事，城工部长，后又任察哈尔省委城工部干事，北岳三地委城工干事。1948年12月，门头沟地区解放后，先后担任中共门头沟区委宣传部部长、北京市十六区区长、门头沟区区长。1950年12月，任中共门头沟煤矿党委第一副书记，后任中共京西矿务局党委副书记。“文化大革命”期间，受到错误批斗。1973年，任北京矿务局革命委员会副主任。1977年，任北京矿务局副局长。1983年12月，离休。

王福佑

王福佑（1907—？），白虎头村人，是白虎头村的放羊倌。从1955年开始为白虎头村的互助组放养，直到1965年整整十年时间，他所放的羊群累计繁殖870只，每年卖羊肉、仔母羊、羊绒、羊毛以及羊粪折价收入总在1500元左右。为了让羊吃饱，他坚持每天放远坡，每天都要走30多里的山路。他精心照管羊群，一个本来应该两个人放的羊群他一个人一放就是十年！在村里人看来，王福佑本身就是和羊群画等号的，村里有句民谣，就是专门说他的，“吃羊肉，找王福佑，端起碗来没个够。”由于王福佑的贡献，1955年至1965年，他先后7次被评选为北京市农业劳动模范，是门头沟区唯一的7次劳动模范获得者；在1960年和1964年，在门头沟召开的第四届、第五届人民代表大会上，王福佑2次当选为人大代表，并被推举为两届大会的主席团成员，会后，又当选为门头沟区人民政府委员会委员。

王　忠

图 18-5　王忠

王忠 (1908—1942)，革命烈士，又名王存忠，西斋堂村人。七七事变后参加抗日工作，加入中国共产党。1939 年，担任村党支部书记和自卫队队长。同年冬天，奉县委指示，先后在大宫、大觉寺等 20 余个村子开展工作。1941 年，组建妙峰山前山区游击队，任指导员。1942 年 5 月，日伪军包围大宫村，王忠不幸被捕。被捕后宁死不屈，被叛徒残酷杀害。

杨占元

杨占元（1909—1946），革命烈士，前桑峪村人，1944 年参加革命，由杨运庭领导在门头沟圈门地区做党的地下工作。杨占元在做群众工作的同时，积极开展斗争，骚扰日伪军，镇压汉奸。1946 年 6 月，为给解放区运送布匹、纸张等物资被捕。经敌人严刑拷打，始终保守党的秘密，最后被敌人活埋。

王天瑞

王天瑞（1909—？），白虎头村人，中共党员，1938 年参加工作，先后担任宛平县、昌宛联合县总务科长、昌宛县长、宛平县长、平西专署副专员等职。解放后曾任中共湖北省委监察委员会副书记等职。

吕广勤

吕广勤（1910—1943），革命烈士，东胡林村人。1938 年参加工作，1939 年加入中国共产党，1943 年调到怀涿办事处，负责开辟新区。同年秋，到各村筹集公粮时，在枣帽河与敌人遭遇，不幸被捕。在押往据点的路上，他纵身跳下悬崖得以逃生。几天之后，带着重伤工作之时，和区委书记等一行 3 人在柳树庄被敌人包围。为吸引敌人，掩护区委书记等同志突围中，不幸中弹牺牲。

刘士杰

刘士杰（1910—1946），革命烈士，东胡林村人。1938 年，加入中国共产党。1942 年冬，执行任务从碣石村返回时与敌人遭遇。为了掩护其他同志突围，被子弹从他的后背穿胸而过，身负重伤，却奇迹般地活了过来，被誉为“子弹穿胸而大难不死”的传奇英雄。1944 年初，从昌宛县调怀涿县二区区委任书记，带领 100 余名青年加入抗日队伍。同时，他以卧佛村为突破口，发动群众，镇压反动地主、汉奸，使清算斗争、合理负担、减租减息“三大运动”迅速展开。1946 年 10 月调任怀涿县委组织部部长后，深入敌后组织“护地队”。11 月 16 日，在矾山崔家大院召开会议布置工作计划，当晚突然被敌人包围。刘士杰等人隐藏在一个砖窑内阻击敌人。敌人诱降不成，将手雷扔进了砖窑，刘士杰壮烈牺牲。

贾兰波

贾兰波（1910—1992），曾用名贾立芳，东斋堂村人，1926年参加革命活动，1933年加入中国共产党。1936年12月，受党组织委派到国民党29军南苑军事训练团学习军事，七七事变爆发后返回家乡投身抗日战争，历任平西游击总队第2大队长、八路军33大队第5连连长、第3连连长、涞水县公安局局长、宛平县武装部部长、平北军分区武装部副部长、热西军分区武装部部长、冀热察军区武装部作战科科长。中华人民共和国成立后曾任南口铁路公安段段长、北京铁路前门地区党委书记、铁道部第十二勘测设计总队政委、铁道部第五设计院组织部部长、铁道部第三设计院大型处处长、天津市委交通部干部处处长、天津市内河航运管理局副局长、天津市交通局副局长、天津市政协委员。1983年离休，1992年9月在天津病故。

史梦兰

史梦兰（1911—1998），西斋堂人。1930年开始，先后在西斋堂、傅家台、下清水及大兴县礼贤镇当小学教员。1937年七七事变爆发后，参加抗日宣传队，同年参加民族解放先锋队，加入中国共产党。1938年3月宛平县抗日民主政府成立后，任县政府教育科长。6月调任县自卫队指导员。此后，先后任县委任昌宛县教育科长，此后先后担任县委宣传部部长、民运部部长、县议会议长、县委副书记、县委武装部长兼县游击队政委。1943年秋调任平西地委城工部干事，后任城工部部长。1946年春到晋察冀党校学习，任党校秘书科科长。中华人民共和国成立后，先后任华北革大二部组织科科长，北京大学党委副书记、新疆大学党委副书记。1977年离休。生前曾撰写数篇回忆性文章，记录了清末民国初斋堂川的人文历史民俗风情。

图18-6　史梦兰

刘　恭

刘　恭(1911—1941)，革命烈士，军响村人。1938年春参加抗日活动，被推选为村模范队队长，不久加入中国共产党。1940年任昌宛联合县第五区粮秣助理。1941年春，在上达水村召开筹粮食会议时，被日伪军包围。刘恭把秘密文件和账目揉成一团放进了嘴里，敌人搂住他的脖子，想把东西从嘴里抠出。刘恭咬下了侵华日军的半截手指和纸团一起吞进肚里。在沿河据点内，敌人用尽各种刑具，始终得不到半点口供，后将其押到斋堂据点继续审讯。刘恭受尽酷刑，对敌人骂不绝口，并踢翻了桌子，与敌人拼命。敌人又用诱降、劝降等手段，均遭失败。最后，敌人把刘恭捆在木桩子上，放出多条狼狗对他进行撕咬。刘恭高呼“打倒日本帝国主义！”而英勇就义。

索振勋

索振勋（1912—1945），革命烈士，中共党员，1938 年参加革命，曾任昌宛联合县第五区区委书记、涿鹿县组织部部长。在任期间，积极组织建党、建政，积劳成疾。1945 年在新庄户村开展工作时牺牲。

刘玉昆

刘玉昆 (1913—1942)，革命烈士，柏峪村人，因鼻子较大，人送外号“刘大鼻子”。1938 年加入中国共产党，曾任村救国会主任，巡防所所长、昌宛联合县游击队大队长。

图 18-7　刘玉昆

1939 年 10 月，率领 60 多名游击队员在房山县长操与 300 多名日伪军遭遇。刘玉昆指挥部队抢占了制高点，两面夹击，打退敌人进攻，带队安全撤离。1940 年秋，日伪军在斋堂川建立据点，刘玉昆带领游击队割电线、破坏公路，开展游击战，打击敌人、掩护干部、保卫革命政权。1942 年 6 月，刘玉昆率部在林子台村伏击日本军官团，毙伤敌人 20 余人。因长年战斗的艰苦的环境，刘玉昆积劳成疾，染上了肺病。在一次带领游击队连续拔掉敌人 2 个岗楼后，因劳累过度，口吐鲜血牺牲在柏峪村后的深山里。

刘永华

刘永华(1914—1941),革命烈士，灵岳寺村人，1939年任村第一任党支部书记。1941 年，因汉奸告密，被侵华日军抓进斋堂据点，受尽严刑拷打，誓死不降。敌人把他绑在木桩上，放出数条狼狗撕咬，刘永华壮烈牺牲。

安鸿印

安鸿印（1914—1976），西北山村人，抗战爆发前以教学为生。抗战爆发后投身抗日活动，先后任村抗日救国会主任兼小区武装自卫军指导员，宛平四区、五区助理员，察南工作团团长兼工作团党支部书记。

图 18-8　安鸿印

1943 年任小区区长时，被侵华日军所俘，押送至北平西苑集中营后押送到日本本土神奈川县当了劳工。在日本劳工营，安鸿印参与组织领导流亡支部，鼓励劳工坚定信念，积极展开斗争。抗战胜利后，安鸿印回到家乡，与当地党组织恢复联系后，先后担任县教育科长、一区区长、县粮食局局长、县政府秘书、宛平县副县长（主持工作）兼任宛平县法院院长、人民监察委员会主任。

1951 年后，调离宛平县，先后在唐山发电厂、华北局工业部燃料处、建筑工程部直属工程处等单位做领导工作。1976 年 12 月 8 日因病逝世。

杨兴周

杨兴周（1915—1986），杨家峪村人，1938 年 加入中国共产党，参加青年抗日先锋队。先后在宛平县人民政府、怀涿办事处工作。1949 年随军南下，先后任湘潭市委、衡阳市委书记。1965 年 6 月 25 日，毛主席回韶山扫墓，探亲。杨兴周是全程陪同人员。1986 年底去世。

杜存训

杜存训（1916—2006），西斋堂村人，早年高小毕业后在本村小学教书，后考入宛平县师范，开始接触马列主义。1935 年，华北事变后，参加革命，曾担任学生救国会副主席。1937 年秋，参加抗日民族解放先锋队，任总队长，同年加入中国共产党。

图 18-9 杜存训

1938 年 3 月，任宛平抗日救国会筹备委员会主任，后任宛平县八区区委书记，县委组织部部长，昌宛联合县委书记，昌宛房联合县委书记、议长，游击队政委，中共晋察冀辖区十一地委副书记。1944 年，调离宛平县后，任平西地委副书记。日本投降后，任易水地委副书记。解放战争时期，任易水地委书记、北岳军区第五军分区政委，中共察哈尔省易水地委书记、察哈尔省军区易水军分区政委。中华人民共和国成立后，调河北省工作，曾任保定地委副书记，河北省委候补委员、省总工会副主席，代主席、主席。全总八届执委会委员，是中共八大代表。1958 年，被错划为“右派分子”，受到批判，并被开除了党籍。1979 年 2 月，恢复工作，任省总工会顾问。1979 年秋，平反恢复名誉。2006 年 5 月 3 日，在石家庄逝世。

杨运庭

杨运庭（1917—1946），革命烈士，桑峪村人，1938 年参加革命工作，历任村、区农会主任、宛平县县参议员、宛平县工会主席、宛平县敌工部部长。1944 年春，深入门头沟矿区搜集情报，在工人中宣传抗日，发展党的组织。建立以铁匠作坊为中心的党的活动网，把党的工作扩大到矿区和铁路上。1945 年日本投降前，日军撤出西山矿，杨运庭和地下党员带领一批群众冲进了西山矿，打开粮仓，赈济苦难矿工。

图 18-10 杨运庭

国民党军占领矿区后，杨运庭坚持在白区工作。1946 年因被叛徒出卖，被捕牺牲。

安宏达

安宏达（1919—1945），革命烈士，西北山村人，1944 年担任龙赤县委政工部部长，他英勇机智，屡建奇功。1945 年在与国民党某部参谋长谈判和平解放赤城问题时，突遇袭击，壮烈牺牲。解放后赤城人民把他牺牲的地方，命名为宏达街，并在城北山烈士陵园修建了宏达烈士亭。

李尚琪

李尚琪（1920—1945），革命烈士，前桑峪村人，抗战时参加革命。1945 年 1 月，在县委集中接受培训后，被派往敌占区门头沟矿区做地下工作。在西德兴煤窑以走窑背煤为掩护，宣传抗日，团结工人开展工运斗争，发展壮大党的组织，同时，搜集情报转送解放区。一天，李尚琪和地下干部正在中店村开会时被敌人包围。李尚琪在掩护群众撤退中腹部中弹。由于伤势严重，在转至官厅村时牺牲。

杜春永

杜春永（1920—2005），马栏村人。1936 年参加反帝大同盟，次年参加中华民族解放先锋队，1938 年 7 月加入中国共产党。1939 年任中共宛平县第一区委会书记。1940 年后历任中共宛平县委执委兼区委书记，组织部副部长、部长，县委书记，八路军宛平支队政委。1948 年调河北省石家庄市政府任秘书，同年 4 月任豫西区党委研究员，河南省开封市委秘书、直属党委书记、第二区委会书记。1949 年任开封市总工会第一副主席。1950 年后历任中共河南省委办公室城市组组长，河南省委工业部工运科科长、办公室主任兼处长，河南省总工会第二副主席、第一副主席、党组副书记，中国第一拖拉机厂副厂长、党委第一副书记，洛阳市委副书记、洛阳市委书记处书记，河南省机械工业厅厅长，国家建委四局局长，北京市革委会工交、城建组副组长，国家建委综合组组长，北京市城建组长、建委副主任，国家建材总局副局长，国家经委经济管理研究中心副主任，建筑材料工业部党组副书记、常务副部长，中国交通运输协会副会长。1984 年离职休养。2005 年 12 月 4 日在北京逝世。

图 18-11　杜春永

王国文

王国文（1920—1994），桑峪村人，1938 年投身革命，同年加入中国共产党。抗日战争时期，历任宛平县公安局教育股长，第六区委会书记，县委组织部、宣传部部长，中共平西地委宣传干事。解放战争时期，历任晋察冀物资调移委员会秘书、察哈尔省委组织部巡视员、晋中区委政策研究员、南下区党委组织科副科长。全国解放后，历任中共湖南省长沙县委、湘潭县委副书记、广东高雷、粤西地委组织部部长、武汉钢铁公司党委组织部部长、分公司党委书记、武汉钢铁公司建筑总公司秘书长、西安冶金建筑工程学院党委书记、中国有色金属工业第六冶金建设公司党委书记、冀东冶金矿山设计院党委书记、中国建筑材料科学研究院党委书记。

王秀川

王秀川（1921—1948），革命烈士，沿河口村人，1937 年加入中国共产党，先后被调到妙峰山、涧沟、北安河一带开展工作。他组织群众实行生产自救，减租减息，扩大武装，打击敌人，打开工作局面。解放战争开始后，任昌宛县六区区长，武工队队长。1948 年农历三月二十七日夜，王秀川等 4 人在昌平清河镇附近执行任务被敌包围。王秀川掩护战友突围中受伤，面对围攻上来的敌人，毅然向自己开了枪，壮烈牺牲。

图 18-12　王秀川

杨润甲

杨润甲（1921—1993），灵水村人，1939 年 3 月，参加抗日工作，同年 9 月加入中国共产党并参加八路军，编入平西第 7 团后，历任 7、11、13 连党支部书记、指导员。1943 年，调到蔚（县）、涿（鹿）、宣（化）武工队任政工组长，在蔚涿接合部开辟根据地，后又调任宣化六区区长。在南流水一带发动群众，团结上层的统战工作，将土匪武装张全恕部 300 余人改编为蔚涿宣联合县第三游击大队。此后到桑干河北岸开展工作。1944 年先后策动土匪牛石枝、胡老八和张明印接受了八路军的改编。抗战胜利后，杨润甲任宣化八区区长。1945 年 8 月 20 日，策动沙岭镇自卫队队长史子超反正时，遭其反悔被扣押。杨润甲通过关系及时送出情报，8 月 24 日，八路军第 45 团迅速将沙岭子包围，史子超只得又请出杨润甲，按原定条件接受改编，沙岭子获得了解放。中华人民共和国成立后，杨润甲先后任宣化水利局局长、县人大常委会副主任等职。

吕玉通

吕玉通（1921—？），劳动模范，煤窑村人，中共党员，1940 年参军，先后任班长、排长，三次受伤，多次立功受奖。在解放新保安战斗中，受伤失去一条右腿。1948 年复员还乡。还乡后积极参加社会主义建设，从不居功自傲，身残志不残，坚持生产劳动，1965 年，被评为北京市劳动模范。

宋广宏

宋广宏 (1922—1943)，革命烈士，白虎头村人。七七事变后，参加抗日工作，1940 年负责村里的青年工作，后调到六区抗联青年部工作兼管少先队工作。1943 年 7 月，宋广宏等 3 人在牛战村被敌人包围，为掩护另 2 名同志突围，不幸大腿负伤而被捕。敌人用铡刀将其头颅铡下装入木笼，挂在胡林村头的大树上示众，宋广宏牺牲时年仅 21 岁。

王自勤

王自勤(1922—1948)，革命烈士，王龙口村人，1941 年参加革命，跟随部队转战打游击。他作战勇敢，胆子大不怕死，同志间关系好。到国共合作时离开部队返乡。1946 年下半年，部队增加人员，他积极报名归队，任解放军某部排长。1948 年张家口战斗中，他与同志坚守的阵地被敌人包围。战斗到最后，王自勤等十一二个战士子弹全部打光，面对蜂拥上来的敌人，他带头跳下了山崖，壮烈牺牲。

赵清学

赵清学（1923—1999），龙门沟村人，1939 年 5 月参加八路军，1940 年加入中国共产党，先后任冀热察军区学兵连战士、警卫员、区党委书记、军管会主任。1949 年南下，历任湖南省芷江县大队政委、军分区参谋长，副司令，1984 年离休。赵清学文学创作始于 1943 年，1979 年加入中国作家协会。主要作品《房东两兄弟》《二灵子的婚事》等。他发表和出版过大量反映领袖人物的作品，比如《中流击水》《湘水长流》《毛主席来到我们连》等。出版的《郭亮的故事》一书，曾得到过毛泽东的批示；他组织创作了电影剧本《怒潮》及小说《朝阳花》。赵清学共创作 6 部长篇和 100 多篇中短篇文学作品，200 多万字。漓江出版社 1993 年出版的《赵清学研究集》说他是“大众的文学，大众的作家”“军中才子，人中义士”“文司令、武作家”。

王文兴

王文兴（1924—1942），革命烈士，灵水村人。15 岁参加村自卫队，加入中国共产党。16 岁时参加游击队，不久编入挺进军七团。1942 年担任二连二排八班党小组长。1942 年底，日军进攻七团团部驻地的曹霸港，王文兴所在的八班在一座名叫鸡蛋坨的山上掩护团部转移。战斗从早晨一直打到下午，手榴弹用光了，连能用的石头也扔光了。面对着又一次攻上来的日伪军，王文兴等砸烂手中的枪支后，跳下了悬崖，壮烈牺牲。王文兴等 5 位烈士牺牲后，晋察冀司令员兼政治委员聂荣臻、副司令员萧克亲自签署通令，嘉奖烈士，号召全体指战员向他们学习。

张进霖

张进霖(1925—1985)，桑峪村人，抗日战争时期，担任村儿童团团长、区儿童团指导员。1943 年 10 月加入中国共产党。解放战争时期，曾历任宛平县六、七区区委书记、武工队政委。中华人民共和国成立后做青年团的工作，任团市委书记。1953 年，支持和帮助创建北京市第一支青年突击队。1956 年，组建北京青年萝北垦荒队。1965 年以后，先后担任大兴县委副书记，红星公社党委书记，市农林科学院副院长、党委书记，市政府农办主任、市长助理等职。

韩三伟

韩三伟（1925—1942），革命烈士，龙门沟人，1939 年参军，任晋察冀军区十团卫生队勤务员。1942 年在密云县臭水坑执行任务时被敌人包围，壮烈牺牲。

杨运令

杨运令（1925—1948），革命烈士，桑峪村人，烈士杨运庭的弟弟，从小跟随哥哥参加革命，历任桑峪村贫农团主席，宛平县二区民兵营民兵排长。杨运庭牺牲后，继承哥哥的遗志，带领民兵配合主力部队作战。1948 年，带领桑峪村民兵排到大台北岭参加战斗。队伍在小店子宿营时遭敌袭击，杨运令为掩护二区民兵营撤退中弹受伤，被捕牺牲。

李万荣

李万荣（1925—2001），劳动模范，军响村人，中共党员，在任军响大队党总支书记期间，带领群众进行农田水利建设，修建 2 座扬水站，把全村旱地改造成为 900 余亩水浇地，为村民修了自来水。粮食总产量达 40 万公斤，创村历史最高水平。1962 年、1963 年军响村连续 2 年被评为北京市先进单位，李万荣也 2 次荣获北京市农业劳动模范。

张志民

张志民 (1926—1998)，张家村人。1938 年 5 月投身抗日活动，1941 年加入中国共产党。先后做过译电员、支部书记、专业创作员、出版社副总编辑、主编、北京作家协会副主席、北京诗歌研究会会长、中国诗书画研究院名誉院长等。从 1946 年起，开始文学创作，1947 年，他的处女作、长篇叙事诗《王九诉苦》和《死不着 》在《晋察冀日报》上发表之后，各报刊相继转载，引起了广泛反响。此后，几十年，作为诗人，创作了大量充满时代气息的诗歌和诗论，先后出版了《边区的山》《你与太行同高》等长诗和数百首短诗，出版了十多本诗集，其中多部作品获奖。张志民的诗歌通俗易懂，乡土气息浓厚，在中国现代文学史上占有重要地位，其中部分作品选入大学中文系教材中。

刘景春

刘景春（1927—1999）男，柏峪村人，10 岁加入儿童团。1954 年，加入中国共产党。1953 年，带头成立了柏峪村的农业生产互助组，1955 年担任社主任。2 次被京西矿区评为区级劳动模范。他带领村民整滩垫地、植树造林、发展生产、扩大副业，为集体和村民增加收入。1958 年，被选为斋堂人民公社党委委员。

20 世纪 60 年代，带领群众打井、修渠，引黄土岭水进村，解决村民饮水问题。同时带领村民到青龙涧村开办煤矿，既解决了柏峪村家家的烧煤问题，又安排了本村村民就业，增加了村民个人和集体收入。在带领下，柏峪村建立了一个十多人的植树造林承包组。80 年代，为落实计划生育政策，刘景春亲自给儿子、儿媳做工作，让儿媳到医院采取了长效节孕措施。刘景春从 1964 年开始担任党支部书记，一直到 20 世纪 90 年代。先后被选为门头沟区第九届人民代表大会代表，北京市第七、第八届人民代表大会代表，第五届全国人民代表大会代表。

石裕民

石裕民（ ？—1942），革命烈士，沿河城村人。七七事变后参加八路军。1940 年初随部队到平北开辟根据地，后奉命调到龙延怀联合县三区和七区开展工作。1941 年 12 月 28 日，由于叛徒出卖被侵华日军包围在怀来县水窑村的一间土房中。他将身上所带的文件烧毁后，拔出枪与敌人拼杀，最后落入敌手中。敌人用尽威逼利诱等各种手段，石裕民宁死不屈。1942 年 4 月敌人将他押到后堡河滩用刺刀刺死。

史孟书

史孟书（1937—2020），劳动模范，西斋堂村人，中共党员，1957 年 7 月北京六十八中学毕业后返村劳动。为修整马兰口被洪水冲毁的土地，向公社社管会提出组织青年突击队，整滩造田的请示，得到社管会的批准和支持。8 月初，由 50 多名青年组成的青年突击队正式成立，史孟书任队长。他带领突击队整滩、垒石陇、填石渣，闸水簸箕，苦干两个多月，把 100 多亩河滩，育成肥沃的良田。秋后，按照领导要求，在村里组建起识字班，对 50 多人文盲和半盲人员进行帮教和培训。经过一冬的努力，完成了领导交给的任务，西斋堂村被评为扫盲先进村。同年，他被评为北京市市级劳动模范，出席了北京市劳模大会。

曹殿忠

曹殿忠（ 1960—1983) 革命烈士，黄岭西村人，共青团员。1983 年 11 月 24 日上午，在煤窑救人中牺牲。曹殿忠牺牲后，被北京市人民政府批准他为革命烈士，共青团北京市委，共青团门头沟区委均授予他优秀共青团员称号，门头沟区人民政府批准追记其二等功一次。为表彰曹殿忠舍己救人的精神，中共斋堂乡委员会、斋堂乡人民政府、门头沟区武装部在黄岭西村东为其立纪念碑。

第二节　人物名表

革命烈士名录

斋堂镇有革命英烈 494 人，占全区的 41%，其中抗日英烈 386 人，占全区的 32%。解放战争时期英烈 86 人，抗美援朝英烈 15 人，和平建设时期英烈 7 人。

斋堂镇革命烈士一览表

表 18-1

姓 名	性别	出生时间	籍 贯	牺牲时间	牺牲地点	牺牲时所在单位职务
马玉林	男	1915 年	军响村	1938 年	太平堡	宣、涿、怀县政府勤务员
李昆山	男	1921 年		1939 年	延安大镐村	晋察冀军区十团班长
李福珍	男	1910 年		1940 年	延 安	晋察冀军区十二团战士
李润会	男	1921 年		1941 年	延 安	晋察冀军区十团战士
刘 平	男	1917 年		1941 年	涞水县	涞水县五区干部
刘 森	男	1921 年		1942 年	延 安	宛平县大队战士
李海秀	男	1926 年		1947 年	房山县	晋察冀军区独立团战士
李润富	男	1926 年		1950 年	朝 鲜	志愿军战士
刘万福	男	1924 年		1950 年	朝 鲜	志愿军营长
张增福	男	1915 年	桑峪村	1938 年	英 水	平西六支队排长
杨运广	男	1904 年		1939 年	矾山堡	晋察冀军区十团副团长
张克维	男	1903 年		1939 年	涞水县	涞水县干部
杨德润	男	1915 年		1939 年	卢家坡	晋察冀军区十团司务长
杨德社	男	1906 年		1939 年	东 北	晋察冀军区十团连长
杨怀文	男	1924 年		1939 年	平山县	晋察冀军区十团司药
张全富	男	1913 年		1939 年	热河省	晋察冀军区十团战士
杨永春	男	1920 年		1940 年	阁 岭	晋察冀军区十二团班长
杨巨恩	男	1915 年		1940 年	涿 鹿	晋察冀军区十二团连长
杨广录	男	1911 年		1940 年	矾山堡	晋察冀军区十二团营长
杨立凯	男	1909 年		1941 年	涞水县	晋察冀军区供给处战士
杨振民	男	1918 年		1942 年	宛平县	宛平县地下工作者
刘 功	男	1911 年		1942 年	斋堂	宛平八区粮秣干事
杨建廷	男	1913 年		1943 年	曹各庄	宛平县敌工部县议员
李尚琪	男	1920 年		1943 年	圈 门	宛平县地下工作者
梁金银	男	1919 年		1943 年	斋 堂	平西游击队战士
杨维民	男	1920 年		抗日期间	房山县	房山县干部

续表 18-1

姓　名	性别	出生时间	籍　贯	牺牲时间	牺牲地点	牺牲时所在单位职务
杨再林	男	1925 年	桑峪村	1946 年	绥　远	四旅三营八连排长
杨运庭	男	1917 年		1946 年	宛平县	宛平县敌工部县议员
杨运令	男	1925 年		1948 年	小店村	桑峪村民兵
杨怀春	男	1923 年		1950 年	朝　鲜	志愿军营长
王国锋	男	1948 年		1970 年	湖北省	一二九部队战士
谭西印	男	1923 年	灵水村	1940 年	涞水县	冀东游击队通讯员
王任秀	男	1901 年		1940 年	涞水县	涞水县粮秣干事
谭　文	男	1918 年		1940 年	黑湖巷	宛平县大队排长
谭朝义	男	1910 年		1940 年	庙安梁	宛平县大队战士
谭朝贤	男	1905 年		1941 年	灵水村	灵水村干部
田正奇	男	1919 年		1942 年	涞水县	宛平县大队连长
王文兴	男	1921 年		1942 年	涞水县	昌平县游击队三营九连战士
刘文川	男	1916 年		抗日期间	冀　东	晋察冀军区七团战士
谭成林	男	1917 年		抗日期间	房山县	宛平县大队战士
刘文明	男	1916 年		抗日期间	冀　东	晋察冀军区九团战士
谭九霄	男	1919 年		抗日期间	涞水县	涞水县七区区长
谭巨龙	男	1911 年		1946 年	房山县	房山县干部
刘万年	男	1916 年		1946 年	张家口	四旅三营八连班长
刘成福	男	1921 年		1946 年	张家口	四旅一营二连战士
王有明	男	1901 年		1946 年	张北县	张北县公安局局长
刘文仕	男	1924 年		1947 年	南辛房	宛平县大队通讯员
刘成林	男	1918 年		1947 年	阳原县	晋察冀军区炮连指导员
谭宝珍	男	1923 年		1947 年	南辛房	独立四旅排长
刘天兰	男	1924 年		1947 年	南辛房	宛平县大队战士
刘天功	男	1924 年		1948 年	大同市	华北军区独立团排长
刘天月	男	1926 年		1948 年	石景山	华北军队七团战士
张德林	男	1918 年		1949 年	张家口	张北县政府干部
谭怀俭	男	1922 年		1980 年	天津市	北京二炮副师长

续表 18-1

姓　名	性别	出生时间	籍　贯	牺牲时间	牺牲地点	牺牲时所在单位职务
石建普	男	1923 年	西胡林村	1939 年	宣　化	晋察冀军区十团战士
李成功	男	1918 年	西胡林村	1939 年	新保安	晋察冀军区十团战士
李成龙	男	1917 年	西胡林村	1940 年	十字道	晋察冀军区十二团战士
李文选	男	1916 年	西胡林村	1940 年	房山县	晋察冀军区十二团战士
石有德	男	1916 年	西胡林村	1940 年	西　岔	宛平县干部
石　凯	男	1911 年	西胡林村	1941 年	涞水县	涞水县干部
王文奎	男	1916 年	西胡林村	1941 年	涞水县	涞水县干部
石宏仁	男	1916 年	西胡林村	1941 年	赤城县	平西六支队战士
谭　庚	男	1920 年	西胡林村	1941 年	涞水县	晋察冀军区七团班长
王文田	男	1924 年	西胡林村	1941 年	房山县	宛平县大队战士
谭桂悦	男	1920 年	西胡林村	1942 年	斋　堂	宛平县地下工作者
王文凯	男	1926 年	西胡林村	1942 年	河北省	宛平县地下工作者
李成如	男	1915 年	西胡林村	1943 年	斋　堂	宛平县八区地下党员
李华静	男	1923 年	西胡林村	1943 年	西胡林村	西胡林村民兵
石建纯	男	1923 年	西胡林村	1943 年	西胡林村	西胡林村民兵
石存秀	男	1926 年	西胡林村	1944 年	怀安县	晋察冀军区七团战士
李进义	男	1920 年	西胡林村	抗日期间	平　西	晋察冀军区七团战士
刘海臣	男	1918 年	西胡林村	抗日期间	涞水县	晋察冀军区七团战士
谭　哲	男	1920 年	西胡林村	抗日期间	昌平县	晋察冀军区七团连长
王银臣	男	1920 年	西胡林村	抗日期间	平　西	晋察冀军区九团战士
刘桂芬	男	1915 年	西胡林村	抗日期间	涞水县	晋察冀军区七团战士
王文建	男	1926 年	西胡林村	抗日期间	外十三	宛平县大队战士
石增福	男	1924 年	西胡林村	1948 年	房山县	华北军区七团战士
王文选	男	1924 年	西胡林村	1950 年	朝　鲜	志愿军战士
王华春	男	1927 年	西胡林村	1951 年	朝　鲜	志愿军战士
石存仁	男	1916 年	西胡林村	1951 年	朝　鲜	志愿军团政委

续表 18-1

姓　名	性别	出生时间	籍　贯	牺牲时间	牺牲地点	牺牲时所在单位职务
吕海森	男	1912 年	东胡林村	1941 年	涞水县	平西六支队战士
吕广达	男	1909 年		1942 年	涞水县	宛平县大队战士
吕广勤	男	1919 年		1943 年	涿鹿县	涿鹿县十一区治安员
吕广金	男	1914 年		抗日期间	涿鹿县	晋察冀军区七团战士
吕海录	男	1925 年		抗日期间	涞水县	晋察冀军区七团战士
刘继群	男	1910 年		抗日期间	平　北	宛平县大队战士
刘正明	男	1921 年		抗日期间	房山县	察冀军区九团战士
艾连科	男	1915 年		1946 年	房山县	宛平县大队连长
刘士杰	男	1909 年		1946 年	涿鹿县	涿鹿县委组织部部长
刘德胜	男	1925 年		1947 年	河间县	独立四旅战士
刘甫善	男	1923 年		1947 年	涞水县	独立四旅战士
赵玉玺	男	1914 年	西斋堂村	1939 年	冀　东	晋察冀军区九团战士
王树智	男	1893 年		1939 年	永宁县	永宁县游击队战士
王树品	男	1920 年		1939 年	涞水县	河北省抗大学校学生
聂德全	男	1906 年		1939 年	平　北	宛平游击大队战士
周德贵	男	1908 年		1940 年	南　窑	宛平县大队排长
史文俭	男	1920 年		1941 年	涞水县	宛平县游击队战士
周兴保	男	1922 年		1941 年	房山县	平西六支队战士
史增祥	男	1914 年		1941 年	蔚　县	宛平县干部
杜老孝	男	1922 年		1941 年	涞水县	宛平县粮秣干事
史孟雄	男	1913 年		1941 年	涞水县	晋察冀军区七团战士
乔天亮	男	1921 年		1941 年	易　县	晋察冀军区十团战士
王　忠（王存忠）	男	1905 年		1942 年	军　庄	宛平县大队队长
索广仕	男	1915 年		1942 年	涞水县	晋察冀军区七团战士
史文山	男	1924 年		1942 年	涞水县	晋察冀军区七团战士
史孟富	男	1922 年		1942 年	涞水县	晋察冀军区七团战士
史文旭	男	1915 年		1942 年	涿鹿县	晋察冀军区七团战士

续表 18-1

姓 名	性别	出生时间	籍 贯	牺牲时间	牺牲地点	牺牲时所在单位职务
杜宏图	男	1922 年	西斋堂村	1942 年	平 北	平北挺进军战士
周德才	男	1914 年		1942 年	山西省	晋察冀军区七团战士
周德润	男	1913 年		1942 年	涞水县	晋察冀军区七团战士
史文进	男	1921 年		1942 年	宛平县	晋察冀军区七团战士
王政利	男	1902 年		1942 年	涞水县	晋察冀军区九团报务员
赵会山	男	1922 年		1942 年	东 北	晋察冀军区九团战士
史 庆	男	1920 年		1942 年	房山县	晋察冀军区七团战士
乔云山	男	1922 年		1943 年	涞水县	宛平县大队勤务员
杜宏模	男	1922 年		1943 年	平 西	宛平县大队排长
曹安宁	男	1920 年		1943 年	涞水县	晋察冀军区七团战士
于长春	男	1915 年		1944 年	达摩庄	宛平县游击队战士
王树立	男	1901 年		1944 年	杜家庄	晋察冀军区七团战士
王树荫	男	1907 年		1944 年	张家口	抗日期间救国会会长
史孟林	男	1922 年		1944 年	涞水县	晋察冀军区七团战士
王树桂	男	1921 年		1944 年	涿 县	涿县六区区长
杜存兴	男	1921 年		1945 年	山 西	晋察冀军区七团战士
史增功	男	1920 年		1945 年	山 西	晋察冀军区七团战士
史文亮	男	1922 年		1945 年	张家口	晋察冀军区七团战士
史文海	男	1921 年		1945 年	张家口	晋察冀军区七团战士
刘增福	男	1927 年		1945 年	涞水县	晋察冀军区七团战士
史维道	男	1919 年		1947 年	火 村	宛平县独立营战士
王德功	男	1927 年		1947 年	太 原	二纵队六师十八团战士
赵满宏	男	1926 年		1948 年	山西省	华北军区七团战士
杜佳范	男	1922 年		1948 年	任丘县	野战二纵队五旅指导员
乔天元	男	1932 年		1951 年	朝 鲜	志愿军战士
杜厚田	男	1932 年		1951 年	朝 鲜	志愿军排长

续表 18-1

姓　名	性别	出生时间	籍　贯	牺牲时间	牺牲地点	牺牲时所在单位职务
贾巨祥	男	1898 年	东斋堂村	1939 年	蓬头村	晋察冀边区给养员
宋怀森	男	1917 年		1940 年	平　北	晋察冀军区九团战士
石秀德	男	1915 年		1940 年	梁庄沟	宛平县游击队战士
贾纯利	男	1909 年		1940 年	涞水县	宣、涿、怀联合县
贾全有	男	1904 年		1940 年	田　寺	宛平县武装部干部
贾宏利	男	1913 年		1940 年	上清水	昌宛县游击队战士
石建满	男	1921 年		1941 年	涞源县	晋察冀军区宣传员
贾玉满	男	1919 年		1941 年	涞水县	晋察冀军区七团战士
王振铎	男	1902 年		1942 年	怀来县	宣、涿、怀县政府干部
贾春武	男	1906 年		1942 年	涞水县	晋察冀军区十一分区排长
贾增昌	男	1921 年		1942 年	涞水县	晋察冀军区七团战士
贾春古	男	1891 年		1942 年	涿鹿县	宛平县八区粮秣助理
贾　无	男	1903 年		1942 年	涞水县	晋察冀军区排长
李福生	男	1915 年		1942 年	冀　东	晋察冀军区组织干事
贾立言	男	1920 年		1942 年	涞水县	晋察冀军区十一分区战士
贾甫林	男	1919 年		1943 年	房山县	宛平县干部
谭候英	男	1908 年		1943 年	下苇甸	宛平县税务所税员
王甫兆	男	1923 年		1943 年	易　县	晋察冀军区前线宣传员
贾　韦	男	1918 年		1943 年	昌平县	宛平县大队副连长
贾万章	男	1919 年		1943 年	热　河	抗日期间联军教导员
贾纯琴	男	1921 年		1943 年	牛站村	宛平县游击队排长
韩巨金	男	1913 年		1945 年	涿　县	涿县县委书记
王甫梦	男	1919 年		抗日期间	怀涞县	晋察冀军区九团战士
贾立锋	男	1911 年		抗日期间	冀　东	晋察冀军区七团战士
贾宏勋	男	1920 年		抗日期间	冀　东	晋察冀军区七团战士
贾玉茹	男	1921 年		1946 年	沈阳市	四野电报员
贾玉华	男	1925 年		1947 年	涞水县	昌宛县游击队战士

续表 18-1

姓　名	性别	出生时间	籍　贯	牺牲时间	牺牲地点	牺牲时所在单位职务
贾立功	男	1916 年	东斋堂村	1947 年	昌平县	华北军区三纵队副营长
贾巨信	男	1920 年	东斋堂村	1947 年	涞水县	华北军区三纵队战士
贾春俭	男	1916 年	东斋堂村	1947 年	涞水县	华北军区三纵队战士
石祥太	男	1920 年	东斋堂村	1948 年	房山县	宛平县武装部指导员
贾增新	男	1915 年	东斋堂村	1948 年	上　岸	宛平县治安员
韩巨荣	男	1925 年	东斋堂村	1949 年	易　县	华北军区独立旅战士
贾玉昆	男	1928 年	东斋堂村	1951 年	朝　鲜	志愿军医生
史维军	男	1912 年	东斋堂村	1969 年	怀安县	五三三部队参谋长
尚金相	男	1914 年	火村	1939 年	台岭沟山	宛平县游击大队战士
李井林	男	1920 年	火村	1940 年	昌平县	晋察冀军区九团战士
李全坤	男	1917 年	火村	1940 年	涞水县	晋察冀军区十一分区政治部排长
梁作相	男	1919 年	火村	1941 年	涞水县	晋察冀军区七团班长
李有春	男	1919 年	火村	1941 年	房山县	晋察冀军区十团战士
李万印	男	1916 年	火村	1941 年	房山县	晋察冀军区七团战士
李万安	男	1908 年	火村	1942 年	火　村	支前民兵
梁作庆	男	1929 年	火村	1942 年	平　北	晋察冀军区十团战士
李万军	男	1914 年	火村	1942 年	张家口外	晋察冀军区九团战士
梁士达	男	1923 年	火村	1943 年	火　村	火村民兵
梁士元	男	1920 年	火村	1943 年	火　村	火村民兵
李万艳	男	1917 年	火村	1943 年	东胡林	晋察冀军区七团战士
李万珍	男	1913 年	火村	1943 年	平　北	宛平县游击队班长
李万存	男	1902 年	火村	1944 年	平　北	晋察冀军区十团战士
李广中	男	1914 年	火村	1944 年	平　北	晋察冀军区十团战士
李广庆	男	1917 年	火村	1944 年	平　北	晋察冀军区十团战士
李万怀	男	1912 年	火村	1944 年	火　村	火村民兵
梁甫奎	男	1896 年	火村	抗日期间	涞水县	晋察冀军区九团教导队炊事员

续表 18-1

姓　名	性别	出生时间	籍　贯	牺牲时间	牺牲地点	牺牲时所在单位职务
贾甫柱	男	1919 年	火村	抗日期间	冀　东	晋察冀军区十团战士
李万孝	男	1911 年		1946 年	新保安	华北军区二纵队副营长
梁甫民	男	1921 年		1946 年	平　北	晋察冀军区十团连长
杜家云	男	1928 年		1947 年	南辛房	宛平县大队通讯员
李景让	男	1924 年		1947 年	文城县	晋察冀军区七团战士
李瑞云	男	1925 年		1948 年	天桥浮	二纵队新四旅战士
张成儒	男	1920 年		1948 年	达摩庄	宛平县独立营副连长
刘殿兴	男	1924 年		1948 年	昌平县	二纵队新四旅战士
杨维保	男	1910 年	法城村	1939 年	延　安	晋察冀军区十团战士
魏永金	男	1911 年		1940 年	涞水白代	晋察冀军区十二团排长
傅长祥	男	1914 年		1940 年	宛平县	平西抗联战士
杨维之	男	1916 年		1942 年	张家口	晋察冀军区九团战士
杨得贵	男	1926 年		1946 年	潭柘寺	宛平支队通讯员
杨德宝	男	1921 年		1946 年	徐水县	晋察冀军区二十一团指导员
刘天禿	男	1915 年		1947 年	陕　西	陕甘宁边区独立营战士
魏永宝	男	1922 年		1947 年	圈　门	宛平县大队排长
杨维川	男	1931 年		1948 年	房山县	宛平支队战士
张文臣	男	1915 年	柏峪村	1939 年	房山县	冀东游击队六支队战士
张巨银	男	1911 年		1939 年	清　水	晋察冀军区九团战士
张文臣	男	1921 年		1939 年	房山县	晋察冀军区七团战士
王汉民	男	1920 年		1940 年	昌平县	晋察冀军区十团战士
贾秀仕	男	1915 年		1940 年	昌平县	晋察冀军区七团战士
李兴民	男	1918 年		1940 年	涞水县	晋察冀军区九团战士
李兴宝	男	1916 年		1940 年	邑　县	晋察冀军区七团战士
张明武	男	1916 年		1940 年	柏峪村	支前民兵
刘进田	男	1915 年		1941 年	怀来县	昌宛县大队班长
陈文银	男	1914 年		1941 年	柏峪村	支前民兵

续表 18-1

姓　名	性别	出生时间	籍　贯	牺牲时间	牺牲地点	牺牲时所在单位职务
刘玉安	男	1903 年	柏峪村	1941 年	平　北	晋察冀军区供给部战士
王汉仕	男	1915 年		1941 年	黄城峪沟	宛平县游击队战士
陈万富	男	1911 年		1941 年	张家口	晋察冀军区九团战士
陈文芳	男	1900 年		1941 年	涞水县	宛平县游击队伙夫
陈文善	男	1898 年		1941 年	平　北	晋察冀军区十团战士
谭应润	男	1914 年		1942 年	房山县	晋察冀军区十团班长
谭永普	男	1921 年		1942 年	柏峪村	平西总队班长
刘玉昆	男	1913 年		1942 年	涞水县	昌宛县游击大队长
陈文才	男	1900 年		1943 年	永　定	晋察冀军区九团排长
谭怀德	男	1912 年		1944 年	斋　堂	宛平县大队班长
刘景茂	男	1916 年		1945 年	赤　城	晋察冀军区 44 团班长
谭天来	男	1916 年		1945 年	怀涞县	晋察冀军区九团排长
韩志信	男	1922 年		1947 年	达摩庄医院	晋察冀军区七团战士
谭怀信	男	1928 年		1947 年	达摩庄医院	晋察冀军区七团战士
孙万宝	男	1927 年		1952 年	朝　鲜	志愿军排长
陈文勇	男	1910 年		1969 年	门头沟医院	门头沟区卫生科科长
韩晓进	男	1921 年	川底下村	1940 年	双林寺	平西五支队排长
韩晓文	男	1921 年		1940 年	清　水	平西五支队战士
韩晓通	男	1919 年		1940 年	涞水县	晋察冀军区七团战士
韩晓印	男	1915 年		1941 年	川底下村	支前民兵
韩晓利	男	1921 年		1942 年	张北县	昌宛县游击队战士
韩晓亮	男	1911 年		1942 年	斋　堂	昌宛县游击队排长
韩晓安	男	1913 年		1942 年	张北县	昌宛县游击队战士
韩晓儒	男	1913 年		1942 年	涞水县	平西五支队战士
韩晓更	男	1915 年		1942 年	房山县	宛平县五区区长
韩怀福	男	1926 年		1942 年	北　岭	昌宛县子弟兵团战士
韩怀之	男	1924 年		1942 年	灵寿县	灵寿县游击队战士

续表 18-1

姓 名	性别	出生时间	籍 贯	牺牲时间	牺牲地点	牺牲时所在单位职务
韩怀义	男	1921 年	川底下村	1942 年	涞水县	晋察冀军区七团战士
韩晓金	男	1921 年		1942 年	涞水县	晋察冀军区七团战士
韩巨印	男	1923 年		1942 年	平 北	晋察冀军区九团报务员
韩巨龙	男	1908 年		1942 年	斋 堂	宛平县地下工作者
韩晓雨	男	1918 年		1942 年	涿鹿县	晋察冀军区九团战士
韩晓宽	男	1925 年		1942 年	涞水县	晋察冀军区七团战士
韩巨斌	男	1906 年		1942 年	宛平县	川底下村干部
韩晓成	男	1910 年		1943 年	涞水县	房、涞、涿县政府副县长
韩晓元	男	1920 年		1943 年	涞水县	晋察冀军区七团战士
韩怀泉	男	1920 年		1944 年	房山县	宛平县游击队长
韩晓华	男	1917 年		1945 年	冀 东	抗日期间联军班长
曹有臣	男	1921 年	黄岭西村	1941 年	潭柘寺	晋察冀军区七团战士
王振广	男	1922 年		1941 年	涞水县	涞水县公安局公安员
曹殿儒	男	1915 年		1941 年	涞水县	平西抗大学校管理员
曹殿喜	男	1924 年		1941 年	潭柘寺	晋察冀军区七团战士
王希仁	男	1913 年		1941 年	延 安	平西五支队战士
曹有起	男	1912 年		1941 年	昌平县	晋察冀军区战士
王克旺	男	1922 年		1941 年	潭柘寺	晋察冀军区七团战士
曹殿厚	男	1915 年		1942 年	涞水县	晋察冀军区七团战士
王克言	男	1918 年		1942 年	涞水县	晋察冀军区七团战士
曹玉庆	男	1909 年		1942 年	昌平县	宛平县八区区委书记
王希斌	男	1910 年		1942 年	灵岳寺	晋察冀军区七团战士
曹玉安	男	1911 年		1942 年	房山县	晋察冀军区七团战士
王振英	男	1922 年		1942 年	涞水县	晋察冀军区七团战士
王振海	男	1918 年		1942 年	涞水县	晋察冀军区七团战士

续表 18-1

姓　名	性别	出生时间	籍　贯	牺牲时间	牺牲地点	牺牲时所在单位职务
王克永	男	1918 年	黄岭西村	1943 年	平　西	民兵
王克循	男	1926 年	黄岭西村	1944 年	昌平县	晋察冀军区七团战士
曹殿臣	男	1925 年	黄岭西村	1946 年	昌平县	宛平县大队战士
王振文	男	1919 年	黄岭西村	1946 年	沈阳市	4 野 16 纵队 48 师战士
曹玉进	男	1916 年	黄岭西村	1947 年	房山县	华北军区二纵队指导员
曹殿忠	男	1960 年	黄岭西村	1983 年	斋堂镇	黄岭西村民
王明仕	男	1921 年	双石头村	1940 年	涿　县	晋察冀军区七团战士
刘建宏	男	1920 年	双石头村	1941 年	上达摩庄	晋察冀军区十团排长
王文祥	男	1912 年	双石头村	1941 年	东　北	晋察冀军区七团战士
宋怀之	男	1905 年	双石头村	1942 年	涞水县	晋察冀军区七团战士
宋久从	男	1909 年	双石头村	1942 年	东　北	晋察冀军区九团战士
王明贤	男	1913 年	双石头村	1942 年	杜家庄	昌宛房游击队战士
王永全	男	1895 年	双石头村	1942 年	斋　堂	双石头村干部
王永安	男	1913 年	双石头村	1942 年	双石头村	双石头村干部
王久灵	男	1889 年	双石头村	1943 年	房山县	平西五支队马夫
王久存	男	1912 年	双石头村	1943 年	涞水县	涞水县地下工作者
李正山	男	1914 年	林子台村	1939 年	涞水县	平西六支队战士
林长森	男	1917 年	林子台村	1939 年	涞水县	晋察冀军区十团战士
王学凯	男	1915 年	林子台村	1940 年	宛平县	宛平县五区小队战士
王巨才	男	1915 年	林子台村	1941 年	昌平县	晋察冀军区十团战士
白良珠	男	1910 年	林子台村	1942 年	蔚　县	晋察冀军区七团战士
韩玉宝	男	1918 年	林子台村	1942 年	怀来县	晋察冀军区十团司务长
魏元杰	男	1923 年	沿河城村	1940 年	冀　东	平西六支队战士
索广泽	男	1916 年	沿河城村	1940 年	冀　东	平西六支队战士
李国田	男	1914 年	沿河城村	1940 年	下苇甸	昌宛县独立营副排长
李文儒	男	1917 年	沿河城村	1940 年	冀　东	平西六支队排长
李正国	男	1915 年	沿河城村	1940 年	沿河城	宛平县游击队侦察班长

续表 18-1

姓　名	性别	出生时间	籍　贯	牺牲时间	牺牲地点	牺牲时所在单位职务
师广隆	男	1917 年	沿河城村	1941 年	龙门沟	宛平县模范队战士
索广俊	男	1922 年		1941 年	延庆县	晋察冀军区七团战士
韩国库	男	1900 年		1942 年	刘家峪	宛平县五区农会主任
黄恩浦	男	1914 年		1942 年	房山县	宛平县宣传部部长
李文华	男	1900 年		1943 年	四平市	东北抗日期间联军营长
王志贵	男	1900 年		1943 年	涿鹿县	宛平县五区模范队长
刘喜庆	男	1924 年		1945 年	涞水县	晋察冀军区七团战士
师广兴	男	1917 年		1945 年	张北县	昌宛县大队民运组干部
师昌敏	男	1925 年		1946 年	兴和县	兴和县干部
韩连达	男	1921 年		1948 年	昌平县	宛平县干部
王秀川	男	1921 年		1948 年	昌平县	昌宛县六区区长
索广平	男	1927 年		1948 年	大同市	华北军区九团战士
魏振民	男	1916 年	沿河口村	1946 年	房山县	晋察冀军区独立团战士
林茂德	男	1907 年	刘家峪村	1941 年	刘家峪	宛平县模范队战士
魏振元	男	1911 年		1941 年	龙门沟	宛平县五区合作社职员
师义温	男	1914 年		1942 年	江水河	昌宛县大队战士
高文奎	男	1916 年		1943 年	涿鹿县	涿鹿县委敌工部部长
索振芝	男	1924 年		1943 年	怀来县	昌宛房大队战士
索振勋	男	1912 年		1945 年	新庄户	涿鹿县组织部部长
师义增	男	1918 年		1946 年	张北县	张北县武装部干部
李朝龙	男	1897 年	狮子沟村	1941 年	狮子沟	狮子沟村干部
李永政	男	1914 年		1941 年	狮子沟	狮子沟村干部
王巨奎	男	1906 年		1941 年	狮子沟	支前民兵
王自顺	男	1912 年		1941 年	狮子沟	支前民兵
王自昶	男	1919 年		1943 年	田　庄	晋察冀军区七团排长
贾振平	男	1902 年	下蔡家岭村	1939 年	平　北	冀东游击队五支队战士

续表 18-1

姓　名	性别	出生时间	籍　贯	牺牲时间	牺牲地点	牺牲时所在单位职务
贾振楼	男	1908 年	下蔡家岭村	1939 年	门头沟	晋察冀军区九团战士
贾文奎	男	1922 年		1940 年	涞水县	平西五支队战士
贾宏昌	男	1906 年		1941 年	房山县	昌宛县八区区长
贾长贤	男	1923 年		1941 年	下蔡家岭	宛平县游击队战士
贾长和	男	1905 年		1942 年	涞水县	平西五支队战士
贾振金	男	1915 年		1942 年	下蔡家岭村	宛平县八区干事
贾长吉	男	1911 年		1942 年	冀　东	平西五支队战士
贾振宽	男	1892 年		1942 年	天津市	平西五支队副连长
贾长义	男	1912 年		1945 年	张　北	宛平八区干部
贾文佐	男	1922 年		抗日期间	房山县	晋察冀军区十团战士
贾文坡	男	1925 年		1948 年	涿　县	二纵队独立四旅战士
贾长辉	男	1929 年		1951 年	朝　鲜	志愿军医生
贾正林	男	1920 年	上蔡家岭村	1941 年	斋　堂	宛平县游击队战士
贾元龙	男	1922 年		1942 年	涞水县	晋察冀军区七团战士
贾恩原	男	1920 年		1944 年	涞水县	晋察冀军区十团战士
贾振优	男	1919 年	蔡家岭村	1940 年	涞水县	晋察冀军区七团战士
贾文学	男	1908 年		1941 年	蔡家岭	蔡家岭村干部
李宝智	男	1923 年		1943 年	火　村	宛平县八区干部
赵金生	男	1903 年	青龙涧村	1940 年	石景山区	冀东游击队五支队战士
牛丰坡	男	1911 年		1941 年	房山县	昌宛县游击队战士
曹文利	男	1903 年		1942 年	斋　堂	晋察冀军区七团伙夫
徐兴义	男	1906 年		1942 年	斋　堂	宛平县八区税务助理
王希仁	男	1916 年		1944 年	延　安	独立四旅战士
赵全礼	男	1912 年		1944 年	涞水县	晋察冀军区九团战士
赵金田	男	1912 年		1947 年	涞水县	平西五支队战士
赵文艳	男	1923 年		1947 年	房山县	独立四旅指导员
杨兴礼	男	1901 年	大三里村	1939 年	阜平县	阜平县青年连交通员

续表 18-1

姓　名	性别	出生时间	籍　贯	牺牲时间	牺牲地点	牺牲时所在单位职务
乔长宝	男	1922 年	大三里村	1940 年	阜平县	阜平青年连战士
杨怀明	男	1917 年		1940 年	淤白村	晋察冀军区七团马夫
张正安	男	1913 年		1940 年	涞水县	昌宛县大队战士
曹安叔	男	1908 年		1942 年	田庄村	昌宛县六区区长
李万民	男	1923 年		1942 年	柏峪村	宛平县青救会主任
李廷芳	男	1907 年		1943 年	城　子	宛平县二区抗联主任
杨中贵	男	1914 年		1943 年	山西省	晋察冀军区九团战士
乔万仓	男	1917 年		1945 年	西胡林	晋察冀军区七团战士
杨春茂	男	1906 年		1946 年	房山县	良乡县干部
李春瑞	男	1919 年		1950 年	朝　鲜	志愿军战士
宋恩科	男	1923 年	马栏村	1940 年	易　县	抗日期间大学学员
宋久奎	男	1915 年		1940 年	平　北	晋察冀军区十团战士
于　文	男	1911 年		1940 年	平　北	平西抗联十团战士
王朝金	男	1899 年		1940 年	平　北	平西抗联十团战士
高甫增	男	1921 年		1941 年	涞水县	晋察冀军区九团战士
董春柱	男	1922 年		1941 年	平　北	晋察冀军区十团战士
宋巨宝	男	1915 年		1941 年	平　北	晋察冀军区十团战士
杜万铁	男	1914 年		1941 年	平　北	晋察冀军区十团战士
艾嘎子	男	1906 年		1941 年	平　北	晋察冀军区十团战士
张德英	男	1909 年		1942 年	宛平县	马栏村干部
韩学义	男	1906 年		1942 年	涿　县	宛平县干部
于桂之	男	1908 年		1942 年	房山县	晋察冀军区七团战士
高甫通	男	1921 年		1942 年	涞水县	晋察冀军区七团战士
艾德珠	男	1922 年		1942 年	房山县	晋察冀军区七团战士
曹甫华	男	1911 年		1942 年	房山县	晋察冀军区七团战士
艾腾坤	男	1907 年		1942 年	房山县	晋察冀军区七团战士
于在水	男	1913 年		1942 年	大　村	晋察冀军区侦察班长

续表 18-1

姓　名	性别	出生时间	籍　贯	牺牲时间	牺牲地点	牺牲时所在单位职务
于景才	男	1912 年	马栏村	1944 年	丰　台	独立四旅班长
刘正明	男	1924 年	马栏村	抗日期间	房山县	晋察冀军区七团战士
于甫金	男	1905 年	马栏村	抗日期间	冀　东	晋察冀军区七团战士
张甫来	男	1906 年	马栏村	抗日期间	冀　东	晋察冀军区七团战士
高二奎	男	1911 年	马栏村	1946 年	怀来县	晋察冀军区五旅副连长
于有田	男	1919 年	马栏村	1946 年	蔚　县	独立四旅连长
贾兴文	男	1916 年	马栏村	1946 年	房山县	独立四旅班长
于忠文	男	1924 年	马栏村	1947 年	房山县	宛平独立营战士
于甫平	男	1927 年	马栏村	1947 年	沈阳市	华北军区二纵队指导员
宋显英	男	1908 年	马栏村	1948 年	达摩庄	马栏村民兵
宋兆奎	男	1916 年	马栏村	1951 年	朝　鲜	志愿军班长
李国玉	男	1905 年	灵岳寺村	1941 年	斋　堂	灵岳寺武装干部
李广德	男	1912 年	灵岳寺村	1941 年	灵岳寺	支前民兵
徐殿阁	男	1924 年	灵岳寺村	1941 年	房山县	晋察冀军区九团班长
刘永华	男	1914 年	灵岳寺村	1941 年	斋　堂	灵岳寺村干部
徐殿祥	男	1921 年	灵岳寺村	1942 年	延　安	晋察冀军区九团班长
刘永厚	男	1908 年	灵岳寺村	1942 年	灵岳寺村	灵岳寺村干部
徐殿瑞	男	1921 年	灵岳寺村	1943 年	清　水	宛平县游击队战士
宋德满	男	1921 年	灵岳寺村	1945 年	黄　塔	宛平县游击队战士
宋进保	男	1922 年	灵岳寺村	1946 年	保　定	独立四旅战士
李广保	男	1920 年	灵岳寺村	1947 年	田　庄	15 纵队 47 师 141 团战士
安玉阁	男	1905 年	西北山村	1941 年	斋　堂	宛平县八区区委书记
安启福	男	1920 年	西北山村	1941 年	斋　堂	斋堂村干部
安朝义	男	1917 年	西北山村	1941 年	房山县	晋察冀军区九团战士
宋井春	男	1920 年	西北山村	1941 年	房山县	晋察冀军区七团战士
张巨田	男	1918 年	西北山村	1942 年	双涧子	晋察冀军区九团班长
安宏达	男	1919 年	西北山村	1945 年	张家口	赤城县敌工部长

续表 18-1

姓　名	性别	出生时间	籍　贯	牺牲时间	牺牲地点	牺牲时所在单位职务
张进顺	男	1915 年	张家村	1942 年	平　北	晋察冀军区十团战士
张怀元	男	1919 年		1942 年	平　北	晋察冀军区十团班长
张甫亮	男	1915 年		1942 年	隆化县	晋察冀军区十团连长
杨存桂	男	1925 年		1942 年	大　同	晋察冀军区十团战士
张进海	男	1920 年		抗日期间	房山县	晋察冀军区七团战士
张廷海	男	1926 年		1947 年	龙泉务村	宛平县大队班长
杨兆广	男	1924 年	杨家村	1940 年	涞　水	晋察冀军区十二团战士
田景云	男	1926 年		1941 年	平　北	晋察冀军区宣传队员
杨树才	男	1924 年		1941 年	房山县	晋察冀军区独立团排长
杨存山	男	1914 年		1941 年	珠　窝	宛平县大队战士
杨炳会	男	1925 年		1943 年	房山县	平西游击队战士
杨俊宝	男	1924 年		1943 年	徐水县	晋察冀军区七团排长
杨俊廷	男	1911 年		1945 年	东　北	抗日期间联军司务长
杨俊林	男	1918 年		抗日期间	房山县	原新四旅战士
王文彬	男	1925 年		抗日期间	易　县	晋察冀军区九团战士
王小锁	男	1918 年		抗日期间	平　北	野战四旅战士
王文奎	男	1912 年		1965 年	杨家村	杨家村贫协主席
吕永庚	男	1913 年	吕家村	抗日期间	涞水县	晋察冀军区七团战士
吕巨宽	男	1914 年		抗日期间	涞水县	晋察冀军区九团战士
吕连斋	男	1914 年		抗日期间	涞水县	晋察冀军区九团战士
吕光照	男	1913 年		抗日期间	涞水县	晋察冀军区九团战士
吕存瑞	男	1913 年		1946 年	涞水县	四旅二营六连连长
吕思敏	男	1929 年		1946 年	张家口	宛平县大队战士
杨景通	男	1927 年	杨家峪村	抗日期间	涞水县	晋察冀军区七团战士
杨景齐	男	1926 年		抗日期间	房山县	晋察冀军区七团战士
杨兴宝	男	1923 年		抗日期间	涞水县	晋察冀军区七团战士
杨兴效	男	1929 年		抗日期间	杨家峪	杨家峪村民兵

续表 18-1

姓 名	性别	出生时间	籍 贯	牺牲时间	牺牲地点	牺牲时所在单位职务
王庆凤	男	1911 年	白虎头村	1940 年	南 窑	宛平县政府通讯员
王德凯	男	1913 年		1942 年	涞水县	晋察冀军区七团战士
宋文章	男	1900 年		1942 年	涞水县	晋察冀军区七团战士
王巨真	男	1898 年		1942 年	房山县	平西游击队战士
宋玉真	男	1919 年		1942 年	白虎头村	白虎头村财粮干事
宋广宏	男	1922 年		1942 年	牛站村	宛平县八区民政助理
王甫田	男	1916 年		1945 年	平 北	晋察冀军区七团战士
王巨祥	男	1925 年		1946 年	延庆县	四旅卫生排长
宋广进	男	1918 年		1948 年	涿 县	二纵队新四旅战士
王文汗	男	1918 年	王家山村	1939 年	河北北庄	晋察冀军区九团通讯员
王文才	男	1906 年		1942 年	王家山村	支前民兵
王文兴	男	1907 年		1942 年	王家山村	支前民兵
王文金	男	1926 年		1942 年	王家山村	支前民兵
王文成	男	1921 年		1942 年	房山县	晋察冀军区九团战士
王文山	男	1920 年		1947 年	房山县	宛平县大队战士
王文银	男	1921 年		1947 年	宛平县	宛平独立营战士
贾文学	男	1921 年		1947 年	十字道	宛平县大队战士
刘万国	男	1908 年	牛站村	1942 年	房山县	晋察冀军区七团侦察员
刘进仕	男	1919 年		1942 年	宛平县	牛站村干部
刘进玉	男	1918 年		1942 年	涞水县	昌宛子弟兵团战士
隗振芳	男	1916 年		1943 年	昌 平	晋察冀军区十团战士
刘增仁	男	1920 年		1943 年	涞水县	晋察冀军区七团副排长
刘增川	男	1918 年		1946 年	蔚 县	宛平县干部
艾广田	男	1919 年		1946 年	安 源	晋察冀军区十九团战士
刘万军	男	1922 年		1946 年	张家口	晋察冀军区七团战士
谭正俭	男	1918 年		1951 年	朝 鲜	志愿军连长
杜存有	男	1913 年	高铺村	1940 年	平 北	晋察冀军区十团战士

续表 18-1

姓　名	性别	出生时间	籍　贯	牺牲时间	牺牲地点	牺牲时所在单位职务
杜宏宽	男	1914 年	高铺村	1941 年	涞水县	马辉部队
张久奎	男	1895 年		1941 年	平　北	宛平县游击队战士
韩甫仁	男	1911 年		1941 年	黄安坨	昌宛县大队班长
杜存位	男	1916 年		1942 年	涞水县	晋察冀军区十团战士
杜存善	男	1908 年		1942 年	田　庄	昌宛县政府税卡长
张显文	男	1913 年		1942 年	涞水县	宛平县游击队连长
张朝深	男	1918 年		1942 年	冀　东	晋察冀军区十团战士
杜宏满	男	1921 年		1942 年	高铺村	支前民兵
刘润屋	男	1914 年		1942 年	柏峪村	宛平县财部卡长
杜存余	男	1915 年		1942 年	涞水县	晋察冀军区九团排长
杜宏兴	男	1916 年		1942 年	平　北	晋察冀军区九团战士
刘文深	男	1908 年		1942 年	房山县	晋察冀军区七团战士
杜存权	男	1918 年		1943 年	昌平县	晋察冀军区九团教导员
杜存孟	男	1918 年		1943 年	涞水县	晋察冀军区十排长
杜宏安	男	1912 年		1944 年	昌平县	宛平县游击队指导员
安永明	男	1907 年		抗日期间	高　铺	高铺村民兵
杜庆山	男	1924 年		1948 年	房山县	华北一军区十三团战士
宋玉林	男	1927 年		1950 年	朝　鲜	志愿军战士
蔡长春	男	1902 年	向阳口村	1938 年	冀　东	晋察冀军区十团战士
韩丰润	男	1909 年		1938 年	冀　东	晋察冀军区九团战士
韩治茂	男	1922 年		抗日期间	冀　东	晋察冀军区七团战士
韩丰成	男	1921 年		抗日期间	平　北	晋察冀军区七团战士
韩连达	男	1900 年		1947 年	田　庄	宛平县政府干部
刘希金	男	1911 年	新庄户村	抗日期间	冀　东	晋察冀军区七团战士
高文品	男	1920 年		抗日期间	平　北	晋察冀军区七团战士
索广杰	男	1924 年		1946 年	天镇县	宛平县大队连长
韩庆云	男	1921 年		1946 年	平　北	独立四旅指导员

续表 18-1

姓　名	性别	出生时间	籍　贯	牺牲时间	牺牲地点	牺牲时所在单位职务
索广才	男	1919 年	东岭村	1944 年	延庆县	延庆武工队队长
李文聪	男	1900 年		1944 年	东　岭	东岭村干部
索广雨	男	1952 年		1974 年	原平县	五二九三六部队副班长
王学华	男	1905 年	王龙口村	1937 年	王龙口	宛平县地下党员
索振友	男	1920 年		1942 年	大清河	晋察冀军区七团战士
王自勤	男	1922 年		1943 年	张家口	八路军排长
韩三伟	男	1925 年	龙门沟村	1942 年	冀　东	晋察冀军区十团战士
黄国忠	男	1921 年	白羊石虎村	抗日期间	平　西	晋察冀军区九团战士
李复民	男	1910 年	王大台村	1943 年	房山县	房山县区公所干部
师青云	男	1921 年	西大台村	1940 年	涞水县	平西六支队战士
师二云	男	1924 年		1946 年	房山县	宛平县大队指导员
韩治才	男	1922 年	东宫村	1947 年	怀来县	怀来四区区委书记
高文和	男	1926 年		1948 年	蔚　县	蔚县兵工厂副厂长
王国全	男	1918 年	龙门口	1947 年	房　山	晋察冀军区十团战士

全国、省市级模范、代表、先进工作者名录

自 1954 年至 2020 年，斋堂镇有 59 人次获得全国、省市级代表、劳动模范、先进工作者称号，其中有 5 人获国家级荣誉，王福佑一人 7 次获得北京市级荣誉。

全国代表、劳动模范、先进工作者一览表

表 18–2

年份	获奖名称	姓名	单位
1978	第五届全国人民代表大会代表	刘景春	柏峪村
1983	全国优秀班主任	曹殿森	蔡家岭小学
1989	全国优秀教师	曹殿森	蔡家岭小学
1991	全国邮电系统劳动模范	师增云（女）	沿河城邮政所
2007	中共十七大代表	王秀莲（女）	川底下村

省市级代表、劳动模范、先进工作者一览表

表 18–3

年份	获奖名称	姓名	单位	备注
1950	河北省第一届农业劳模大会劳动模范	张克兰（女）		
1954	北京市农业劳动模范	谭怀才	灵水乡光明农林牧生产合作社	
1955	北京市农业劳动模范	谭怀才	灵水乡	
		王福佑	白虎头乡	
1956	北京市农业劳动模范	谭怀才	军响乡灵水社	一等奖劳模
		王福佑	斋堂乡白虎头社	一等奖劳模
		索振芬（女）	沿河乡刘家峪社	一等奖劳模
		于进英（女）	斋堂乡斋堂社	二等奖劳模
1958	北京市商业服务业先进工作者	于克林	供销社沿河中心店	
		贾增会	供销社斋堂中心店	
1959	社会主义建设先进生产者	于克林	门头沟区沿河中心商店	
		任成顺	斋堂公社石棉厂	
		文　波	北京市第六十八中学	
		姜宇生	北京市第六十八中学	
		安起林	北京市第六十八中学	
		贾文学	北京市第六十八中学	
		郝文斌	斋堂中心蔡家岭小学	
		贾立银（女）	斋堂公社军响幼儿园	
		赵文焕（女）	斋堂公社火村托儿所	
		韩香云（女）	斋堂公社煤窝幼儿园	
		刘翠芳（女）	斋堂公社白虎头幼儿园	
		于克兰（女）	斋堂公社大三里幼儿园	
		李翠芬（女）	大台公社沿河幼儿园	
		陈桂芳（女）	斋堂公社火村幼儿园	
		韩淑贤（女）	沿河大队沿河托儿所	
		杨景润（女）	军响大队军响托儿所	
		王福佑	白虎头村	

续表 18-3

年份	获奖名称	姓名	单位	备注
1960		李万荣	军响生产队	
		王福佑	白虎头大队	
		谭怀才	灵水大队	
1962	北京市农业劳动模范	王福佑	白虎头大队	
		李万荣	军响大队	
		杜存本	高铺大队	
1963		王福佑	白虎头大队	
		杜存本	高铺大队	
		李万荣	军响大队	
		梁仕兰（女）	火村	
1965		谭巨福	灵水村	
		王福佑	白虎头	
		赵起让	新庄户大队大安村	
		吕玉通		
1969	北京市劳动模范	梁仕兰		
1978	第五届全国人民代表大会代表	刘景春	柏峪村	
1981	北京市农业劳动模范	白国喜	河沿城公社狮子沟大队	
1983	全国优秀班主任	曹殿森	蔡家岭小学	
1985	北京市农业劳动模范	曹殿森	斋堂中心小学	
1986	北京市农业劳动模范	吕玉通		
1989	全国优秀教师	曹殿森	蔡家岭小学	
		张继业	斋堂中学	
		杨德林		
1991	全国邮电系统劳动模范	师增云（女）	沿河城邮政所	
1995	北京市先进工作者	魏　勇	斋堂医院	
	北京市农业劳动模范	张旋里	军响乡张家村	

续表 18-3

年份	获奖名称	姓名	单位	备注
2000	北京市先进工作者	张　永		
	北京市劳动模范	艾腾亮		
2005	北京市劳动模范	张广林	军响乡张家村	享受待遇
		李义民		
2007	中共第十七次代表会代表	王秀莲（女）	川底下村	
2010	北京市劳动模范	王秀莲（女）		
		刘景敏（女）		

说明：1. 按获奖时间先后排序

2. 表内空格表示无数据

1949 年 10 月前部分北上南下享受地师级以上待遇干部名录

新民主主义革命时期，从斋堂镇内走出大批党政干部，北上南下，奔赴全国各地，为全国各地的解放以及解放后和发展建设做出了巨大贡献。特别是“南下干部”已成为一个时代的代名词，在全国南下干部中，由于斋堂镇是革命老区，自然是南下干部的重要来源和基地之一。据《北京市门头沟区志》不完全统计，1949 年 10 月前，镇内北上南下的地师级干部有百余人。

1949 年 10 月前部分北上南下地师级以上干部一览表

表 18–4

姓　名	性别	籍　贯	外赴省市	单位及主要职务
王　德	男	东斋堂村	安徽省	省委政法委办公室主任、民政厅民政处处长
宋恩普	男	东斋堂村	河北省	张家口市教育局副局长
贾兰波	男	东斋堂村	天津市	交通局副局长
鲁　鸣（谭　潾）	男	东斋堂村		中国人民解放军空八军政治委员、党委书记
贾玉臣	男	东斋堂村		中国人民解放军军委办公厅营房处处长

续表 18-4

姓　名	性别	籍　贯	外赴省市	单位及主要职务
林　涛（贾全明）	男	东斋堂村	天津市	经委办公室主任兼规划处长、天津市和平区人大常委会副主任
王晨光	男	西斋堂村	内蒙古	工业部副部长、工业局局长、工业厅副厅长、地质局局长
史梦兰	男	西斋堂村	新疆	新疆大学党委副书记
杜存训	男	西斋堂村	河北省	河北省总工会主席
周德礼	男	西斋堂村		广西军区副司令员，解放军 55 军军长，广州、南京军区参谋长
孟　钺（史梦月）	男	西斋堂村		中华人民共和国驻马里、保加利亚、突尼斯国大使
杜宏林	男	西斋堂村	河北省	怀安县人大常委会主任
王树伦	男	西斋堂村		中国人民解放军高级陆军学院组织、干部部长，大队政委
韩晓初	男	川底下村		中国人民解放军湖北省军区孝感军分区后勤部政委
韩晓霞	男	川底下村		北京军区司令部机要局局长、山西军区副参谋长、北京军区炮兵副参谋长
韩晓照	男	川底下村	山西省	大同市公安局副 局长、运输公司副经理
韩巨民	男	川底下村	河北省	承德地委监委副书记
韩晓瑞	男	川底下村	湖南省	芷江、黔阳县县长，省广播电视厅副厅长
韩晓让	男	川底下村	山西省	物资局、计委储备局处长
韩晓川	男	川底下村	河北省	张家口地区 行署物价委员会副主任
韩晓礼	男	川底下村		外交部国际俱乐部主任、西藏自治区外办副主任、驻毛里塔尼亚使馆参赞

续表 18-4

姓　名	性别	籍　贯	外赴省市	单位及主要职务
史文斌	男	牛战村		中国人民解放军青岛警备师 48 团政委
刘保华	男	牛战村	内蒙古	东部区委组织部副部长、中共内蒙古自治区监委专职委员
刘增恩	男	牛战村	河北省	张家口市税务局副局长
刘　明（刘聚昌）	男	牛战村	天津市	老干局一处处长、副局级巡视员
郝显志	男	白虎头村	浙江省	航运局副局长、交通安全委员会办公室副主任
王天瑞	男	白虎头村	湖北省	省纪委书记
郝显民	男	白虎头村		中国人民解放军内蒙古呼和浩特警备区政治部副主任
王卿政	男	白虎头村	安徽省	宣城、芜湖百货公司经理，河南省外贸局公矿进出口公司经理
谭巨民	男	白虎头村	湖南省	怀化地区科委副主任
王巨山	男	白虎头村	山东省	航空俱乐部主任、航空运动协会主席
李文仁	男	军响村	内蒙古	地质矿产局党组成员、供应处处长
吕光明	男	吕家村	陕西省	广播电台副 台长、广播局副局长
芮　敏（吕思聪）	男	吕家村	山西省	雁北地委宣传部副部长、大同市广播事业局党组书记
张进政	男	张家村		中国人民解放军济南军区后勤部卫生部部长
张桂秀	女	张家村	山西省	雁北地区妇联主任、法院副院长、代理院长
杨明新	男	杨家村	天津市	三区区委书记、塘沽区委第一书记、市委监委常委

续表 18-4

姓　名	性别	籍　贯	外赴省市	单位及主要职务
杨兴周	男	杨家峪村	湖南省	黔阳、湘潭地委副书记，湘潭市委书记、市革委会主任
杨兴民	男	杨家峪村	河北省	秦皇岛市委书记处书记、副市长、人大常委会副主任
杨兴农	男	杨家峪村		中国人民解放军西安政治学校政治理论研究室正师职研究员
杨景达	男	杨家峪村	吉林省	通化矿务局副局长、中共唐山市新区区委书记
李全善	男	火　村	广东省	惠阳 地委副书记、省人大常委会委员
贾福善	男	火村		中国人民解放军 67 军 200 师政治部主任，军后勤部副政委
白晓智	男	火村		中国人民解放军 29 军 88 师副参谋长、铁道部通信信号设计院副院长
石建民	男	西胡林村		中国人民解放军某师政治部主任、副政委
石宏录	男	西胡林村	辽宁省	抚顺市粮食局副局长
石建利	男	西胡林村	天津市	社科院历史所主任
石建增	男	西胡林村		中国银行北京、新加坡分行行长，三生实业总公司董事长
杜林芳	男	高铺村	河北省	宣化工程机械厂纪委书记
杜宏本	男	高铺村	安徽省	蚌埠市市长、省商业厅厅长、合肥市人大常委会主任、省人大常委会副主任
吕广仁	男	高铺村		中国人民解放军总参管理局卫生处、管理处政委
杜春生	男	高铺村	湖南省	怀化地区卫校党委书记
张文秀	男	马栏村	河北省	张家口市经委主任

续表 18-4

姓　名	性别	籍　贯	外赴省市	单位及主要职务
于庆录	男	马栏村	安徽省	淮南矿业学院总务处长
张明书	男	马栏村		中国人民解放军某军直机关党委副书记、河北唐山启新水泥厂党委副书记
杜春永	男	马栏村	河北省 河南省	河北省石家庄市政府任秘书，省总工会第二副主席、洛阳市委书记处书记，河南省机械工业厅厅长
张德良	男	马栏村	河北省	张家口地区行署财税局顾问
张秀林	男	马栏村	陕西省	煤炭管理局物资处处长、铜川矿务局王石洼煤矿党委书记
宋恩庆	男	马栏村	辽宁省	省纪委专职委员
张德本	男	马栏村	山西省	建设委员会副主任，党委副书记、书记兼省建工局党委书记
于明然	男	马栏村	河南省	百货公司经理、电子工业厅副厅长
张秀峰	男	马栏村	河北省	冀东地质会战指挥部办公室主任
于福来	男	马栏村	河北省	宣化区委副书记
宋恩政	男	马栏村	山西省	坦曲县武装部部长
于振国	男	马栏村	内蒙古	自治区农业学校党委副书记副校长
贾　英	男	马栏村	河北省	张家口地区中级人民法院院长
张俊民	男	马栏村	内蒙古	自治区锡林郭勒盟团委书记、太仆寺旗人大常委会主任
宋兆田	男	马栏村		中国人民解放军炮兵某师政委
张兰瑞	男	马栏村		中国人民解放军 24 军 197 师 590 团政季、197 师政治部副主任

续表 18-4

姓　名	性别	籍　贯	外赴省市	单位及主要职务
王学琛	男	沿河城村	河北省	张家口市粮 食局副局长
魏元君	男	沿河城村	辽宁省军区	辽宁省军区内卫一团政委、中国科学院化学所办公室主任
李富书	女	沿河城村	河北省	张家口地区妇女联合会主任
王世明（王自彬）	男	王龙口村	内蒙古	集宁市委副书记
王治安（王自安）	男	王龙口村	内蒙古	自治区二连口岸局党委副书记
谭英富	男	沿河口村	广西	有色金属、冶金、煤炭局副局长，冶金局局长
师玉静	男	东大台村	内蒙古	锡林郭勒盟委副书记、兵器部华东物资公司主任
赵清学	男	龙门沟村		湖南省军区司令部办公室主任、广西桂林军分区副司令员
赵清俭	男	龙门沟村	山西省	左云县武装部副部长，山西省应县武装部部长
高文典	男	木子港村		中国人民解放军 65 军师后勤部副部长、军后勤部运输处处长
高翠云	男	白羊石虎村	河北省	张家口地区行署劳动人事局副局长
李福云	男	东岭村		西藏军区独立一团政委、山南军分区政治部副主任
林春元	男	刘家峪村		中国人民解放军总后勤部勘察设计研究院政委
刘永宝	男	刘家村	河北省	唐山钢铁公司副经理、代经理、党委书记
贾长厚	男	下岭村	安徽省	歙县县委副书记、歙县政协主席
贾恩高	男	上岭村		中国人民解放军河北省军区邢台军分区副司令员、司令员

续表 18-4

姓　名	性别	籍　贯	外赴省市	单位及主要职务
贾恩珍	男	上岭村	山西省	左云县县长、县委书记、武装部部长
王克宪	男	黄岭西村	山西省	大同市交通局局长
王文通	女	王家山村	广东省	惠阳专署民政、档案处处长、专署办公室主任
宋怀通	男	灵岳寺村	湖北省	电力处主任、中 共湖北省公路管理局副书记
杨青春	男	前桑峪村	河北省	宣化工程机械厂厂长
谭天瑞	男	灵水村	湖南省	衡阳市总工会主席，河南省建委、经委、计委处长，河南省劳动厅党组成员、处长
王　纯	男	柏峪村	河北省	蔚县县长、县委书记

注：1. 表内空格无数据

2. 排名不分先后按村归类

附 录

书摘

县之正西有二道：一出阜成门，……西有浑河，三家店过浑河板桥正西约二里曰琉璃局，……曰青白口村、曰牛拱村、曰黄崖村、曰碣石村、曰沿河口、曰杏叶口……以上各村，俱棋布王平村之四方，无正路云。……又五里曰千人台，又十里曰大汉岭，又八里曰泥窝村，又十五里曰军下村、曰桑峪村、曰冷水村，又十里曰东胡家林，又三里曰西胡家林、曰火钻村，（有清河，即放马口柴处）又五里曰东斋堂村、曰西斋堂村，又八里曰马兰村。……曰白虎头、曰刘站村、曰北山村，又十三里曰刁窝铺，……又五里曰燕家台、曰柏榆村，又五里曰天津关，又三里至口外保安州界。

——摘自〔明〕沈榜《宛署杂记》39 页 ~ 41 页

府西一百二十里，由王平口过大汉岭，抵沿河元女庙，是百花山足也。《帝京景物略》（臣等谨按）大汉岭俗称大寒岭，元女庙乃百花山妙庵之下院，今仅余旧址。

由门头村登山数里至潘阑庙，三里上天桥，从石门进，二里至孟家胡同，民皆市石炭为生。三里至流水壶泉，自石罅分流灌园，板磴三里至官厅，路凡十八折，至风口岩，两山踞立如门，有庵房数间，径十字道，逾蹬数里，折而下为王平口。山坳多核桃树，石壁峭削如碧玉。又数里至斋石台，路亦峻。又数里至板桥，村庄多以石板覆屋。至千军台，四山空翠，欲湿衣裾。出谷二里许为王老庵，石涧淙淙有声，十五折见高松如盖出天际，乃大汉岭也。逾岭有大士殿，松下石碑，字俱蚀不可辨。盘曲而下数里至泥窝，三里上杨家台，径颇平，又里许下坡入山谷，有涧水浸山根，石皆赤，亦有碧者。从乱石径中行二里出谷，为军下村，溪涧十丈余，平沙细石，流水分两村下引入地畦，再北有石庙。自庙涉涧，则西河村也。又二里为龙王庙，相近有守御城，出小西门元女庙在焉。《长安可游记》

（臣等谨按）门头村有二：一在静宜园西南，一在门头沟，距都城西六十余里。潘阑庙及大汉岭之大士殿，军下村之石庙，西河村旁之龙王庙，今俱无考。风口岩今有观音庵殆，即宋启明《长安可游记》所称庵房数间者也。西河村今名胡家林。守御城旧址在斋堂村旁。

王平口正城一道，上四口俱弘治年建。《四镇三关志》（臣等谨按）王平口城垣今废。

渡石涧上马栏山，折旋左右至法幢庵五里，马容骑，又五里篱径坦然矣，妙庵也。《帝京景物略》（臣等谨按）法幢庵今尚存。

出沿河守御城西门，渡石涧，进马栏山，曲折上坂，石子磊磊难步陟，至法幢庵，又五里至马栏村，登三大士阁，松高十丈余，历蹬而上，三里许翠峰壁立，又二里扳跻丛木中；再上见篱径石垣，乃妙庵也，中设大士像。《长安可游记》（臣等谨按）马栏村之大士阁今无考。妙庵之大士像今尚存。

岭西行数里千佛山，又数里观音山，山旧有菩提树、仙人桥、望海石。下岭复上岭者数，迎前壁立者鹌子山也。《帝京景物略》（臣等谨按）千佛山有显光寺，寺内有千佛阁、观音山之菩提树无存，仙人桥，望海石遗迹尚在。

——摘自《日下旧闻考》1750 页 ~ 1752 页

（齐家司）辖属五十八村，以斋堂城为首善，城东诸村：曰火村，曰东西胡林，曰上下军响，曰前后桑峪，曰灵水。军响东南涧，大寒岭阴诸村，曰杨家村，曰张家村，曰吕家村，曰杨家峪。岭南一村，曰宝地洼。城南之村：曰马栏、曰大三里，曰上下达摩。达摩岭南诸村：曰金鸡台，曰青土涧，曰史家营，曰莲花庵，曰楸林铺，曰柳林水，曰鸳鸯水。城西诸村：曰西斋堂，曰高窝铺，曰上下清水。清水上大涧三。西南涧百花山麓诸村：曰田寺，曰梁家铺，曰塔河，曰黄庵，曰龙窝，曰黄塔，曰丈峪，曰筒厂。西涧诸村：曰杜家庄，曰张家庄，曰双塘涧，曰洪水口，曰小龙门。北涧诸村：曰梁家庄，曰李家庄，曰白虎头，曰牛战，曰王家山，曰灵岳寺，曰蔡家岭。西斋堂北涧诸村：曰青龙涧，曰黄岭西，曰双石头，曰川底下，曰柏峪台，曰柏峪。统计所属村郭，约四千余户，人约二万余口。或筑小室山坳，或结庐涧曲。地僻径仄，数里一村，大村仅二百余户，小村十数家，溯厥祈多团结茅垦荒浸而未子孙，成村郭焉。

——摘自〔清〕王旭《齐家司志略》

首先是巩固平西。当时在这个口号下，将平西境内的各种武装团结起来，并进行整编。

整编，我当时估计是比较困难的，因为诸多各不相属的武装，多属抗战中自发地组织起来的，现在要统一整编，对个人及其部属，颇有不便之处。但必须做，否则一个根据地内，形成若干半独立状态，就不利于对敌斗争，就不能巩固。因此，我认为必须加强他们的工作，从思想上说服他们，我决心自己去做。首先是扛着“巩固平西”的大旗，单枪匹马，分别到他们部队，同他们生活一二天，大道理、小道理耐心地讲，我又是高级司令，就有“畏威怀德”之感，都表示同意。我回司令部，就下了一道命令，要各整编单位一一执行。各单位接到命令，都认真执行，经一个月整训，我看能“令行禁止”了，就于 1940 年 1 月，主动出击宛平、房山地区的王平口、佛子庄、长沟峪、周口店一线，袭击了南窖等日伪军重要据点，破坏了从这里至北平的高线铁道。不久，又在永定河畔、门头沟地区、北平近郊多次出击，连获胜利。“百团大战”期间，我们还攻袭了下下河、矾山堡、坨里车站、阳坊镇，连克蔚县以北以东6个据点，并派小部队活动于西山、妙峰山，给北平的日伪政权和张家口等地的敌人以极大震动。

经过一系列战斗，加强了地方党、政、军、群工作，平西根据地扩大了，人口多了，更加巩固了，各区、县普遍建立抗日民主政权。1940年秋，由于部队外调，敌乘隙向我大举进攻，根据地军民团结苦战，很快恢复了大部分中心地区，保持了抗日政权。被敌侵占的村镇，也保持着两面政权和秘密工作。这种局面，一直坚持到1941年秋。在斗争形势和党的工作日益发展的情况下，平西地区建立了党的领导机构——平西地委。到1941年底，平西5个县党员已达3900多人。同时，发展抗日民主统一战线政策，建立了平西专员公署及各种群众团体，及地区性的群众武装。在反“扫荡”中，党、政、军、民一起对敌，体现了“军民团结如一人”的全民抗战。

——摘自《萧克回忆录》

斋堂是一道大山川，漫山遍野的红枣、柿子、板栗、山楂、杏子等果树，是平西有名的山货产地，果实下来，当地百姓只愁运不出去。

这里家家都养有几箱蜜蜂，由于蜂蜜收得多，山货有的是，好些富户也全家吃素。一次，有家地主请我们赴宴，摆了满满两桌，全是面筋、豆腐、栗粉、蘑菇加以蜂蜜、香料调配烹炸成的素鸡、素鱼。

这里的家禽也特别贱，两毛钱可买一只大母鸡，两分钱能买三个蛋。川内农家淳朴而富裕，老人、妇女多数笃信宗教。西面有个杨家坪大教堂，住着四十多个外籍教士，这伙人又传教又放高利贷，还兼做买卖，以低价收进干果、蜂蜜，运到北平去卖高价，几乎完全控制了斋堂的农家经济。

——摘自《杨成武回忆录》

我热爱生活，我享受生活，这是无法改变的。1957年8月1日，我奉命去京郊的门头沟区斋堂公社的军响大队的桑峪生产队。我背着行李什物，在京包线的雁翅火车站下车，走了三十六里地才到达桑峪。我第一次走在大山大河之旁，我看到了筑路大队与采石队的劳动，满耳都是大河哗啦哗啦与钢钎撞击在山石上的声音，满目都是山峰相连，一峰比一峰高，一山比一山远，而河流急湍，水道曲弯，浪花飞溅，青白白青，再没有什么柔情，什么温馨，什么腻腻乎乎，什么心灵的火花，而只有钢铁的火花，巨石的威严，大水的决绝，山道的绵延。我感到的，我既恐惧又欢呼的是空前的粗犷与充实。

从桑峪继续往深山里走，是这里的乡政府所在地斋堂，北大的“右派”包括才露头角的评论家乐黛云就在那里。当厄运成了规模的时候，厄运就变得容易接受了。又不是我一个人的事，天灵灵，地灵灵，“点儿”走到这一步了。

但是劳动改造也并非易事。在山区我学会了背篓子，弓背弯腰前行，左右手的拇指与食指围成一个环形，遇坎可以小歇，摘下一绊可以卸载，我最多短程背过150斤新收玉米，那是用大花篓。我的铁锹也用得不错，但是我没有什么眼力见儿，手也拙笨，锄草、平地，有些需要用脑用眼睛的活儿我干得不好，我的过于乐观，过于不拿自己当外人，与农民说说笑笑也令一些人看不惯。我需要进一步学习灰头灰脑、低声下气、摧眉折腰，谨小慎微。

……

……第一个给我以深刻印象的农村是桑峪。当地人自称来自山西洪洞大槐树下，口音特别，称叔为“绍”，称累了为“使得慌”或“使着了”，称有病是没精神。出门即山，梯田步步高，核桃树枣树，桃花梨花，荆蒿蔓草，花朵蜂蝶，山路崎岖，沿沟而上，山形险峻，移步换景。奇峰、奇石、奇路、奇田、奇溪、奇涧、奇谷，真是个神仙世界。登高望远，山村如画，山外公路，车辆如梭。春夏秋冬，阴晴寒暑，日月星辰，风雨雪霜，端的是无限风光，无限变化。这是哪儿来的机遇，脆弱的幼稚的神经纤细的王蒙能到这里一游一走一干活一锻炼一成长！

……

这里是老区，农民中就有老党员老游击队员。又赶上了千年不遇的“大跃进”，花样翻新，包括不吃油而把食用油点到玉米地里。食堂化，吃饭不要钱，吃一次馒头，消息传到几十公里外，到了这一天，各地亲友来桑峪白吃。最高还吃过油炸黄米（黍子）面黏糕蘸蜂蜜。农民相信这是最耐饥的食物，谚云：红薯一溜屁，切糕二里地。秋季早战，每天夜三时前起床，先是背萝卜白薯，放入匆匆挖出的窖中，后来全部冻坏。接着深翻地，翻出阴土，造成减产。全民作诗，“大跃进”民歌响彻云霄。扫盲落实到人，三个月要消灭文盲。立秋节气家家门框上插着核桃叶。石块垒墙，石板代瓦盖顶子的民居简陋，但是好看，绝对比日后小康了挣了不少钱了的农民，盖的瓷砖贴面、塑钢门窗的新房好看。团市委的下放干部们，一面劳动一面高唱“共产党领导，把山治呀，人民的力量大无边！盘龙山上锁盘龙呀……”“阿哥阿妹情意长，好像那流水日夜响……”

……

我们也参加了工具改革，什么什么都要车子化，还到北京参观了北京下放干部们搞的工具改革展览。我实在想不出什么招改革工具，但也要做冥思苦想状，在纸上画了一些改进后的背篓子的图，无疾而终。

夏季，报上出现了快乐的言论，说是现在的问题是粮食太多吃不完，要考虑今后三分之一田地种粮，三分之一种花，三分之一休闲。到了冬天，却只剩下了一天喝两顿玉米碴子粥的份儿。拼命灌稀粥，灌得肚皮快要胀炸，五脏疼痛挪位，仍然不饱。然后只剩下了尿尿。大便少而且只有苞谷皮皮，第二天风一起，大便居然毫无痕迹，真是干净得很。于是你病我病大家轮着生病，我也是一会儿长针眼，一会儿拉稀，一会儿发烧，一会儿咳嗽不止。乡里有一个中医，是跛子，他的老婆是哑人，但很健康。他帮助了我们艰难地挺了过来。即便这样，桑峪的经历仍然被我珍重，我与大自然，我与农村农民一拍即合。茫然中使我兴奋，宽阔中使我慰安，山野中使我得趣。我得到了新体验，新知识，新感觉。例如当地农民对于酒的评论，他们只承认白干，他们说葡萄酒是“酸泔水”，说啤酒是“马尿”。他们说“北京出（产）什么？就出大粪。”他们还说北京的东城，富人多，大粪有劲，价钱也比西城区的粪高。我们的淘粪队长李三，是当年的队游击队长。他一再嘱咐我们，越是脏活，越要做得干净利索。我也难忘公社化时家家把自己的腌好了的咸菜缸往食堂里送的情景。我也不能忘记立秋节气时家家门上插上一枝核桃叶。小子何德？与闻其盛！

也许这当真是阿Q精神？也许我当真忘记了自己的严峻处境？也许我的细胞里有中国失意文人徜徉山水之间的遗传基因？我毕竟还年轻，没有什么好着急的。山风清爽，山色斑斓，山径崎岖，山石踊跃，山野辽阔；水光鲜丽，水波粼粼，水道弯曲，水声如语；星空如洗，皓月如银；地块参差，田亩雕砌，草木旺盛，虫鸟飞翔；地气徐来，炊烟袅袅，农事辛劳，节气分明，民风朴厚，民俗亲近……美哉桑峪，秀哉山村，何缘相亲相依大半载，如诗如梦也哦！

1959年春季，桑峪远山梯田上的梨花盛开，洁白如雪，（花瓣）翻飞如蝶，最美丽的季节到了，我也到了告别桑峪的时刻。此后，我再也没有机会到这个名叫屁股峪，需要爬一个小时山路的地点去看梨花了。这儿有一株我平生看到过的最大的梨树。团市委的下放干部，主要是市团校的工作人员回城了，我们这些另类被分配到潭柘寺附近的南辛房大队一担石沟。

——摘自《王蒙自传》

调研　规划

传承永定河历史文脉　建设生态带文化古镇

——关于建设斋堂中国历史文化名镇问题研究

斋堂镇位于北京市门头沟区西部永定河畔，北邻河北省怀来县，南与北京市房山区相接，西为门头沟区清水镇，东与门头沟区雁翅镇、大台办事处接壤，镇域面积400平方公里，共辖29个建制村。这里依山控河，地势险要，历史悠远，资源丰富，素有“京西重镇”之称，是北京市重点发展的37个小城镇试点镇之一和门头沟西部山区的发展中心。北京的母亲河永定河在门头沟境内绵延百余公里，在其沿线广泛分布着诸多历史文化资源，而斋堂正是永定河文化的精华地带，诸多人类文明在这里交汇、融合，人称“古老而美丽的山川”。为服务于首都环境建设和门头沟生态屏障建设的大局，当前，斋堂镇正处在从传统的矿业开采和能源消耗型经济向现代绿色生态经济转轨的“阵痛期”，全镇的发展面临着新的战略抉择。中国历史文化名镇、名村的评选活动，为充分发挥斋堂的历史文化优势，找准新目标、实现新发展，带来了难得的机遇。随着川底下村被命名为首批中国历史文化名村，标志着整体包装和开发斋堂地区积淀深厚的历史文化资源条件已经具备，时机也已成熟。以建设中国历史文化名镇为载体，传承历史文脉，整合文化资源，再造经济优势，全面建设新斋堂、打造古城镇，是我们面临的重大课题。

一、建设中国历史文化名镇是实现斋堂新世纪发展的战略选择

中国具有8000多年的文明发展史，幅员辽阔，历史悠久，文化丰富，古迹众多，是闻名世界的文明礼仪之邦和文化灿烂之国。充分挖掘、保护和利用好先人遗留下来的众多文化和古迹资源，是现代人承担的光荣责任。斋堂地区历史文化资源种类多、分布广、年代久、品位高，保护和利用好这些珍贵的历史文化遗产，对于在新的历史形势下，传承中华文明、展示对外形象、举办人文奥运、促进经济发展，都具有极其重大的战略意义。由建设部、国家文物局发起的中国历史文化名镇、名村评选活动，为整体开发斋堂地区的历史文化资源提供了重要契机。

建设斋堂历史文化名镇是传承中华文明、发展永定河文化的迫切需要永定河是流经首都北京的第一大河，在漫长的历史进程中，永定河以其光辉灿烂的流域文化，形成、发展和养育了北京城，被公认为是北京的母亲河。去年以来，我区着眼于北京举办人文奥运和进一步明确区域发展方向，适时提出了打造永定河文化品牌的战略构想，朝治理和开发永定河资源迈出了重要的一步。斋堂镇位于永定河之枢要，长期以来，围绕永定河形成了斋堂水库、珍珠湖等大型水利设施和较大水面，是北京市的备用水源和全国水土保持的重点地区之一。特别是围绕永定河形成的光辉灿烂的流域文化更是斋堂人的骄傲。这里有颇具名气的地质文化、名山文化、水利文化和交通文化，有底蕴深厚的古人类古城古村落文化、宗教文化、军事文化和民俗文化、科举文化，还有闻名于世的红色革命文化和科普教育文化等等，举不胜举、俯拾皆是。这里就像一条穿越时空的中华文明历史长廊，各种文化现象几乎都能在这里找到佐证。如果说在北京地区，永定河文化的重点在京西门头沟，那么斋堂地区就是永定河文化最精华和最核心的地带；如果说北京的众多小城镇都有自己的发展特色，那么最具历史文化特色的小城镇就在斋堂。而且与全国其他小城镇和历史文化名镇相比，斋堂同样毫不逊色。我们完全有可能依托这些博大精深、积淀深厚的历史文化资源，把斋堂地区建成中国的历史文化名镇、北京的古都风貌示范镇和门头沟永定河文化标

志镇。

建设斋堂历史文化名镇是重塑产业优势、建设西部生态带的根本途径　斋堂是全区历史文化资源分布最多的镇，是生态保护任务最重的镇，在历史上还是有光荣革命传统的老八区和以煤炭开采为主导产业的资源型乡镇，这是斋堂镇最基本的镇情。长期以来，斋堂人民为国家的发展做出了巨大贡献和牺牲。在革命战争年代，这里是平西抗日根据地的中心，近500名优秀儿女为中国革命的胜利献出了宝贵的生命；解放后，斋堂川用优质的煤炭资源为北京市民奉献了一份光和热；在加速现代化建设的今天，斋堂人民自觉服从服务于首都生态环境建设和举办绿色奥运的大局，关闭了赖以生存的煤矿，使地区发展遭受重创，面临着实现经济转型的艰巨任务。根据北京市空间布局调整的总体要求，未来北京将形成“两轴两带多中心”的城市新格局。在西部生态带建设中，门头沟区将成为北京的西部副中心，承担绿色生态屏障和文化娱乐中心的重要功能。这恰恰为斋堂镇充分释放自身的历史文化和生态资源优势，大力发展文化产业和旅游休闲产业，加快推进地区经济转型提供了广阔舞台。从地理方位看，这里是北连河北、西通大漠、东达北京湾平原的战略要枢，军事地位极其重要，自古就是兵家必争之地和北京城的西部咽喉；从经济发展看，斋堂在历史上就是西部山区的发展中心，现为北京最西端唯一的市级小城镇，也是西部生态带与周边省份相联系的西部重镇；从资源条件看，这里不仅历史文化积淀深厚，而且山高林密、河谷纵横、风光绮丽、景点众多，京西最著名的灵山、百花山、龙门涧、珍珠湖和川底下村等旅游景区，在境内或周边星罗棋布，是首都西部天然的生态屏障和自然保护区，也是我区实施生态立区战略的发展重点。综合这些因素可以看到，斋堂无论在西部生态带建设还是在我区实施生态立区战略中，都发挥着极为独特的作用。应该说，优势无与伦比，发展潜力巨大。我们只有进一步明确自身的功能定位，尽快把资源优势转化为经济优势，才能全面融入首都和全区的发展进程。

建设斋堂历史文化名镇是改善人民生活，实现强镇富民的现实选择　我们建设中国历史文化名镇，最根本的目的就是要尽快改变山区的贫困落后面貌，使山区人民过上更加幸福的小康生活。斋堂是革命老区，具有值得骄傲的光荣革命传统。在采矿业下马、经济发展面临困境和农民增收缓慢、劳动力就业困难的新形势下，如何找到一条符合地区实际的发展新路，使老区人民尽快富裕起来，是镇党委和政府承担的重要历史责任。从未来的发展方向看，发展绿色生态经济、依靠绿色生态富民，已经成为门头沟区特别是山区的根本方向。我们提出建设中国历史文化名镇的战略定位，不仅符合镇情实际，也完全符合西部生态带的发展要求，符合北京举办绿色奥运的申办理念，符合我区未来发展的功能定位。依托这个载体和平台，斋堂必将成为首都西部文化娱乐中心的重要组团，必将成为绿色奥运和人文奥运的崭新亮点，必将成为体现北京古都风貌的重要典范，也必将极大地提升斋堂镇的整体形象，使旅游和文化服务业成为强镇兴村富民的新型产业，让山区人民通过经营旅游文化和绿色生态产品走上富裕之路。

二、建设中国历史文化名镇的可行性分析

斋堂悠久的历史、厚重的文化、特殊的地理位置实为罕见，绝无仅有，发展潜力巨大。全镇现有市级文物保护单位 5 处，区级文物保护单位 20 多处，众多的古寺庙、古戏台、过街楼、古塔、古墓、摩崖石刻等达百余座。从建设部和国家文物局公布的中国历史文化名镇（村）评选办法来看，其中规定的评选条件主要从经济社会发展地位、水陆交通、革命历史遗迹和传统建筑遗产、民俗风情，以及文物保护等方面，对申报工作提出了明确要求。与这些条件相对比，斋堂镇完全符合参评标准。归纳起来，主要有九大历史文化资源。

古老久远的史前文化　斋堂历史悠久，自古以来便是人类发祥地之一。大约十几万年前，一支“北京人”离开周口店，经西山峡谷，溯永定河而上，向西迁移，其中一部分进入了清水河谷，这就是斋堂川最早的居民，从此斋堂川便有了人类开始生产和生活，留下了许多古人类遗迹。经考古发现，在桑峪村发现了早在 11 万年前的“前桑峪人”。1966 年 4 月北京大学地质地理系学生在东胡林村发现了早在 1 万年前的“东胡林人”，“东胡林人骨化石”出土填补了北京新石器时期人类活动的历史空白，东胡林人遗址被市政府公布为第二批地下文物埋藏区。近年，石器时代人们在斋堂石羊沟、刘家峪沟生活的遗迹屡有发现，在大东宫出土了唐制石斧一件，细青石磨制石凿一件，器型完整。2003 年 10 月，北京大学考古专家在东胡林村又发现一座保存较完好的新石器时代早期的墓葬，出土了完整的人骨化石，是研究京西政治、经济、文化、人民生活状况的宝贵资料。

底蕴深厚的古城古道古村落文化　古城文化。明万历二十五年，为防蒙古铁骑入犯，建成了斋堂城，分东南西北四个城门，东城门门额上题写了“廓清”，城东门尚完好，西城门门额上题写了“辑宁”，在抗日战争中被日军拆除。清水镇双林寺庙内有座大辽统和十年壬辰建造的经幢，上面镌有“斋堂”村之称谓，可见斋堂是千年古镇，历史悠久，名副其实。沿河城是驻军屯兵的重地，早于斋堂城，是我国唯一一座石头城，至今巍然屹立。以沿河城、斋堂城、大寒岭关城、黄草梁七座楼为代表的明代内长城古城堡，古韵悠悠，意味深长。

古村落文化。斋堂独具风貌的举人宅院和独特的明清古民居村落有十几处，是中国北方明清时期乡村民居建筑的典范。建筑形式基本相同，磨砖对缝调青灰，青砖到顶四角硬，板瓦硬山青水脊，脊两端有蝎子尾，山墙为混水碎石。墙建筑风格既有建筑细节和局部处理上的风韵，又有北方高宅大院恢宏整体的气势，石墙山路、门楼院落，影壁花墙，仍能看出当年的精工细作，砖雕、石雕、木雕孕育着古老的民族文化。斋堂古村落既有皇家四合院的整体规划和合理布局，又有因地制宜的巧妙利用，称为“山地四合院”。川底下村建于明代，保存完整，规划严谨，整体精良，被专家誉为“建筑艺术瑰宝”，又被誉为北京的“布达拉宫”。2003 年 11 月，川底下村被建设部、国家文物局联合评为“中国历史文化名村”，是北京地区唯一获此殊荣的古民居村落。灵水村不仅有清朝举人的深宅大院，还曾有 17 座庙宇；现存的 10 棵古树，有珍贵奇特的“树上树”柏抱榆、柏抱桑，“雌雄一体的银杏树”则是“天下一绝”；有建于汉代的灵泉禅寺，有 36 盘石碾和 72 眼古井，而且有崇尚文化礼教的“君子不争、水池三禁、猪羊圈养”等淳朴民风和立秋共喝举人粥的民俗活动。目前，灵水村也正在积极申报第二批中国历史文化名村。斋堂保存较完整的古民居村落还有杨家峪村、柏峪村、徐队、刘队、双石头、法城等村，可谓古村落众多，北京其他郊区乡镇无法比拟。

古道文化。斋堂位于清水河流域的一块平川谷地，有多条古道与四方相通。高铺、牛战村均是元代驿站。斋堂既有通往西山腹地的大道，又有通连险关要塞、边城重镇的军行山道；既有从西山外运煤炭山货的商旅大道，又有四面八方进香赶会的香道。古道上每一块块光滑的铺路石，叙述着悠久的历史，一串串深深的蹄窝，记载着它的功能奉献，一丛丛荒草野荆，显示着它的沧桑变化，一座座断桥残碑，诉说着它的苦难辛酸。这些古道是散布在深山荒岭的历史文物，是山区人民历史生活的见证。

博大精深的宗教文化　斋堂庙宇众多，凡是山清水秀、环境优美之地均有寺庙，佛教、道教、天主教各领风骚，和睦相处，互相交融。单纯从“斋堂”二字看来，斋堂是寺庙的附属建筑，乃斋僧之所，直接与宗教相关。唐贞观年间，在白铁山上修建了灵岳寺，香火极盛，大量游僧和香客上山朝拜和祈福，于是山下便成了人们吃斋的地方，因而得名斋堂，逐渐形成了村落，有“先有灵岳寺，后有斋堂城”之说。佛教东汉传入斋堂，灵水村的灵泉禅寺建于汉代，是北京最早的寺庙。灵岳寺、柏山寺均建于唐代，辽金元三代年间建的有 4 座，明清之际就更多。在斋堂川道教的影响一度超过佛教，至今道教的遗迹和影响还随处可见。元时，传教士以行医为名将天主教传至斋堂，元统二年，修建了桑峪天主教堂。千百年来在斋堂出现过一些名刹高僧，对该地区的经济文化、民风民俗有较大的影响，宗教发展所留下的丰富建筑和艺术遗产，对本地社会文化和思想的发展带来了较为深远的影响。

繁荣一时的商旅文化　斋堂历史上曾有古道十余条，随着古道的开凿，一些村落、店铺也随之出现，古道的兴衰也决定了这些村落的沉浮，古道沿线山村、古庙、刻石遗迹随处可见。年深日久，古道之上形成一大景观——古道蹄窝。说明古道千百年来乃是商贾行旅晓行暮宿之地，骑兵步卒征战冲杀之路，马帮行脚日经夜过之途，车水马龙川流不息，人来客往络绎不绝，故千年之后才得以留此壮观之景。

古今闻名的军事文化　斋堂川崇山峻岭是护卫北京城的天然屏幕，军事地位极为重要，是北京西上塞外的交通要道，自古是兵家必争之地，秦灭燕、金灭辽、元灭金，均假道于此。元代修建了天津关，明代修建了沿河城、斋堂城两座戍守城池和 12 座敌台，防备北方蒙古部族入侵，修建了随山起伏的内长城，是守卫京师的重要防线。斋堂镇是著名的革命老区，革命遗址众多，为中国解放做出了重大贡献，称为“老八区”。1937年10月，由中国共产党领导的国民抗日军来到平西斋堂。1938年3月，八路军邓华支队进驻斋堂，成立了平郊第一个抗日民主政权——宛平县抗日民主政府，不久，宛平根据地——北平第一个抗日根据地在斋堂很快形成。1938年2月，萧克将军来到斋堂，在斋堂川成立了冀热察挺进军，斋堂川从此成为平西根据地的中心地区，数十位八路军将领战斗于此，称为“将军的摇篮”，给我们留下了珍贵的遗产，抗日政权机构遗址有西斋堂八路军办事处和冀热察挺进军司令部旧址，重大战斗遗址有髽鬏山战役和王家河滩大拼杀，重要惨案发生地有王家山惨案遗址，还有烈士陵园、烈士墓和烈士碑等。抗日战争中的抗战老人和1938年前后入党的老党员还有一部分健在。斋堂有489位抗日英烈慷慨赴难英勇捐躯，占门头沟区英烈的41.58%。抗日战争时期，许多北平学生和爱国青年都是取道斋堂奔赴晋察冀边区和延安。至今，斋堂镇马栏村还保留着挺进军司令部遗址，1997年萧克老将军题字“冀热察挺进军司令部陈列馆”，市政府命名为市级青少年爱国主义教育基地。

独具特色的地质文化　斋堂地区地质构造丰富多样，有褶皱构造、火山构造、断裂构造，京西大裂谷、马栏阶地等，斋堂犹如一座天然的地质博物馆。马栏黄土是德国著名地理学家李希霍芬在中国首次确定的第四纪晚更新世风土黄土成为标准剖面。

闻名遐迩的科举文化　中国科举制度源于隋大业三年，历时1300年。斋堂父老乡亲自古以来就非常重视教育，儒学十分发达。在明清科举制度下，灵水村考取了22名举人、2名进士和10余名全国最高学府国子监的监生。同时，该村建有文昌阁和魁星楼两座庙宇，且同题并举，蕴含了深厚的文化底蕴和文化气息，因此，灵水村被称为“京西举人村”，由此产生了闻名遐迩的举人文化，影响了一方民风和学风。

光辉灿烂的民俗文化　斋堂保留了丰富多彩的民俗风情、传统技艺和民间艺术，极具地方特色，如山梆子、蹦蹦戏、秧歌等。柏峪村的秧歌戏即始于明永乐年间，追根溯源，迄今已逾600年的历史。该戏种有剧目379个，唱腔丰富，有“九腔十八调”之称，至今保留《鹧鸪天》《山坡羊》等金元时期的曲牌，是北京地区独有的地方剧种，被研究专家称为“戏曲的活化石”。川底下村丰富多彩的乡土文化、民俗活动，以及保存完好的甲午战争立功的捷报、表扬公文、抗日战争、土地改革、“大跃进”及“文化大革命”各个时期的标语等遗存，记载和展示了古村的发展史，可谓是中国近代发展史的“活化石”之一，具有研究历史文化、文物保护、建筑艺术等多学科的珍贵价值。

风光秀美的生态文化　斋堂到处真山真水，山青水绿，旅游景点遍布，自然风光绮丽，是京西生态旅游的精华所在。境内有著名景点黄草梁风景区、“京西小三峡”珍珠湖风景区、双龙峡风景区、法城自然生态村和沿河古城、通州峪“千年不冻水和万年不化冰”奇观；周边有京都第一峰灵山、华北天然植物园百花山、京西大峡谷龙门涧等，生态环境优美，自然景色宜人，是都市人群休闲度假的天然“大氧吧”，也是广大青少年进行科普教育的天然“大课堂”。丰富的自然资源和林木资源，给斋堂镇的发展提供了极大的空间。斋堂镇自古以农耕为主业，农业物产丰富，有柏峪大杏扁、灵水薄皮核桃、火村红杏、法城蜂蜜等，自古享有盛誉，还有近年来新发展的“红富士”苹果、“红提”葡萄和“克伦生”葡萄等绿色农产品，可以满足各层次消费者的需求。

建设中国历史文化名镇存在的突出矛盾和问题

虽然斋堂已经具备了参评中国历史文化名镇的基本条件，但在具体工作中还存在一些突出矛盾和问题，制约着各项工作的推动。需要举全区之力，切实加快中国历史文化名镇的建设步伐。

思想存在误区，认识还不统一　建设中国历史文化名镇作为一项新生事物，在具体运作过程中还存在着许多思想认识问题，概括起来，突出表现为三个方面的思想误区：一是对建设斋堂中国历史文化名镇不理解。斋堂镇的一些干部群众甚至区里一些人对此都存在着疑惑，认为斋堂地处深山区，祖祖辈辈面朝黄土背朝天，根本与历史、文化这些新名词沾不上边，更谈不上要建成中国的历史文化名镇，这是异想天开、遥不可及的事。认为没有必要附庸风雅，抓好眼前的工作就行了。特别是部分干部群众由于受多年来采煤观念的影响，对培育新型产业的意识较差，没有认识到历史文化资源的重要价值，有的仍然热衷于发展煤炭开采业，致使私挖滥采现象屡禁不止。二是对建设斋堂中国历史文化名镇没办法。虽然镇党委和政府对建设历史文化名镇有很好的想法，但是具体到村一级，对此还很陌生，对如何站在全镇的高度整合本村的历史文化资源，还没有具体的办法，整个创建工作还存在很大的盲目性。而且受各种条件的制约，负责申报工作的专门机构和人员也没有落实到位。三是对建设斋堂中国历史文化名镇难推动。这项工作作为一项系统工程，应是全区性的大事，而且也需要斋堂镇周边的其他镇携手合作，共同推进。但是由于各方面的思想不统一，没有形成整体合力，致使目前推动起来还很困难，处于镇里一头热的局面，不利于加快历史文化名镇的建设步伐。必须举全区之力，加快建立综合协调机制，从横向和纵向两个方面加强统一协调。

发展规划滞后，定位还不准确　规划是发展的龙头。建设历史文化名镇，必须有一个好的发展规划，目前这方面工作还不到位。一是功能定位还不明确。长期以来，斋堂以农业生产和矿业开采为主导产业，但在经济转型的新形势下，斋堂镇的发展方向在哪里，新的主导产业是什么，小城镇的功能定位如何确定，这些问题还没有得到很好的解决，存在于人们头脑中的只是一种比较模糊的认识。丰富的资源优势在向经济优势转化过程中，还缺乏一个有效的载体和平台。目前虽然正在编制镇域发展规划，但围绕建设中国历史文化名镇这个目标，如何搞好功能分区、产业布局、文物保护和综合协调等，还有很多具体工作要做。解决好这些问题，要求我们必须站在北京空间布局调整和我区生态屏障建设的战略高度来认识，主动把自身的发展融入外部市场的大环境中去。二是目标体系还不清晰。

建设历史文化名镇是一个综合体系，绝不仅仅是有几处文物古迹或几座历史建筑的问题，它要求一个地区的经济、社会、环境、文化等都要体现出生态化、人文化和典雅化的发展内涵，有一种浓郁的人文风情和历史氛围。就这点来说，斋堂镇还存在一定差距，与之相适应的村镇规划体系、目标推进体系和政策保障体系尚未建立。三是必须纳入全区发展规划。建设斋堂历史文化名镇虽然只是一个镇域概念，但它对提升整个门头沟的对外形象将起到极大作用。如不纳入全区总体发展规划统一布局和分步实施，仅靠一个镇自己搞难度很大。

历史问题突出，产业转型困难　一是生态破坏问题突出。由于斋堂镇长期进行煤炭开采，使地区生态资源遭到了严重破坏。地下水资源下降渐至干涸，人畜饮水发生了困难；地表森林植被遭到了毁灭性砍伐，损失殆尽；地下采空造成大面积良田塌陷，无法用于耕地；长期矿业开采形成的废水、废石、废气给环境造成严重污染。二是产业转型难度很大。由于原有的煤炭开采业被淘汰，新的接续产业尚未真正形成，致使地区发展困难重重。产业发育不足、农民增收迟缓、劳动力就业困难等问题十分突出。受利益驱动，部分群众仍然在私挖滥采，镇党委和政府一直处在与这些人的拉锯战中不能自拔，牵扯了很大精力。在现阶段发展农产品加工业和旅游观光业尚不足以强镇富民的情况下，如何从更高层次上深度谋划斋堂的未来，理清思路，选准出路，突出特色，打出品牌，是我们面临的紧迫任务。三是社会事业发展困难。斋堂是市级重点小城镇。但由于地处深山、信息闭塞、交通不便，距离市、区经济核心较远和发展空间有限，致使集聚人口、技术和先进生产要素的能力十分有限，社会发育严重不足，基础设施建设极其薄弱，与城镇规模相适应的产业体系、基础设施、适度人口和生产要素，都还没有真正形成。这些问题的存在，一定程度上制约着历史文化名镇的建设步伐。

补偿机制落后，政策支持不够　斋堂在历史上是京西的发展中心，曾为中国革命、首都能源基地建设和生态环境保护做出过三大贡献。但也由此产生了三方面的影响。因为是老八区，这里农村遗留的军烈属多、优抚对象多、中华人民共和国成立前老党员多，尽快改善老区人民的生活条件显得尤为突出；由于曾是京西矿区的重要组成部分，致使这里造成的生态破坏情况点多、面广、危害大，治理起来极为困难；为了服务于首都生态环境的大局，全镇的煤炭开采业全部关停，由此产生的失业矿工、低收入人口和农村剩余劳动力增多，就业压力大，财政负担重。我们认为，推进生态建设是造福全社会的公益性事业，广大山区在建设生态屏障、奉献都市人群优良环境的同时，市里也应相应建立对山区，特别是老少边穷地区和资源型地区的环境反哺和利益补偿机制，真正解决那些为国家做出重大贡献和付出重大牺牲地区的人民生活和产业培育问题。否则，只有建设、没有投入，只有奉献、没有补偿，不利于实现山区的可持续发展。尤其是作为边远山区的小城镇，受客观因素和地理因素的制约，发展难度很大，不像平原地区那样发展优势明显。因此，对各类小城镇的政策也应区别对待，对于地处深山区的小城镇要在资金投入、产业援助、就业政策和基础设施建设等方面，给予重点扶持和倾斜，以使他们能够赶上市里整体的发展步伐，真正发挥小城镇的重要作用。

四、建设中国历史文化名镇的几点思考

文化是人类历史的结晶，是文明的标志，是智慧的凝聚，是进步的基石。斋堂历史文化是中华文明和永定河文化的重要组成部分，是斋堂地区人民生产、生活的精华积累，也是地区经济发展的重要基础。没有文化底蕴的经济是缺少原动力的经济，只有文化与经济相结合，转化成经济效益，这种文化研究才有生命力。今后一个时期，我们要认真落实科学的发展观，按照实现镇域经济社会全面、协调和可持续发展的要求，大力实施“一二三四”发展思路。即瞄准一个目标：建设斋堂中国历史文化名镇；突出两个功能：绿色和人文；实施三个战略：生态立镇、文化兴镇、旅游强镇；走好四条路子：智力资源驱动、发展规划带动、绿色产业拉动、政策措施推动。围绕这个思路，我们要举全镇之力，全面加快历史文化名镇建设步伐，努力使斋堂成为历史风情浓厚、文化气氛融和、旅游经济发达、社会事业繁荣的京西历史古镇、文化名镇和旅游强镇。

进一步明确建设历史文化名镇的指导思想，统一思想认识，走智力资源驱动的路子　思想是行动的先导，智力是成功的阶梯。进一步统一全镇干部群众的思想，明确创建工作的根本方向，是当前历史文化名镇建设工作的首要任务。一是要解放思想，排除干扰。站在斋堂能不能全面融入北京发展的大循环、能不能在全区的功能分工中占有一席之地、能不能建成名副其实的小城镇的战略高度，从更深层次上做好干部群众的思想工作。着力解决认为建设历史文化名镇“无所谓、没必要”和“等靠要”等思想误区，排除干扰、坚定不移地把这项工作坚持下去，以发展的实际成果惠民富民安民。二是要立足可持续发展，开阔思路。要坚持生态立镇，牢固树立生态保护和资源循环利用的发展理念，在资源保护的基础上，坚决防止出现新的生态破坏现象；要坚持文化兴镇，把历史文化资源作为我们最大的优势和最大的潜力，全面整合资源，利用市场机制进行开发和保护，集中力量打整体战；要坚持旅游强镇，对现有旅游资源和文化资源摸清底数，统一包装，市场运作，尽快培育成为山区人民增收致富的主导产业。要切实把经济工作的重点转移到“三个集中”上来：工业向园区集中，人口向城镇集中，土地向新业主集中，着力形成集聚效应。三是要坚持科技进步，以人为本。树立“致富靠科技，治贫先治愚”的发展理念，加快引进和普及农业先进实用技术和人才，真正把全镇的发展转移到主要依靠科技进步和提高劳动者素质的轨道上来，为斋堂镇建设历史文化名镇提供有力的技术和智力支持。加大招商引资、富余劳动力和干部素质三个培训，保护好、引导好、发挥好各方面加快发展的积极性。

进一步找准建设历史文化名镇的战略定位，明确地区功能，走发展规划带动的路子　一是要确定基本功能。历史遗迹众多、文化种类多样、生态资源丰富，是斋堂最大的优势，但由于地处深山、信息闭塞、交通不便，长期以来守着金饭碗没饭吃，这是斋堂最基本的镇情。这种镇情特点，决定了我们的发展不是多业并举的大规模发展，而是立足资源实际，走资源加工、依靠生态富民路子的发展；不是就生态搞生态的发展，而是以生态资源为依托、以历史文化资源为重点的特色化、精品化和人文化的发展。为此，我们的定位应该着重围绕绿色、人文两大功能，深度做好规划布局，突出绿色环境、历史怀古、人文观光和休闲度假四大特色，打响“世外绿海田园、京西文化古镇”的品牌。二是要确定发展目标。建设历史文化名镇，需要在这个总目标下合理确定若干层次的分目标。从斋堂镇的资源特点出发，围绕上述两大功能和四大特色，我们建设历史文化名镇的具体目标应确定为：历史风情古镇、人文休闲大镇、旅游服务强镇和绿色产品示范镇。逐步培育形成较发达的历史文化、旅游服务和绿色农产品三大支柱产业。三是要确定发展格局。如何建设历史文化名镇，我们初步考虑，要通过统一整合全镇范围内的历史文化资源，着重形成“一八五”的发展格局。“一”指一镇，即建设斋堂历史文化名镇；“八”指八村，即开发川底下、灵水、杨家峪、柏峪、徐队、刘队、双石头、法城等八个古村落；“五”指五条旅游专线，即开发历史文化游、人文怀古游、传统教育游、山水风光游和休闲度假游等五条旅游线路。

进一步加快历史文化名镇的建设步伐，抓住工作重点，走绿色产业拉动的路子　重点是实施好四大工程：一是实施文物修缮保护工程。要坚持经济发展与古镇保护相结合的原则，走“保护、开发、更好保护”的路子。要对分散的历史文化资源进行整合加工，统一管理、合理布局，最大限度地发挥资源的整体效能，形成主题鲜明、影响大、效益好的旅游文化品牌。名胜古迹周边的景观环境要协调发展，使保护区域范围内的建筑风格、景观风貌、功能设置与文物古迹相一致，实现文物保护与旅游观光、商业贸易相互促进、共同发展，坚决杜绝局部保护、分散开发的模式。二是实施生态治理恢复工程。在保护好现有环境的基础上，对既有的生态破坏现象，重点从山、水、城、矿四个层面入手，进行综合治理。加快对爨柏沟、马栏沟等十条沟的综合治理；推进风沙源治理工程，涵养水源，恢复植被；对矿区的治理，重点加强井下采空区、沉陷区的治理；加强对小城镇的景观设计，全面推进绿化、美化、净化、亮化，努力建设古典园林式小城镇。三是实施产业开发建设工程。要以增收富民强镇为中心，加快农业产业结构调整，建设历史文化名镇，达到自然环境清洁优美、设施环境先进完善、体制环境规范高效、人文环境健康和谐的目标。加快林果基地建设，重点完善和扩大精品杏扁、红杏、小枣、苹果、核桃、葡萄六大基地。促进种植与观光相结合，大力发展“农家乐”民俗旅游产业。充分利用广阔的山场和丰富的饲草资源，发展以羊、鸡、蜂为主的绿色养殖业，使舍饲养羊、沟峪养柴鸡、养蜂形成规模。发展中草药种植基地，大幅度增加农民收入。以中心镇商业文化街为中心，以川底下为龙头，以东胡林人遗址、灵水举人村为两翼，搞好“黄草梁、珍珠湖、双龙峡”三点的重点开发。四是实施基础设施建设工程。充分利用好小城镇的相关政策，坚持服务旅游、发展经济、富裕农民相结合的原则，把小城镇建设与周边的村落、景点有机联系起来，突出生态、历史、文化的主题，按照“一梁一水一带”的布局进行整体规划。一梁突出自然风景旅游区，一水突出生态休闲度假区，一带突出文化古迹旅游带。搞好中心城镇的功能分区，按照“旅游服务区、居民住宅区、商贸聚集区”的划分，加快基础设施建设，启动旧村改造工程，完成集中供水、垃圾消纳、污水处理和“村村通油路”等市政工程。筹建商业文化街，使中心镇成为全镇旅游吃、住、行、游、购、娱的集散中心，充分发挥小城镇旅游休闲的聚集功能和经济功能，以城带乡，城乡互动，促进地区主导产业的形成。

进一步完善建设历史文化名镇的政策保障机制，形成整体合力，走政策措施推动的路子　建设斋堂历史文化名镇是斋堂镇乃至全区的一件大事，直接关系到西部地区的发展，应在政策、体制、机制等方面采取综合措施，全力推进。一是成立专门组织机构。建议区委、区政府高度重视，专门成立区级历史文化名镇领导机构，负责全区性历史文化名镇和名村的申报工作，指导名镇、名村的建设和保护工作，保证这项工作顺利开展。二是要纳入全区总体规划。把建设历史文化名镇、名村工作纳入即将开始编制的门头沟区“十一五”发展规划，从全局的高度统筹规划，规范运作，分步实施。三是完善政策措施。建议市、区进一步完善对山区小城镇在产业发展、基础设施、社会保障和人员就业等方面的援助政策，不断壮大小城镇的经济实力，提升小城镇的城市化水平。四是要采取上下结合、政府与民间相结合等多种方式，将历史文化名镇的保护和建设工作引入市场机制，进一步拓宽融资渠道，鼓励多方投资，引导社会力量参与。五是要大力发展山区城镇的社会事业，开展多种形式的扶贫、救助和城乡支援工作，使城市地区的人才、技术、教育、医疗等优质资源尽快向山区延伸，向小城镇和中心镇辐射，福于山区人民。

斋堂镇党委
2010 年 11 月

斋堂镇农村城镇化实现模式研究

所谓城镇化，尽管不同学科理解的侧重点不同，但城市化是一个过程，是人类文明由低级向高级不断发展的过程，是社会分工和生产力水平不断提高的结果，它包括人口的非农化、产业的高级化等多层含义已基本形成共识。城镇化的核心是人口就业结构、经济产业结构的转化过程和城乡空间社区结构的变迁过程。

农村城镇化是指各种要素不断在农村城镇中集聚，农村城镇人口不断增多，城镇规模不断增大，质量不断提高的过程。它是非农产业集聚发展的必然结果，是农村社会演进并通往现代化的一个重要过程，是传统农村向现代城市文明的一种变迁，是统筹城乡发展、全面建设小康社会的重要内容。

农村城镇化的本质特征主要体现在三个方面：一是农村人口在空间上的转换；二是非农产业向城镇聚集；三是农业劳动力向非农业劳动力转移。

现阶段农村城镇化的实现模式大致有以下几种：

一种是内力自生型，即由农村经济发展内在动力推进非农化，另一种是中心辐射型，即在超先发展并成为经济中心的辐射下推动城镇化的类型，同时，依据不同的社会经济条件，可以由这两种基本模式派生出其他城镇化模式。在超先发展并成为经济中心的辐射下推动城镇化的类型中，又有以市中心为圆心，并在它的辐射下呈圆形波浪向四周扩展的同心圆辐射模式和由市中心沿交通要道呈扇形向四周扩展的扇形扩展模式等。

门头沟区斋堂镇地处京西深山区，是北京市重点建设的小城镇之一，位于山区旅游带上的重要节点。斋堂镇镇域面积400平方公里，辖30个村（居），人口1.7万人。

斋堂镇煤炭资源丰富，采煤历史悠久，称为“乌金之乡”。2001年斋堂镇贯彻关闭乡镇煤矿的精神，主动关闭煤矿125座。关闭煤矿后，原有的产业链不复存在，全镇面临着产业危机、生态危机和就业危机。斋堂镇的出路和希望在哪里？在推进城镇化中应采取怎样的模式？

对此，镇党委经过认真调研，深入研究，在农村城镇化的实现模式上，依据以市中心为圆心，并在它的辐射下呈圆形波浪向四周扩展的同心圆辐射模式理论，结合斋堂镇的地域特点，资源优势及人口状况等因素，积极进行农村城镇化的实现模式创新。

一是土地整理型（这个类型适合中心镇区）。即通过土地一级开发实现镇区的城镇化。土地是农村最活跃的生产要素，也是制约发展的主要瓶颈，在集约用地和有效保护耕地的前提下，直接划拨产业用地，用于旅游集散、文化创意、商务休闲等建设项目。而这些必须是以明确的思路和科学的规划为前提的。对此，斋堂镇挖掘整理出了九支文化资源，即古老久远的史前文化、底蕴深厚的古城古道古村落文化、博大精深的宗教文化、繁荣一时的商旅文化、古今闻名的军事文化、独具特色的地质文化、闻名遐迩的科举文化、光辉灿烂的民俗文化、风光秀美的生态文化。同时，集中全镇人民的智慧，遵循“生态立镇、文化兴镇、旅游强镇”的指导方针、围绕“生态经济新区、旅游集散中心、传统教育基地、历史文化古镇”的基本功能定位、按照“人口向镇区集中、经济向沟峪集中、土地向新型业主集中”的经济社会发展模式，形成了“传承历史文脉，建设斋堂古镇”的“163”工作思路，大力实施产业发展、生态建设、宜居城镇、安全稳定、民生保障、文明素质六项工程建设。

几年来，斋堂镇编制完成了《门头沟区斋堂镇总体规划》《门头沟区斋堂镇镇区控制性详细规划》《门头沟区斋堂镇旅游集散中心控制性详细规划》《斋堂镇土地利用总体规划修编》《古村落保护规划》以及全镇 29 个村的村庄规划。同时，还编制完成了市政管网规划、城镇景观设计规划、生态修复与农业发展规划、红色旅游规划、爨柏景区规划、胡林谷景区规划、灵岳寺景区规划。斋堂镇成为全市编制乡村规划的典范和示范镇。明确的发展思路和科学的规划为实施土地一级开发打下了基础。

根据全镇发展规划和产业发展规划，斋堂镇全面启动了总建筑面积约 20 万平方米，投资额达20亿元的旅游集散中心建设工程。该项目按照“1+1+N”的发展模式，着力发展“一个中心服务功能区、一个核心项目区、N 个重点项目，发展复合产业，多业并举”，包括山地运动中心、旅游商业区、主题酒店、房车营地、特色餐饮、分时度假会馆等 16 个项目。一号地块占地面积 25.88 公顷，共有 460 户，拆迁住宅建筑面积 2.4 万平方米，拆迁非住宅建筑面积 2.3 万平方米，住宅安置、市场安置即将完成。目前该项目已取得北京市国土资源局核发的土地一级开发项目征地和控规批复，正在等待招拍挂，为集散中心全面建设打下了坚实的基础。旅游集散中心建设项目建设完成后，也是 109 国道高速路通车之际，届时，斋堂将成为人们羡慕、向往的精品休闲旅游文化名镇。

同时,斋堂镇不断加大基础设施建设资金投入,完成了沿黄路、高沿路、沿幽路、双大路、村村通等一大批路网建设任务；完成了集中供水厂、污水处理厂、垃圾填埋场、镇区路网改造、镇区污水管网改造、文化活动中心、幼儿园、中小学、卫生院、派出所、公交换乘中心、应急指挥中心和消防中队等一大批基础设施建设项目；改造完成了生态休闲公园、新农村五项工程等一批项目。使全镇成为全市旅游集散特色镇。

至此，斋堂镇通过土地一级开发，旅游集散中心建设和不断加大基础设施建设，实现镇区的城镇化，标志着斋堂镇以市中心为圆心镇区城镇化基本形成。

二是村庄更新型（适合坐落在镇域各沟峪的村庄）。依自然地理条件，斋堂镇可划分成六条沟峪，涵盖了所有的村庄。如何让生活在这些沟峪村庄里的老百姓过上城市生活，享受改革发展的成果，就必须在中心镇区的带动下开发建设沟峪经济，包括这些村庄的基础设施建设、基本公共服务、发展新产业和居住条件的改善。让这些村庄实现就地农商业化。

为了实现这个目标，斋堂镇将农村集体建设用地直接上市交易，用于乡村酒店、会议度假等，还可以抵押贷款，还可以农民集资入股，作为资产分利分红；将农村闲置的宅基地在产权明晰，权属清楚的前提下可以通过“联建”的形式盘活用地，发展产业。中坤集团与各村联建古村落保护修缮项目，鼓励农民以入股、联营的方式，积极流转宅基地使用权，依法盘活农村集体建设存量，拓展产业发展空间，确保村民资源股与收益股；将废弃的工矿用地，在生态修复的前提下，拿出一定的指标比例直接划拨发展产业用地；将闲置存量的现有农村宅基地，在不改变土地性质、不改变产权的前提下，成立住宅合作社，引进品牌管理公司。连锁经营提升乡村旅游和乡村酒店的品牌。提高农民的财产性收入；将现有的农村果园，大力发展设施休闲农业，畅通农旅一体化的路径。

斋堂镇共开发建设六条沟峪经济产业带。（1）全力推进全市民俗文化展示沟域——爨柏沟域建设。发挥名村强村的优势，重组了青龙涧村、双石头村、黄岭西村、川底下村、柏峪村和柏峪台村6村资源，打造爨柏旅游风景区，青龙涧旧村建成了访客中心、商品展销中心、换乘中心；双石头村突出“双石文化”；柏峪村燕歌戏已被评为北京市非物质文化遗产；黄草梁被评为户外运动基地，黄岭西村推出“红歌唱响黄岭西”红色旅游项目等；景区年接待游客由原来的10万人次增加到20万人次，成为全市最主要的民俗文化展示沟峪，现正在积极申报AAAA级景区。（2）推进煤窝沟峪都市型现代农业循环经济综合开发项目。煤窝沟包括杨家村、张家村、吕家村、杨家峪村和军响村5个村。我们引进社会资本，建成了京郊较大规模的食用菌生产基地，该基地菌棒厂投资5400万元，年生产菌棒4000万棒，建温室大棚300个，日产食用菌10余吨，待产业全部完成后，可安置当地600人就业，成为重要的农民就业基地。另外，与北京中坤集团合作，全面启动杨家峪村古村落保护修缮利用工程，目前一期主体工程基本完成。煤窝沟已成为都市型现代农业循环经济的示范沟峪。（3）推进灵岳寺北山沟峪古村落保护修缮利用项目。遵循“整旧如旧”的原则，计划投资3.36亿元，按规划进行保护修缮利用徐村、刘村、西北山村、灵岳寺村等主体工程基本完工。（4）推进马栏沟峪红色旅游发展项目。按马栏沟峪旅游发展规划，开发冀热察挺进军司令部旧址陈列馆、宛平县八年抗战烈士纪念碑、王家山惨案红色旅游线路，使马栏村成为市级红色旅游民俗专业村。马栏沟峪建设项目批复后，全面启动综合开发建设项目，并申报景区。（5）推进灵水村、桑峪沟峪村旅游经济建设发展项目。完成了灵水沟、桑峪沟村的整体规划以及灵水村古村落保护规划。目前，村庄建设等基础设施建设工程、绿化美化工程、灯光照明工程、流域治理工程、矿业环境治理工程、农业综合开发工程，已全部完成，现正在进行招商引资。（6）推进沿河沟峪经济建设发展项目。该沟峪包括沿河城村、向阳口村、龙门口村、沿河口村、王龙口村、林子台村、牛站村、白虎头村8村，编制完成了沿河沟峪整体规划和保护规划，刘家峪土地综合开发、永定河绿色生态治理带、古长城修缮、高沿路、沿幽路工程全面完工。沿河城村、向阳口村成为市级民俗旅游专业村。另外，火村东山已评为市级森林公园，东山森林公园和胡林谷景区正在进行招商引资。发展北京法城蜂业合作社等专业经济合作组织40余个；都市型观光农业不断发展，形成了千亩苹果基地、核桃基地、小枣基地、黄芩基地、杏扁基地、葡萄基地；努力促进农旅一体化，创建了全国环境优美乡镇，发展市级生态文明村11个；斋堂镇被评为全市新农村建设先进镇。成为全市沟峪经济示范镇。

斋堂镇以市中心为圆心，并在它的辐射下呈圆形波浪向四周扩展的同心圆辐射的农村城镇化模式，使全镇“一个中心带动六条沟峪经济产业带”发展格局。在这个格局中斋堂镇将进一步推进全镇农村城市化进程，不断提升产业发展水平。

一是大力发展文化创意产业。传承文脉，通过“文化”突围转型建设古镇斋堂，新建文化活动中心，策划包装寻梦斋堂系列文化产品，推出旅游剧演出节目。重建黄岭西旅游剧场，提升红歌会的演出。重建柏峪剧场，包装梦幻军户古乐。川底下村恢复转灯和霸王鞭，马栏村推出红色旅游文化体验活动。在保护古村落的基础上，恢复豆腐坊、编制坊、酒坊、当铺、驿栈等文化创意项目，建设斋堂民俗文化创意产业街区。加大物质文化和非物质文化遗产的保护和开发力度，形成文化产业链条，满足游人需求和发展需求。

二是实现全镇域景区化。按照沟峪经济的发展模式，强化沟峪的经营管理，实现村庄景区化、沟峪景区化，培育“一村一品、一沟一品”的新型友好产业，老百姓零距离就业，实现农商业化。重点打造爨柏沟、马栏沟、煤窝沟、北山沟、沿河城沟、桑峪灵水沟景区化发展模式。

三是农业与旅游业相融合，实现农旅一体化。发挥农业的休闲、科普等功能，丰富旅游产品，增加农产品的附加值。

四是加强体育与旅游业的融合，实现体育产业化。斋堂镇被北京市命名为首个“北京国际山地户外运动基地”，充分利用山地户外运动资源，丰富“北京国际山地户外运动基地”产业内涵，创建山地自行车、山地全地形车、高山滑雪、山地高尔夫等一系列山地特色户外活动，打造以黄草梁自然生态区为中心的国际户外运动基地，产业内涵，创建山地自行车、山地全地形车、高山滑雪、山地高尔夫等一系列山地特色户外活动，打造以黄草梁自然生态区为中心的国际户外运动基地，加快全国旅游集散中心特色镇建设，推动国际山地户外运动产业化发展。

斋堂镇在推进农村城镇化中，将不断探索创新，提高农村城镇化水平，把斋堂建设成为全国知名的文化旅游休闲名镇。

斋堂镇党委

2011 年 12 月

斋堂镇总体规划（2006—2020）

斋堂镇是《北京城市总体规划（2004—2020）》确定的 33 个中心镇之一，是《门头沟新城规划（2005—2020）》确定的门头沟区的次中心、门头沟西部山区的行政管理、经济中心。

指导思想和原则

（1）突出特色原则：塑造山水城镇特色，以及传统历史文化特色，提升镇区的品牌认知度、形象影响力、文化凝聚力，从而提高城镇的竞争力。

（2）可持续发展原则：保护生态、防治污染，提高土地等资源利用效益，建设可持续发展的生态型城镇。努力构建充满活力、安定有序、人与自然和谐相处的社会环境。

（3）资源节约原则：规划应强调节约土地，合理利用空间资源：城镇建设用地与耕地保护相结合，调整用地结构，集约开发建设，提高土地利用的综合效益。

范围和规模

规划范围：斋堂镇域规划范围为斋堂镇行政管辖范围，为392平方公里，镇中心区规划范围为231.4公顷。

人口规模：根据2005年斋堂镇统计数据，现状斋堂镇域常住户籍总人口为15568人，其中非农业人口为8133人；斋堂镇区常住户籍现状总人口为8240人，其中非农业人口为4425人。

按门头沟新城规划控制的人口规模：斋堂镇域人口为28000人，镇区城镇人口为16000人（其中斋堂镇中心区约12700人，军响次中心约1700人，沿河城次中心约1600人）。

社会经济发展总纲

（1）社会发展目标：立足资源、环境与和谐社会建设，保证斋堂镇健康发展。

利用斋堂小城镇建设，结合社会主义新农村建设，带动“三农”、促进城镇化持续健康发展。

加大对基本公共服务设施和社会事业的投入，开展文化、卫生、科技“三下乡”活动，建立现代化的公用基础设施、健全社会保障体系。

实行清洁生产和文明消费，发展循环经济，建立生态型产业体系。

在全社会形成自觉的生态环境保护意识和文化环境价值观。

（2）经济发展目标：2005年全镇农村经济收入55489万元，乡镇企业总利润8004万元，农民人均纯收入5349.3元，固定资产投资5090万元。

2020年测算国内生产总值超过12亿元人民币。人均42857元（约5400美元）。

产业结构调整

（1）产业发展现状及问题分析：第一产业有一定特色，但用地有限，规模小，科技含量低。

农业结构调整初步实现了战略性转变，但距北京及国内外市场的快速发展与2008年北京奥运会的巨大机遇，农业与市场接轨还存在着较大差距，山多地少的现实状况，原有的特色林果业总量少，规模小，质量还有待提高，专业化、集约化生产处于起步阶段，特色养殖缺乏科学合理的布局，山区独特的绿色资源缺乏统一开发，没有形成规模，生态环境和资源优势向经济效益的转化仍处于低档次运行阶段，农业对城镇发展的支撑作用有待提高。

第二产业受产业结构调整的影响，新的替代产业尚未形成。

关闭煤矿以来，由地下资源开发转入地上资源开发，现已招商引资企业450家。引进资金2.7亿元，但除资源开发型企业外，缺乏高新技术产业和无污染的劳动密集型产业。且布局过于分散，不利于保护环境，尽管斋堂镇工业行业门类较多，其产品可达数十余种，但行业之间关联度小，产业链短，产品的技术含量普遍较低。新技术、新成果的吸纳力较弱，科技进步对城镇经济与社会发展的贡献较小。

旅游产业上升趋势明显，但旅游资源分散，骨干景区尚未形成。

优良的环境，丰富多样的自然、人文旅游资源，使斋堂镇具备了建立生态城镇、文化古镇和发展旅游产业的条件，但由于资源分布零散，加之刚刚步入转型期的影响，目前主导景区尚未形成，资源优势还没有得到发挥。另外，旅游业发展所必需的软硬件设施都处于较低的水平。

（2）产业结构调整的思路：近几年，斋堂镇党委、政府对新时期产业提出“坚持以结构调整为出发点，以综合开发为立足点，以旅游兴镇为着力点，以城镇建设为支撑点”的新思路，并已见成效。今后调整产业结构的基本思路是：

依托“特色农业基地”和“综合开发实验基地”的建设，优化和扩大林牧业生产，建设西部绿色生态农业生产区。

利用独一无二的历史文化资源，传承历史文脉，发展文化旅游产业，促进社会进步、经济发展，提高全民素质。

以创新旅游业带动第三产业的发展。以建设首都西部生态旅游、休闲度假区为契机，创新重点旅游区的产品品牌，使旅游业与特色农业、绿色工业、民俗文化产业以及房地产业的融合连接，互动发展。

产业空间发展布局

根据斋堂镇资源分布的特点和原有的产业空间布局和发展的需要，今后产业发展空间布局是：以镇区为中心，南北发展旅游、中间建立服务业、农产品及旅游产品加工业与农业产业基地的格局。

（1）旅游业布局：以西部川底下村、中部西斋堂村和灵岳寺村、东部灵水村和桑峪村、南部杨家峪村为主，贯穿全镇，形成历史文化名村组团；东北部以永定河峡谷、沿河城为主形成旅游度假区组团；西南以马栏村为基地形成红色旅游组团；以西北部山区峡谷形成户外康体运动区；南部以双龙峡、胡林谷为主形成自然生态旅游组团。

（2）服务业布局：服务业布局为“一主两次多点”。斋堂镇中心区既是斋堂城镇服务中心，又是整个门头沟西部山区的旅游服务中心。军响次中心是斋堂城镇和旅游服务的东部次中心、沿河城次中心是斋堂城镇和旅游服务的北部次中心。其他旅游村都具有一定的旅游服务功能。

（3）生态友好型工业布局：沿109国道，桑峪村、军响村、灵水村、东胡林村、西胡林村、火村和东斋堂村中间带状地区为本镇特色林牧生产基地、综合开发实验基地、旅游商品加工区和绿色食品加工区。

（4）农业布局：农业广泛分布于斋堂镇的各个村，形成不同的农产品基地。因地制宜地发展地方特色农产品。

产业发展措施

面对产业结构调整，充分利用自身资源优势，借助国家政策的助力，以构建新型产业体系为重点，推进经济结构转型。大力发展循环经济、建立资源集约型社会，形成以文化旅游和生态休闲旅游为核心的旅游业作为斋堂的主导产业。围绕旅游业发展特色农产品加工业、旅游商品加工业等生态友好型绿色产业。正视山多地少的不利局面，围绕旅游业，发展高附加值的观光农业、高科技农业和绿色养殖业。

（1）大力培育以历史文化游、自然山水游为核心的旅游主导产业，引导产业转型：大力发展以斋堂镇区为旅游集散中心，以川底下村、西斋堂村、灵岳寺村、灵水村、杨家峪村为主的历史文化名村组团，以永定河峡谷、沿河城村为主的旅游度假区组团，以马栏村为主的红色旅游组团，以西北部山区峡谷为主的户外康体运动区，以双龙峡、胡林谷为主的自然生态旅游组团，不断增强旅游产业的综合实力。

（2）促进绿色工业向镇区、军响等交通便捷、基础设施较好的区域集中：以镇中心区和军响等有城镇建设用地且交通条件、基础设施条件较好的区域为主，围绕旅游主导产业，发展符合生态环境要求的新型、轻型、高效绿色工业，为经济转型、吸纳就业、满足居民消费和旅游需求服务。利用地方特产、特色种植和绿色养殖的产品，大力发展农产品深加工和以特种手工艺为主的旅游商品加工业，吸纳人员就业。

（3）利用沟峪结合生态治理，发展绿色精品农业，促进生态农业与旅游业相结合：将旅游与农业生产，特别是特色果品产业化建设紧密结合起来，提高农业生产附加值。

充分利用广阔的山场和治理的八大沟峪，特色农业和循环经济。按照“公司＋基地＋农户”的原则，发展以薄皮核桃和杏扁为主的特色种植业，以食用菌、基地肉鸡养殖和蜂蜜养殖为主的绿色养殖业。增加总量，扩大需求，进行特色农产品深加工，增加农产品附加值。

《门头沟区斋堂镇国土空间规划（2020年—2035年）》公示

为全面贯彻习近平总书记系列重要讲话精神，深入落实细化《北京市门头沟区分区规划（2017年—2035年）》各项要求，斋堂镇人民政府组织编制了《门头沟区斋堂镇国土空间规划（2020年—2035年）》。

一、规划范围与区位

斋堂镇位于北京西部深山区，西临清水镇、东接雁翅镇、北接河北怀来县、南临房山区，距离门头沟新城约70公里。规划范围为斋堂行政区划，总面积约392.4平方公里，下辖29个建制村。

二、现状分析与判断

斋堂镇镇现状主要有三大特色和四类问题。规划从斋堂镇特色和问题入手，永续利用生态、文化和功能方面的鲜明特色，解决现状实际问题，推动斋堂特色发展。

三、规划定位与目标

落实分区规划要求，将斋堂镇定位为“京西古村落文旅休闲名镇”，切实发挥引领带动深山区发展的辐射型小城镇的重要作用。建设生态文明示范镇、京西古村落传承地、京西文旅目的地、山区民生共享服务芯四大发展目标。

四、规划主要内容

规划优化镇域空间资源配置，加强自然资源和生态保护，衔接分区规划、村庄规划和相关规划，构建镇域规划统筹实施机制，实现城乡统筹发展。编制《门头沟区斋堂镇国土空间规划（2020年—2035年）》，严格按照《北京市乡镇国土空间规划编制导则（试行）》《关于进一步推进乡镇国土空间规划编制并补充明确相关工作要求的函》（京规自函〔2020〕706号）、《关于开展乡镇国土空间规划编制工作的指导意见》（京规自函〔2019〕3023号）等相关导则、指引和法律法规，在斋堂镇域层面实现“一张蓝图绘到底”。

本镇根据相关法律法规规定，现就该规划进行公示，公示期限为30天，即2021年4月27日至2021年5月27日。公示期间，如对本规划有意见或建议，可按下述联系方式反馈，感谢您对此项工作的大力支持！

参考文献

[1] 熊梦祥 :《析津志辑佚》，北京古籍出版社，1983 年。

[2] 沈榜 :《宛署杂记》，北京出版社，1961 年。

[3] 孙承泽 :《天府广记》，北京古籍出版社，1982 年。

[4] 蒋一葵 :《长安客话》，北京古籍出版社，1982 年。

[5] 励宗万 :《京城古迹考》，北京古籍出版社，1982 年。

[6]《北京西山地质志》，团结出版社，2016 年。

[7] 蒋一葵 :《长安客话》，北京古籍出版社，1980 年。

[8] 刘效祖 :《四镇三关志》《四库禁毁书丛刊》，北京出版社，2000 年。

[9] 于敏中等 :《日下旧闻考》，北京古籍出版社，1988 年。

[10] 北京市门头沟区地名志编纂委员会编 :《门头沟区百科全书》，奥林匹克出版社，2002 年。

[11] 北京市门头沟区地名志编纂委员会编 :《门头沟区志》，北京出版社，2003 年。

[12] 北京门头沟村落文化志编委会编 :《北京门头沟村落文化志》(4 册)，北京燕山出版社，2008 年。

[13] 万钦、彭世强：《品味京西丛书——北京古山村门头沟斋堂川》，中国文联出版社， 2005 年 8 月。

[14] 万钦、孙克勤、李慧愿：《北京斋堂古村落群》，中国画报出版社，2006 年 5 月。

[15] 区文委、区文联编，张万顺著：《京西斋堂话》，北京燕山出版社，2007 年 12 月。

[16] 区人大、北京永定河文化研究会李慷云：《斋堂川》团结出版社，2011 年 1 月。

[17] 赵永高、万钦：《斋堂文化丛书》，中国博雅出版社，2011 年 8 月。

[18] 斋堂镇政府、《建筑创作》杂志社：《皇都古镇——斋堂》，天津大学出版社，2006 年 6 月。

[19] 万钦、孙克勤、李慧愿：《北京斋堂古村落群》，中国画报出版社，2006 年 5 月。

[20] 万钦、彭世强：《品味京西丛书——北京古山村门头沟斋堂川》，中国文联出版社，2005 年 8 月。

编纂始末

《斋堂镇志》是斋堂镇建制以来第一部镇志。斋堂镇历史悠久，政区建置多变，涉及镇内的史专资料多种多样，但没有编纂过一部专门镇志。

《斋堂镇志》是第一部专门为镇域编纂的一部志书，也是门头沟区所属乡镇的第一部镇志。

2021年4月，在斋堂镇正式启动《斋堂镇志》修志工作。修志工作由区地方志编纂委员会办公室、区档案史志馆全面负责。成立编纂委员会、编辑部。主编石建山，编辑成员杨德林、付向东。经过近一年的征集资料、撰写资料长篇和反复调研、座谈，于2022年年初完成镇志初稿。2022年3月、9月，聘请市委党史研究室、市地方志办区志指导处王鹏、董志魁、朱磊、郝若婷，市区地方志专家罗保平、谭列飞、安全山、艾永贵、任全礼、张广来、徐贺成、韩春鸣、潘会楼等，在区档案史志馆召开了《斋堂镇志》初审稿、复审稿评议会。审评会后，编辑部深入分析与充分吸收与会领导和专家的意见，按照详今略古的原则，结合斋堂镇的地域特点，着重对志稿中的革命历史、优秀传统文化、民俗民风、生态建设和改革开放成果等内容进行补充完善，对志稿的行文和语言进行了规范，力求使行文朴实、严谨、简洁、流畅，2022年底形成了近440页的《斋堂镇志》终审稿。2023年5月，经过对终审稿的再次修改、补充，送出版社。

《斋堂镇志》上限追溯至事物发端，下限断于2020年。由概述、大事记、建置沿革、自然环境、人口与家庭、中国共产党、政权、群团组织、军事、农业、工业、商业、旅游业、教育、文化、医疗卫生、民间习俗、规划 建设、人民生活、人物、附录等组成。全书59.7万字。其中，前彩插图108张，随文图片155张，表格41个。

《斋堂镇志》编写过程中参考和引用了《北京市门头沟区志》《元析津志》《明宛署杂记》《齐家怀志略》等书籍的部分内容。

《斋堂镇志》的问世，得到了市委党史研究室、市地方志办区志指导处处长王鹏及副处长董志魁等领导指导帮助，得到了斋堂镇党委、镇政府的关心和支持，得到了一些离退休同志的帮助。《斋堂镇志》所涉及的照片主要由金华、赵明利等区内摄影爱好者无偿提供。方志出版社编辑丛珺参与了志稿的审校工作，付出了辛勤的劳动。在此，向一切关心支持《斋堂镇志》编纂工作的同志和提供资料的单位、个人，表示衷心的感谢。

《斋堂镇志》编委会

2023 年 5 月